U0472143

Research on the Development of
Hebei Province's Capital Market

河北省资本市场发展研究

(2023—2024)

张 明 胡恒松 肖一飞 ◎ 著

上海财经大学出版社

图书在版编目(CIP)数据

河北省资本市场发展研究:2023—2024/张明,胡恒松,肖一飞著. —上海:上海财经大学出版社,2024.10

ISBN 978-7-5642-4375-3/F·4375

Ⅰ.①河… Ⅱ.①张…②胡…③肖… Ⅲ.①资本市场-研究-河北-2023-2024 Ⅳ.①F832.5

中国国家版本馆CIP数据核字(2024)第089100号

河北省资本市场发展研究
(2023—2024)

作　　者：	张　明　胡恒松　肖一飞　著
责任编辑：	朱晓凤
封面设计：	贺加贝
出版发行：	上海财经大学出版社有限公司
地　　址：	上海市中山北一路369号(邮编200083)
网　　址：	http://www.sufep.com
电子邮箱：	webmaster@sufep.com
经　　销：	全国新华书店
印刷装订：	苏州市越洋印刷有限公司
开　　本：	787mm×1092mm　1/16
印　　张：	19.5(插页:2)
字　　数：	369千字
版　　次：	2024年10月第1版
印　　次：	2024年10月第1次印刷
定　　价：	98.00元

《河北省资本市场发展研究》课题组

组　长　张　明

副组长　胡恒松　肖一飞

成　员　付海洋　彭红娟　韩　旭　郝晓姝　费　超
　　　　邓　睿　王俊艳　苑德江　王　笛　苗雨阳
　　　　张　悦　贺圣标　康少宇　马子豪　李宗烨
　　　　刘克松　刘思瑾　马明阳　张泽宇　林佳康
　　　　崔一鸣　李　冰　刘　洋　李俊伟　严周武
　　　　李永广　刘　政　钱文君　李旭泽

摘 要

党的二十大报告提出,"健全资本市场功能,提高直接融资比重"。作为现代经济的核心,金融在资源配置、宏观调控以及推动经济社会发展等方面发挥了重要的作用。资本市场是我国金融市场的重要组成部分,承担着为实体经济提供直接融资的基础功能,在金融运行中具有牵一发而动全身的作用。目前,我国的资本市场已成长为世界第二大市场,在国民经济发展中扮演着越来越重要的角色。

资本市场在区域经济发展中发挥着重要的助推器的作用。自 2022 年以来,河北省先后出台了《关于扶持企业上市的十一条政策措施》《河北省企业上市行动方案》《河北省加快现代物流发展十五条政策措施》《关于加快工业企业技术创新发展的若干措施》等政策,引导撬动金融资源更好地服务实体经济,鼓励企业利用资本市场的力量实现发展壮大,全面助推河北省经济高质量发展。河北省重视资本市场、支持资本市场、用好资本市场的新格局正在加速形成,多方发挥合力,做强"河北板块";多管齐下,推进河北资本市场高质量发展,河北资本市场发展迎来了新起点。

《河北省资本市场发展研究(2023—2024)》由总论篇和区域篇两个部分组成,聚焦河北省及下辖 11 个地级市的资本市场情况,包括股权市场、债券市场的发展现状,重点分析当前河北区域内资本市场的发展特点及存在的问题,并针对性地提出了区域资本市场高质量发展的对策与建议。

总论篇总结了河北省资本市场的发展历程和现状,并分析了当前河北省资本市场发展的机遇与挑战,重点对河北省资本市场的发展提出了几点建议。当前,河北省的上市公司数量与其经济体量并不匹配,河北省经济财政综合实力处于全国中上游,但省内直接融资发展较为保守,直接融资主体数量较少,河北省资本市场仍有较大发展空间,应从优化顶层设计、改善营商环境、合理配置资源、推动金融创新等方面推动河北省资本市场进一步发展。

区域篇主要分析河北省下辖 11 个地级市的资本市场的发展情况,并针对性地提出发展建议。从各地级市的情况来看,河北省内各地级市资本市场发展情况各具特色。其中,省会石家庄市平台整合效果显著,以23家A股上市公司领跑全省,其中不乏区域性龙头企业和先进制造业公司。唐山市城投公司质量较高,上市公司众多。沧州市城投公司均衡发展,上市公司以化工行业为主。保定市推动平台做大做强,拟上市企业储备丰富。邯郸市平台多元发展,大力推进并扶持企业上市。廊坊市城投公司整合加速,上市公司以民企为主。邢台市平台逐步整合壮大,上市培育成效显著。衡水市平台融资整体稳健,上市公司经济带动作用明显。张家口市城投公司整合初见成效,上市资源有待进一步挖掘。秦皇岛市平台债券融资效用较为充分,上市公司行业分布多元。承德市平台发展质效提升,上市后备企业较多。

全书围绕河北省资本市场展开研究,希望能够为省内资本市场高质量发展提供思路,助力河北省企业拓宽融资渠道,在企业上市、债券融资以及城投转型等方面实现新突破,助力河北区域经济高质量发展。

目录
CONTENTS

总论篇
河北省资本市场发展分析报告/003

区域篇
石家庄市资本市场发展分析报告/025

唐山市资本市场发展分析报告/055

沧州市资本市场发展分析报告/085

保定市资本市场发展分析报告/121

邯郸市资本市场发展分析报告/153

廊坊市资本市场发展分析报告/178

邢台市资本市场发展分析报告/197

衡水市资本市场发展分析报告/216

张家口市资本市场发展分析报告/235

秦皇岛市资本市场发展分析报告/259

承德市资本市场发展分析报告/287

总论篇

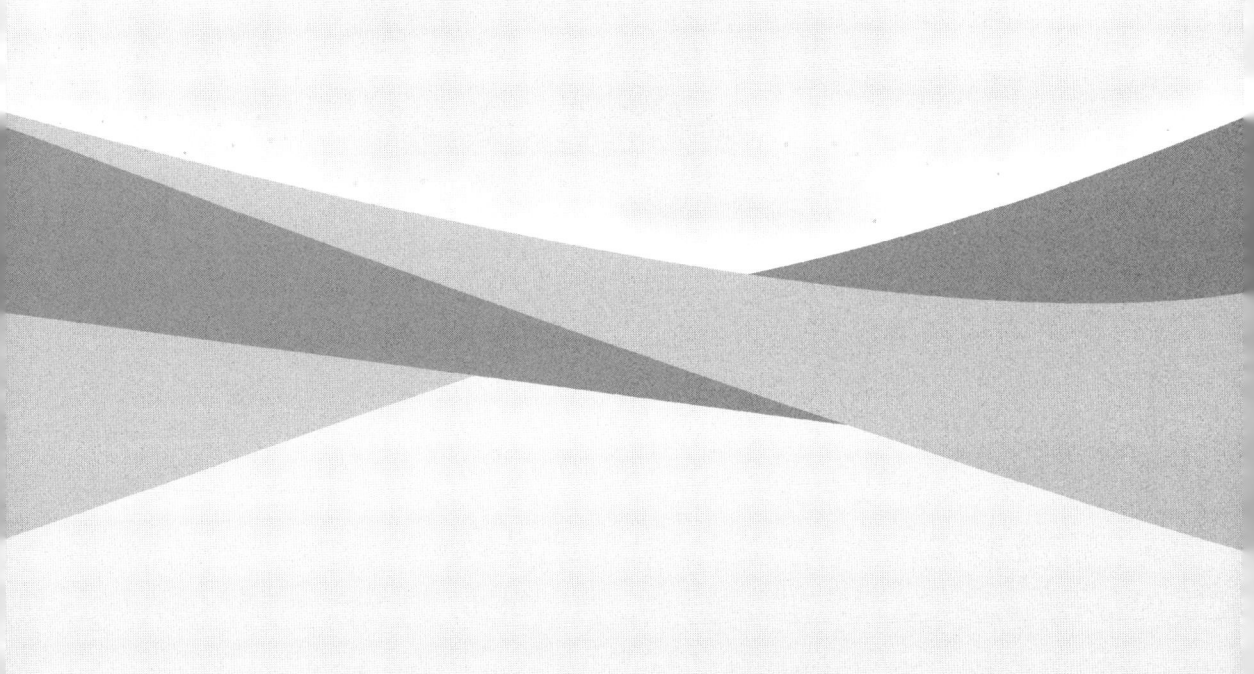

河北省资本市场发展分析报告

资本市场通过预期收益导向资源配置，在经济和金融体系中扮演着重要的角色。1980年1月，人民银行抚顺支行向当地红砖厂成功发售280万股"红砖股票"，拉开了新时期我国资本市场建设的序幕，在经历40余年的发展后，我国逐步形成了由主板、科创板、创业板、新三板以及区域性股权交易中心构成的多层次资本市场体系。

河北省资本市场的发展脚步紧跟中国资本市场发展脉络，经历了初步形成、成长与规范、多层次资本市场形成以及转型完善四个发展阶段。近年来，河北省先后出台了《河北省企业挂牌上市融资奖励资金管理办法》《关于进一步支持全省企业挂牌上市融资的十条措施》《河北省企业上市行动方案》等政策，着力加快推进企业上市，提高直接融资比重，助推全省产业转型升级和经济高质量发展。截至2023年12月末，河北省共有78家上市公司（包括A股），上市企业数量在全国排第16位；有45家A股拟上市公司。从债券市场来看，截至2023年末，河北省存量信用债券余额为1 006.23亿元，在全国排第13位；共有41家城投公司，有存量债券的城投公司有23家，存量债券余额为1 228.116 4亿元。

当前，河北省资本市场取得了显著的发展成效，但仍有很大发展潜力：一是资本市场融资主体数量和质量仍有较大提升空间；二是区域发展的平衡性和协调性有待增强；三是战略性新兴产业和高科技产业亟待培育壮大；四是中介机构服务实体经济的功能有待提高；五是融资创新能力需进一步提升。河北省应从优化扶持政策、大力发展引导基金、探索创新融资模式以及加强中介机构建设等方面促进资本市场发展，为区域经济注入动力。

一、河北省资本市场发展历程

在河北省资本市场的发展过程中,既经历过快速发展时期,也因相关政策监管而放缓过发展步伐,总体经历了初步形成、成长与规范、多层次资本市场形成以及转型完善四个发展阶段,呈现出几个鲜明的发展特点。

(一)河北省资本市场发展阶段

1. 初步形成阶段(1990—1998年)

从中国资本市场的宏观背景来看,1981年我国首期国库券发行;1984上海飞乐音响成功发行中国第一只股票;1987年中国第一家证券公司深圳特区证券公司成立。进入20世纪90年代,沪、深证券交易所,中国证券业协会,中国证券监督管理委员会相继成立,标志着全国资本市场开始形成。河北省资本市场正是在全国资本市场创立的大势下开始萌芽和生成,于1990年成立了河北省第一家城投公司——河北建设投资集团有限责任公司,同时也是河北省第一家AAA级城投公司。1994年,新奥股份(600803.SH)和华北制药(600812.SH)在A股上市,开启了河北省股权市场的新历程,这一时期是河北省股权市场发展的第一个高峰期,上市公司主要以国有企业为主。1998年,河北省上市公司数量达到12家,总市值达到557.23亿元。

2. 成长与规范阶段(1999—2007年)

1999年《中华人民共和国证券法》正式实施,我国资本市场进入了规范化、法制化的发展阶段。2000年后,受亚洲金融危机的影响,我国金融市场进入了盘整期,伴随着股票发行核准制正式施行,整个资本市场的发展速度开始放缓。2004年,国务院发布《关于推进资本市场改革开放和稳定发展的若干意见》(简称"国九条"),开启了2004—2007年的三年治理,为中国资本市场的规范发展奠定了基础。

这一时期,河北省的上市公司数量由1999年的16家增加至2007年的29家,总市值由756.35亿元增加至3 521.88亿元;2005年首次实现中小板企业上市,2007年中小板上市企业增加至3家。在债券市场方面,2007年,河北省发行了第一只债券评级为AAA的城投债,发行规模为100亿元,用于河北省的项目建设、偿还有息债务,同时补充流动资金。

3. 多层次资本市场形成阶段(2008—2017年)

随着股权分置改革和证券业综合治理的完成,资本市场开启了规范发展阶段。这一时期,创业板、新三板先后开通,我国多层次资本市场体系初步建成。2010年河北省首家创业板公司河北先河环保科技股份有限公司上市,2014年起河北省开始实现新三板股权融资并于2017年达到12.08亿元,河北省多层次资本市场初步形成。

从股权市场来看,这一时期河北省的上市公司数量由29家增加至52家,其中主板上市公司由29家增至42家,中小企业板由3家增至10家,创业板由4家增至10家,上市公司总市值由1 379.71亿元增至8 562.89亿元。

从债券市场来看,这一时期河北省企业债、公司债、短期融资券和中期票据发行量分别由2012年的111.00亿元、72.80亿元、62.10亿元和102.60亿元增加至2017年的67.5亿元、192.00亿元、541.00亿元和458.00亿元。在城投债方面,2008年,为应对金融危机,我国推出了4万亿投资计划,同时实施积极的财政政策和宽松的货币政策。河北省内为破解资金难题,于2008年进行投融资体制改革,城投债发行规模开始扩张,发行主体也逐渐从省市级平台向地级市以及区县级平台扩展,当年河北省设立城投公司42家。2009年,河北省政府发布《关于推进城市建设投融资体制改革的意见》(冀政〔2009〕33号),为河北省各级城投公司的组建提供了有力的政策支持和工作指导。2013年,河北省确立了37个投融资试点县(市),提出2013—2015年每年投入4.1亿元,河北省城投迎来突飞猛进式发展。2018年河北省发行城投债规模为近五年内最低,河北省城投公司在相关政策的要求下进一步规范。

4. 多层次资本市场转型完善阶段(2018年至今)

2018年11月,习近平总书记在首届"中国进口博览会"上宣布在上交所设立科创板并试点注册制,标志着我国资本市场改革继续深化推进,进入加速转型阶段。2021年4月,深圳证券交易所市主板和中小板正式合并,形成"主板＋创业板"新格局;9月,习近平总书记在中国国际服务贸易交易会全球服务贸易峰会上的致辞中宣布,将继续支持中小企业创新发展,深化新三板改革,设立北京证券交易所,打造服务创新型中小企业主阵地;11月,北交所正式开市,我国多层次资本市场体系进一步完善。2023年2月,中国证监会发布全面实行股票发行注册制相关制度规则,开启了资本市场的全新篇章。

从股权市场来看,这一时期河北省上市公司数量由53家增至75家,其中主板上市公司由43家增加至50家;中小板由10家增至12家,增长较慢;创业板由10家增至18家;北交所上市公司由2家增至6家,增长较快;上市公司总市值由6 117.75亿元增加至11 616.45亿元。这一时期,河北省全国中小企业股份转让系统挂牌公司由2017年的247家下降至2023年的171家,但融资额下降幅度不明显,仅由4.94亿元降至4.42亿元。河北省区域性股权市场挂牌公司自2021年首次实现挂牌后迅速扩张,由2021的186家增至2023年6月的893家。

在债券市场中,信用债部分按债券类型来看,企业债、公司债、短期融资券和中期票据发行量分别由2018年的32.20亿元、408.10亿元、702.10亿元和376.00亿元下降至2023年6月的4.00亿元、223.40亿元、130.50亿元和348.00亿元,上述四类债券的存量由2018年末的276.97亿元、87.00亿元、18.00亿元和145.10亿元增至2023年6月的158.10亿元、654.44亿元、125.80亿元和421.80亿元,可见河北省信用债化债工作在发行量上已经付诸实践并取得显著效果,债务存量的化解成效稳定但任重道远。

(二)河北省资本市场发展特点

1. 资本市场融资主体数量和质量仍有较大提升空间

从总体发展程度来看,河北省资本市场发展整体步调追随国家资本市场发展脉络,但进度稍慢,与发达省市资本市场发育程度相比,整体资本市场融资主体数量偏少、规模偏小。

2. 区域发展的平衡性和协调性有待增强

从区域结构来看,河北省资本市场在地级市间的分布不平衡,发展水平差异较大,石家庄市、保定市和唐山市的上市公司数量及市值、债券发行量等数值较高,资本市场发展相对成熟,其余地市资本市场建设仍需进一步加强。

3. 战略性新兴产业和高科技产业亟待培育壮大

从行业分布来看,河北省资本市场发展呈现出创业板发展乏力、行业单一、分布不均的特点。河北产业结构中战略性新兴产业和高科技产业发展滞后,反映在创业板市场上就是企业数量少、企业规模小。截至2023年6月,河北省在创业板上市的企业共计18家。

4. 中介机构服务实体经济功能有待提高

从中介机构服务功能来看,当前河北证券、期货法人机构[①]分别只有1家,同期经济发达地区如北京、上海分别有18家、20家证券公司和20家、36家期货公司,与河北省GDP体量相近的湖南省和安徽省分别有3家、2家证券公司和3家、2家期货公司。总体来看,河北省中介机构规模较小,类型不全,服务实体经济的功能有待提高。

5. 融资创新能力需进一步提升

从融资创新能力来看,河北省企业发行的绿色债、乡村振兴债、县城新型城镇化专项债等创新品种较少,仍以传统的中票、短融、私募债等为主,债券市场创新工具运用不足,融资的创新性仍有待提升。

二、河北省资本市场发展现状

(一)股权市场

经过多年的发展,河北省多层次资本市场结构不断优化,为河北省经济社会发展

[①] 数据来源:证监会官网公布的《证券公司名录(2023年7月)》《期货公司名录(2023年7月)》。

做出了巨大的贡献。目前,河北省多层次资本市场体系涵盖了沪深主板、科创板、创业板、北交所、新三板、区域性股权市场、私募股权基金等关键要素。

1. 上市公司总体情况

根据 Wind 统计,截至 2023 年 12 月 31 日,河北省共有 A 股上市公司 78 家,上市企业数量在全国排第 16 位,低于河北省 GDP 排名(第 12 位);上市公司中 A 股上市公司数量为 78 家,总市值为 11 273.19 亿元,在全国排第 13 位;港股上市公司为 21 家,总市值为 3 359.97 亿元;美股上市公司 1 家,市值为 473.2 万美元。

从地区分布来看,石家庄市拥有 23 家 A 股上市公司和 4 家港股上市公司,均为全省最高,占全省总数的 27%;保定市和唐山市紧随其后,分别拥有上市公司总数为 11 家、13 家;上市公司总数超过 10 家的地级市还有廊坊市,拥有 6 家 A 股上市公司和 5 家港股上市公司;其他地级市的上市公司总数不足 10 家。

从行业分布来看,河北省 78 家 A 股上市公司主要集中于 10 个行业大类,其中,制造业有 61 家,占绝对优势,上市公司数量占比达 78.21%;电力、热力、燃气及水生产和供应业 4 家;信息传输、软件和信息技术服务业 4 家;金融业、房地产、采矿业分别有 2 家;交通运输、仓储和邮政业 2 家;建筑业 1 家;批发和零售业各 1 家。

从募集资金板块来看,整体而言,2023 年河北省 A 股主板上市公司募集资金总额为 267.68 亿元。1 家深圳主板上市公司共募集资金 63.31 亿元,占比 23.65%;3 家创业板 67.14 亿元,占比 25.08%;3 家北证 6.32 亿元,占比 2.36%;1 家科创板 28.71 亿元,占比 10.73%;3 家可转债 102.2 亿元,占比 38.18%。

2. A 股股权市场情况

截至 2023 年底,河北境内 A 股上市公司 78 家,位列全国第 16 位,低于河北省 GDP 在全国第 12 位的排名。具体来看,河北市场主体通过资本市场直接融资 752.92 亿元,其中首发上市为 43.14 亿元,上市公司再融资 122.34 亿元,可转债 102.20 亿元,资产证券化发行余额 47.83 亿元,存量余额 36.54 亿元。

首发上市方面,如表 1—1 所示,2023 年全年河北省共有 5 家公司完成 IPO 发行,共募集资金 40.860 1 亿元。分城市看,邯郸市有 2 家公司完成首发上市,邢台市、衡水市、石家庄市各有 1 家公司完成首发上市。分板块看,5 家新上市公司中 3 家在北交所上市,2 家在深交所上市。分行业看,3 家公司属于工业,2 家属于材料业。

表 1—1　　　　　　　　　　2023 年河北省首发上市公司情况

证券代码	证券简称	地级市	首发募集资金净额(亿元)	首发上市日期
688146.SH	中船特气	邯郸市	28.03	2023—04—21

续表

证券代码	证券简称	地级市	首发募集资金净额(亿元)	首发上市日期
832471.BJ	美邦科技	石家庄市	1.22	2023-05-25
836717.BJ	瑞星股份	衡水市	1.20	2023-07-03
301261.SZ	恒工精密	邯郸市	7.21	2023-07-10
832522.BJ	纳科诺尔	邢台市	3.21	2023-11-16

数据来源：Wind。

上市公司再融资方面，2023年河北省共有5家上市公司进行再融资，再融资方式均为增发，共计获得再融资资金122.34亿元。分城市看，石家庄市有3家上市公司完成增发，共募集资金68.31亿元，占比45.89%；张家口市、沧州市、邢台市、保定市和唐山市各有1家公司完成增发，分别募集资金25亿元、38.31亿元、5亿元、33.03亿元和21亿元，占比为55.83%、20.43%、31.31%、4.09%、17.17%。5家公司属于制造业，2家公司属于电力、热力、燃气及水生产和供应业。

拟上市公司方面，截至2024年3月末，河北省共有47家拟上市公司，其中辅导备案46家，辅导工作完成1家（石药集团有限公司）；审核期12家，沪深主板2家，科创板1家，北交所2家，创业板7家。

表1-2　　　　　　　　　河北省审核期企业（截至2024年3月末）

代码	企业名称	拟上市板	审核状态	城市
871037.BJ	唐山天和环保科技股份有限公司	北交所	已问询（第三次）	唐山市
A22052.SZ	爱迪特（秦皇岛）科技股份有限公司	创业板	证监会注册	秦皇岛市
A22112.SZ	河北科力汽车装备股份有限公司	创业板	报送证监会	秦皇岛市
A23295.SZ	河北圣泰材料股份有限公司	深证主板	已问询	石家庄市
873864.BJ	河北旭辉电气股份有限公司	北交所	已问询	石家庄市
A22249.SZ	保定维赛新材料科技股份有限公司	深证主板	取消审议	保定市
A23114.SZ	香河昆仑新能源材料股份有限公司	创业板	已问询	廊坊市
A22389.SZ	河北一品制药股份有限公司	创业板	已审核通过	石家庄市
A23039.SZ	华茂伟业绿色科技股份有限公司	创业板	已问询	沧州市
A21153.SZ	河北广电无线传媒股份有限公司	创业板	报送证监会	石家庄市
A22396.SZ	中航上大高温合金材料股份有限公司	创业板	已审核通过	邢台市
A22575.SH	轩竹生物科技股份有限公司	科创板	暂缓表决	石家庄市

数据来源：Wind。

3.新三板股权市场情况

截至 2023 年末，河北省新三板挂牌企业共有 169 家，全国排名第 12 位，数量为全国新三板总家数的 2.71%，总资产达 718.28 亿元。从所属分层来看，创新层公司共有 58 家，占新三板挂牌总量的 34.32%，比例相对较高，说明河北省挂牌企业的质量相对较高。

从区域分布来看，如图 1—1 所示，河北省新三板挂牌企业分布相对集中，其中石家庄市挂牌 55 家，唐山市挂牌 29 家，保定市的挂牌 18 家，沧州市挂牌 15 家，秦皇岛市、廊坊市各挂牌 11 家，邢台市、邯郸市各挂牌 9 家，张家口市、衡水市以及承德市各挂牌 4 家。

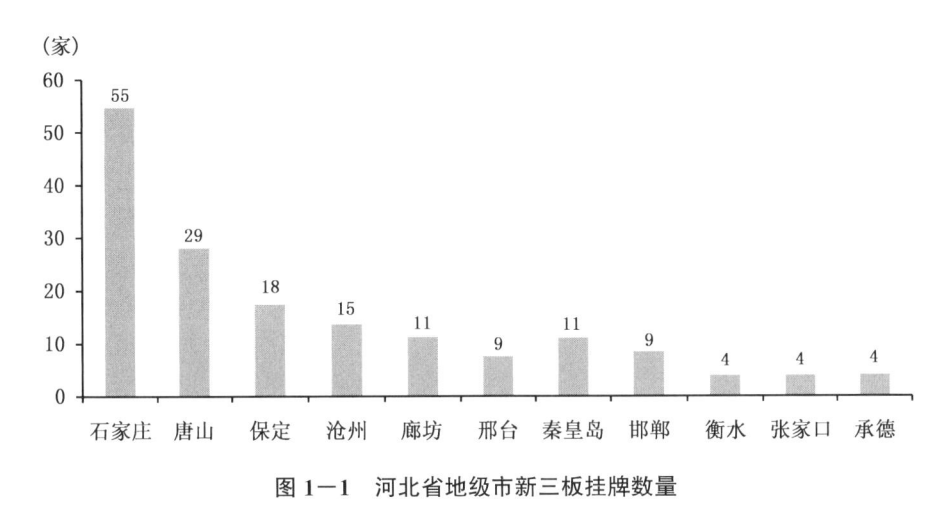

图 1—1 河北省地级市新三板挂牌数量

4. 区域性股权市场情况

当前，河北省仅有一家区域性股权市场运营机构，即石家庄股权交易所（以下简称"石交所"）。截至 2023 年末，石家庄股权交易所挂牌企业累计达 1 758 家，数量位列全国第 18 位；资产合计 1.1 亿元，位列全国第 25 位。其中，主板挂牌企业 643 家，成长板挂牌企业 37 家，孵化板挂牌企业 1 388 家，实现托管企业 2 824 家。

从区域分布来看，河北省 11 个区市均有企业在石交所挂牌，其中石家庄 370 家、沧州 375 家，两地挂牌企业数量占全省的 42.38%；其次是唐山 172 家，廊坊 136 家，邯郸 163 家，保定、秦皇岛、邢台、张家口、衡水和承德 6 市挂牌企业相对较少。

从行业分布来看，主板挂牌企业 643 家，制造业企业有 211 家，房地产业有 25 家，分别占主板挂牌企业的 32.81% 和 3.89%。其次是农林牧渔业、住宿餐饮和环境管理。其余企业分布于采矿业、金融业、电气供应、批发零售、运输仓储及信息技术、租赁商务和其他行业。

从产品类型来看，石交所目前拥有的产品除了企业挂牌、企业预挂牌、股权托管、股权质押、信息披露、网上路演、助贷业务外，还包括多种股权融资产品与债券融资产品,例如挂牌后定向融资、中小企业私募债券等。

(二)债券市场

1. 地方政府债券

2023年,河北省共发行地方政府债券4 201.67亿元,占全国规模的4.51%,在全国31个省市中排名第7。

从发行结构来看,如表1—3所示,2023年河北省地方政府一般债券和专项债券发行规模分别为1 341.83亿元和2 859.84亿元,较2022年分别减少13.03%和增长20.24%。一般债券中,新增一般债和再融资一般债发行规模分别为461亿元和880.83亿元;专项债券中,新增专项债和再融资专项债的发行规模分别为2 082亿元和777.84亿元,以新增专项债为主。2018—2023年,河北省一般债券发行规模较为稳定,专项债券的发行规模持续扩大。

表1—3　　　　　　2018—2023年河北省地方政府债券发行情况

	2018	2019	2020	2021	2022	2023
地方政府债券发行金额(亿元)	2 123.36	2 220.44	2 999.63	3 288.60	3 577.78	4 201.67
其中:一般债(亿元)	1 172.11	943.44	1 155.53	1 131.41	984.04	1 341.83
专项债(亿元)	951.25	1 277	1 844.1	2 157.19	2 593.74	2 859.84

数据来源:中国地方政府债券信息公开平台。

从期限结构看,如图1—2所示,2023年河北省新发行地方政府债券以5年期的10年期及以上为主,最长期限为30年。其中5年期债券和10年期债券都为15只,占比高达46.88%。

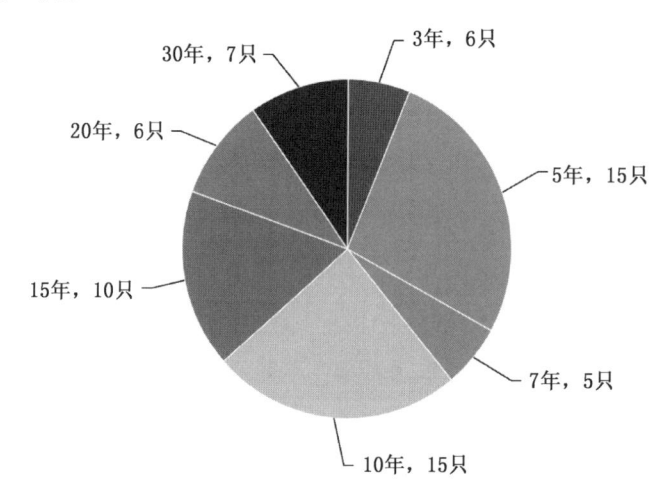

图1—2　2023年河北省新增地方政府债券期限结构

从城投公司发展情况来看,河北省城投公司在城市基础建设、产业投资、民生工程等方面持续发挥着重要的推动作用。截至2023年末,河北省共有41家城投公司,有存量债券的城投公司有40家,存量债券余额为1 183.43亿元;发行过债券的城投公司共计41家,累计发行总额为3 037.32亿元。2023年全年,河北省发行城投债423.12亿元,城投债净融资150.01亿元,非标发行15.36亿元,非标净融资－204.33亿元。

从城投公司地区分布来看,如图1－3所示,唐山市拥有城投公司12家,数量最多,占全省城投公司总量的29%;邯郸为5家;石家庄为4家。总体来看,省内经济越发达的地区拥有的城投公司数量越多。

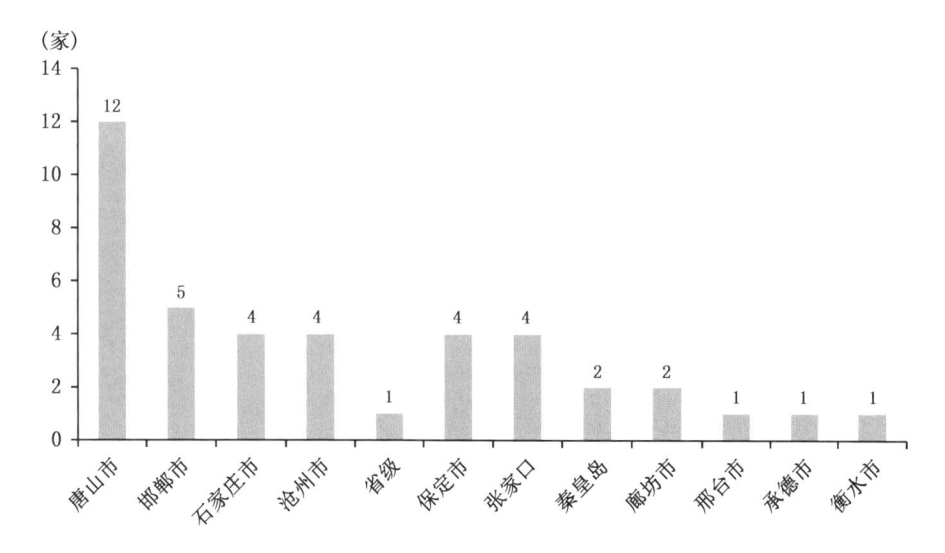

图1－3 河北省城投公司城市分布

从城投公司级别来看,河北省有省级城投公司4家,国家级新区城投公司1家,市级城投公司22家,区县级城投公司13家,地级市开发区城投公司4家。根据主体评级划分来看,河北省城投公司以AA＋和AA评级为主。AAA评级公司共2家,占比5%;AA＋评级公司共14家,占比35%;AA评级公司共20家,占比50%;AA－评级公司共3家,A＋评级公司1家。

2.信用债

如表1－4所示,2023年河北省共发行信用债2 519.45亿元,同比上涨7.49%,占全国规模的1.33%,排名全国第17位;共发行信用债244只,同比上涨15.1%,占全国总数的1.17%。2018—2019年,河北省信用债发行规模小幅上升;2019—2022年,河北省信用债发行金额和发行只数持续下降,降幅较大。

表1-4　　　　　　　　2018—2023年河北省信用债券发行情况

	2018	2019	2020	2021	2022	2023
发行金额(亿元)	2 213.56	2 502.3	2 465.84	2 076.25	2 343.95	2 519.45
发行金额占比(%)	1.94	1.69	1.29	1.04	1.3	1.33
排名	17	6	18	21	17	17
发行只数(只)	192	259	234	199	212	244
发行只数占比(%)	1.87	1.86	1.25	0.96	1.15	1.17

数据来源：Wind。

从债券品种来看，如表1-5所示，河北省发行主体积极拓展和丰富融资渠道，债券融资品种多元化。2023年新发债券的融资品种以一般中期票据、私募债、超短期融资债券和一般短期融资券较多，分别有78只、49只、47只和14只，分别融资726.15亿元、411.67亿元、629.2亿元和113.7亿元。其中，河钢集团成功发行河北首单科技创新公司债融资35亿元；中石化绿源公司发行雄安新区首笔"碳中和"ABS融资3亿元；河北公募REITs政策运用取得重大突破，首单"荣乌高速"项目已报国家发改委预审，"沧州黄骅港"等项目正在全力推进；财达证券发行公募公司债券融资15亿元，承销首只乡村振兴公司债券10亿元，分别创公司历史债券融资最低利率和苏北地区同评级可比公司债券利率新低。

表1-5　　　　　　　　2023年河北省债券融资品种

债券品种	数量(只)	占比	融资金额(亿元)
超短期融资债券	47	19.75%	629.2
定向工具	14	5.88%	116.5
其他金融机构债	0	0.00%	0
商业银行次级债券	5	2.10%	75
商业银行债	0	0.00%	0
私募债	49	20.59%	411.67
一般短期融资券	14	5.88%	113.7
一般公司债	20	8.40%	221
一般企业债	2	0.84%	22
一般中期票据	78	32.77%	726.15
银保监会主管ABS	0	0.00%	0
证监会主管ABS	4	1.68%	20.5
证券公司债	3	1.26%	60

续表

债券品种	数量(只)	占比	融资金额(亿元)
可转债	2	0.84%	98.6
总计	238	100.00%	2 494.32

数据来源：Wind。

从区域分布来看，如图 1—4 所示，2023 年河北省的信用债发行高度集中于石家庄市、保定市和邢台市，其中石家庄市共发行信用债 827.4 亿元，占比 32.84%，保定市 580.12 亿元，占比 23.03%，邢台市共发行 417.6 亿元，占比 16.58%，三市发行规模共计占比 72.44%。唐山市共发行 385.97 亿；邯郸市共发行 105 亿元；沧州市共发行 72.1 亿元；张家口共发行 64.95 亿元；秦皇岛市共发行 23.8 亿元；廊坊市共发行 22.5 亿元；承德市共发行 20 亿元。

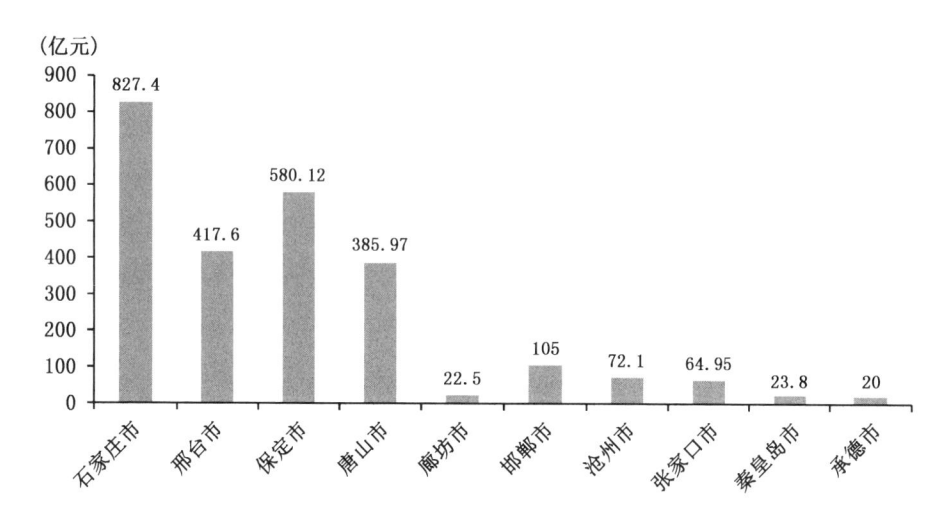

图 1—4　2023 年河北省各地级市信用债券发行规模

3. 存量债券

截至 2023 末，河北存量债券余额为 1 183.43 亿元，余额在全国 31 省债券余额总量中占比 1.02%，排名第 5 位；存量债券 152 只，数量在全国 31 省中占比 0.87%，排名第 18 位。河北省企业的债券融资规模较小，存量债券余额和数量在全国 31 省的排名均低于河北省 GDP 排名，其通过债权市场为企业提供资金支持的能力有待加强。

从城市分布来看，如图 1—5 所示，2023 年底河北省存量债券主要集中于石家庄市和邯郸市，其中石家庄市债券余额 177.5 亿元、占比 15%，唐山市债券余额 237.94 亿元、占比 20.11%。此外，邯郸市和廊坊市的债券余额占比分别为 19.84% 和 13.77%，其他城市的存量债券余额在河北省占比均不足 5%。

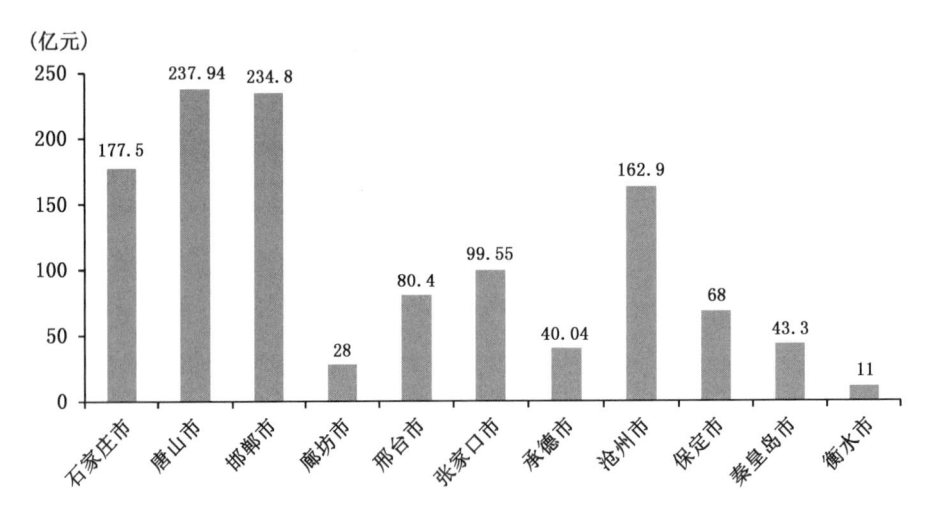

（亿元）
250　237.94　234.8
200　177.5
150　　　　　　　　　　　　　　　　　　162.9
100　　　　　　　　　　80.4　99.55
　　　　　　　　　　　　　　　　　　　　　68
50　　　　　　　　　　　　　　40.04　　　　43.3
　　　　　　　　　28　　　　　　　　　　　　　11
0
石家庄市　唐山市　邯郸市　廊坊市　邢台市　张家口市　承德市　沧州市　保定市　秦皇岛市　衡水市

图1-5　河北省各城市债券存量规模

从期限结构来看，如表1-6所示，2023年底河北省存量债券剩余期限主要集中在5年内。具体来看，1年以内到期的债券数量为14只，占比9.21%，到期余额为106.4亿元，占比8.99%，其中同业存单余额927只；2024—2025年，河北省到期债券数量共计255只，占比1.11%。整体来看，2023—2025年的到期债券数量和金额均较大，面对较为严峻的债券集中偿付压力，河北省需统筹做好应急预案，以防违约事件发生。

表1-6　河北省存量债券期限结构

剩余期限结构	债券数量（只）	债券数量比重	债券余额（亿元）	余额比重
1年以内（不包括1年）	14	9.21%	106.4	8.99%
1—2年	9	5.92%	60.35	5.10%
2—3年	50	32.89%	410.4	34.68%
3—4年	1	0.66%	4	0.34%
4—5年	66	43.42%	501.74	42.40%
5年以上	12	7.89%	100.54	8.50%
合计	152	100.00%	1183.43	100.00%

数据来源：Wind。

（三）总结与分析

河北省GDP在全国的排名从2012年的第6位下降到2022年的第12位，资本市场发展相对滞后，成为制约河北经济发展的因素之一。当前，河北省仍旧面临着上市公司家数少,融资规模较低的现状。截至2023年末,河北省境内上市公司78家,总市值11 273.19亿元,占全国总市值的1.35%,占全省GDP的25.74%。而同期全国上市公司总市值占全国GDP的比例最高已超过150%。河北省GDP在全国所占比例为3.84%,其所拥有的上市公司家数及融资额与经济强省的地位出现不匹配现象。

三、河北省资本市场发展的机遇与挑战

党的二十大报告指出,中国共产党的中心任务就是团结带领全国各族人民全面建成社会主义现代化强国、实现第二个百年奋斗目标,以中国式现代化全面推进中华民族伟大复兴。作为现代经济的核心,金融在资源配置和宏观调控方面发挥着重要作用,资本市场作为金融体系的重要组成部分,在服务实体经济方面展现出了强大的动力,建设中国特色现代资本市场,是中国式现代化的应有之义,是走好中国特色金融发展之路的内在要求。当前,资本市场迎来了新的发展阶段,立足新时期、新形势,资本市场的机遇与挑战并存,河北省应抓住机遇,迎接挑战,加快建设中国特色现代资本市场的河北场景。

(一)发展的机遇

1. 资本市场发展政策带来的机遇

《中华人民共和国国民经济和社会发展第十四个五年规划和2035年远景目标纲要》提出,完善资本市场基础制度,健全多层次资本市场体系,大力发展机构投资者,提高直接融资特别是股权融资比重。党的二十大报告指出,健全资本市场功能,提高直接融资比重。中央对资本市场建设支持力度的加大,为河北省资本市场发展带来了重要机遇。2022年5月12日,河北省省长王正谱组织召开省长办公会,专题研究加快推进企业上市工作;6月2日,河北省政府出台"1+20"政策体系,推出了扎实稳定全省经济运行的一揽子政策措施。其中,《关于扶持企业上市的十一条政策措施》提出要大力营造推进企业上市的浓厚氛围,同时推出了相关激励手段,为推进企业上市、培育储备资源提供了强有力的支持。2023年2月11日,《河北省企业上市行动方案》提出,实施梯次储备"金种子"、专精特新"孵化成长"等六大工程,加快推进企业上市。一系列的政策举措体现了河北省委省政府重视资本市场发展的态度与决心,为河北资本市场发展提供了有利环境。

2. 全面注册制改革带来的机遇

2023年2月,中国证监会发布全面实行股票发行注册制相关制度规则,标志着注册制由仅在科创板、创业板和北交所试点推广到全市场和各类公开发行股票行为,在中国资本市场改革发展进程中具有里程碑意义。全面注册制改革后,多层次资本市场

各板块之间的定位更加清晰，主板主要服务于成熟期大型企业，科创板突出"硬科技"特色，发挥资本市场改革"试验田"作用，创业板主要服务于成长型创新创业企业，北交所与全国股转系统共同打造服务创新型中小企业主阵地。在全面注册制下，企业上市的条件和标准更加多元、包容，审核流程更加透明、高效，不仅有助于提升企业上市融资效率，有效降低企业融资成本、优化财务结构，还在一定程度上缓解了企业融资难、融资贵的问题。河北省应积极把握全面注册制改革的历史机遇，加大对本土企业的扶持力度，引导区域内优质企业积极对接资本市场，加快推动企业形成发行上市的合理预期和工作规划，全力支持企业做大做强。

3. 京津冀协同发展与雄安新区建设带来的机遇

金融是现代经济的核心，京津冀的协同发展离不开金融的支持与引导，也会对当前的资本市场发展格局产生重要的影响。随着京津冀地区一体化进程的推进，河北省将受益于区域经济的协同发展，吸引更多资金和投资，推动资本市场的繁荣发展。与此同时，京津冀协同发展会进一步强化京津冀地区的区域经济结构调整和三地的分工与协作，从而推动河北省产业升级转化。

设立雄安新区是中共中央、国务院为深入推进京津冀协同发展做出的一项重大决策部署，兼具北京非首都功能疏解集中承载地和京津冀区域经济一体化新增长极的双重定位。现阶段，雄安新区已进入大规模建设与承接北京非首都功能疏解并重阶段，高标准、高定位的城市建设所需周期长，预期投入资金规模大，沉淀成本高，仅仅依靠政府投资无法满足建设需要，必须利用金融手段补足资金需求。河北省应把握好雄安新区城市建设的机遇，在基础设施、公共服务、城市建设等方面发挥积极作用。

4. 河北省优势产业发展带来的机遇

近年来，河北省先后出台《河北省钢铁行业数字化转型专项行动计划（2020—2022年）》《关于支持生物医药产业高质量发展的若干政策》《河北省制造业高质量发展"十四五"规划》《河北省建设全国产业转型升级试验区"十四五"规划》《加快河北省战略性新兴产业融合集群发展行动方案（2023—2027年）》等文件，大力实施创新驱动发展战略，为河北省加快传统产业转型升级和新兴产业发展，提升经济质量效益和核心竞争力提供了有利条件。其中，钢铁行业方面，积极推进钢铁行业重组、淘汰落后产能、优化产品结构，有力地推动了产业转型升级。生物医药行业方面，目前已形成多个生物医药产业集群加速发展的态势，其中石家庄国家生物产业基地加快向高端化、聚集化发展，沧州渤海新区生物医药产业园成为京津医药企业转移、科技成果转化的集中承载地，北戴河生命健康产业创新示范区创新发展格局初步形成，安国现代中药工业园加速打造现代中医药产业创新聚集区。河北省应围绕主导产业、优势产业以及重点产业链,大力培育企业标准"领跑者",充分发挥优秀企业标杆作用,助力资本市场高质量发展。

(二)面临的挑战

1.国内外经济形势不容乐观

党的二十大报告指出,"世界经济复苏乏力,局部冲突和动荡频发,全球性问题加剧,世界进入新的动荡变革期"。自进入"十四五"以来,除全球新冠疫情影响外,俄乌冲突等区域性事件也导致了全球通胀处于高位,国外经济从"低增长、低通胀、低利率和高债务"的三低一高模式转变为"低增长、高通胀、高利率、高债务"的新态势。国内方面,经济恢复基础尚不牢固,经济下行压力仍然存在,经济金融内生动力受到较大影响,宏观经济还面临不少挑战。

2.金融领域风险仍需防范化解

防范化解重大风险攻坚战,是党的十九大确定的三大攻坚战之一,金融风险已成为当前突出的重大风险之一。针对地方政府债务问题,中央层面已开始严控隐性债务,基建部门调整了政策,监管层面在此基础上"严监管、强监管",并形成常态。"十四五"期间,中央在"坚决遏制隐性债务增量,妥善处置和化解隐性债务存量"的总基调下,对隐性债务问题建立终身问责制、倒查责任机制,隐性债务监管维持高压态势。严格的金融监管对河北省企业资本市场投融资的开展带来了极大的挑战。

3.战略性新兴产业体量偏小

河北省战略性新兴产业主要包括生物医药产业、新一代电子信息产业、大数据产业、高端装备制造产业以及新能源与智能电网装备产业等。近年来,河北省战略性新兴产业建设取得了一定成果,但与发达省市相比,仍缺少高水平的产业集群,整体发展体量偏小,省内企业多为传统产业,产品技术含量不高、更新换代缓慢,有不少企业还处于产业链、价值链的中低端,整体竞争能力不强。同时,部分中小型企业资金相对匮乏,在融资方面也存在困难,研发平台、环境条件和研发人员等方面的需求也未能满足,从而限制了企业的创新意愿。这些将直接影响到河北省战略性新兴产业的发展速度。

4.利用资本市场的意识和能力不足

资本市场是企业发展壮大的"加速器",具有促进资本形成、优化资源配置、规范公司治理的基础功能,当前河北省利用资本市场的意识不足,用市场的逻辑谋事、用资本的力量干事的能力仍偏弱。2023年上半年,河北省信用债融资总额为885.40亿元,同期,与河北省财力相近的安徽省、湖南省债券发行规模分别为1 965.43亿元、2 104.32亿元,河北省债券发行金额不足安徽省(湖南省)的50%。上市公司方面,河北省 A 股上市公司的数量和体量与安徽省、湖南省也差距较大。利用资本市场的意识和能力不足给河北省资本市场的进一步发展带来了不小的挑战。

四、河北省资本市场发展建议

作为经济发展的助推器,资本市场在区域经济发展中发挥着重要作用。河北省"十四五"规划提出"促进资本市场健康发展""深化投融资体制改革,提高直接融资比重,引导企业到境内外多层次资本市场挂牌上市融资,鼓励符合条件的企业发行债券,支持企业资产证券化"。当前河北省资本市场发展仍面临着直接融资比重较低、融资主体数量和质量不高、融资创新能力不强等问题,应进一步加强省内资本市场建设,多措并举推动资本市场高质量发展,为区域经济提升提供有力支撑。

(一)优化完善扶持政策,加大企业上市支持力度

近年来,多地先后出台支持企业上市的政策,积极培育扶持企业上市,浙江"凤凰行动"计划、湖南"金芙蓉"跃升行动计划以及安徽"迎客松"计划,均提出了辖区内上市公司的数量目标,明确企业上市奖励标准,激发企业上市的积极性。河北省应立足省内发展实际,对标先进省份,进一步优化资本市场发展的扶持政策,加大企业上市支持力度,切实提升上市公司的数量与质量。一方面,组织专业力量深入调研拟上市后备企业,了解企业上市面临的痛点和难点,及时帮助企业协调解决上市过程中存在的突出困难问题,为企业挂牌、辅导、上市等各个环节提供精准的政策支持。另一方面,加大对省内各级上市公司支持政策的解读宣传工作,通过论坛、研讨会、宣讲会等形式,拓展宣传渠道,使各级部门、企业充分认识促进多层次资本市场发展的重要意义。

(二)大力发展引导基金,带动区域优势产业发展

作为社会资本与实体产业融合发展的催化剂,政府投资引导基金主要扶持创业初期的战略性产业以及高新技术产业企业,在促进产业升级、加快产业聚集、提升产业竞争力等方面发挥了重要作用。据不完全统计,全国已有千余只政府引导基金,而河北省政府投资引导基金数量较少,仍存在投资偏慢、对社会资本吸引力不强、优质投资项目寻找难、缺乏专业化的管理人才等问题。河北省应积极学习发达省份的先进经验,进一步明确政府引导基金的管理体制,强化市场化运作、专业化管理原则,优化出资比例、返投比例等政策,明确让利奖励措施,建立尽职免责容错机制,优选优质基金管理公司参与基金管理,促进河北省政府投资引导基金健康发展。与此同时,充分发挥政府引导基金的引领作用,引导社会资金加大对省内主导产业和战略性新兴产业的投资力度,特别是先进钢铁、绿色化工、生物医药产业等优势产业,促进产业资本深度融合,打造优势产业龙头企业,带动省内产业升级,为区域经济发展注入新动能。

（三）探索创新融资模式，用活用好债务融资工具

作为外源融资的主要方式之一，债券融资逐渐成为企业获得资金的重要渠道之一。现阶段，河北省内企业债券融资仍以传统的中期票据、短期融资券和私募债等为主，融资创新能力有待进一步提升，应支持企业用活用好债务融资工具，推动不同类型、不同发展阶段的优质企业在运用好传统债券融资品种的基础上，探索尝试资产证券化、公募 REITs 等创新融资品种，为企业持续发展提供资金保障。一是支持省内企业开展整合重组工作，打造高评级融资主体，不断提升企业融资能力，同时统筹协调区域内优质资产资源，加大对重点企业的支持，提高企业运营质效。二是深入挖掘省内闲置资产价值，积极推动不动产、基础设施等重点领域相关企业开展资产证券化融资，加快推动资产证券化创新发展。三是鼓励企业用好公募 REITs 工具。2020 年至今，公募 REITs 推动迅速，监管从试点指引、投资者参与、税收政策支持、扩募规则等方面不断完善国内公募 REITs 发展框架。河北省基础设施资源丰富，应着力引导仓储物流、收费公路等交通设施，水电气热等市政设施以及产业园区等基础设施发行 REITs，盘活存量资产，拓展资金来源。

（四）挖掘优质后备企业，推动上市公司做大做强

发展直接融资是资本市场的重要使命，而提高上市公司质量、孵化高质量上市公司群体，是提高直接融资质效的重要一环。随着注册制改革全面落地，各板块定位更加清晰。河北省应积极落实有关政策，进一步完善多层次资本市场挂牌上市后备企业资源库和重点上市后备企业资源库，确保后备企业纳入统一管理平台。对列入省市重点工程、重大项目的企业，属于国家产业政策优先支持的企业，对区域经济社会发展起重要支撑作用的企业，在行业内有重大影响的龙头企业，以及具有自主知识产权的创新型企业要优先入库。同时深入挖掘资源库中的优质后备企业，对照上市条件优中选优，从前端把控企业品质，予以重点调控、重点扶持、重点推进。对于已上市重点企业，应加大政策、资源倾斜力度，推动其进一步做大做强。一方面，支持上市公司积极运用配股、增发、可转债等再融资工具，低成本支持企业发展壮大；另一方面，鼓励企业采取并购重组等方式加强存量资产优化整合，提升资产质量和规模效益，从而优化产业结构，带动产业链发展。

（五）加强中介机构建设，营造良好资本市场生态

长期以来，中介机构扮演着资本市场"看门人"的角色，资本市场高质量建设发展离不开优质高效的中介服务。河北省应通过给予财政补贴、场地补贴和落户奖励等方式，加强债券市场、股票市场各类融资中介机构的培育和引进，吸引全国头部券商、优秀私募和金融中介机构落户河北或设立分支机构；推动搭建省内企业与主流评级机

构、会计师事务所、律师事务所等中介机构的沟通平台,为企业融资提供专业化辅导。当前,河北省暂无融资担保公司,河南、安徽、湖南、四川等省份均设有省级担保公司,主要为省内城投企业提供担保,为企业融资及项目建设提供大规模增量资金支持。河北省应尽快设立省级层面的融资担保公司,完善债券融资支持机制,为省内企业债券融资提供增信担保,以更低利率成本、更大融资规模筹集更大体量资金,服务于省内基础设施建设和产业创新发展。

参考文献：

[1]Benjamin Graham ,David Dodd. *Security Analysis*[M]. McGraw-Hill Education Press：1934.

[2]Benjamin Graham. *The Intelligent Investor*[M]. Harper Business Press：1949.

[3]Thomas Piketty. *Capital in the Twenty-First Century*[M]. Belknap Press：2014.

[4]WURGLER J. Financial Markets and the Allocation of Capital[J]. *Journal of Financial Economics*，2000,58(01)：187—214.

[5]Zvi Bodie,Alex Kane, Alan J. Marcus. *Investments*[M]. McGraw-Hill Education Press：2017.

[6]莫琳·奥哈拉著,杨之曙译.市场的微观结构理论[M].北京:中国人民大学出版社,2007.

[7]陈岱松.回望中国资本市场的发展历程——纪念改革开放30年[J].科技与经济,2009(01)：70—73.

[8]陈辉,金山,顾乃康,等.我国多层次资本市场的制度变迁逻辑研究[J].西部论坛,2023(01)：29—41.

[9]樊纲.股份合作制与中国资本市场的多层次发展[J].学习与实践,1998(4)：13—16.

[10]胡海峰.多层次资本市场:从自发演进到政府制度设计[M].北京:北京师范大学出版社,2010.

[11]胡杏,齐稚平,何佳.我国资本市场互联互通的历程、现状与展望[J].清华金融评论,2021(09):46—49+44.

[12]黄奇帆.中国资本市场发展历程、功能作用及其进一步发展措施[J].清华金融评论,2018(06):79—81.

[13]靳毅.中国资本市场30年发展历程[J].金融博览,2020(12):9—11.

[14]罗黎明.回看资本市场发展历程 展望证券公司财富管理[A].创新与发展:中国证券业2019论文集,2020(08):276—282.

[15]阙紫康.多层次资本市场发展的理论与经验[M].上海:上海交通大学出版社,2007.

[16]时剑.我国多层次资本市场体系建设的思考[J].时代金融,2016(08):326—331.

[17]王殿祥,刘常建,曹莹莹.山东资本市场改革历程及展望[J].金融发展研究,2019(08):34—39.

[18]王国刚.建立多层次资本市场体系研究[M].北京:人民出版社,2006.

[19]谢伏瞻,蔡昉.中国改革开放:实践历程与理论探索[M].北京:中国社会科学出版社,2021.

[20]徐凯.资本市场分层的理论逻辑与效应检验:基于中国新三板市场的分析[J].金融经济学研究,2018(02):84—94.

[21]鄢伟波,王小华,温军.分层制度提升新三板流动性了吗?——来自多维断点回归的经验证据[J].金融研究,2019(05):170—189.

[22]张晓燕.中国资本市场开放历程与影响分析[J].人民论坛,2019(26):74—76.

[23]中国证券监督管理委员会编著.中国资本市场三十年[M].北京:中国金融出版社,2021.

[24]钟红,陈玉琳.资本市场开放的历程与方向[J].中国金融,2020(17):41—43.

[25]资本市场改革课题组.创新驱动高质量发展要深化资本市场改革——兼谈科创板赋能创新发展[J].经济学动态,2019(10):93—100.

[26]河北省人民政府.河北省金融业发展十四五规划[EB].

区域篇

石家庄市资本市场发展分析报告

摘要：作为河北省省会，石家庄市集全省政治、经济、科技、金融、文化和信息中心于一体。近年来，石家庄市区域生产总值一直稳居全省第二，一般公共预算收入位居河北省首位，债务余额和债率率增速均维持在合理水平。与经济、财政情况相对应，石家庄市资本市场整体格局较为稳定，债券市场融资规模以及上市公司家数稳居省内第一。2023年，石家庄市债券融资主体数量为11家，共发行信用债827.40亿元。截至2023年末，石家庄市共有23家A股上市公司和55家新三板挂牌企业，挂牌企业中共19家企业位于创新层，36家企业位于基础层，这些企业主要涉及制造业、文体娱乐业、软件信息技术服务业、租赁和商务服务业、农林牧渔业、建筑业、科学研究与技术服务业和水利、环境和公共设施管理业等行业。

总体来看，石家庄市资本市场发展程度在省内位居前列，但区域内融资主体的市场活跃度不高，直接融资仍有较大空间。鉴于此，石家庄市应进一步加强资本市场建设。债券市场方面，理顺政企关系，明确市场主体，同时丰富债券融资渠道，优化整合国有资源，建立偿付基金和城投公司风险防范机制。股权市场方面，一是加强并购整合，深化平台战略合作；二是培育优质企业，鼓励企业挂牌上市；三是加大对企业的财税支持力度；四是推动石家庄股权市场融入京津冀金融协同进程。

关键词：资本市场；债券发展；股权发展；融资模式；石家庄市

一、石家庄市经济、财政及政府债务情况

石家庄作为京津冀地区中心城市，地理位置优越，地处华北平原腹地，铁路交通纵横交错，辖区内京广、石太、石德、石太客运专线、京广高铁、石济高铁6条铁路干线交

汇,北连京津、西至太行、东入渤海、南往广深,是华北地区物资转运的重要枢纽城市。得益于四通八达的交通优势,石家庄迅速发展成为华北地区的物资转运中心和商品集散地。近年来,随着京津冀三地自由贸易试验区、国家自主创新示范区、首都经济圈等经济规划的先后落地,石家庄经济迎来了新的发展高度。

(一)经济情况

在地区生产总值方面,2020—2023年,石家庄市地区生产总值分别为5 935.1亿元、6 490.3亿元、7 100.6亿元、7 534.2亿元,地区生产总值增速分别为3.9%、6.6%、6.4%、6.1%,高于河北省经济总体增速。

在产业结构方面,近年来,石家庄市的产业持续转型升级,第一产业占比小幅下降,第二、三产业对经济增长的贡献程度持续提高。2023年,石家庄市第一、二、三产业占比分别为7.7%、30.6%、61.9%,其中,第一产业增加值576.9亿元,同比增长4.1%;第二产业增加值2 309.2亿元,同比增长7.2%;第三产业增加值4 648.1亿元,同比增长6%。如表2—1所示。

表2—1　　　　　　　　2020—2023年石家庄市经济基本情况

项　目		2020年	2021年	2022年	2023年
地区生产总值(亿元)		5 935.1	6 490.3	7 100.6	7 534.2
地区生产总值增速(%)		3.9	6.6	6.4	6.1
第一产业(亿元)		498.6	504.8	558.3	576.9
第二产业(亿元)		1 745.2	2 107.1	2 334.1	2 309.2
第三产业(亿元)		3 691.3	3 878.4	4 208.2	4 648.1
产业结构	第一产业(%)	8.4	7.8	7.9	7.7
	第二产业(%)	29.4	32.5	32.9	30.6
	第三产业(%)	62.2	59.8	59.3	61.7
固定资产投资增速(%)		−20.1	−5.9	9.7	7.4
进出口总额(亿元)		1 341.1	1 481.2	1 235.1	1 237.1
出口额(亿元)		785.6	857.1	803.7	774.3
进口额(亿元)		555.5	624.1	431.4	462.3
社会消费品零售总额(亿元)		2 279.6	2 392.5	2 436.1	2 751.2
城镇居民人均可支配收入(元)		40 247.0	43 024.0	44 745.0	47 564.0
农村居民人均可支配收入(元)		16 947.0	18 676.0	19 834.0	21 242
居民消费价格指数(上年=100)		102.3	100.9	101.2	100.7

续表

项　目	2020年	2021年	2022年	2023年
金融机构各项存款余额（本外币，亿元）	15 917.8	17 188.0	19 861.1	22 246.7
金融机构各项贷款余额（本外币，亿元）	12 781.8	14 252.9	15 776.0	1 7647.6

数据来源：石家庄市人民政府官网。

近年来，石家庄市的经济水平一直稳居第二，经济发展表现较出色。2021年7月，河北首次提出"强省会"的战略方针，出台《关于大力支持省会建设和高质量发展的意见》，提出石家庄要积极融入京津冀协同发展格局，紧密对接雄安新区的建设发展，当好全面建设现代化经济强省、美丽河北的排头兵和领头雁。石家庄也明确要大力实施产业蝶变与跃升战略，集中资源在新一代电子信息、生物医药两大产业上率先突破，打造千亿级产业集群，并将"地区生产总值突破万亿"列为首要任务，力争到2025年综合经济实力重回全国前30强。

（二）财政情况

与较高的经济发展水平相对应，石家庄市一般公共预算收入也位居河北省首位。2023年，河北省一般公共预算收入实现4 286.1亿元，其中石家庄市一般公共预算收入实现737.9亿元，占河北省比重为17.22%，同比增长6.97%。见表2-2所示。

表2－2　　　　　　　　石家庄市2023年财政预算收支情况表　　　　　　　　单位：亿元

	项　目	全　省	石家庄市
收入	一般公共预算收入	4 286.1	737.9
	其中：税收收入	2 577.6	416.0
	非税收入	1 708.5	291.7
	政府性基金预算收入	1 609.4	—
	国有资本经营预算收入	15.7	—
支出	一般公共预算支出	9 605.7	1 274.8
	政府性基金预算支出	—	—
	国有资本经营预算支出	10.1	

数据来源：Wind，河北省财政厅，部分数据缺失。

（三）政府债务情况

截至2023年末，石家庄市地方政府债务限额为2 307.86亿元，其中一般债务限额747.44亿元，专项债务余额1 560.43亿元；石家庄市实际政府债务余额2 424.49

亿元,债务余额控制在财政部批准的限额之内,债务余额和债务率增速均低于河北省整体水平。如表2—3所示。

表2—3　　　　　　　　　　石家庄市2023年债务指标

	全省		石家庄市	
	数值	增速	数值	增速
地方政府债务余额(亿元)	18 427.40	17.01%	2 307.86	13.62%
地方政府债务限额(亿元)	19 059.60	11.08%	2 424.49	7.9%
债务率(宽口径)(%)	281.9	67.99%	191.86	−2.55%

数据来源:企业预警通。

二、石家庄市资本市场概述

(一)资本市场发展概况

1. 债权资本市场历年总体状况

经过多年的发展,石家庄市债券资本市场已基本形成相对稳定的格局,在省内债券发行规模排名第一。石家庄市信用债券发行规模及发债主体统计如表2—4所示。

表2—4　　　　2017—2023年石家庄信用债券发行总量、债券发行主体数量

项　目	2017年	2018年	2019年	2020年	2021年	2022年	2023年
债券发行总量(亿元)	799.10	872.96	707.34	924.05	639.00	759.40	827.40
债券发行主体数量(家)	10	16	17	20	20	13	11

注:统计范围涵盖城投公司、产业企业、金融机构。

数据来源:Wind。

2017—2023年,石家庄市年度信用债券的发行总量在600亿元至950亿元之间波动,并在2020年达到924.05亿元的峰值后,总体呈现先下降后上升的趋势。与发行总量相似,石家庄市信用债券发行主体数量于2023年达到峰值后也在逐年递减。

不仅如此,随着债券融资品种逐渐丰富,石家庄市多家平台抓住政策窗口,实现了交易所、银行间等多渠道的融资,实现融资品种和数量的双增加,其中私募债和一般中期票据的增速增加明显。近年来发行债券融资品种的统计情况如表2—5所示。

表 2—5　　　　　　　2017—2023 年石家庄债券融资品种　　　　　　单位:只

	2017年	2018年	2019年	2020年	2021年	2022年	2023年
超短期融资债券	10	13	14	13	13	10	6
定向工具	6	6	1	4	1	1	1
其他金融机构债	4	2	2	2	1	0	0
商业银行次级债券	0	0	1	1	1	2	0
商业银行债	0	2	0	0	0	1	0
私募债	3	3	11	6	13	6	13
一般短期融资券	8	11	7	5	3	2	1
一般公司债	4	7	3	5	5	3	11
一般企业债	0	2	3	3	3	0	0
一般中期票据	18	13	18	25	13	27	39
(原)银保监会主管 ABS	3	3	3	3	0	0	0
证监会主管 ABS	11	0	2	1	3	0	0
证券公司债	0	2	1	3	2	3	3
总计	67	64	66	71	58	55	74

数据来源:Wind。

2.股权市场前期发展的重要主体

截至 2023 年末,石家庄共有 23 家境内上市公司。其中,10 家在深交所主板上市、6 家在深交所创业板上市、5 家在上交所主板上市、2 家在北交所上市。

1994 年 1 月 3 日威远生化(现新奥股份,600803.SH)率先登陆 A 股,作为石家庄首家 A 股上市公司,威远生化由石家庄建筑材料厂等 3 家公司共同发起设立,主营生物化工产品、精细化工产品的生产及销售。与威远生化同期上市的公司还有华北制药(600812.SH),其前身为华北制药厂,是我国"一五"计划期间的重点建设项目、新中国成立初期四大药厂之一,同时开创了我国大规模生产抗生素的历史,后经股份制改革,于 1994 年 1 月 14 日登陆 A 股资本市场,是石家庄第一家医药上市公司。2003 年,威远生化原控股股东威远集团受让其股权给新奥集团,实现了新奥集团天然气板块的借壳上市。如今,新奥股份作为新奥集团清洁能源产业链的重要组成部分,主营天然气的生产和销售、能源化工产品的生产和销售以及能源技术工程服务等。

(二)资本市场的现状及分析

1.债权资本市场发展现状

(1)区域内存量债券情况分析

截至2023年末,石家庄市区域内企业存量债券数量为200只,存量规模为2 592.55亿元,品种涉及公司债、企业债、银行间产品、金融债等。石家庄市债券存量结构如表2—6所示。

表2—6 截至2023年末石家庄市债券存量结构

期限	债券数量(只)	债券数量比重(%)	债券余额(亿元)	余额比重(%)
1年以内	4	2.00	25.00	0.96
1—2年	3	1.50	45.00	1.74
2—3年	18	9.00	249.80	9.64
3—4年	107	53.50	1 377.61	53.14
4—5年	1	0.50	1.30	0.05
5年以上	67	33.50	873.84	34.48
合计	200	100.00	2 592.55	100.00

由上表可知,当期石家庄区域债券到期期限集中在3年以内,3年以内到期债券数量占比66.00%、余额占比65.48%;其中3—4年到期的债券数量占比最大,为53.50%,期限结构较为合理。

石家庄市不同主体的融资利率有较大差异,多集中于5%以下区间。

(2)区域内债权融资主体情况分析

经统计,2023年石家庄共11家企业发债总额总计827.40亿元。石家庄区域内发行信用债券的融资主体情况见表2—7。

表2—7 2023年石家庄发行信用债券融资主体一览

企业名称	发债总额(亿元)	发行数量(只)	主体评级	企业类型	所属行业二级
财达证券股份有限公司	60	3	AAA	地方国有企业	多元金融
河北昌泰建设发展集团有限公司	10	1	AA+	地方国有企业	资本货物
河北建设投资集团有限责任公司	25	4	AAA	地方国有企业	资本货物
河北建投新能源有限公司	8.4	2	AA+	地方国有企业	公用事业Ⅱ
河北交通投资集团有限公司	168	14	AAA	地方国有企业	运输
河北省国有资产控股运营有限公司	10	2	AA	地方国有企业	资本货物

续表

企业名称	发债总额（亿元）	发行数量（只）	主体评级	企业类型	所属行业二级
河钢股份有限公司	53	4	AAA	地方国有企业	材料Ⅱ
河钢集团有限公司	330	27	AAA	地方国有企业	材料Ⅱ
石家庄国控城市发展投资集团有限责任公司	63	5	AAA	地方国有企业	资本货物
石家庄交通投资发展集团有限责任公司	95	11	AAA	地方国有企业	资本货物
新奥天然气股份有限公司	5	1	AAA	民营企业	公用事业Ⅱ

注：其中石家庄滹沱新区投资开发有限公司合并到石家庄国控城市发展投资集团有限责任公司列示，石家庄市交通投资开发有限公司合并到石家庄交通投资发展集团有限责任公司列示。

从发债主体的产业结构来看，在11家发债主体中，数量最多的是资本货物行业；企业类型以国企居多，特别是城投公司。

从主体评级来看，石家庄市发行债券的11家发债主体中，AAA评级为8家，占比72.73%；AA+评级为2家；占地18.18%；AA评级为1家，占比9.09%。

2.股权资本市场发展现状

从上市公司的地域分布来看，拥有石家庄国家高新技术产业开发区的裕华区聚集上市公司最多，共9家；其中，民营企业8家，国有企业2家。此外，长安区拥有上市公司1家，桥西区、鹿泉区各有上市公司2家，栾城区、正定县、元氏县和无极县各有上市公司1家。

城市经济的发展始终离不开产业的发展。作为我国第一个五年计划重点建设的城市之一，石家庄借助其作为华北地区重要交通枢纽的优势，逐步形成以纺织服装、生物医药、高端制造和信息技术为主的产业运营模式。据统计，这23家公司共来自4个行业。其中，最多的行业为制造业，有17家公司；其次是电力、热力、燃气及水生产和供应业，有3家上市公司。此外，在信息传输、软件和信息技术服务业和金融行业也均有公司上市。

同时，2023年末石家庄市拥有新三板挂牌企业55家、区域性股权市场挂牌企业74家、国家级专精特新"小巨人"企业71家。

（三）资本市场发展的优势与不足

1.债权资本市场发展的优势与不足

（1）优势分析

①省会资源打造国有企业集聚优势

石家庄市一般公共预算收入位居河北省首位,石家庄市也是全省的政治、经济、科技、金融、文化和信息中心,是国务院批准实行沿海开放政策、金融对外开放及批复确定的中国京津冀地区的重要中心城市,也是全国重要的商品集散地和北方重要的大商埠、全国性商贸会展中心城市、中国国际数字经济博览会永久举办地及中国(河北)自由贸易试验区。

近年来,石家庄市着力做强做优新一代信息技术、生物医药健康、先进装备制造与现代商贸物流四大产业。2021年9月,石家庄发布了《石家庄市市属国有企业重组整合总体实施方案》,将77家市属国有企业进行全面重组整合,最终形成"5+2"的市属国有企业架构,进一步明晰市属国企的功能定位和业务布局,推动国有资本向城市建设、交通发展、产业培育、水务农业、文体旅游等方面集中,聚力打造主业突出、竞争力强、带动作用显著的一流国企,为这类企业转型发展提供良好的环境与机遇。

②城投企业短期偿债压力较轻

目前,石家庄地区城投企业资产和收入规模稳步增长,财务杠杆维持在相对合理的水平,短期偿债压力较轻。以石家庄国控城市发展投资集团有限责任公司为例,作为一家企业信用等级为AAA的城投企业,其主营业务为城市建设投融资、城市基础设施建设、城市资源开发和运营管理等,承担了市政道路、桥梁、城市停车场、综合管廊、地产开发等基础设施建设工程及建材生产的建设任务。该企业2023年度的营业收入为106.13亿元,净利润6.68亿元,总资产2 750.18亿元,净资产816.49亿元,总负债1 933.68亿元,正努力打造成为公益项目建设与市场化多种经营双轮驱动发展的现代企业。当前,石家庄的五大平台已经进行了深度整合,有利于提高各平台的综合实力和外部评级,此外,也有助于发行人提高市场认可度、降低融资成本。

(2)不足分析

①区域平台的市场活跃度较低,直接融资仍有较大空间

石家庄市五大集团公司的存量债券规模与其整体资产体量及石家庄市未来投资需求相比,存量债券规模偏低,直接融资渠道对于城市建设发展的支持力度不足。建议石家庄市相关企业加快推进债券等直接融资工作,提升直接融资比重,优化负债结构,为省会高质量发展筹措资金。

②区县级平台较弱,未能充分整合区域内资源

除河北昌泰建设发展集团有限公司成功实现债券融资以外,其他各区县均未有公司实现资本市场融资。因受限于资产体量、区县层级限制等问题,多个区县资产整合后整体实力仍偏弱,无法独立开展融资。石家庄市可借鉴其他南方发达省份的经验,适时推进市县资产的统筹整合,或推进市县国有企业的战略合作,进而实现对区县资

产的充分利用,提升石家庄市范围内的整体融资空间。

③产品结构较为单一,缺少创新产品

从债券品种情况来看,目前石家庄地区债券融资品种以公司债、中期票据和定向工具等传统融资工具为主,缺少资产证券化、基础设施公募 REITs 等创新债券品种的融资,尚未实现资产的有效盘活。石家庄市属国有企业下辖多类优质资产,例如供水基础设施、高速公路、停车场、商业物业等,可通过资产证券化、基础设施公募 REITs 等产品实现资产盘活,募集资金继续投向各类建设项目,推动经济发展。

2. 股权资本市场发展的优势与不足

(1) 优势分析

①工业制造业基础雄厚

党的二十大报告提出,建设现代化产业体系,坚持把发展经济的着力点放在实体经济上。石家庄大力发展装备制造产业,积极引进龙头企业和配套企业,引导企业加强科技创新,着力打造轨道交通、通用航空、新能源汽车等产业集群,大力扶持制造业企业发展。在越来越多符合条件的区域性股权市场设立"专精特新"专板的趋势下,石家庄股权资本市场发展前景广阔。

②细分行业的龙头型企业众多

自第一个五年计划以来,石家庄抓住历史机遇,狠抓工业制造业,发展至今孕育了一批各细分行业的龙头型企业。在石家庄市的上市企业中,作为行业龙头且在全国具有较大影响力的企业有多家,其中以河钢股份有限公司(以下简称"河钢股份")最为突出。河钢股份为全国较大的钢铁上市公司之一,在钒钛钢铁冶炼以及钒产品生产技术上处于世界领先地位。

③聚焦核心产业,产业转型不断加快

以东旭光电科技股份有限公司(以下简称"东旭光电")为例,东旭光电是全球领先的光电产业供应商,是国内最大、世界第四的液晶玻璃基板生产商,先后开展了光电显示材料、高端装备制造、建筑安装工程、新能源汽车研发及制造等领域的业务。但是,东旭光电 2021 年前亏损 28 亿元,公司为尽快走出经营困境,正剥离和减少非核心产业,并聚焦发展光电显示主业。

(2) 不足分析

①上市公司数量少且种类单一

与经济发达地区相比,石家庄市的数量较少,且现有上市公司多为传统制造业与大型国企,缺少当下对于经济有拉动贡献作用的制造业、科技类上市公司。

②上市公司可持续发展能力不足

石家庄高新区上市公司的净利润率表现不太乐观,园区上市公司盈利能力不足,可持续发展需要引起重视。近年来,石家庄高新区管委会将企业有效利用多层次资本市场作为重点工作来抓,并于2020年出台了《石家庄高新区企业挂牌上市奖励资金管理办法(修订)》,支持各类拟上市及创新型企业丰富融资渠道、加快上市进度,但效果仍达不到预期。

三、石家庄市融资主体概况

(一)区域内城投公司总体情况

1. 区域内城投公司总体情况

2021年9月,为推动国有资本向城市建设、交通发展、产业培育、水务农业、文体旅游等方面集中,打造出一批主业突出、竞争力强、带动作用显著的一流国企,石家庄市出台《市属国有企业重组整合总体实施方案》,对其平台公司进行并购重组。石家庄市根据方案要求和市属国企功能定位和业务布局的实际状况,按照同业归并、产业链纵向整合的原则,将77家市属国有企业进行全面重组整合,筹建五大企业集团,分别是:石家庄国控城市发展投资集团有限责任公司(简称"城发投集团")、石家庄交通投资发展集团有限责任公司(简称"交投集团")、石家庄国有资本投资运营集团有限责任公司(简称"国投集团")、石家庄水务投资集团有限责任公司(简称"水投集团")、石家庄文化旅游投资集团有限责任公司(简称"旅投集团")。

截至2023年末,石家庄市有存量债券的城投公司有3家,存量债券余额共计364.50亿元;发行过债券的城投公司共计4家,累计发行总额为715.9亿元。2023年全年,石家庄市发行城投债168亿元,城投债净融资143.2亿元。截至2023年末,石家庄市有市级城投公司5家。其中,石家庄市城市建设投资控股集团有限公司的实际控制人为石家庄市财政局,石家庄国控城市发展投资集团有限责任公司和石家庄市建设投资集团有限责任公司的实际控制人为石家庄市人民政府国有资产监督管理委员会;有存量债券的市级城投公司有1家,存量债券余额共计156.6亿元。市级城投公司基本情况如表2—8所示。

表2—8 石家庄市市级城投公司基本情况

主体名称	成立日期	注册资本(亿元)	主体评级	存量债券余额(亿元)	存量债券(只)	累计债券(亿元)	累计债券(只)
石家庄国控城市发展投资集团有限责任公司	2010-06-22	300.00	AAA	177.50	14	435.50	33

续表

主体名称	成立日期	注册资本（亿元）	主体评级	存量债券余额（亿元）	存量债券（只）	累计债券（亿元）	累计债券（只）
石家庄交通投资发展集团有限责任公司	2013-07-10	200.00	AAA	177.00	21	252.40	34
石家庄国有资本投资运营集团有限责任公司	2008-04-15	100.00	AAA	—	—	—	—
石家庄水务投资集团有限责任公司	2005-12-31	50.00	AA+	—	—	—	—
石家庄文化旅游投资集团有限责任公司	2014-06-25	50.00	AA+	—	—	—	—

数据来源：Wind，部分数据缺失。

截至目前，石家庄市有区县级城投公司18家，其中主体评级为AA+的河北昌泰建设发展集团有限公司发行过债券，存量债券余额为10.00亿元。区县级发债城投公司基本情况如表2—9所示。

表2—9　　　　石家庄市区县级发债城投公司基本情况

主体名称	成立日期	注册资本（亿元）	主体评级	存量债券余额（亿元）	存量债券（只）	累计债券（亿元）	累计债券（只）
河北昌泰建设发展集团有限公司	2016-03-23	56.79	AA+	10.00	1	10.00	1

数据来源：Wind。

2.城投公司转型发展情况

(1)市级平台情况

2021年6月，以国有企业改革三年行动为契机，石家庄市启动了新一轮的国有企业改革，以盘活国企资源，在不到半年时间内完成了77家国有企业重组整合为5家企业集团的工作。围绕城市建设、交通发展、产业培育、水务农业、文体旅游等产业，打造了城发投集团、交投集团、国投集团、水投集团与旅投集团。此外，保留2家市场化程度较高的企业——北人集团、常山集团，并表到国投集团，最终形成"5+2"的市属国有企业架构。

如表2—10所示，目前在石家庄市区域内市级城投平台中，石家庄城发投集团、石家庄交投集团、石家庄国投集团已获得AAA评级，并启动交易所、银行间产品；石家庄水投集团整合已经完成，获AA+评级；石家庄旅投集团已取得AA+评级，已申报公司债；北人集团、常山集团均已获AA+评级。

表 2—10　　　　　　　　石家庄 5 家市级城投平台转型发展现状

石家庄城发投集团	已获得 AAA 评级,并启动交易所、银行间产品
石家庄城发投集团	已获得 AAA 评级,并启动交易所、银行间产品
石家庄交投集团	已获得 AAA 评级,并启动交易所、银行间产品
石家庄国投集团	已获得 AAA 评级,并启动交易所产品
石家庄水投集团	已获得 AA+评级
石家庄旅投集团	已获得 AA+评级,已申报公司债
北人集团	已获 AA+评级
常山集团	已获 AA+评级

(2)区县级平台情况

目前,石家庄 13 家县级城投平台的转型发展如表 2—11 所示。

表 2—11　　　　　　　石家庄 13 家县级城投平台转型发展现状

桥西区城域建投	成立后推进区内项目建设,目前正处于资产整合阶段
长安区兴安建设	产业子公司已整合完毕,预计 2024 年取得 AA+评级
裕华区	正在推进资产整合,同步整合产业化子公司
新华区	正在推进资产整合
高新区昌泰公司	已获 AA+评级,已于 2023 年发行 10 亿公司债
正定县国控集团	已获 AA+评级,正处于公司债筹备阶段
藁城区建投	已获 AA+评级,正在探索产业化转型
鹿泉区建投	已获 AA+评级,同步打造产业子公司中,产业子公司预计 2024 年获 AA+评级
辛集城建	已获 AA 评级
栾城区城投	已获 AA 评级,正处于筹备境外债阶段
元氏县城投	已获 AA 评级
晋州城投	已获 AA 评级
经开区建投	已获 AA+评级

(3)城投公司做大做强:石家庄城发投集团

①重组后石家庄城发投集团进一步聚焦主责主业,职能定位更加明晰

本次重组,石家庄城发投集团划出了石家庄市公共交通总公司(以下简称"公交公司")、石家庄市轨道交通集团有限责任公司(以下简称"轨交公司")、石家庄市滹沱河综合整治开发有限公司(以下简称"滹沱河治理公司")、石家庄市环城水系综合整治开

发有限公司(以下简称"环城水系公司")、石家庄联合创业融资担保有限责任公司、石家庄财茂新能源科技有限公司、新京大厦和柏润酒店等与公司主责主业非紧密联系型企业或资产;同时划入了石家庄中央商务区建设发展有限公司、石家庄市市政建设总公司和石家庄发展投资有限责任公司(不含其基金子公司)等15家公司。

重组后,石家庄城发投集团是石家庄市最重要的基础设施建设主体,同时,石家庄城发投集团进一步聚焦主责主业,主要规划设置了城市基础设施和保障房建设、土地开发利用、城市更新、城市运营等业务板块,不再从事轨道交通建设、公交运输、自来水供应以及污水处理等业务,主业更加明确,有助于发行人提高市场认可度,降低融资成本。

②完善治理结构,加强对子公司的管控

2021年7月,石家庄城发投集团的股东及实际控制人由石家庄市财政局变更为石家庄市人民政府国有资产监督管理委员会,并逐步完善法人治理结构和内部管理制度,对子公司管控能力得以加强;同时,按照《公司法》和公司章程,建立了集团党委总体把控、董事会战略决策、经营层执行落实、监事会监督检查的现代企业管理体系,并指导二级(集团)公司同步完善了党组织和法人治理结构。除此之外,公司确立了"2+4+N"的总体发展格局,构建了"金字塔型"的三级经营管理架构,坚持"小总部、大平台、强一线"的原则,强化顶层设计,依据精简高效原则,合理设置集团总部;做强做大二级(集团)公司,根据业务板块,成立了9个二级(集团)公司;做专做活三级公司,支持三级公司实现专业化、高端化。

(4)城投公司经营性业务拓展情况

目前,以石家庄城发投集团为代表,除承担重要的城市基建、保障房、土地开发利用等建设任务外,还以"投资方、建设方、经营方、管理方"一体化身份对城建项目开发过程中形成的资产进行运营,逐步加强对新划入资产的整合、盘活和经营,提升资产运营效率;目前石家庄城发投集团城市运营板块中城市供热、停车场运营、物业管理等业务已初具规模。

石家庄城发投集团供热业务主要由石家庄城投天启热能有限公司(以下简称"热能公司")和石家庄环网供热有限责任公司(以下简称"环网供热公司")负责经营。热能公司主要向市内四区5万余户居民用户供热,环网供热公司主要向石家庄西郊供热有限公司等其他供热公司销售热能。其中,环网供热公司为2021年新纳入合并范围,致使石家庄城发投集团供热能力及供热面积大幅上升。2021年石家庄城发投集团供热业务板块实现收入1.88亿元。

物业管理业务由石家庄市居安物业服务有限公司等多家子公司负责运营,目前管理重点项目28个,管理面积320万平方米。2021年公司物业及停车场业务实现收入1.50亿元。此外,公司持有较大规模的商铺、住宅、办公楼等资产,总计可出租面积约

46万平方米,出租率96%,年租金收入1.2亿元。

(二)上市公司总体情况

1. 上市公司总体情况

1994年石家庄出现第一家上市公司新奥股份,截至2023年末,石家庄共有24家上市公司,上市公司的上市日期、注册资本、上市板及所属行业如表2－12所示。

表2－12　　　　　　　　　　石家庄市上市公司情况

公司名称	上市日期	注册资本(亿元)	上市板	所属行业
新奥股份	1994/1/3	30.98	主板	燃气生产和供应业
华北制药	1994/1/14	17.16	主板	医药制造业
建投能源	1996/6/6	17.92	主板	电力、热力生产和供应业
东旭B	1996/7/8	56.33	主板	计算机、通信和其他电子设备制造业
东旭光电	1996/9/25	56.33	主板	计算机、通信和其他电子设备制造业
河钢股份	1997/4/16	103.37	主板	黑色金属冶炼及压延加工
电投产融	1999/12/23	53.83	主板	其他金融业
常山北明	2000/7/24	15.99	主板	软件和信息技术服务业
博深股份	2009/8/21	5.44	主板	通用设备制造业
先河环保	2010/11/5	5.37	创业板	仪器仪表制造业
以岭药业	2011/7/28	16.71	主板	医药制造业
常山药业	2011/8/19	9.19	创业板	医药制造业
冀凯股份	2012/7/31	3.40	主板	专用设备制造业
汇金股份	2014/1/23	5.29	创业板	专用设备制造业
通合科技	2015/12/31	1.74	创业板	电气机械及器材制造业
科林电气	2017/4/14	2.27	主板	电气机械及器材制造业
新诺威	2019/3/22	11.71	创业板	食品制造业
新天绿能	2020/6/29	41.87	主板	燃气生产和供应业
方大新材	2020/7/27	1.26	北证	塑料薄膜制造业
中瓷电子	2021/1/4	3.22	主板	计算机、通信和其他电子设备制造业
财达证券	2021/5/7	32.45	主板	资本市场服务
工大科雅	2022/8/8	1.21	创业板	软件和信息技术服务业
尚太科技	2022/12/28	2.61	主板	非金属矿物制品业
美邦科技	2023/5/25	0.83	主板	有机化学原料制造

数据来源:Wind。

目前，石家庄市的上市公司主要集中于制造业，还涉及医药制造业、电子设备制造业、通用设备制造业、专用设备制造业、仪器仪表制造业与食品制造业等。

2. 上市公司地位

虽然石家庄市拥有的上市公司数量较多，但市值普遍偏小且实力不强，其中市值最高的新奥股份也未能突破千亿市值，市值远低于省内其他城市的长城汽车与晶澳科技等龙头企业。其中，长城汽车作为国产新能源汽车整车制造的龙头企业，2023年12月31日其市值为2 142.88亿元，更曾于2021年10月达到超6 000亿元的总市值；晶澳科技作为光伏组件龙头企业，2023年12月31日市值为687.13亿元。

对石家庄市而言，上市公司数量多，意味着其未来成长空间与发展可能性较大，目前的上市公司中不乏新天绿能等区域性龙头企业和先进制造业公司，未来出现千亿市值的上市公司也是可期的。

3. 上市公司资本运作

2023年石家庄市共有1家公司首发上市，2家上市公司采用非公开增发模式融资，融资金额约69.73亿元。目前石家庄市人民政府国有资产监督管理委员会控股上市公司为常山北明，主要从事纯棉纱布和涤棉纱布的生产销售。公司暂不符合公开发行条件，但可通过定增进行融资，由石家庄市属投资集团对公司进行定增，规划合适的募投项目，以提高公司的盈利能力，恢复其在公开市场的融资能力。对于其他13家民营控股类上市公司，可以采取多种模式，例如利用市属国资平台对其进行资产收购，从而控股或参股上市公司。

（1）IPO

美邦科技公司成立于2005年。属于证监会行业分类中的有机化学原料制造业。公司专业从事石油化工、煤化工、精细化工、制药行业生产工艺及装备技术水平的提升，以开发和优化清洁生产工艺为重点，膜工程技术及催化反应技术为核心，提供清洁生产的装备、技术和服务等综合解决方案。据招股书披露，本次发行实际募集资金扣除发行费用后的净额将全部用于四氢呋喃和离子液催化剂相关项目。

表2—13　　　　　　　　2023年石家庄市上市公司IPO情况

公司简称	上市日期	融资类别	发行价格（元/股）	发行数量（万股）	融资金额（万元）
美邦科技	2023-5-25	IPO	10.74	1 320	14 177.00

数据来源：Wind。

（2）再融资

2023年3月10日，新诺威（300765.SZ）定向发行自发行之日起36个月内不得转让的有限售条件流通股,恩必普药业本次取得 72 926 162 股股份。本次发行上市的股份为购买标的资产新增的股份,新诺威通过向控股股东恩必普药业发行股份的方式购买其持有的石药圣雪100%股权,交易双方根据评估基准日 2021 年 5 月 31 日的评估值协商确定石药圣雪100%股权的交易价格为 80 000.00 万元。

表 2—14　　　　　　　　石家庄市上市公司再融资情况

序号	公司简称	融资方式	融资日期	发行价格（元/股）	发行数量（股）	融资金额（万元）	所属行业
1	新诺威	非公开发行	2023-3-10	15.88	31 486 146	50 000	食品制造业
2	中瓷电子	非公开发行	2023-9-12	46.06	83 173 829	383 098.66	信息科技
3	中瓷电子	非公开发行	2023-11-23	83.5	29 940 119	250 000.00	信息科技

数据来源:Wind,暂无 2023 年涵合科技数据。

(三)拟上市公司总体情况

1. 拟上市公司情况

截至 2023 年 12 月 31 日,石家庄共有 8 家辅导备案登记公司。具体如表 2—15 所示。

表 2—15　　　　　　　石家庄辅导备案登记公司总体情况[①]

序号	公司名称	拟上市交易所	行业
1	河北汉尧碳科新能科技股份有限公司	北证	信息技术——软件与服务——软件——应用软件
2	河北华通科技股份有限公司	北证	工业——商业和专业服务——商业服务与用品——环境与设施服务
3	河北华友文化遗产保护股份有限公司	北证	工业——商业和专业服务——商业服务与用品——安全和报警服务
4	河北合佳医药科技集团股份有限公司	——	医疗保健——制药、生物科技与生命科学——制药—西药
5	河北宜农科技股份有限公司	——	农业
6	石家庄龙泽制药股份有限公司	——	医疗保健——制药、生物科技与生命科学——制药——西药
7	河北橡一医药科技股份有限公司	——	医疗保健——医疗保健设备与服务——医疗保健设备与用品——医疗保健用品
8	石药控股集团有限公司	科创板	医疗保健——制药、生物科技与生命科学——制药——西药

---

① 表 2—15 中序号 4—7 的企业未披露拟上市交易所相关信息。

除上述 8 家企业外,石家庄市还有 6 家公司处于在审核或拟发行状态,具体如表 2—16 所示:

表 2—16　　　　　　　石家庄处于审核或发行状态公司总体情况

序号	公司名称	拟上市场所	状态
1	河北美邦工程科技股份有限公司	北证	已回复
2	石家庄尚太科技股份有限公司	深证主板	正在发行
3	轩竹生物科技股份有限公司	科创板	已问询
4	河北广电无线传媒股份有限公司	创业板	已审核通过
5	河北晶禾电子技术股份有限公司	科创板	中止审查
6	河北一品制药股份有限公司	创业板	已问询

在未来 2—3 年内,石家庄市的沪深与北交所上市公司数量将继续增加,但 8 家拟上市公司数量相对其他省会地区偏少,产业类型相对单一,主要以医药行业为主,且缺乏行业内有影响力的龙头企业。

从体量上看,表 2—15 所示的 8 家拟上市公司在石家庄市是行业翘楚。从行业上讲,有 4 家拟上市公司属于医药或配套行业,集中度非常高,从另一个方面也验证了制药行业是石家庄市的经济支柱产业之一;其他 4 家公司分布在服务业、制造业等行业,尤其是河北华友文化遗产保护股份有限公司非常独特,属于大产业中的另类,在国家文化复兴的大背景下,其虽然净利润水平不高,但有可能另辟蹊径,成为一家有前景的上市公司。

受新冠肺炎疫情影响,上述 8 家公司的经营状况均受到一定程度的影响,因此更应利用好现阶段的政府扶持政策,尽快恢复企业的经营活力与盈利能力,并尽快实现上市融资,借助资本市场力量实现企业的跨越式增长。

2."专精特新"企业梳理

石家庄市持续引导中小企业走"专精特新"发展道路,着力打造新质生产力、生力军,总数达到 1 076 家,成为河北省内首个"专精特新"中小企业总数超千家的城市。23 个县(市、区)实现了"专精特新"中小企业全覆盖;石家庄市的专精特新中小企业的新增数和总数均在全省位列第一。国家级专精特新"小巨人"企业是专精特新企业中的"优等生",也是专注细分市场、创新能力强、市场占有率高、掌握关键核心技术、服务于产业链关键环节和质量效益优的排头兵企业。截至 2022 年末,河北省在四批次认定中共有 347 家企业获得国家级专精特新"小巨人"企业认定,其中石家庄共有国家级专精特新"小巨人"企业 71 家,企业数量为河北省第一名,占比 20.46%。石家庄市在四批次中经过认定的专精特新"小巨人"企业分别有 2 家、15 家、29 家、25 家。石家庄市国家级专精特新"小巨人"企业名单如表 2—17 所示。

表 2—17　　　　截至 2022 年末石家庄市国家级专精特新"小巨人"企业名单

序号	企业名称	批次
1	河北协同环保科技股份有限公司	第一批
2	石家庄长安育才建材有限公司	第一批
3	石家庄龙泽制药股份有限公司	第二批
4	河北新大地机电制造有限公司	第二批
5	耐力股份有限公司	第二批
6	河北橡一医药科技股份有限公司	第二批
7	河北威远药业有限公司	第二批
8	石家庄辰泰滤纸有限公司	第二批
9	河北兰升生物科技有限公司	第二批
10	河北爱尔海泰制药有限公司	第二批
11	河北大安制药有限公司	第二批
12	石家庄中汇药品包装有限公司	第二批
13	河北安泰富源安全设备制造有限公司	第二批
14	石家庄华燕交通科技有限公司	第二批
15	河北高达电子科技有限公司	第二批
16	河北德容塑料包装制品股份有限公司	第二批
17	博信通信股份有限公司	第二批
18	河北东森电子科技有限公司	第三批
19	河北晶禾电子技术股份有限公司	第三批
20	河北圣昊光电科技有限公司	第三批
21	中科恒运股份有限公司	第三批
22	天俱时工程科技集团有限公司	第三批
23	石家庄聚力特机械有限公司	第三批
24	河北神玥软件科技股份有限公司	第三批
25	石家庄正中科技有限公司	第三批
26	石家庄圣泰化工有限公司	第三批
27	石家庄阀门一厂股份有限公司	第三批
28	河北鸿科碳素有限公司	第三批
29	沈兴线缆集团有限公司	第三批
30	河北工大科雅能源科技股份有限公司	第三批

续表

序号	企业名称	批次
31	河北旭辉电气股份有限公司	第三批
32	石家庄科林电气设备有限公司	第三批
33	煜环环境科技有限公司	第三批
34	河北创联机械制造有限公司	第三批
35	河北汇能欣源电子技术有限公司	第三批
36	河北普兴电子科技股份有限公司	第三批
37	森思泰克河北科技有限公司	第三批
38	河北新华北集成电路有限公司	第三批
39	河北协同水处理技术有限公司	第三批
40	河北农哈哈机械集团有限公司	第三批
41	河北国源电气股份有限公司	第三批
42	人天通信集团有限公司	第三批
43	石家庄市京华电子实业有限公司	第三批
44	河北申科电子股份有限公司	第三批
45	河北尚华塑料科技有限公司	第三批
46	河钢数字技术股份有限公司	第三批
47	河北中瓷电子科技股份有限公司	第四批
48	河北陆源科技有限公司	第四批
49	河北迈尔斯通电子材料有限公司	第四批
50	河北华清环境科技集团股份有限公司	第四批
51	河北美泰电子科技有限公司	第四批
52	河北博威集成电路有限公司	第四批
53	石家庄盛华企业集团有限公司	第四批
54	新乐华宝塑料机械有限公司	第四批
55	建业电缆集团有限公司	第四批
56	河北业之源化工有限公司	第四批
57	金泰电缆有限公司	第四批
58	石家庄亿生堂医用品有限公司	第四批
59	河北麦森钛白粉有限公司	第四批
60	河冶科技股份有限公司	第四批
61	石家庄理想汽车零部件有限公司	第四批
62	河北新四达电机股份有限公司	第四批

续表

序号	企业名称	批次
63	河北万博电器有限公司	第四批
64	河北瑞鹤医疗器械有限公司	第四批
65	河北金博电梯智能设备有限公司	第四批
66	河北普莱斯曼金刚石科技有限公司	第四批
67	河北凡克新材料有限公司	第四批
68	石家庄联合石化有限公司	第四批
69	河北中科朗博环保科技有限公司	第四批
70	石家庄安瑞科气体机械有限公司	第四批
71	石家庄新华能源环保科技股份有限公司	第四批

(四)新三板市场发展情况

1. 新三板公司总体概述

2023年,石家庄市有55家新三板挂牌企业,占河北省新三板总挂牌企业数量的32.54%。55家挂牌企业涵盖了制造业、文体娱乐业、软件信息技术服务业、租赁和商务服务业、农林牧渔业、建筑业、科学研究与技术服务业和水利、环境和公共设施管理业等行业,其中制造业行业的新三板挂牌企业有29家,占石家庄市总挂牌企业的52.72%。目前,石家庄市挂牌企业的所属行业十分广泛,在多行业全面发展的同时,又尤以制造业的发展更为突出。见图2—1所示:

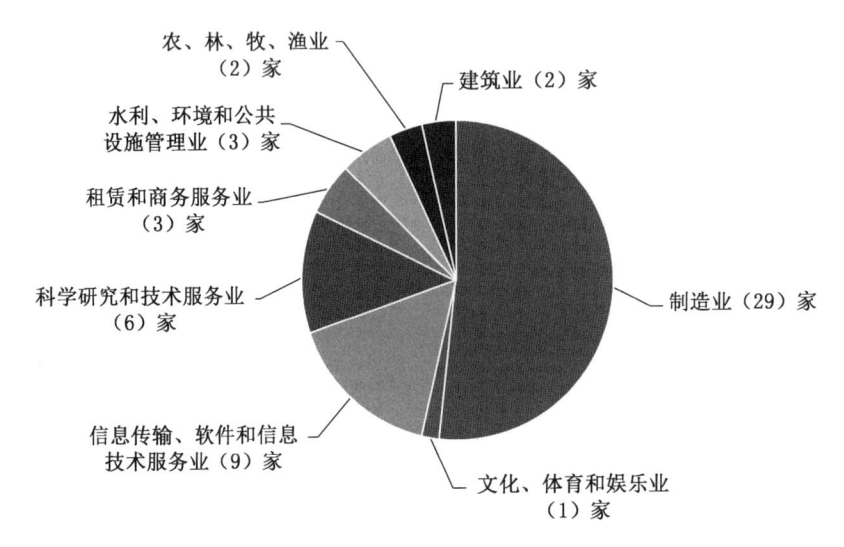

图2—1 石家庄市挂牌企业行业占比

在这55家新三板挂牌企业中,有多家企业来自石家庄高新区,这也与石家庄高新区整体地追求企业创新发展的理念相吻合。同时,55家新三板挂牌企业中,有36家企业处于基础层,19家企业处于创新层,创新层占比达到34.55%,说明石家庄有相当一部分企业处于一个较高的层次,这些企业财务状况良好,有较高的市场认可度,并且达到了一定公众化水平,是一批发展前景良好的优秀企业,这也从另一个角度表明目前石家庄市挂牌企业的质量普遍较高。

石家庄市新三板挂牌企业数量多,总资产也较高。2023年,石家庄市挂牌企业的总资产高达164.46亿元,占河北省挂牌企业总资产的21.57%。石家庄市承担起了省会城市的领头责任,无论是从促进企业发展还是从为河北省经济作出贡献的角度分析,石家庄市都占据着绝对的领导地位,为河北省经济建设与发展添砖加瓦。石家庄市大力促进小微企业的发展壮大,创造适合企业发展的政策环境,对一批高新技术产业企业的发展起到了极大的推动作用,这也是石家庄市拥有数量众多的新三板挂牌企业的根本原因。

2. 新三板可转板企业梳理

2023年,石家庄市55家新三板挂牌企业中,创新层企业共有19家,利润总额超2 000万元的共有13家,这13家企业的所属行业均满足证监会对于北交所挂牌上市公司的行业要求,未来均有可能在北交所或者沪深交易所上市。新三板挂牌企业具体名单如表2-18所示:

表2-18　　　　　　　截至2023年末石家庄新三板挂牌企业情况

证券代码	证券简称	所属分层	所属行业
874342.NQ	交投智能	基础层	信息技术
874134.NQ	国亮新材	基础层	材料
874165.NQ	尼特智能	基础层	信息技术
874247.NQ	永和荣达	基础层	材料
874108.NQ	青竹画材	创新层	材料
874095.NQ	圣泰材料	基础层	材料
873975.NQ	三友新材	基础层	材料
873971.NQ	银河股份	创新层	信息技术
874010.NQ	华鑫洺源	基础层	能源
873864.NQ	旭辉电气	创新层	信息技术
873787.NQ	高达智能	基础层	工业
873772.NQ	彩客科技	创新层	材料

续表

证券代码	证券简称	所属分层	所属行业
873759.NQ	贺祥智能	创新层	工业
873702.NQ	世昌股份	创新层	可选消费
873656.NQ	通涛股份	基础层	工业
873641.NQ	建元科技	基础层	工业
873607.NQ	建工装配	基础层	工业
873600.NQ	聿舍股份	基础层	可选消费
873561.NQ	瑞达股份	基础层	材料
873557.NQ	欧耐股份	基础层	工业
873520.NQ	华友文保	创新层	工业
873509.NQ	大元建材（退市）	基础层	工业
873456.NQ	联城科技	创新层	信息技术
873462.NQ	河钢数字	创新层	信息技术
873463.NQ	北直通航	创新层	工业
873352.NQ	冠卓检测	基础层	工业
873248.NQ	中浩华	基础层	工业
873203.NQ	君盛万邦	基础层	材料
873238.NQ	三明股份	基础层	信息技术
873131.NQ	金石钻探	基础层	工业
873041.NQ	邢农银行	基础层	金融
873033.NQ	康远股份	创新层	日常消费
872921.NQ	国源电气（退市）	基础层	工业
872906.NQ	荣特化工	基础层	材料
872677.NQ	天朔医疗	创新层	医疗保健
872698.NQ	恒业国际	基础层	工业
872623.NQ	萌帮股份	基础层	材料
872574.NQ	东唐电气	基础层	工业
872553.NQ	明和股份	基础层	工业
872562.NQ	瑞兆激光	基础层	工业
872585.NQ	尚禹科技	基础层	信息技术
872240.NQ	富连京	基础层	信息技术
872430.NQ	华清环境	创新层	工业
872432.NQ	德乐科技	基础层	工业

续表

证券代码	证券简称	所属分层	所属行业
872411.NQ	育才药包	基础层	材料
872299.NQ	亚捷科技	基础层	工业
872402.NQ	大元生态（退市）	基础层	工业
872358.NQ	轩慧科技	创新层	信息技术
872322.NQ	美客多	基础层	日常消费
872284.NQ	新大长远	基础层	工业
872279.NQ	超越智能	基础层	信息技术
872286.NQ	上元智能	基础层	信息技术
872217.NQ	瑞普股份	基础层	信息技术
872192.NQ	中智天弘	基础层	信息技术
871827.NQ	万杰科技	创新层	工业
872144.NQ	精一科技	基础层	信息技术
872152.NQ	华仿科技	基础层	信息技术
871833.NQ	乐聪网络	基础层	信息技术
871819.NQ	音明股份	基础层	信息技术
871772.NQ	京安股份	创新层	公用事业
871771.NQ	秦安安全	基础层	工业
871550.NQ	圣宏达	基础层	工业
871567.NQ	新迪电瓷	基础层	工业
871335.NQ	圣佳科技	基础层	工业
871242.NQ	摘牌隆港（退市）	基础层	工业
870861.NQ	避暑山庄	基础层	可选消费
871037.NQ	天和环保	创新层	工业
870881.NQ	宁泊环保	基础层	工业
839785.NQ	冀雅电子	基础层	信息技术
870733.NQ	晟融数据	基础层	信息技术
870409.NQ	诚安达	基础层	金融
870389.NQ	金沙燃烧	基础层	工业
870429.NQ	安泰园林	基础层	工业
870443.NQ	泽宏科技	创新层	信息技术
870250.NQ	创烽股份	基础层	信息技术
870264.NQ	奥瑞拓	基础层	能源

续表

证券代码	证券简称	所属分层	所属行业
839999.NQ	莹科新材	基础层	材料
839845.NQ	ST亿德力	基础层	信息技术
839629.NQ	华糖云商	创新层	可选消费
839796.NQ	唐山华熠	创新层	材料
839501.NQ	泽华伟业	基础层	信息技术
839277.NQ	花千墅	基础层	房地产
838632.NQ	协同环保	基础层	工业
838641.NQ	合佳医药	创新层	医疗保健
838927.NQ	国文股份	创新层	工业
839029.NQ	吉美达	基础层	工业
838998.NQ	双星种业	基础层	日常消费
838736.NQ	达意科技	基础层	信息技术
838762.NQ	迈拓港湾	基础层	信息技术
838519.NQ	同力达	基础层	工业
838729.NQ	摩卡股份	基础层	信息技术
838857.NQ	惠斯安普	基础层	医疗保健
838749.NQ	蒲公英	基础层	可选消费
837986.NQ	金锁安防	创新层	工业
838744.NQ	昊天诚泰	基础层	信息技术
838626.NQ	为信股份	基础层	工业
837707.NQ	宝凯电气	创新层	工业
837320.NQ	信昌股份	创新层	工业
837324.NQ	益生环保	基础层	工业
837012.NQ	精英动漫	创新层	可选消费
837150.NQ	科德股份	基础层	工业
836903.NQ	汇东管道	创新层	工业
836455.NQ	中溶科技	创新层	材料
836277.NQ	摘牌运份(退市)	基础层	信息技术
836734.NQ	唐鸿重工	基础层	工业
836388.NQ	力姆泰克	创新层	工业
836344.NQ	隆海生物	创新层	能源
836417.NQ	万森生物	基础层	可选消费

续表

证券代码	证券简称	所属分层	所属行业
835969.NQ	华凌股份	基础层	材料
836059.NQ	金达科技	创新层	材料
835995.NQ	松赫股份	创新层	材料
835960.NQ	九易庄宸	创新层	工业
835860.NQ	斯特龙	基础层	工业
835094.NQ	晓进机械	创新层	工业
835211.NQ	古莱特	基础层	材料
835033.NQ	精晶药业	创新层	医疗保健
834849.NQ	博宇科技	基础层	信息技术
835136.NQ	报春电商	创新层	信息技术
834811.NQ	维尔达	基础层	信息技术
834701.NQ	鑫考股份	创新层	信息技术
834114.NQ	明尚德	创新层	材料
833491.NQ	沧海核装	基础层	材料
834184.NQ	秦皇旅游	基础层	可选消费
833922.NQ	丰源智控	基础层	信息技术
833960.NQ	华发教育	创新层	信息技术
833855.NQ	三楷深发	创新层	材料
833881.NQ	一森股份	创新层	材料
833603.NQ	澳森制衣	基础层	可选消费
833534.NQ	神玥软件	基础层	信息技术
833569.NQ	蓝擎股份	基础层	信息技术
833426.NQ	先控电气	基础层	信息技术
833267.NQ	津海股份	基础层	可选消费
833177.NQ	时代股份	基础层	可选消费
833105.NQ	华通科技	创新层	工业
832881.NQ	源达股份	创新层	工业
832964.NQ	凯瑞环保	创新层	材料
832986.NQ	瑞诺医疗	基础层	医疗保健
832915.NQ	汉尧碳科	创新层	信息技术
832963.NQ	海鹰环境	基础层	公用事业
832713.NQ	ST华莱士	基础层	工业

续表

证券代码	证券简称	所属分层	所属行业
832360.NQ	智达光电	基础层	可选消费
832309.NQ	凯翔科技	基础层	工业
832291.NQ	中泊防爆	基础层	材料
832294.NQ	鑫乐医疗	创新层	医疗保健
832289.NQ	沧运集团	基础层	工业
832189.NQ	科瑞达	创新层	信息技术
832103.NQ	星驿物流	基础层	工业
832093.NQ	科伦股份	创新层	材料
832017.NQ	中兴机械	创新层	工业
831730.NQ	亚诺生物	基础层	材料
831844.NQ	会友线缆	创新层	工业
831662.NQ	快乐沃克	创新层	工业
831841.NQ	中扬科技	基础层	信息技术
831625.NQ	蓝天精化	基础层	可选消费
831564.NQ	欧伏电气	创新层	工业
831513.NQ	爱妯新能	创新层	公用事业
831467.NQ	世窗信息	创新层	信息技术
831415.NQ	摘牌城兴(退市)	基础层	工业
831358.NQ	新华环保	基础层	工业
831287.NQ	启奥科技	创新层	信息技术
831048.NQ	天成股份	基础层	材料
831067.NQ	根力多	创新层	材料
831104.NQ	翔维科技	基础层	工业
831019.NQ	博硕光电	创新层	信息技术
830915.NQ	味群食品	基础层	日常消费
830837.NQ	古城香业	创新层	日常消费
430540.NQ	五龙制动	基础层	工业
430572.NQ	奥普节能	基础层	信息技术
430025.NQ	石晶光电	基础层	信息技术

（五）区域性股权市场发展情况

石家庄市设立的石家庄股权交易所是经河北省人民政府批准设立的省内唯一一家合法的区域性股权市场运营机构，为河北省中小微企业证券非公开发行、转让及相关活动提供设施与服务。大多数企业选择在石家庄股权交易中心挂牌,只有少数企业在石家庄股权交易中心发展初期选择在上海股权托管交易中心、广东股权交易中心、重庆股份转让中心挂牌。截至2022年末,石家庄共有416家区域性股权市场挂牌企业,其中在石家庄股权交易中心挂牌的企业共有370家。如表2-19所示:

表2-19　　　　　截至2023年末石家庄市区域性股权交易中心挂牌企业

挂牌交易所	挂牌企业数量
石家庄股权交易所	370
上海股权托管交易中心	42
广东股权交易中心	3
重庆股份转让中心	1

四、石家庄市资本市场发展对策建议

(一)债券资本市场发展建议

1. 理顺政企关系,明确市场主体

随着城投公司市场化转型的深入,各平台公司逐步开始划清与政府之间的关系,尽早从已完成融资的公益性项目中退出,厘清债权债务,理顺政企关系,确定独立经营主体的位置。石家庄市作为省会城市,其城投公司长期在省政府、市政府的安排下从事基建和公共事务,政府既是城投公司的股东,又是城投公司的核心客户。因此,市场化转型要求城投公司建立清晰的政企"契约"关系,理顺与石家庄市政府管理和业务的关系。一方面争取获得市政府对企业转型的支持,另一方面也要明确双方在人员、管理和业务方面的关系,成为独立自主、自负盈亏的主体。

2. 丰富债券融资渠道,提高债券融资比例

债券作为直接融资产品,具有募集资金规模大、债券使用期限长、资金成本较低、资金使用相对灵活和可纯信用发行等优势。加快债券融资在一定程度上有利于城市发展和综合排名上升,也有助于推动城市高质量发展。石家庄市应建立短期、中期和长期相结合、与债务到期规模相匹配、总体相对平衡的融资体系;拓展和丰富融资渠道,在保持传统债券融资品种有序安排的基础上,关注基础设施REITs、公开短期公司债、县城新型城镇化建设专项债和标准化票据等创新品种,优化债券融资结构,盘活资产。

石家庄市债券市场经过多年的完善和发展,拥有短期公司债券、可续期债券、绿色债券、扶贫债券、纾困债券、乡村振兴债券、碳中和债券和权益出资型债券等多种债

产品,可以为企业债券融资提供多样化的产品支持。因此,石家庄市国有企业可根据资金用途和期限要求,灵活地选择和搭配创新型债券产品,持续拓展直接融资渠道和创新型债券产品,提高债券融资比例,增强在资本市场上的影响力,助力企业融资渠道拓展和项目资金的如期安排。

3. 优化整合国有资源,提升企业综合实力

融资规模的提升以及融资能力的优化,归根结底离不开企业综合实力的持续提升。石家庄市应从项目资源引入、财政补贴、税收返还、国有资源注入等方面给予国有企业多维度的支持,全面提升国有企业的综合竞争力。石家庄市各城投公司在挖掘内部的基础上,还可通过争取政府支持(包括资产注入等)、并购区县级中小型平台公司、扩大投资领域等方式,抓住机遇,积极抢占能带来稳定运营收入和现金流的优质项目,提高盈利能力,增厚利润水平,提升公司信用评级,促进平台公司迅速转型升级,服务于城市发展,为提升企业综合实力打下基础,实现国有资产增值。

4. 建立偿付基金和城投公司风险防范机制

石家庄地区的城投债为了保证其偿付能力,必须逐渐脱离对地方政府的依赖,增强自主经营能力以及应对风险的能力。防范城投债偿付风险方面,可以借鉴银行提取坏账准备金的相关经验,为城投债提供专门的偿付基金,通过设立不同类型的偿付基金以提高资金使用效率。具体操作如下:按照投资项目的类型和偿付风险的大小,设立一般偿付基金、专项偿付基金和特别准备基金,以应对不同类型偿付风险,通过规范资金的用途来有效降低偿付风险;在设立偿付基金前须对资金用途进行详细设计,并制定相应的管理制度,确保偿付资金的使用效率。此外,在石家庄重组城投公司的背景下,应重新分配相关资源,提高新设主体投融资效率,加强对新设城投公司的管理,建立城投公司风险防范机制,引导城投公司向更加规范化的方向发展。

5. 推动平台公司转型,拓展市场化业务

石家庄市各平台类企业应尽快实现"自主化决策、市场化运行、企业化管理",防止政府以及相关职能部门对企业的日常经营进行干预,逐步建立政企间的"契约"关系。为更好发挥市场化融资功能,平台公司应尽快退出政府融资平台,拓宽自身融资渠道。

在做好基础设施建设主业的同时,平台公司也应积极进行市场化转型,在风险可控的前提下,主动拓展市场化业务。通过多元化的业务组合,一方面,分散单一业务的经营风险;另一方面,发挥业务协同效应,实现规模经济。通过有效的市场化运作,扩大收入来源,提升市场化盈利水平和经营现金流入量,优化财务报表,增加偿债资金来源,提升直接融资能力。

(二)股权资本市场发展建议

1. 加强并购整合,深化平台战略合作

2021年,通过并购重组,石家庄成立了五大国有投资集团,有力地提升了区域内平台公司的评价和规模。但当前,市内各区县平台公司仍面临资产规模较小、有效资产不足、盈利能力较差、融资渠道单一和融资能力较弱等问题,限于自身财务指标、区县财政实力及国家相关政策影响,现有优质资产和资源利用效率偏低,整体投融资能力有限,难以通过资本市场进行直接融资。

针对石家庄市内各级平台公司的实际情况,各区县在进一步推动区域内资产整合的同时,可基于"协同合作,互利共赢"的原则,推动石家庄市级城投平台与区县级平台公司合作,将股权划归市级城投平台,共同做大做强市级城投平台的资产及营收规模,为各区县平台公司提供规模效应,为各区县平台公司产业项目建设资金及经营性周转资金提供更广阔的资金来源及更低的资金获取成本。

2.培育优质企业,鼓励企业挂牌上市

相较于其他地区,石家庄市的股权市场发展缓慢,市场规模较小,投资者参与度不高,缺乏优质企业,而解决这个问题需要政府、企业和投资者的共同努力。一方面,石家庄应着力打造优质企业,加强对企业的评估和筛选,推动优质企业进入股权市场,提高市场的整体质量和竞争力。应加强挂牌上市后备企业的资源库建设,结合区域重点产业发展目标、企业规模、行业地位、发展潜力和上市意愿等因素,从中择优筛选,集中挖掘培育一批重点企业,有针对性地加强辅导、重点扶持,并鼓励和支持初创期、新兴产业等企业在新三板和石家庄股权交易所挂牌交易。另一方面,石家庄市要优化提升企业上市服务水平,破除企业上市障碍。市政府要对企业改制、资产重组、上市和挂牌工作中涉及的各项审批、查询、咨询等事项开辟"绿色通道",积极主动地帮助企业协调解决历史遗留问题,全面优化政务环境,畅通服务渠道。

3.加大对企业的财税支持力度

石家庄市的企业融资难度较大,很多优质企业无法获得足够的融资渠道,导致企业发展受限。因此,政府应加大专项资金的支持力度。同等条件下,财政预算安排的各项政策性扶持资金优先向上市后备企业倾斜,并就高新技术给予相应支持。同时,加大企业挂牌上市资金补助力度,并进一步降低企业改制的税费成本。企业上市改制、重组过程中涉及的税务问题,税务部门要严格执行财政部、国家税务总局关于支持企业改制重组的相关减免与税务处理政策,完善企业上市工作保障机制。通过完善财税支持政策的体系,结合企业在不同发展阶段的特殊性,为企业提供更加全面、有针对性的支持;加强对财税支持政策的宣传推广,让更多的企业了解并受益于这些政策;加强对财税支持政策的落实监管,确保政策的有效性和公平性。

4.推动石家庄股权市场融入京津冀金融协同进程

2015年4月30日,中共中央政治局审议通过《京津冀协同发展规划纲要》,在规划的顶层设计引领下,京津冀三地在经济、产业、金融等方面的合作持续深入,其中高效的金融体系和统一的金融市场是京津冀协同发展的必然要求。

围绕探索推动京津冀区域性股权市场协同发展,石家庄股权交易所从2015年开始就与天津OTC联合开展挂牌企业"双挂牌、双展示",共同服务两地的挂牌企业。2018年,石家庄股权交易所实施了交易系统改造,改造后与北京股权交易中心系统一致,为两地交易系统后续实现无缝对接奠定了基础。

可实行的进一步协同创新机制包括:第一,加强联动和资源共享机制,打通信息渠道,共享专业机构等服务资源和市场合格投资者,促进金融资本跨区域流动,汲取区域外资金来解决石家庄市企业资金需求不足的问题。第二,承接京津转移的金融产业,石家庄市作为河北省省会,其金融业发展应侧重运用北京释放的金融发展政策,以更好地承接京津的金融产业扩散,促进当地经济发展。

唐山市资本市场发展分析报告

摘要：近年来，凭借地理区位优势以及雄厚的工业基础等，唐山市的经济实力不断增强，经济总量处于全国百强市排名中上游。2023年唐山市实现GDP总值9 133.3亿元，同比增长5.9%，GDP总量居省内首位。在财政方面，2023年唐山市一般公共预算收入为581.4亿元，在省内排名第二位。在政府债务方面，唐山市政府债务率和负债率处于中等水平，整体债务负担处于省内中游水平，偿债能力良好，财政自给率处于全国中上游水平。

近年来，为带动区域资本市场发展，唐山市政府出台了一系列支持政策，取得了一定成效。在债券资本市场方面，唐山市2023年共有发债企业9家，其中有存量债券的城投公司为2家。在股权资本市场方面，唐山市共拥有13家A股上市公司，29家新三板挂牌企业，55家区域性股权市场挂牌企业以及62家国家级专精特新"小巨人"企业和952家省级专精特新中小企业。与此同时，唐山市资本市场也存在区县级平台实力偏弱、企业发债融资支持力度不够、多层次资本市场建设进展较慢等问题。

在综合分析唐山市资本市场发展现状后，针对唐山市的资本市场进一步发展提出了几点建议，包括发挥唐山地区国有企业带动作用，拓宽融资渠道和投资渠道，促进股权投资基金和中介机构的本土化深耕以及深化和金融机构合作等。

关键词：城投企业；专精特新；资本市场高质量发展；唐山市

一、唐山市经济、财政及政府债务情况

唐山地处河北东部，南濒渤海、西连天津，是河北省中心城市之一、环渤海经济圈

中心城市之一。唐山更是中国著名的工业城市之一,如果仅仅以产量计算,唐山是名副其实的全球钢铁之都,具体表现为:2023年世界粗钢总产量达18.5亿吨,我国粗钢产量为10.19亿吨,其中仅唐山市粗钢产量就达到1.5亿吨。唐山正围绕努力建成"东北亚地区经济合作的窗口城市、环渤海经济圈的新型工业化基地、首都经济圈的重要支点"三个发展目标加速前进,不断推动唐山在促进京津冀协同发展、提升渤海区域工业化水平和深化东北亚地区经济合作中发挥更大的作用。

(一)经济情况

近年来,唐山市凭借其较强的工业基础以及优越的地理位置,其经济实力不断增强,经济总量一直处于全省首位。从表3-1中可以看出,2018—2023年,唐山市GDP总量逐年增长,其中2023年唐山市GDP总量达到了9 133.30亿元,比上年增长5.9%,其GDP增速相比于2022年有所减缓。分产业看,第一、二、三产业以及工业的增加值的总趋势是逐年增加,其中,2023年第一、二、三产业的增加值分别为655.20亿元、4 660.00亿元和3 818.00亿元,分别增长4.1%、6.3%和5.7%,三次产业结构为5.7∶55.7∶38.6。

表3-1　　　　　　　　2018—2023年唐山市经济情况统计表

指标	2018年	2019年	2020年	2021年	2022年	2023年
GDP(亿元)	6 300.03	6 890.03	7 210.90	8 230.60	8 701.30	9 133.30
GDP增速(%)	7.10	7.26	4.40	6.70	4.40	5.90
第一产业增加值(亿元)	493.15	531.23	593.41	606.50	638.40	655.20
第二产业增加值(亿元)	3 319.84	3 613.33	3 836.74	4 546.77	4 572.10	4 660.00
第三产业增加值(亿元)	2 487.05	2 745.48	2 780.75	3 077.33	3 490.70	3 818.00
工业增加值(亿元)	2 967.80	3 232.10	3 467.04	4 141.50	4 500.10	4 233.40

数据来源:唐山市2018—2023年国民经济和社会发展统计公报。

(二)财政情况

在财政收入方面,从表3-2中可知,2023年唐山市一般公共预算收入为303.60亿元,同比下降44.05%,在全河北省排名第二,仅次于石家庄;支出方面,2023年唐山市一般公共预算支出为1 001.5亿元,2018—2022年的整体趋势是上升的,只有2021年略有下降。

综合来看,2023年唐山市在一般公共预算方面的收入和支出都处于偏好的状态,虽然某些年份存在小幅波动,但是整体处于一个稳定向好的发展态势,稳定性较好,财政自给能力良好。

表3-2　　　　　　　　　2018—2023年唐山市财政情况

指　　标	2018年	2019年	2020年	2021年	2022年	2023年
一般公共预算收入(亿元)	432.43	465.35	507.10	552.71	542.66	303.60
一般公共预算收入增速(%)	13.69	7.62	9.0	8.99	-1.82	-44.05
一般公共预算支出(亿元)	749.29	797.51	926.25	921.46	936.90	1 001.50
政府性基金收入(亿元)	313.16	382.00	498.46	482.50	299.43	—
政府性基金支出(亿元)	364.04	479.41	577.83	574.62	502.36	—
国有资本经营收入(亿元)	1.64	1.78	3.64	3.36	2.04	—
国有资本经营支出(亿元)	1.53	0.94	2.02	1.82	2.72	—

数据来源:唐山市2018—2023年国民经济和社会发展统计公报。

(三)政府债务情况

唐山市的整体债务负担处于省内中游水平,偿债能力良好,财政自给率处于全国中上游水平。从表3-3中的数据可以看出,唐山市债务余额近年来不断增长,截至2023年末,唐山市总债务余额达到2 607.48亿元,其中,一般债余额自2020年以来在逐渐减少,但2023年有所增加。专项债余额仍不断增加,从2018年末的462.55亿元增加至2023年末的1 545.68亿元。

表3-3　　　　　　　　　2018—2023年唐山市政府债务情况　　　　　　　　　单位:亿元

年　　份	一般债余额	专项债余额	总债务余额
2018年	990.58	462.55	1 453.13
2019年	979.16	608.98	1 588.14
2020年	1 023.76	819.23	1 842.99
2021年	1 001.64	1 026.03	2 027.67
2022年	993.88	1 255.60	2 249.47
2023年	1 061.80	1 545.68	2 607.48

数据来源:唐山市2018—2023年国民经济和社会发展统计公报。

二、唐山市资本市场概述

（一）资本市场发展历程

1.债权资本市场发展历程

唐山市发行的第一只债券为唐山钢铁集团有限责任公司于2005年9月19日发行的"2005年唐山钢铁集团公司第一期短期融资券"，发行总额为10亿元，募集资金用于集中采购进口矿石。随后，唐山市债权市场逐渐发展起来，2005—2015年，唐山市债券年发行总量逐年扩张；2015—2021年，债券年发行规模出现周期性变化，2015—2017年递减，2017—2019年递增，2019—2021年递减；2021—2023年债券年发行总量继续保持增加趋势；2022年，唐山市债券年发行总量为368.59亿元，发行只数为39只，总偿还量为300.31亿元。债券类型包括公司债、企业债、金融债、中期票据、短期融资券、项目收益票据、定向工具、可转债、可交换债、可分离转债存债、资产支持证券等。

2023年唐山债券总发行量385.97亿，发行只数为43只，总偿还量为345.75亿元，总发行量同比增幅4.72%，总偿还量同比增幅15.13%。

2023年度，唐山市信用债发债主体为11个：曹妃甸国控投资集团有限公司、河北港口集团有限公司、金隅冀东（唐山）混凝土环保科技集团有限公司、开滦（集团）有限责任公司、开滦能源化工股份有限公司、唐山港口实业集团有限公司、唐山控股发展集团股份有限公司、唐山三友化工股份有限公司、唐山市通顺交通投资开发有限责任公司、唐山银行股份有限公司、中国二十二冶集团有限公司。债券类型有定向工具、超短期融资券、一般短期融资债券、公司债、金融债、企业债、中期票据、资产支持证券、商业银行次级债券、私募债、证监会主管ABS等。

截至目前，唐山市债券累计发债主体数量为36家，且自2017年以来，年发债主体数量总体呈增长趋势。其中，2023年度发债主体数量为11家，包括城投公司、产业企业、金融机构，发行的债券类型包括定向工具、超短期融资券、一般短期融资债券、公司债、金融债、企业债、中期票据、资产支持证券、商业银行次级债券、私募债、证监会主管ABS等。

2.股权资本市场发展历程

1996年6月14日，冀东水泥（SZ.000401）在深交所主板挂牌上市，成为唐山市第一家A股上市公司，其前身为河北省冀东水泥厂，是第一家现代化新型干法水泥生产企业，现已是国家重点支持水泥结构调整的12家大型水泥企业集团之一、中国北方最大的水泥生产厂商。

2021年是唐山企业上市最多的年度，年内共有3家公司上市。2021年11月15日，北交所正式开市，润农节水（BJ.830964）成为首批在北交所上市的企业。

2022年8月8日，海泰新能（BJ.835985）登陆北交所。

2023年，唐山市共拥有13家A股上市公司，数量仅次于石家庄。其中，9家上市公司在主板上市，2家在创业板上市，2家在北交所上市，涉及建筑建材、材料、工程机械、煤炭、交通运输、电气设备、半导体、光伏、医疗保健、汽车服务等行业领域，其中有11家公司已发展成为各自行业细分领域的领先企业，逐步成为唐山市新兴产业的核心支柱。唐山市拥有新三板挂牌企业29家、区域性股权市场挂牌企业近55家、国家级专精特新"小巨人"企业62家、省级专精特新中小企业952家，这些企业将成为唐山现代化产业链条的中坚力量。唐山市资本市场的梯次格局已初步形成。

2018年，唐山市人民政府发布《关于进一步推进企业上市挂牌高质量发展的实施意见》，指出要深挖细分行业龙头，围绕区域重点企业和上市公司周边优质企业，遴选一批符合产业发展方向、示范带动作用强的企业作为重点储备资源。通过引导培育，形成拟上市企业待批待报、储备企业梯次推进、已挂牌企业逐步转板上级市场的良好局面。

作为我国近现代重要的工业城市之一，唐山市重工业发达，拥有钢铁、煤炭、水泥、陶瓷四大传统支柱产业，以及高铁装备、特种机器人、港口三大新兴产业。2022年5月，唐山市提出全面打造精品钢铁、绿色化工、绿色建材、高端装备制造4条标志性产业链，新能源、节能环保、海洋产业、信息智能4条成长型产业链，基因技术、类脑智能、空天开发等N条前瞻性产业链的"4+4+N"现代化产业链条，推动环渤海地区新型工业化基地建设开创新局面。

2022年11月，《唐山市产业投资引导基金合作机构申请公告》发布，唐山市将出资设立唐山产业投资基金，基金总规模210亿元，首期规模15亿元。以一支引导基金作为母基金，同时发行三只子基金，包括创投基金、成长并购基金、绿色低碳基金。其中，引导基金由政府出资设立，管理机构为唐山金融发展集团有限公司；吸引社会资本共同发起设立子基金，对每只子基金的出资不超过其认缴规模的30%~50%。这标志着唐山市股权市场将逐渐进入活跃期，在新兴产业快速崛起中发挥积极的推动作用。

2023年唐山市出台《推进环渤海地区新型工业化基地建设支持政策（2023年修订）》（以下简称《政策》），从精准支持新项目，强化项目基金支撑，优化新兴企业激励机制，强化中小新兴企业支持力度，加大企业科技创新支持力度，鼓励企业上市融资发展，支持企业提升质效，强化产业人才引进培育等方面，实施30条政策，支持工业企业高质量发展。这些政策的实施,旨在促进唐山市工业高质量发展,扶植高新技术企业落户唐山。

(二)资本市场发展现状

1. 债权资本市场发展现状

与经济和财政实力相对应,唐山市债券融资规模与融资主体数量亦位居河北省前列。截至2023年末,唐山市债券累计发行主体为36家,河北省债券累计发行主体为206家,唐山市发债主体累计数量占比为17.47%,在河北省排名第三;唐山市债券余额为764.86亿元,河北省债券余额为6 488.00亿元,唐山市债券余额占比为20.60%,在河北省排名第二;唐山市有存续债券的企业为4家,河北省共有23家,唐山市存续有债券企业数量占比为17.39%;唐山市债券发行金额为237.94亿元,河北省债券发行总金额为1 183.43亿元,唐山市占比20.10%,排名第二;唐山市发债企业有3家,当年河北省发债企业共有24家,唐山市占比12.5%,排名第一。

为带动区域资本市场发展,唐山市政府出台了一系列支持政策:

2022年2月14日,为提振民间资本投资信心,激发民间投资潜力、创新活力,唐山市人民政府印发了《关于促进全市民间投资发展的若干措施》(唐政办字〔2022〕33号),文件提出"鼓励民营企业运用PPP模式盘活存量资产,对适宜采取PPP模式的存量项目,鼓励多采用转让项目经营权、收费权等方式盘活存量资产,降低转让难度,提高盘活效率。积极推进符合条件的民间资本PPP项目发行债券、开展资产证券化,拓宽融资渠道"。

2022年5月16日,唐山市人民政府印发《关于金融支持实体经济发展若干措施》,文件提出"强化财政资金引导作用。强化对金融机构的指导性评估,激励为地方经济发展多做贡献,将财政性资金存放与各银行信贷投放完成情况相匹配,向存贷比高和提升快、贷款净增量多、贷款市场份额大及纳税高的机构政策倾斜。综合运用财政贴息、补贴、资金奖励、融资担保等模式,全力支持普惠金融发展"。

(1)区域内存量债券情况分析

截至2023年末,唐山市有存量债券91只,债券余额为764.86亿元,其中1年以内到期债券25只,债券余额188.13亿元,1年以内到期债券余额占比为27.47%(见表3—4)。

表3—4　　　　　　　　唐山市存量债券期限结构

期限	债券数量(只)	债券数量比重(%)	债券余额(亿元)	余额比重(%)
1年以内 (不包括1年)	25	27.47	188.13	24.60

续表

期限	债券数量(只)	债券数量比重(%)	债券余额(亿元)	余额比重(%)
1—3年	48	52.75	370.74	48.47
3—5年	15	16.48	188.90	24.70
5—7年	1	1.10	5.00	0.65
7—10年	—	—	—	—
10年以上	2	2.20	12.09	1.58
合计	91	100.00	764.86	100.00

注：(1)数据统计截止时间为截至2023年12月31日；(2)数据来源于Wind；(3)债券类型统计口径包括：金融债、企业债、公司债、中期票据、短期融资券、项目收益票据、定向工具、资产支持证券、可转债、可交换债、可分离转债存债。

从图3—1中可以看出，唐山市1年以内到期(含1年)的债券中，信用债合计188.13亿元，平均利率成本为5.39%；1—3年(含3年)到期的债券余额为370.74亿元，平均利率成本为5.00%；3—5年(含5年)到期的债券余额为188.9亿元，平均利率成本为5.51%；5—7年(含7年)到期的债券余额为5亿元，平均利率成本为6.5%；不存在7—10年(含10年)到期的债券；10年以上到期的债券余额为12.09亿元，平均利率成本为4.10%。

总体来看，1—5年(含5年)到期的债券合计747.77亿元，占比97.77%，各年平均利率成本在5%—5.5%之间浮动。5年以上到期的债券仅有3只，占比较小。从综合期限结构与利率成本来看，唐山市存量债券的偿债压力基本可控。

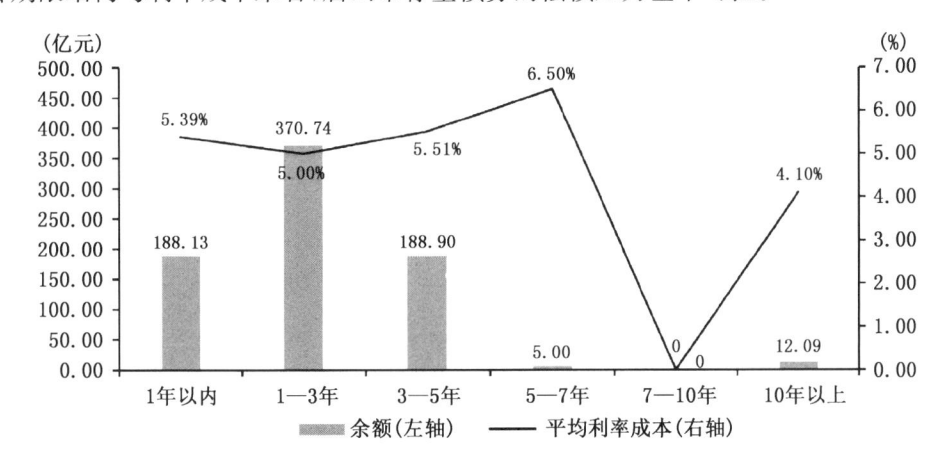

数据来源：Wind。

图3—1 唐山存量债券期限结构与平均利率成本

(2)区域内债券融资分类分析

从企业性质来看,截至2023年末,唐山的国有企业债券余额为722.48亿元,占唐山市债券余额的比重为97.75%,远高于公众企业和外资企业(见表3—5)。唐山市目前存续有债券的企业为91家,其中国有企业87家,公众企业2家。

表3—5　　　　　　　　唐山市债券按企业性质分布表

企业性质	债券余额(亿元)	余额占比(%)	债券只数(只)	只数占比(%)
国有企业	722.48	94.50	87	95.60
公众企业	29.93	3.91	2	2.20
外资企业	12.09	1.58	2	2.20

注:数据截至2023年12月31日。

数据来源:Wind。

从产业分布来看,发债企业涉及采矿业,制造业,电力、热力、燃气及水生产和供应业,建筑业,交通运输、仓储和邮政业,金融业,房地产业,租赁和商务服务业,综合9个行业,按行业分类统计如表3—6所示。

表3—6　　　　　　　　唐山市存量债券按行业分布情况

行业名称	债券余额(亿元)	余额占比(%)	债券只数(只)	只数占比(%)
采矿业	65	8.50	9	9.89
制造业	130.39	17.05	15	16.48
电力、热力、燃气及水生产和供应业	2.2	0.29	2	2.20
建筑业	262.07	34.26	32	35.16
交通运输、仓储和邮政业	42	5.49	4	4.40
金融业	70	9.15	4	4.40
房地产业	12.09	1.58	2	2.20
租赁和商务服务业	52.8	6.90	7	7.69
综合	128.31	17.78	16	17.58
合计	764.86	100.00	91	100.00

注:数据截至2023年12月31日。

数据来源:Wind。

从主体评级来看,根据表3—7中的数据可以看出,主体评级为AA+的债券余额为491.98亿元,占比64.32%,占比最高;其次为主体评级为AAA的债券,债券余额

为178.96亿元,占比23.40%。具体分类情况如下:

表3—7　　　　　　　　唐山市存量债券按主体评级分布情况

序号	评级	债券余额(亿元)	金额比重(%)
1	AAA	178.96	23.40
2	AA+	491.98	64.32
3	AA	39.00	5.10
4	AA-	6.00	0.78
5	无评级	48.92	6.40
	合计	764.86	100.00

2.区域性股权市场发展概况

唐山企业数量相对较多,截至2002年末,在河北股权交易所挂牌的企业共有171家。在河北股权交易所发展初期,也有少数企业选择在天津股权交易所挂牌,随着市场环境的变化,绝大多数企业选择在河北股权交易所挂牌。唐山市区域性股权市场挂牌企业名单在文后附件中显示。

(三)资本市场发展的优势与不足

1.唐山市资本市场发展优势

首先,唐山市经济实力较强,财政水平较高。2023年,唐山市地区生产总值达到9 133.3亿元,超过省会城市石家庄(7 534.20亿元),位居河北省第一。其次,唐山市是我国近现代重要的工业城市之一。唐山重工业发达,拥有钢铁、煤炭、水泥、陶瓷四大传统支柱产业,以及高铁装备、特种机器人和港口三大新兴产业。经过多年发展,唐山已形成精品钢铁、现代商贸物流、高端装备制造、海洋、现代化工、新型绿色建材、新能源与新材料、文体旅游会展等支柱与优势产业。再次,唐山市政府重视高新技术产业的发展。2023年唐山新增"专精特新"中小企业198家,累计达到952家;新增专精特新"小巨人"企业5家,累计达到62家;2023年共培育科技型中小企业2 747家,高新技术企业585家。最后,唐山市的地理区位有较强的优势,与首都北京相邻,位于京津冀一体化发展区域的腹地,并且有优质的地理资源,陆运和海运均较为发达。其中,唐山港在2022年全年累计完成货物吞吐量84 217万吨,同比增长9.53%,全年货物吞吐量超越上海港跃居世界港口第二位。

2.唐山市资本市场发展短板

(1)资本市场主体相对单一

唐山市资本市场中介机构以传统银行为主,在非行业金融银机构方面,截至

2023年末,河北省内仅有1家证券公司,为财达证券股份有限公司,总资产规模在全国排名第47位,注册地为河北省会石家庄;1家信托公司,为渤海国际信托股份有限公司,总资产(母公司口径)规模在全国排名第23位,注册地为河北省会石家庄。此外,全国有债券担保余额和净资产规模数据的担保公司注册地均不在河北省。因此,唐山市的资本市场主体相对比较单一,其资本市场发展需要有更多的机构以及企业参与。

(2)区县级城投平台有待整合

唐山市城投平台以市本级城投平台为主,其中部分区县级城投平台存在划转到市本级平台的现象,比如将丰南建投和弘扬建设划转到唐山文旅集团,除唐山国控、唐山城发集团已获AAA主体评级外,其他城投公司尤其是区县城投平台均因规模较小且部分成立时间较短,普遍存在资产规模较小、有效资产不足、盈利能力较差、融资渠道单一以及融资能力较弱等问题。各区县平台公司虽拥有一定规模的优质资产,但限于自身财务指标、区县财政实力及国家相关政策等的影响,现有优质资产和资源利用效率偏低,整体投融资能力有限,通过资本市场进行直接融资的难度较大。因此,唐山市应整合区县级城投平台,推进城投平台发展和平台结构升级。

(3)多层次资本市场建设进展较慢

唐山市上市公司在主板上市的比例较大,在创业板和北交所上市的比例较小,其多层次资本市场建设进程较为缓慢,中小企业、高成长型企业上市过程有待推进。另外,唐山市股权投资类基金严重不足,民营企业参与股权市场的积极性不高,且唐山市企业与证券公司的合作未形成体系。因此,唐山市需要积极推动更多企业借力多层次资本市场进行融资发展,促进唐山市创新创业资本市场发展取得更大成绩。

三、融资主体概况

(一)唐山市城投公司发展情况及分析

1. 城投公司总体情况

截至2023年末,唐山市有存量债券的城投公司有4家,存量债券余额为243.37亿元,发行过债券的城投公司共计12家,累计发行总额为627.68亿元。其中,唐山市市级城投公司有2家,分别为唐山市文化旅游投资集团有限公司和曹妃甸国控投资集团有限公司。此外,近两年唐山市城投平台整合进程有所加快,新组建的唐山国控集团有限公司和资深平台唐山投资控股集团有限公司在资产规模、盈利能力等方面具有明显提升,未来有望在债券规模及债券品种方面实现突破。唐山市主要市级城投公司基本情况如表3—8所示。

表 3—8　　　　　　　　唐山市主要市级城投公司基本情况

公司名称	成立日期	主体评级	存量债券（亿元）	存量债券（只）	累计债券（亿元）	累计债券（只）
唐山市文化旅游投资集团有限公司	2008-6-16	AA+	2.00	1.00	12.00	2
唐山市城市发展集团有限公司	2017-9-26	AAA	0.00	0.00	5.00	1
曹妃甸国控投资集团有限公司	2017-10-26	AA+	241.37	30.00	610.68	59
唐山国控集团有限公司	2022-4-25	AAA	—	—	—	—
唐山投资控股集团有限公司	2019-3-1	—	—	—	—	—

注：(1)上表中列示的城投企业为参考 wind 口径；(2)截至目前，唐山国控集团有限公司、唐山投资控股集团有限公司暂无发债信息，因唐山国控集团有限公司为曹妃甸国控投资集团有限公司的控股股东，唐山投资控股集团有限公司为唐山市文化旅游投资集团有限公司的控股股东，此处暂按城投列示。

唐山市目前有存续债的城投平台共有 2 家，分别为迁安市兴源水务产业投资有限公司和滦州市城市建设投资有限公司，上述两家发债规模均较小。唐山市下属区县较多且部分区县经济实力较强，未来可关注区县级城投平台的产业类型转型进展。表 3—9 列示了主要的区县平台公司。

表 3—9　　　　　　　　唐山市主要区县级城投公司基本情况

主体名称	实际控制人	成立日期	主体评级	存量债券 金额（亿元）	存量债券 数量（只）	累计债券 金额（亿元）	累计债券 数量（只）
唐山市丰南建设投资有限公司	丰南县国资委	2008-12-25	AA	0.00	0.00	20.00	3.00
迁安市城市建设投资发展有限公司	迁安市财政局	2006-9-30	AA	0.00	0.00	31.00	2.00
迁安市兴源水务产业投资有限公司	迁安市财政局	2005-8-25	AA	9.00	0.00	20.00	2.00
乐亭投资集团有限公司	乐亭县国资委	2003-6-12	AA	0.00	2.00	10.00	1.00
滦州市城市建设投资有限公司	滦州市国资委	2007-10-23	AA	5.00	1.00	5.00	1.00

近期唐山市进行的国有资产整合工作具体如下：曹妃甸国控投资集团有限公司与

唐山金融控股集团股份有限公司、唐山市安居集团有限责任公司的股权划入唐山国控集团有限公司,唐山高速公路集团有限公司(唐山市通顺交通投资开发有限责任公司唯一股东)划入唐山新城投集团并更名为唐山市城市发展集团有限公司,唐山市文化旅游投资集团有限公司整合了唐山市区县城投公司、唐山市丰南建设投资有限公司、唐山市弘扬建设工程集团有限公司等区县城投公司。

唐山市区县城投平台整合较为缓慢,主要通过区级股权上划的方式进行。2022年7月,唐山市古冶区重要的基础设施建设投融资主体唐山市弘扬建设工程集团有限公司80%的股权等资产无偿划转至市级平台唐山文旅集团。2022年9月,唐山市丰南区重要的基础设施建设投融资主体唐山市丰南建设投资有限公司将51%的股权等资产无偿划转至唐山文旅集团。自2022年4月以来,全国范围内区县级城投平台整合占比高速提升,应持续关注唐山市区县平台通过资产整合、上层新设、平级合并等各种方式的整合行为。

2.区域内城投公司转型发展情况

(1)唐山市城投公司新设及整合情况

①新设情况

2020年10月18日,唐山高速公路集团有限公司正式挂牌成立。公司负责整合公路优质资产,健全多元化项目投资建设模式,负责政府收费高速公路、普通干线收费公路、经营性公路项目以及其他交通运输基础设施项目的建设、运营等业务,综合发展服务区经营、智能交通等多元发展板块,着力构建"一主多辅、上下延伸"的战略发展格局。

2021年9月29日,唐山交通发展集团有限公司正式挂牌成立。

②重组情况

2022年7月11日,唐山市安居集团有限责任公司完成股东信息变更,控股股东由唐山市住房和城乡建设局变更为唐山国控集团有限公司。

2022年9月16日,唐山高速公路集团有限公司完成股东信息变更,控股股东由唐山市国资委变更为唐山市城市发展集团有限公司。

(2)唐山市城投公司发展情况

唐山市城市发展集团有限公司(曾用名"唐山市新城市建设投资集团有限公司",以下简称"唐山城发集团")于2017年9月26日成立,注册资本为404 595.00万元,唐山市国资委持有唐山城发集团100%的股权。2022年6月16日,唐山市城市发展集团有限公司正式揭牌成立,主要经营范围包括城市开发建设与运营,水务投资经营管理,金融与产业投资,粮食仓储、加工、贸易等,是唐山市重要的国有资本投资、运营机构和投融资平台。2022年6月22日,唐山市粮食发展集团有限公司组入唐山城发集团;同年7月15日,唐山市自来水有限公司、唐山城市排水有限公司纳入唐山城发集团的实质性管理;同年9月16日,唐山市高速集团完成出资人变更,资产组入唐山城发集团。2023年7月10日,唐山市城市发展集团成功获得中诚信国际AAA主体信用等级。以此为依托,唐山城发集团站在产业高度布局业务体系,着力打造"1+N"城市融资品牌,实现"集团AAA引领、成员企业AA+集群"的资本市场形象,彻底打通集团及成员企业在资本市场的资金筹措渠道,实现融资成本的灵活配置,发挥好平台导入效能,积极服务县域经济发展,加快城市产业升级,促进城市创新发展、绿色发展、高质量发展。同时,通过集团内成员企业间资源、资质、品牌的共享,盘活国有资产、引入资金活水、赋能产业蝶变,有效推动集团内成员企业的良性可持续发展。

唐山国控集团有限公司(以下简称"唐山国控集团")于2022年4月25日成立,注册资本为2 025 572.30万元,唐山市国资委持有唐山国控集团100%的股权。作为唐山市主要的城市基础设施建设投融资及国有资产运营主体,唐山国控集团在唐山市城市发展中发挥着重要作用。2022年8月1日,唐山金融控股集团股份有限公司发布控股股东变更公告。根据唐山市国资委于2022年7月19日出具的《企业国有产权无偿划转移交协议书》,唐山市国资委将其持有的唐山金融控股集团股份有限公司98.48%的股份无偿划至唐山国控集团有限公司名下。同日,曹妃甸国控投资集团有限公司也发布了《曹妃甸国控投资集团有限公司关于公司控股股东发生变更的公告》。公告中披露,根据唐山市国资委于2022年7月25日出具的《企业国有产权无偿划转移交协议书》,唐山市国资委将其持有的公司100%的股权无偿划转至唐山国控集团有限公司名下。至此,唐山国控集团业务范围扩大,尤其是整合曹妃甸国控投资集团有限公司后,唐山国控集团在基础设施建设及土地开发转让、围海造地、供热、污水处理等业务领域具有了很强的区域专营优势,整体实力明显增强。2023年7月10日,中诚信国际信用评级有限公司将唐山国控集团主体信用等级调整为AAA级。

唐山市文化旅游投资集团有限公司(以下简称"唐山文旅集团")于2008年成立,前身为南湖投资集团,2018年组建为唐山市属重点企业,是唐山市主要的城市基础设施建设和文化旅游产业投资运营主体,此前主体评级一直维持在AA级。2022年7月,唐山文旅集团获得唐山市古冶区重要的基础设施建设投融资主体唐山市弘扬建设工程集团有限公司80%的股权等资产的无偿划转。同年9月,唐山文旅集团获得唐山市丰南区重要的基础设施建设投融资主体唐山市丰南建设投资有限公司51%的股权等资产的无偿划转,业务范围和资产规模有所扩大,基础设施建设职能进一步提升。唐山文旅集团目前总资产近770亿元,2022年9月30日主体评级提升至AA+级。

（3）唐山市城投公司经营性业务拓展情况

唐山控股发展集团股份有限公司（以下简称"唐山控发集团"）是唐山市属城投公司进行经营性业务拓展的典型代表。唐山控发集团成立于2010年7月2日，主体评级为AA＋，是唐山国际旅游岛（国家级海岛开发利用示范基地、河北省旅游综合改革试验区、国家4A级旅游景区）土地开发的唯一主体，土地储备居全市城投公司第一。

唐山控发集团的转型发展得到了唐山市政府的大力支持，2014－2015年，唐山市政府支持战略增资唐山银行，2016年定增唐山港，2020年4月唐山市政府将其持有的冀东发展集团有限责任公司45％的股权无偿划拨给唐山控发集团，2022年4月唐山市政府又将其持有的唐山北方瓷都陶瓷集团有限责任公司100％的股权无偿划拨给唐山控发集团，助力唐山控发集团布局金融产业板块。

目前，唐山控发集团已不限于土地转让、基础设施建设等传统城投平台业务。一方面，布局金融产业板块。唐山控发集团在香港、深圳、上海、北京、天津、成都搭建了经营性金融服务平台，业务涵盖银行类战略性金融投资、产业基金、资产管理、商业保理、融资租赁、担保等主要金融服务领域，打造能够提供综合性金融服务，具备投行、综合投资与经营能力的国有资本运营平台。同时进行股权投资，唐山控发集团持有唐山银行9.84％的股份、持有中原银行1.07％的股份、持有遵化融和村镇银行10.73％股份。另一方面，布局产业类板块。2018年11月，唐山控发集团成功收购位于上海浦东的A股上市公司康达新材（002669.SZ），在河北省属首例。收购康达新材后，唐山控发集团又在福建南平、四川成都、河北唐山、天津等地区建立园区，延伸产业链，做大现金流规模，创新了区域资本招商的模式，为区域经济转型发展贡献了力量。经过多年发展，现在旗下除拥有高新技术企业康达新材外，还拥有两家军工企业成都必控科技有限责任公司与北京力源兴达科技有限公司，同时，北京力源兴达科技有限公司还属于北京专精特新"小巨人"企业。此外，唐山控发集团旗下控股（60％）企业天津易远通国际贸易有限公司，现已在外贸行业深耕十余年，同时该公司被认定为"2021年度天津市重点联系外贸综合服务企业"。

（二）上市公司发展现状及分析

1.上市公司总体情况

截至2023年末，唐山市共有13家A股上市公司，占河北上市公司总数的近20％，数量上仅次于石家庄市的23家。其中9家在主板上市、2家在创业板上市、2家在北交所上市。唐山市的上市公司中有11家公司已发展成为各自行业细分领域的领先企业，逐步成为唐山市新兴产业的核心支柱，涉及的10个行业领域包括建筑建材、材料、工程机械、煤炭、交通运输、电气设备、半导体、光伏、医疗保健以及汽车服务。如

表 3-10 所示。

表 3-10　　　　　　　　　唐山市上市公司发展现状　　　　　　　　单位：亿元

证券代码	证券简称	上市板	公司属性	主营产品	总市值	总收入	净利润
002049.SZ	紫光国微	主板	公众企业	电子元器件	573.07	—	—
000401.SZ	冀东水泥	主板	地方国有企业	催化剂及化学助剂、水泥	169.86	282.35	−17.48
600409.SH	三友化工	主板	公众企业	高分子聚合物、火电、热力、无机化工原料	113.33	—	—
601000.SH	唐山港	主板	地方国有企业	集装箱码头、散货码头	207.41	58.45	20.38
300981.SZ	中红医疗	创业板	地方国有企业	高分子聚合物	62.48	—	—
600997.SH	开滦股份	主板	地方国有企业	煤制品	121.15	—	—
603938.SH	三孚股份	主板	民营企业	有机化工原料	68.80	—	—
605196.SH	华通线缆	主板	民营企业	专用设备与零部件	39.39	—	—
603385.SH	惠达卫浴	主板	民营企业	家具	30.58	—	—
300371.SZ	汇中股份	创业板	民营企业	电气仪器仪表、行业专用软件、监控器材及系统	24.53	4.96	—
000856.SZ	冀东装备	主板	地方国有企业	变电设备、工业建筑、冶金机械	21.72	29.21	0.37
830964.BJ	润农节水	北证	民营企业	操作系统软件、专用设备与零部件	11.13	7.47	—
835985.BJ	海泰新能	北证	民营企业	半导体材料、专业咨询服务	27.51	41.20	—

数据来源：Wind，时间截至 2023-12-31。

2. 上市公司资本运作行为及分析

近年来，唐山市有 4 家企业完成了 IPO，集中在 2020—2023 年，包括主板 1 家、创业板 1 家、北交所 2 家。5 家企业完成了 7 次再融资，包括紫光国微（002049.SZ）2021 年完成转债发行，冀东水泥（000401.SZ）2022 年完成转债发行、2021 年与 2022 年完成两次增发，惠达卫浴（603385.SH）2020 年完成增发，润农节水（830964.BJ）2019 年完成增发，海泰新能（835985.BJ）2018 年完成增发。10 家公司完成了 38 起收购类资本运作，其中 6 家国有企业完成了 33 起，占比超过 85%。收购主要围绕核心业务的强化及整合唐山地区优势资源两条主线开展。如表3-11所示。

表3-11 唐山市上市公司资本运作情况

证券代码	证券简称	上市日期	上市板	转债发行额（亿元）	转债起息日期	增发次数	最近一次增发上市日	近5年并购类运作次数	最近一次并购类运作时间
002049.SZ	紫光国微	2005-06-06	主板	15.00	2021-06-10	3	2013-02-25	1	2022年4月
000401.SZ	冀东水泥	1996-06-14	主板	28.20	2022-01-14	4	2022-01-14	18	2022年3月
600409.SH	三友化工	2003-06-18	主板			4	2017-06-19		
601258.SH	庞大集团	2011-04-28	主板			1	2014-11-17		
601000.SH	唐山港	2010-07-05	主板			3	2016-12-19	6	2017年12月
300981.SZ	中红医疗	2021-04-27	创业板					3	2022年12月
600997.SH	开滦股份	2004-06-02	主板			1	2017-02-09	4	2022年10月
603938.SH	三孚股份	2017-06-28	主板					1	2021年7月
605196.SH	华通线缆	2021-05-11	主板						
603385.SH	惠达卫浴	2017-04-05	主板			1	2020-12-29	2	2022年11月
300371.SZ	汇中股份	2014-01-23	创业板						
000856.SZ	冀东装备	1998-08-13	主板					1	2021年9月
830964.BJ	润农节水	2020-07-27	北证			4	2019-12-30	1	2020年4月
835985.BJ	海泰新能	2022-08-08	北证			2	2017-02-21	1	2019年4月

数据来源：Wind，时间截至2023-12-31。

唐山港（601000.SH）近5年完成了1次再融资及6起收购，主要围绕唐山地区及港口业务开展。2016年12月，完成收购唐山津航疏浚工程有限责任公司30%的股权、唐港铁路有限责任公司18.58%的股权、唐山曹妃甸实业港务有限公司10%的股权、6宗土地使用权及部分固定资产；2017年11月，完成收购集装箱公司100%的股权和唐港实业集装箱泊位及配套资产。

冀东水泥(000401.SZ)近5年完成了3次再融资及17起收购,主要围绕核心业务及上下游展开,涉及水泥、建材、环保等领域。2019年2月,完成收购包钢冀东水泥有限公司21%的股权;2019年3月,完成收购5家建材公司及7家水泥公司;2019年11月,完成收购唐山盾石干粉建材有限责任公司100%的股权;2019年12月,完成收购北京金隅红树林环保技术有限公司100%的股权;2020年1月,完成收购冀东发展泾阳建材有限责任100%的股权及涞水京涞建材有限责任公司85%的股权;2021年12月,完成吸收合并金隅冀东水泥(唐山)有限责任公司;2022年3月,完成收购山西华润福龙水泥有限公司72%的股权。

中红医疗(300981.SZ)近5年完成了3起收购类业务,包括2次参与了创投基金,借助专业投资机构来丰富其在行业内的长期布局。2022年12月,完成收购江西科伦医疗器械制造有限公司90%股权和部分债权。2021年11月,认购君联惠康基金5 000万的基金份额。2021年8月,认购共青城祺信产业创新基金5 000万的基金份额。

总体上来讲,唐山上市公司的资本运作活跃度不高,大多数企业的增发、并购类运作低于A股平均水平。

(三)唐山市专精特新企业情况及分析

1. 专精特新企业总体情况

为支持河北省产业升级,唐山市深入开展"专精特新"中小企业培育工作,健全"遴选入库、推选省级、推介示范、选拔小巨人"梯度的培育工作体系,强化动态管理、精准服务、宣传推介等培育措施。2022年11月,唐山市发布《唐山市专精特新"小巨人"企业三年倍增行动计划》,提出到2025年底,国家级专精特新"小巨人"企业在现有58家的基础上,实现数量倍增,达到120家,年新增20家以上。明确提出了六条培育路径:传统产业裂变、新兴产业发掘、协同发展引入、集群龙头培育、产业基金孵化、整合重组壮大。

在专精特新中小企业的认定方面,河北省已累计认定七批共2 972家省级专精特新中小企业,其中唐山市拥有450家,占比超过15%,数量仅次于石家庄市,已打造成为中小企业发展的摇篮。在专精特新示范企业评选方面,截至2022年末,在专精特新中小企业中,河北省已累计选拔了四批共912家专精特新示范企业,其中唐山市拥有130家,占比超过14%。

2. 专精特新"小巨人"企业梳理

截至2023年末,河北省拥有387家国家级专精特新"小巨人"企业,多分布于高端制造、医药生物、化工材料、光电等行业。其中,唐山市拥有国家级专精特新"小巨人"企业62家,数量仅次于石家庄,排名河北省第二,多分布于钢铁、化工、建材等传统产业延伸出的高端制造与化工材料行业。

表 3—12　　　　　　　　唐山市专精特新"小巨人"企业名单

企业名称	行业
唐山北极熊建材有限公司	非金属矿物制品业
河北瑞兆激光再制造技术股份有限公司	金属制品、机械和设备修理业
唐山启奥科技股份有限公司	软件和信息技术服务业
唐山金湾特碳石墨有限公司	非金属矿物制品业
河北兴隆起重设备有限公司	通用设备制造业
唐山兴邦管道工程设备有限公司	橡胶和塑料制品业
汇中仪表股份有限公司	仪器仪表制造业
唐山晶玉科技股份有限公司	研究和试验发展
唐山百川智能机器股份有限公司	铁路、船舶、航空航天和其他运输设备制造业
金石钻探（唐山）股份有限公司	专用设备制造业
唐山陆凯科技有限公司	批发业
唐山长虹塑料制品有限公司	农、林、牧、渔专业及辅助性活动
华信唐山石油装备有限公司	专业技术服务业
唐山松下产业机器有限公司	通用设备制造业
河北津西钢铁集团重工科技有限公司	通用设备制造业
中冶瑞木新能源科技有限公司	科技推广和应用服务业
唐山通力齿轮有限公司	汽车制造业
唐山海森电子股份有限公司	软件和信息技术服务业
河北君业科技股份有限公司	橡胶和塑料制品业
唐山贺祥智能科技股份有限公司	专用设备制造业
中信重工开诚智能装备有限公司	通用设备制造业
唐山金沙燃烧热能股份有限公司	通用设备制造业
唐山金亨通车料有限公司	铁路、船舶、航空航天和其他运输设备制造业
河北润农节水科技股份有限公司	土木工程建筑业
唐山鑫惠丰重工冶锻有限公司	黑色金属冶炼和压延加工业
中煤科工集团唐山研究院有限公司	科技推广和应用服务业
河北华发教育科技股份有限公司	软件和信息技术服务业
唐山顺浩环保科技有限公司	研究和试验发展
唐山三孚硅业股份有限公司	化学原料和化学制品制造业
河北拓思机械设备有限公司	通用设备制造业

续表

唐山金利海生物柴油股份有限公司	废弃资源综合利用业
玉田县盛田印刷包装机械有限公司	专用设备制造业
唐山鹤兴废料综合利用科技有限公司	科技推广和应用服务业
唐山市丰南区佳跃化工产品有限公司	化学原料和化学制品制造业
唐山开元自动焊接装备有限公司	通用设备制造业
唐山旭阳化工有限公司	化学原料和化学制品制造业
河北零点新能源科技有限公司	科技推广和应用服务业
唐山浩昌杰环保科技发展有限公司	科技推广和应用服务业
唐山中材重型机械有限公司	专用设备制造业
唐山通宝停车设备有限公司	金属制品业
唐山威豪镁粉有限公司	有色金属冶炼和压延加工业
河北博泰环保科技有限公司	废弃资源综合利用业
唐山冶金锯片有限公司	金属制品业
金隅电气(唐山)有限责任公司	通用设备制造业
河北万杰机械科技股份有限公司	专用设备制造业
唐山盛航环保机车制造有限公司	通用设备制造业
河北华通重工机械制造有限公司	通用设备制造业
唐山鑫业科技有限公司	金属制品业
唐山国芯晶源电子有限公司	计算机、通信和其他电子设备制造业
中溶科技股份有限公司	化学原料和化学制品制造业
唐山首尔耐火材料有限公司	非金属矿物制品业
信达科创(唐山)石油设备有限公司	金属制品业
唐山森普矿山装备有限公司	其他制造业
唐山龙泉机械有限公司	通用设备制造业
唐山金山腾宇科技有限公司	研究和试验发展
唐山天和环保科技股份有限公司	专用设备制造业
唐山东亚重工装备集团有限公司	专用设备制造业
唐山国华科技国际工程有限公司	建筑装饰、装修和其他建筑业
唐山志威科技有限公司	金属制品业
亚捷科技(唐山)股份有限公司	通用设备制造业
唐山神州机械集团有限公司	专用设备制造业
唐山元创自动化科技股份有限公司	通用设备制造业

(四)唐山市新三板市场发展概况及分析

1. 新三板公司总体概述

截至 2023 年末,唐山市共有新三板挂牌企业 29 家,其中创新层 9 家、基础层 20 家。创新层公司集中在专用设备、系统软件服务、化工等领域,启奥科技、中溶科技、唐山华熠、天和环保等企业成长状况良好,已具备转板的潜力。如表 3—13 所示。

表 3—13　　　　　　　　唐山市新三板创新层挂牌公司名单

证券代码	证券简称	公司属性	主营产品类型	总市值(亿元)	总收入(亿元)	净利润(亿元)
831287.NQ	启奥科技	民营企业	行业专用软件	6.21	2.16	0.28
836455.NQ	中溶科技	民营企业	胶黏剂、酶类及其他生化制剂、其他化学品	6.48	9.87	0.32
839796.NQ	唐山华熠	民营企业	化学试剂	6.11	10.93	-0.10
871037.NQ	天和环保	公众企业	专业咨询服务、专用设备与零部件	4.12	2.17	0.40
833960.NQ	华发教育	民营企业	操作系统软件、电子设备及加工、行业专用软件	2.06	1.46	0.13
835136.NQ	报春电商	民营企业	广告设计、专业咨询服务	1.73	4.40	0.06
873456.NQ	联城科技	地方国有企业	系统集成服务	—	2.12	0.27
871827.NQ	万杰科技	民营企业	印刷机械	—	0.78	0.24
873759.NQ	贺祥智能	民营企业	专用设备与零部件	3.35	—	—

数据来源:Wind,时间截至 2023-12-31。

2. 新三板可转板企业梳理

启奥科技(831287.NQ)于 2014 年 11 月挂牌新三板,公司致力于血液管理、健康管理、公安管理信息化服务,是一家面向全国范围的专业从事血液管理、政法管理、健康管理等领域的公司,同时致力于智慧化软件研发、信息服务、数据安全、系统集成、大数据应用的国家高新技术企业。2020 年度营业收入 27 953.51 万元,2019 年度、2020 年度营业收入合计 49 592.01 万元,2019 年度、2020 年度研发支出合计 7 949.35 万元,2019 年度、2020 年度研发支出合计占营业收入合计的比例为 16.03%,符合北交所上市财务标准三、标准四。2022 年 3 月 30 日进入北交所上市辅导期。

贺祥智能(873759.NQ)在卫生陶瓷技术装备细分市场排名全国第一,具有自营进出口权,主要生产"全自动柜盆高压成型机",为全球 TOTO、科勒、乐家、惠达、九牧等十大卫浴品牌提供卫生陶瓷机械。公司 2023 年实现营业收入约 2.14 亿元,归属于上市公司股东的净利润约 9 152.31 万元。有望符合北交所上市财务标准一、标准二。

唐山华熠(839796.NQ)于 2009 年 8 月 31 日在唐山市成立,是一家专业从事化工产品研发与销售的综合型高科技服务型企业。公司主要经营生产顺酐、苯酐、硫酸、沥青等,产品质高价廉,畅销国内外市场。公司已于 2022 年 9 月进入深圳主板上市辅导期。

中溶科技(836455.NQ)始建于 1999 年,坐落于河北丰润经济开发区,目前是华北地区最大的乙醇、醋酸酯生产企业,产销量居河北省第一。截至 2021 年末,公司已报证监局科创板辅导备案。

天和环保(871037.NQ)主要从事尾煤泥及褐煤干燥脱水提质设备、矿山破碎筛分设备的研发、设计、生产和销售,并提供相关产品的综合配套解决方案及服务。2023 年度净利润超过 4 042 万元。

四、唐山市资本市场发展对策建议

(一)对唐山市债券市场的发展的相关建议

1. 探索创新融资品种,鼓励企业债券融资

唐山市债券市场目前以企业债、公司债券和债务融资工具为主,创新类债券产品较少,可以发行更多创新型债券,如可转债、可交换债、绿色债券等,以满足投资者多样化的投资需求。与此同时,可以通过举办重点企业和金融机构线上对接会,保障重大项目资金落实,促进提升资源匹配效率。此外,企业可以通过鼓励和引导各类债券募集资金投向唐山市重点领域和重要项目,来扩大资金来源渠道和降低融资成本。因此企业可以通过举办债券市场论坛、发布市场研究报告、开展投资者教育等方式,加强市场宣传和推广,提高市场的知名度和影响力,吸引更优质的投资者参与债券市场。

2. 推动隐债化解工作,疏通企业融资渠道

在过去的几年中,唐山市在经济发展上取得了显著的成就,但也面临着一些难题,其中之一就是平台隐性债务问题。为了解决这个问题,唐山市需要采取一系列措施,推动平台隐性债务的化解,并获得融资渠道的突破。在监管机构对隐性债务调控极为严格的情况下,部分唐山市优质平台因拥有存量隐债而严重受限,合理融资需求无法得到满足,且失去了部分信用债产品滚续融资的便利,极大影响平台的融资效率。

为了推动平台隐性债务的化解,首先,唐山市需要充分认识平台的隐性债务并合理管控,通过加强对隐性债务的监督和管理,来确保这些债务不会对当地财政造成潜在风险。其次,唐山市需要建立一个有效的隐性债务化解机制,包括隐性债务的清理、整合和重组,以及财政支持、债务转换和资产处置等措施。唐山市可以借鉴其他省份的成功经验来建立债务化解机制,如江苏省在2018年成立了专门的平台隐性债务化解基金,用于清理和化解地方政府融资平台的隐性债务,这种机制可以有效地减轻当地政府的财政压力,提高债务偿还的能力。最后,唐山市需要积极寻求融资渠道的突破。除了依靠当地政府的财政支持外,唐山市还可以通过招商引资、发行债券、吸引社会资本等方式来获取融资。例如,浙江省在2019年成功发行了"浙江省政府融资平台债券",为当地政府融资平台提供了新的融资渠道,这种方式可以有效地解决平台隐性债务的问题。

3. 加强债券风险防控,完善市场监管体系

唐山市企业需要建立公司信用类债券风险防控长效机制,加强发债企业台账管理,及时掌握发行人的经营情况、财务状况、盈利能力及项目进展等情况,对发行人的募集资金使用、本息偿还情况进行实时监管,发现问题及时督促解决。同时,完善专项债券管理,在严格将专项债券发行与项目一一对应的基础上,加快实现债券资金使用与项目管理、偿债责任相匹配,以及债券期限与项目期限相匹配。

在信息披露方面,唐山市应重点披露本地区及使用债券资金相关地区的政府性基金预算收入、专项债务风险等财政经济信息,以及债券规模、利率、期限、具体使用项目、偿债计划等债券信息。同时,唐山市需要建立健全的债券市场风险防控和市场监管体系,加大市场监管力度,规范市场行为,保护投资者权益,提高市场透明度和公信力。

4. 增强政府补贴支持,不断增加优质资产

Wind查询结果显示,截至目前,唐山市发债企业累计达36家,但是有存续债券的企业只有19家,有将近一半的企业退出了债券市场。考虑到直接融资成本总体低于信贷融资,因此唐山市政府可以对企业直接融资行为进行奖励。比如安徽萧县对非上市挂牌的民营企业发行债券且全部投资本地的,按最多不超过100万元予以奖励;广州对在交易所市场、银行间市场、机构间私募产品报价与服务系统等平台新发行债券的企业给予发行费用10%的一次性补贴;廊坊市对首次成功发行公司债、企业债、银行间债券市场非金融企业债务融资工具的企业,按融资金额5亿元(含)以下、5亿~10亿元(含)、10亿元以上分三档,分别给予50万元、80万元、100万元的发行费用补助。

唐山市财政部门可以进一步增强对唐山市企业的补贴力度,特别是资产性支持和收入性支持,提升企业净利润指标,促进企业投资,不断增加城投企业的优质资产。在

政策许可的范围内,给予一定的财政补贴、税收优惠和开发增值项目职能,对符合条件的特定企业进行必要扶持,不断增强公司的资金实力,提高风险防范和盈利能力,进一步降低融资成本,实现良性循环。

(二)对唐山市股权市场发展的相关建议

1.有效发挥国企引领作用

国有企业是唐山市股权市场的重要组成部分,但是在过去的发展中,唐山市对国有企业的治理和管理存在一些问题,例如决策不够灵活、效率较低、市场竞争力不足等。唐山市需要加强对国有企业的监督和管理,提高企业的管理水平和竞争力,从而更好地发挥国有企业的带动作用,推动优质资产的整合与上市,充分利用再融资工具推动产业加速发展,强化参与相关新兴产业投资的积极性。同时,唐山市可以通过引进优质企业、鼓励股权融资、加强市场宣传等方式,来提高市场活跃度和参与度,推动市场快速发展。除了国有企业外,唐山市还可以通过吸引社会资本的投入来促进股权市场的发展。例如,安徽省在2019年成立了安徽省股权投资基金,用于支持当地企业的股权融资,这种方式可以有效扩大股权市场的规模和深度。

2.不断拓宽融资和投资渠道

唐山市股权市场目前以私募股权基金为主,缺乏多元化的融资和投资渠道。因此,企业需要不断拓宽融资渠道,如发行股权众筹、股权质押融资等,提高企业融资效率和成功率。唐山市可以积极发展股权融资,吸引更多的投资者进入市场。例如,唐山市可以成立股权融资平台,为当地企业提供股权融资服务,或者鼓励企业通过股权众筹等方式进行融资。同时,企业应拓宽投资渠道,积极探索新型融资方式,例如开展股权投资基金、金融租赁、信托、保险等,为当地企业提供多样化的融资选择,吸引更多的投资者参与股权市场。

3.促进股权投资基金和中介机构的本地化深耕

股权投资基金的引进,既要引入具备资源能力与行业深度的基金,也要打造真正扎根唐山的典型案例,用更灵活的政策处理"项目质量"与"返投比例"的矛盾。首先,证券公司和股权投资财务顾问公司是私募基金市场中资金与项目匹配的桥梁,建议从市、区(县)层面建立市场化合作机制、加强政策支持。其次,唐山市可以出台一系列的扶持政策,鼓励股权投资基金和中介机构在本地区投资和发展。例如,唐山市政府可以提供税收优惠、贷款担保、场地租金减免等方面的支持。再次,唐山市可以与股权投资基金和中介机构建立良好的合作机制,共同推进本地区的产业升级和经济发展。例如,可以开展产业对接、项目合作等方面的合作。最后,唐山市还可以加强与其他地区的合作,拓展股权投资基金和中介机构的市场,提高市场竞争力。

4. 深化与金融机构的合作

唐山市产业基础雄厚,经过数十年的发展,在许多细分领域具备在全国乃至全球有竞争力的民营企业,但其对于资本市场的了解较少。目前,唐山市股权市场的整体交易规模较小,市场缺乏活力和流动性,交易方式单一,缺乏创新。同时,唐山市的金融机构数量相对较少,营业部分布不均衡,有些地区缺乏金融机构的服务支持。第一,唐山市可以从政府层面推动金融机构与企业的沟通,减少信息不对称并提高市场效率,加强与金融机构的沟通和合作。第二,唐山市可以通过举办交流会议、座谈会等形式,与金融机构进行深入交流和探讨,了解市场需求和投资者的意愿,共同制定发展策略和措施,推动股权市场的发展,并且优化营商环境,吸引更多金融机构进驻唐山市。第三,唐山市应该加大对金融机构的政策支持力度,提供更加优惠的税收政策和便利的行政审批服务,推进股权市场的多元化发展。第四,唐山市应该积极探索各种股权交易方式,例如股权转让、股权众筹等,推动股权市场的多元化发展,提高市场的流动性和活力。

附件:

表3—14　　　　截至2022年末唐山市区域性股权市场挂牌企业名单

证券代码	证券简称	公司中文名称
500008.SJZ	益帮基金	河北益帮股权投资基金管理有限公司
660163.SJZ	鼎晖食品	唐山鼎晖食品股份有限公司
660165.SJZ	依菲商贸	唐山依菲商贸股份有限公司
660167.SJZ	荣合科技	唐山荣合科技股份有限公司
660174.SJZ	宇翔化肥	唐山市宇翔化肥销售股份有限公司
660175.SJZ	东府文化	河北东府文化交流股份有限公司
660176.SJZ	天时农牧	唐山天时农牧机械设备股份有限公司
660177.SJZ	千业科技	唐山市千业科技股份有限公司
660178.SJZ	双利农业	唐山市双利农业开发股份有限公司
660198.SJZ	燕禾泉	河北燕禾泉食品股份有限公司
660200.SJZ	隆霆股份	隆霆国际贸易股份有限公司
660204.SJZ	阜丰股份	张家口市宣化区阜丰科技小额贷款股份有限公司
660208.SJZ	亿和小贷	张家口市万全区亿和科技小额贷款股份有限公司
660216.SJZ	金通物流	唐山市金通物流股份有限公司
660219.SJZ	瀚阳股份	唐山瀚阳人力资源服务股份有限公司
660225.SJZ	中实小贷	遵化市中实国通扶贫小额贷款股份有限公司

续表

证券代码	证券简称	公司中文名称
660226.SJZ	富利小贷	滦南县富利科技小额贷款股份有限公司
660233.SJZ	乐丫实业	唐山乐丫实业股份有限公司
660238.SJZ	福民股份	唐山福民农产品销售股份有限公司
660247.SJZ	津睿食品	唐山津睿食品股份有限公司
660257.SJZ	唐龙小贷	保定唐县唐龙扶贫小额贷款股份有限公司
660266.SJZ	山雨文化	徐州泰歆雨文化发展股份有限公司
660280.SJZ	讯辉科技	河北讯辉科技股份有限公司
660281.SJZ	怡和科技	河北怡和科技股份有限公司
660282.SJZ	森海股份	唐山森海文化传媒股份有限公司
660283.SJZ	斯博瑞	唐山斯博瑞文化传媒股份有限公司
660284.SJZ	华夏国旅	唐山华夏国际旅行社股份有限公司
501266.SJZ	南祥船舶	唐山南祥船舶货运代理有限公司
660418.SJZ	极速反应	极速反应医疗救护培训中心(唐山)股份有限公司
660427.SJZ	比尔尼克	河北比尔尼克新材料科技股份有限公司
660431.SJZ	华商金属	唐山华商金属制品股份有限公司
660432.SJZ	金百利	唐山金百利生态农业股份有限公司
660435.SJZ	唐山中工	唐山中工广告装饰工程股份有限公司
660436.SJZ	联达科文	联达科文(唐山)广告股份有限公司
660359.SJZ	谷川股份	唐山谷川食品股份有限公司
660377.SJZ	利贺信息	唐山利贺信息科技股份有限公司
660384.SJZ	搜酒网	搜酒网(唐山)电子商务股份有限公司
660385.SJZ	君红科技	唐山君红科技股份有限公司
660393.SJZ	搜唐科技	河北搜唐科技股份有限公司
660094.SJZ	晶美利	唐山晶美利金属制品股份有限公司
660006.SJZ	建华检测	唐山建华检测股份有限公司
660012.SJZ	冀物物流	唐山冀物物流股份有限公司
660023.SJZ	龙赫网络	唐山龙赫网络技术开发股份有限公司
660026.SJZ	唐山春潮	唐山春潮汽车零部件股份有限公司
660037.SJZ	圣火科技	唐山圣火科技股份有限公司
660043.SJZ	滦牧股份	河北滦牧农业开发股份有限公司

续表

证券代码	证券简称	公司中文名称
660044.SJZ	盛川农产	唐山市盛川农产品股份有限公司
660045.SJZ	和发实业	唐山和发实业股份有限公司
660050.SJZ	润源股份	唐山润源轧辊股份有限公司
660071.SJZ	利生源	唐山市利生源精密制造有限公司
660077.SJZ	鑫万达	唐山鑫万达实业股份有限公司
500002.SJZ	山水贷款	迁西县山水科技小额贷款有限公司
500003.SJZ	远洋食品	迁西县远洋食品有限公司
500004.SJZ	唐山畅通	唐山畅通网络科技服务有限公司
500005.SJZ	众德食品	迁西众德食品有限公司
500006.SJZ	世杰农业	唐山世杰农业开发有限公司
500007.SJZ	前沿管理	河北中大资产评估有限公司
500009.SJZ	冀宝股份	冀宝科技股份公司
500010.SJZ	视界传媒	唐山视界文化传媒有限公司
500011.SJZ	虎虎商贸	唐山虎虎商贸有限公司
500161.SJZ	新概念	唐山市新概念科技有限公司
500162.SJZ	唐唐资产	唐山唐唐资产管理有限公司
500163.SJZ	珍爱资产	河北珍爱资产管理有限公司
500164.SJZ	易澄电子	唐山市易澄电子商务有限公司
500166.SJZ	海生养殖	乐亭县海生海水养殖有限公司
500168.SJZ	席美生物	唐山席美生物科技股份有限公司
500169.SJZ	迅通物流	乐亭县迅通物流有限公司
500170.SJZ	龙泽谷	迁安市龙泽谷国际酒庄有限公司
500171.SJZ	盛益隆	迁西县盛益隆商贸有限公司
500172.SJZ	高雅广告	迁西县高雅广告有限公司
500173.SJZ	喜峰旅游	迁西县喜峰口旅游开发有限公司
500220.SJZ	胡子工贸	迁西县胡子工贸有限公司
500221.SJZ	八久点	河北八久点商贸有限公司
500222.SJZ	盛梅陶瓷	唐山盛梅陶瓷有限公司
500223.SJZ	食材通	食材通(唐山)商贸股份有限公司
500224.SJZ	仙野鹿业	迁西县仙野鹿业专业合作社

续表

证券代码	证券简称	公司中文名称
500232.SJZ	启点法商	河北启点法商企业管理咨询有限公司
500259.SJZ	乐巢门窗	唐山市乐巢门窗制造有限公司
500260.SJZ	国红家居	唐山市国红家居制造有限公司
500261.SJZ	见宝文化	唐山市见宝文化艺术有限公司
500362.SJZ	邢台垠通	邢台垠通新能源科技开发有限公司
500404.SJZ	凤凰花卉	唐山凤凰花卉科技示范园股份有限公司
500754.SJZ	金鸿向峰	河北金鸿向峰科技有限公司
500792.SJZ	镜圆科技	唐山市镜圆科技有限公司
500804.SJZ	神州智能	唐山市神州智能科技有限公司
500806.SJZ	海锚王	唐山海锚王科技有限公司
500807.SJZ	嘉品物资	迁西县嘉品物资商贸有限公司
500808.SJZ	新亿商贸	迁西县新亿商贸有限公司
500809.SJZ	早上好	迁西县早上好餐饮服务有限公司
500810.SJZ	凯文文化	唐山凯文文化传媒有限公司
500811.SJZ	动客体能	唐山动客体能拓展有限公司
630010.SJZ	橙意果业	唐山橙意果业股份有限公司
660054.SJZ	龙泰辰	唐山龙泰辰实业股份有限公司
660061.SJZ	斯罗米克	河北斯罗米克科技股份有限公司
501034.SJZ	季诺陶朱	河北季诺陶朱科技有限公司
501035.SJZ	迪迪之家	唐山市路北区迪迪之家孕婴用品馆
501036.SJZ	盛唐环保	河北盛唐环保科技有限公司
501088.SJZ	科耐迪	河北科耐迪电子科技有限公司
501089.SJZ	大博金	唐山大博金广告有限公司
501090.SJZ	星旭科技	唐山星旭科技股份有限公司
501091.SJZ	众道科技	唐山众道科技有限公司
501092.SJZ	麦芒科技	唐山麦芒科技有限公司
501093.SJZ	汇泽电子	唐山汇泽电子商务股份有限公司
501094.SJZ	明昊锐	唐山明昊丰锐科技股份有限公司
501095.SJZ	利恒信息	唐山利恒信息科技股份有限公司
501096.SJZ	利成财务	唐山云巅企业管理服务有限公司

续表

证券代码	证券简称	公司中文名称
501097.SJZ	正中堂	唐山正中堂企业管理咨询有限公司
501098.SJZ	安信农业	唐山安信农业开发有限公司
501159.SJZ	唐山民联	唐山高新技术产业园区民联产业农民专业合作社
501167.SJZ	航暄兄弟	唐山市丰润区航暄兄弟商贸有限公司
501206.SJZ	滦翔固废	唐山滦翔固体废弃物处理有限公司
501228.SJZ	宏磊钛镁	唐山市丰润区宏磊钛镁合金型材销售处
501229.SJZ	瑞祥铝材	唐山市丰润区福瑞祥铝型材销售处
500848.SJZ	怡安生物	唐山怡安生物工程有限公司
500849.SJZ	九华农业	河北九华农业科技有限公司
500850.SJZ	耕欣农业	迁安市耕欣农业开发有限公司
500851.SJZ	耕翠坊	河北耕翠坊电子商务有限公司
500852.SJZ	唐泷盛世	河北唐泷盛世文化传媒股份有限公司
500853.SJZ	高美家政	高美（唐山）家政服务有限公司
500854.SJZ	安杰科技	唐山安杰科技有限公司
500855.SJZ	凯能环保	唐山凯能环保科技有限公司
500856.SJZ	群星科技	唐山群星科技有限公司
500860.SJZ	锦宸电子	唐山锦宸电子科技有限公司
500861.SJZ	凤凰之光	凤凰之光（唐山）科技有限公司
500885.SJZ	凤唐艺品	凤唐艺品（唐山）陶瓷文化创意有限公司
500886.SJZ	众筹创投	猫镖局（唐山）知识产权服务有限公司
500887.SJZ	源奥维	唐山源奥维科技有限公司
500888.SJZ	颐养三和	颐养三和（唐山）保健按摩服务有限公司
500889.SJZ	海存科技	唐山美厚科技有限公司
500890.SJZ	鋬滕科技	唐山鋬滕科技有限公司
500891.SJZ	海特环保	唐山海特环保科技有限公司
500892.SJZ	易郡装饰	唐山易郡装饰工程有限公司
500893.SJZ	猪小戒	猪小戒（唐山）财税咨询服务有限公司
500894.SJZ	奥尼克斯	河北奥尼克斯科技有限公司
500895.SJZ	乐送科技	河北乐送科技有限公司
500896.SJZ	研氏科技	研氏（唐山）科技有限公司

续表

证券代码	证券简称	公司中文名称
500897.SJZ	静一彩	唐山市静一彩广告有限公司
500898.SJZ	诚明会计	唐山诚明会计服务有限公司
500899.SJZ	艺得科技	艺得（唐山）科技有限公司
500900.SJZ	水天环保	唐山市水天环保科技有限公司
500901.SJZ	众惠咨询	唐山众惠信息咨询有限公司
500902.SJZ	福呔儿	唐山福呔儿健康科技有限公司
500903.SJZ	国德育成	唐山国德育成教育科技有限公司
500904.SJZ	全祥科技	格知学体育发展唐山有限公司
500905.SJZ	双璘科技	唐山双璘科技有限公司
500906.SJZ	逆光传媒	唐山环视逆光文化传媒有限公司
500907.SJZ	友商科技	友商（唐山）农业科技有限公司
500908.SJZ	埃里森	唐山市埃里森营销策划有限公司
500909.SJZ	中启智联	中启智联（唐山）科技有限公司
500910.SJZ	素了餐饮	素了（唐山）餐饮管理有限公司
500940.SJZ	智蜥科技	凤之媒（唐山）新媒体有限公司
500941.SJZ	奇迹工坊	奇迹工坊（唐山）创意设计有限公司
500942.SJZ	木棉花	唐山木棉花科技有限公司
500943.SJZ	乐彩网络	唐山乐彩网络科技有限公司
500944.SJZ	鑫垚科技	唐山鑫垚科技有限公司
500945.SJZ	云思木语	云思木语（唐山）文化传播有限公司
500946.SJZ	泊豪餐饮	泊豪（唐山）餐饮管理有限公司
500947.SJZ	清环环保	唐山清环环保科技有限公司
500950.SJZ	力天科技	唐山力天科技有限公司
500951.SJZ	乐成人力	唐山市乐成人力资源服务有限公司
500952.SJZ	欣胜人力	唐山市欣胜人力资源服务有限公司
500953.SJZ	媒便科技	唐山市媒便科技有限公司
500954.SJZ	唐山晶亿	唐山晶亿科技有限公司
660096.SJZ	汇旺行	唐山市汇旺行工贸股份有限公司
660098.SJZ	德威信利	唐山市德威信利电子科技股份有限公司
660104.SJZ	天智科技	唐山天智科技股份有限公司

续表

证券代码	证券简称	公司中文名称
660105.SJZ	友邦办公	唐山友邦办公设备股份有限公司
660106.SJZ	清任科技	河北王清任科技股份有限公司
660108.SJZ	佳阳门窗	唐山市佳阳门窗股份有限公司
660121.SJZ	思佰得	唐山思佰得陶瓷设计股份有限公司
660125.SJZ	康宁科技	唐山市康宁节能科技股份有限公司

数据来源：Wind。

沧州市资本市场发展分析报告

摘要：近年来，沧州市在经济建设方面取得了显著成效。近五年，沧州市地区生产总值持续增加，根据沧州市统计局数据显示，2023年全市地区生产总值为4 440.10亿元，位居全省第三；财政收入整体呈现上升趋势，2023年全市全部财政收入完成342.7亿元，同比增长8.1%。与此同时，沧州市债务余额也逐年增长，其中专项债务余额的增长速度远超一般债务余额，截至2023年末，沧州市地方政府债务余额合计1 006.35亿元，其中一般债务余额313.86亿元，专项债务余额692.50亿元。

2023年，沧州市债券融资主体数量为8家，共发行信用债72.10亿元。沧州市目前拥有5家A股上市企业和31家上市后备企业，上市后备企业中有16家为专精特新企业，且50%以上的专精特新企业为国家级专精特新"小巨人"企业。在新三板方面，沧州市共有15家挂牌企业，其中8家企业位于创新层、7家企业位于基础层。这些企业主要涉及电力设备、交通运输、机械设备、基础化工、建筑材料、轻工制造等多个行业，并具备一定的自主创新和研发能力。

总体来看，沧州市债券发行主体较为多元，但沧州市市级发债平台的信用评级、规模和盈利水平相对较低，上市企业数量也未能进入河北省前列，上市公司规模与沧州市经济发展规模不匹配。鉴于此，沧州市应进一步加强资本市场建设。债权市场方面，沧州市政府应积极推动城投平台整合，加强对平台公司的补贴及资源支持，同时设立信用保障基金助力企业化解债务风险和增信。此外，区域内平台公司应积极探索创新融资品种，不断拓宽融资渠道，实现多元化融资。股权市场方面，沧州市政府应加强对股权市场的政策支持，优化上市公司行业布局，同时强化上市后备企业梯队培育，并有效利用区域内资源，提高企业融资规模。

关键词：沧州市；经济建设；债券融资；"专精特新"；上市公司；股权市场

一、沧州市经济、财政及政府债务情况

沧州市地处海河流域,素有"九河下稍"之称,是我国重要的钢铁、化工和石化工业基地,也是华北地区的经济重镇。截至2023年末,全市共有常住人口726.46万人,总面积14 304.26平方千米。近年来,沧州市不断加强政策支持,持续推动企业科技创新,引导县域特色产业集群化、高端化发展,积极促进第一、二、三产业融合,实现经济持续向好发展。

(一)经济情况

沧州市经济发展水平在河北省排名靠前,区域经济情况总体较好。近五年,沧州市地区生产总值持续增加,如图4-1所示,根据沧州市统计局数据显示,2023年全市地区生产总值为4 440.10亿元,位居全省第三,按可比价格计算,比上年增长5.8%。其中,第一产业增加值实现372.40亿元,增长1.7%;第二产业增加值完成1 686.90亿元,增长6.0%;第三产业增加值完成2 380.80亿元,增长6.2%。

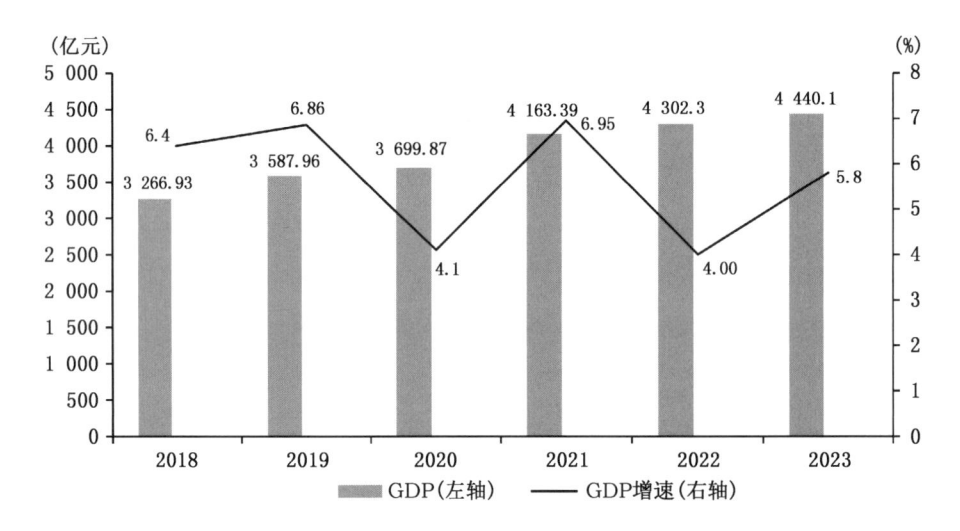

数据来源:沧州市统计局。

图4-1 2018—2023年沧州市GDP与GDP增速情况

(二)财政情况

总体来看,2018—2023年沧州市财政收入整体呈现上升趋势。根据沧州市统计局公布的数据,2023年全市一般公共预算收入342.73亿元,同比增长8.10%;税收收入完成192.92亿元;政府性基金收入185.45亿元;土地出让收入163.71亿元;国有资本经营收入0.31亿元。支出方面,2023年全市一般公共预算支出730.91亿元,政府性基金支出325.90亿元,国有资本经营支出0.49亿元。如表4-1所示。

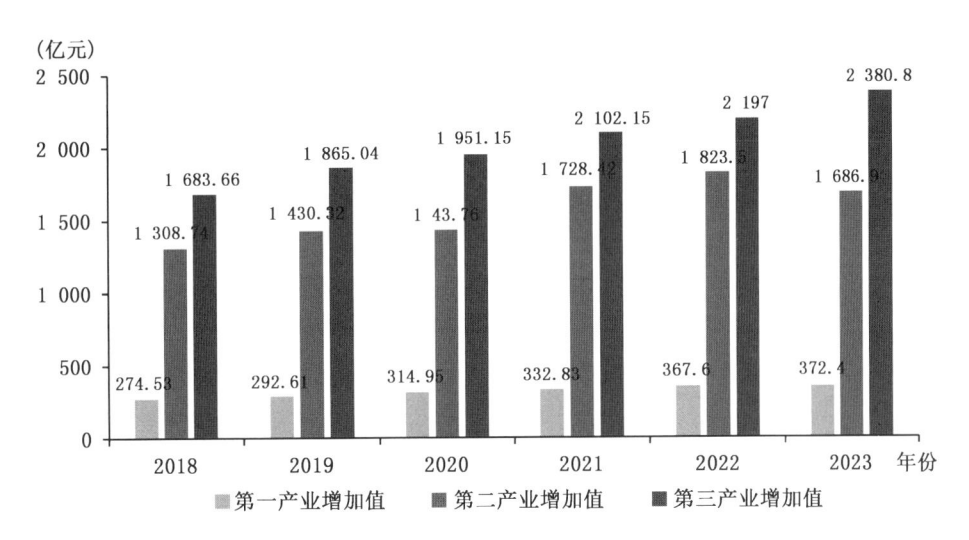

(亿元)

数据来源：沧州市统计局。

图4—2 2018—2023年沧州市各产业增加值情况

表4—1　　　　　　　2018—2023年沧州市财政情况统计

	2018年	2019年	2020年	2021年	2022年	2023年
一般公共预算收入(亿元)	263.39	283.64	275.39	299.64	317.19	342.73
一般公共预算收入增速(%)	10.00	7.70	−2.90	8.80	5.86	8.10
税收收入(亿元)	183.47	190.04	171.75	186.11	170.46	192.37
一般公共预算支出(亿元)	622.25	686.30	735.05	668.77	709.82	730.91
政府性基金收入(亿元)	198.43	300.63	280.24	180.71	151.11	185.45
政府性基金支出(亿元)	204.98	251.48	332.41	220.18	226.09	325.90
土地出让收入(亿元)	162.28	256.43	242.69	154.46	132.56	163.71
国有资本经营收入(亿元)	0.09	0.26	0.27	0.31	0.27	0.31
国有资本经营支出(亿元)	0.05	0.02	0.26	0.09	0.35	0.49

数据来源：沧州市统计局。

(三)政府债务情况

由图4—3可以看出，2018—2023年沧州市债务余额逐年增长，其中专项债务余额的增长速度远超一般债务余额。截至2023年末，沧州市地方政府债务余额合计1 006.35亿元，其中一般债务余额313.86亿元，专项债务余额692.50亿元。

数据来源：Wind。

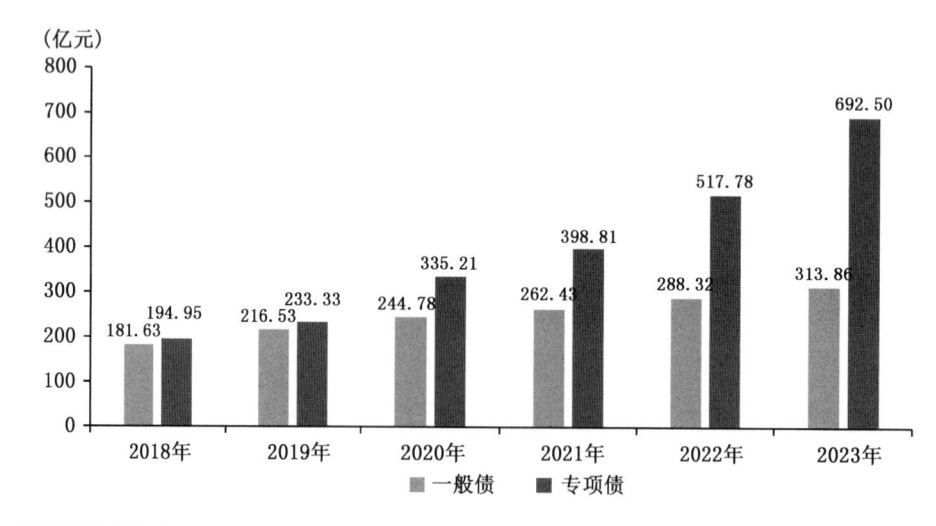

图 4-3　2018—2023 年沧州市债务余额情况

二、沧州市资本市场概述

(一)资本市场发展历程

1. 债权资本市场发展历程

2023 年,沧州市信用债发行总额为 72.1 亿元,发行数量为 12 只,总金额和发债数量均在河北省处于中游水平。总的来看,沧州市债券资本市场起步较晚,发展速度与全市的经济发展和 GDP 增长相比较为缓慢,具有较大的发展空间。

(1)信用债发行规模创近年新高

表 4-2　　　　　　　2011—2023 年沧州市信用债发行总量情况

年　份	总发行量(亿元)	发行数量(只)
2011	10.00	1
2012	5.00	1
2013	14.00	2
2014	10.00	1
2015	21.00	4
2016	75.00	10
2017	148.50	31
2018	0.50	1
2019	12.00	6

续表

年　份	总发行量(亿元)	发行数量(只)
2020	21.00	7
2021	50.00	7
2022	118.52	17
2023	72.10	12

数据来源：Wind。

沧州市发行的第一只信用债为河北渤海投资集团有限公司于2011年发行的企业债，该债券募集资金总额为10亿元，其中2亿元用于补充公司营运资金，8亿元用于"综合港区后方区域吹填造陆工程"项目，项目投资总额为22.21亿元。自此之后，沧州市债券市场开始逐步发展，2011—2017年，沧州市的企业债券发行规模快速增长；2018年，监管趋严，发行规模出现急剧下滑；2018年之后，发行规模呈现逐步上升趋势；截至2022年底，沧州市债券发行主体有8家，信用债发行总量为118.52亿元，债券发行种类包括公司债、企业债、金融债、资产支持证券和银行同业存单等。2011—2022年沧州市信用债发行与偿还情况变化如图4－4所示。

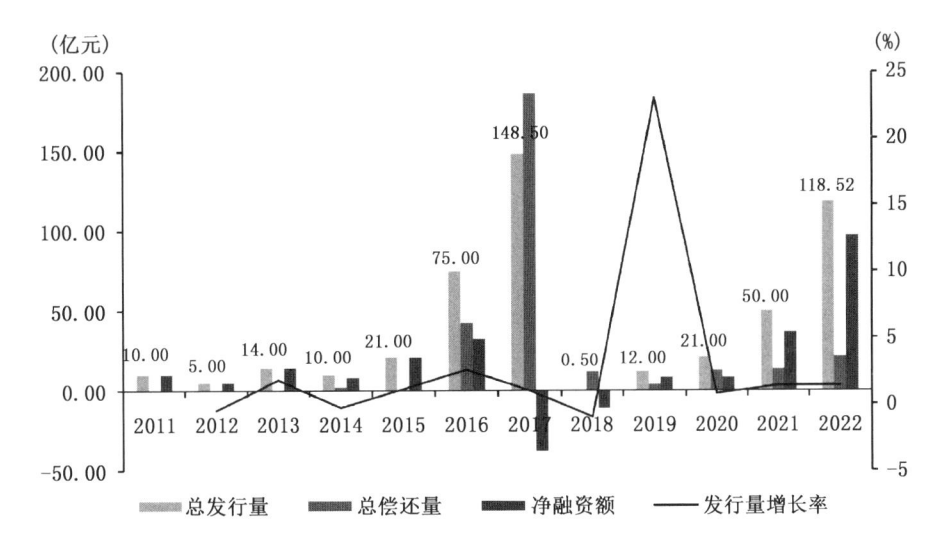

图4－4　2011—2022年沧州市信用债发行与偿还情况

数据来源：Wind。

(2)债券融资主体逐步多元化

2011—2023年，沧州市债券发行主体数量逐步增多，由2011年的1家发展到2023年的8家发债主体，累计发债主体达到10家。其中2023年8家发债主体分别为沧州银行股份有限公司、任丘市建设投资集团有限公司、沧州港务集团有限公司、河北渤海投资集团有限公司、沧州市建设投资集团有限公司、沧州渤控建设发展有限公司、沧州交通发展(集团)有限责任公司以及河北省国营中捷友谊农扬集团有限公司，发债主体类型由单一的城投公司逐步多元化，扩展到信用合作社、银行等金融企业，且越来越多沧州市下辖的县市主体参与到债券发行中。

(3)公司债为主要的融资品种

2011—2022年，沧州市债券发行类型主要包括企业债、公司债、银行间债务融资工具等。其中，2011－2015年，企业债与银行间债务融资工具为主要的发行类型；2015年之后，公司债成为主要的债券类型，且发行总量逐步增长，至2022年达97只，而企业债发行量为0，银行间债务融资工具的发行数量则一直保持平稳。

2.股权资本市场发展历程

截至2023年末，沧州市共有5家A股上市公司，上市公司数量在河北省内处于第五位。上市公司具体为金牛化工、沧州大化、沧州明珠、建新股份、华斯股份，如表4－3所示。

表4－3　　　　截至2023年末沧州市上市公司基本情况

序号	公司名称	股票代码	公司简称	注册资本(万元)	成立日期
1	河北金牛化工股份有限公司	600722.SH	金牛化工	68 031.967 6	1996－06－17
2	沧州大化股份有限公司	600230.SH	沧州大化	41 614.493 6	1998－09－24
3	沧州明珠塑料股份有限公司	002108.SZ	沧州明珠	16 7269.776 6	1995－01－02
4	河北建新化工股份有限公司	300107.SZ	建新股份	55 584.436 8	2003－06－27
5	华斯控股股份有限公司	002494.SZ	华斯股份	37 731.071 8	2000－10－27

数据来源：Wind。

从再融资情况来看，沧州市上市公司再融资金额和频率较低，截至2023年末共发生10起融资事件。具体来看，再融资总募资规模为56.27亿元，最近一次再融资事件为2022年7月沧州明珠的定向增发，融资规模为12.38亿元；募集资金规模最大的再融资事件为2012年9月金牛化工的定向增发，募集资金规模为16.00亿元。从整体趋势上来看，自2014年以来，沧州市上市公司的年再融资数额整体呈现上升态势。

(二)资本市场发展现状

1.区域内存量债券情况分析

截至2023年末，沧州市存量债券共29只，存量余额为233.3亿元，具体情况如表4－4所示。

表 4-4　　　　　　　　　　　　截至 2023 年末存量债券情况

债券简称	债券余额（亿元）	评级	利率	剩余期限（年）
23 沧州交通 PPN001（乡村振兴）	2.00	AA+	2023.1.16－2025.1.15,票面利率:5.000 0% 2025.1.16－2026.1.15,票面利率:5.0000%＋调整基点	2.04
23 沧州交通 PPN002（乡村振兴）	6.00	AA+	2023.3.16－2026.3.15,票面利率:4.900 0% 2026.3.16－2028.3.15,票面利率:4.9000%＋调整基点	4.21
23 沧州交通 PPN003（专项乡村振兴）	12.00	AA+	2023.9.4－2025.9.3,票面利率:3.500 0% 2025.9.4－2027.9.3,票面利率:3.500 0%＋调整基点 2027.9.4－2028.9.3,票面利率:3.500 0%＋调整基点	4.68
20 沧州建投 MTN001	5.90	AA+	2020.6.17－2023.6.16,票面利率:3.960 0% 20230617－20250616,票面利率:3.6%	1.46
21 渤海投资 MTN001	5.00	AA+	2021.6.21－2024.6.20,票面利率:4.590 0% 2024.6.21－2026.6.20,票面利率:2.55%	2.47
21 沧州港务 MTN001	8.00	AA	2021.12.29－2024.12.28,票面利率:4.00% 2024.12.29－2026.12.28,票面利率:4.00%＋调整基点	2.99
22 沧州建投 MTN001	4.00	AA+	2022.3.25－2025.3.24,票面利率:3.92% 2025.3.25－2027.3.24,票面利率:3.92%＋调整基点	3.23
23 渤投 01	8.00	AA+	2023.3.8－2025.3.7,票面利率:5.69% 2025.3.8－2027.3.7,票面利率:5.69%＋调整基点 2027.3.8－2028.3.7,票面利率:5.69%＋调整基点	4.19
20 沧州 01	5.30	AA+	2020.12.4－2023.12.3,票面利率:4.89% 2023.12.04－2025.12.3,票面利率:3.68%	1.93
21 沧州 02	6.00	AA+	2021.7.12－2024.7.11,票面利率:4.03% 2024.7.12－2026.7.11,票面利率:4.03%＋调整基点	2.53
21 沧交 01	10.00	AA+	2021.6.18－2024.6.17,票面利率:4.79% 2024.6.18－2026.6.17,票面利率:4.79%＋调整基点	2.46
22 渤投 01	12.00	AA+	2022.8.26－2025.8.25,票面利率:4.28% 2025.8.26－2027.8.25,票面利率:4.28%＋调整基点	3.65
22 沧港 02	18.00	AA	2022.9.26－2025.9.25,票面利率:5.0% 2025.9.26－2027.9.25,票面利率:5.0%＋调整基点	3.74
22 沧州 01	12.00	AA+	2022.4.26－2025.4.25,票面利率:3.77% 2025.4.26－2027.4.25,票面利率:3.77%＋调整基点	3.32
22 沧交 01	10.00	AA+	2022.5.26－2025.5.25,票面利率:3.70% 2025.5.26－2027.5.25,票面利率:3.70%＋调整基点	3.40
22 沧州 02	5.00	AA+	2022.7.19－2025.7.18,票面利率:3.40% 2025.7.19－2027.7.18,票面利率:3.40%＋调整基点	3.55

续表

债券简称	债券余额（亿元）	评级	利率	剩余期限（年）
22沧港01	20.00	AA	2022.4.29—2024.4.28,票面利率:5.8% 2024.4.29—2026.4.28,票面利率:3.00% 2026.4.29—2028.4.28,票面利率:3.00%+调整基点 2028.4.29—2029.4.28,票面利率:3.00%+调整基点	5.33
23沧州01	3.00	AA+	2023.3.22—2025.3.21,票面利率:3.85% 2025.3.22—2027.3.21,票面利率:3.85%+调整基点 2027.3.22—2028.3.21,票面利率:3.85%+调整基点	4.22
23沧交V1	5.00	AA+	2023.7.3—2025.7.2,票面利率:3.84% 2025.7.3—2027.7.2,票面利率:3.84%+调整基点 2027.7.3—2028.7.2,票面利率:3.84%+调整基点	4.51
23沧港01	10.00	AA	2023.7.21—2025.7.20,票面利率:4.68% 2025.7.21—2027.7.20,票面利率:4.68%+调整基点 2027.7.21—2028.7.20,票面利率:4.68%+调整基点	4.55
23中捷V1	1.40	AA	2023.11.2—2025.11.1,票面利率:4.28% 2025.11.2—2027.11.1,票面利率:4.28%+调整基点 2027.11.2—2028.11.1,票面利率:4.28%+调整基点	4.84
23沧州02	2.70	AA+	2023.11.29—2026.11.28,票面利率:3.48% 2026.11.29—2028.11.28,票面利率:3.48%+调整基点	4.91
19沧州建投PPN002	5.00	AA+	4.65%	0.64
22任丘02	10.00	AA	4.15%	1.86
22任丘01	10.00	AA	4.74%	1.30
22沧州银行二级资本债01	15.00	AA+	5.15%	8.98
23沧州银行二级资本债01	10.00	AA+	5.00%	9.49
23任丘01	7.00	AA	5.48%	2.41
23渤控01	5.00	AA	5.30%	0.45

数据来源:Wind。

表4—5 截至2023年末沧州市存量债券期限结构

序号	类别	债券数量(只)	债券数量比重	债券余额(亿元)	余额比重
1	1年以内	2	6.90%	10	4.29%
2	1—2年	4	13.79%	31.2	13.37%
3	2—3年	6	20.69%	38	16.29%
4	3—4年	6	20.69%	61	26.15%

续表

序号	类别	债券数量(只)	债券数量比重	债券余额(亿元)	余额比重
5	4—5年	8	27.59%	48.1	20.62%
6	5—6年	1	3.45%	20	8.57%
7	6—9年	1	3.45%	15	6.43%
8	9—10年	1	3.45%	10	4.29%
9	合计	29	100.00%	233.3	100.00%

数据来源：Wind。

根据表4—5可知，从剩余期限来看，存量债券1年内到期余额为10亿元，占存量债券余额的4.29%，利率为4.98%；1—5年到期的债券合计为178.3亿元，占存量债券总额的比例为76.43%。

从票面利率来看，存量债券平均利率成本为4.48%。其中1年以内到期的信用债合计5亿元，平均利率成本为4.98%；1—2年(含2年)到期的信用债合计31.2亿元，平均利率成本为4.44%；2—3年(含)到期的信用债合计38亿元，平均利率成本为4.65%；3—4年(含)到期的信用债合计61亿元，平均利率成本为4.01%；4—5年(含)到期的信用债合计48.1亿元，平均利率成本为4.28%；5—6年(含)到期的信用债合计20亿元，平均利率成本为5.80%；6—9年(含)到期的信用债合计15亿元，平均利率成本为5.15%；9—10年(含)到期的信用债合计10亿元，平均利率成本为5.00%。

2.区域内融资主体情况分析

(1)企业性质分析

据统计，截至2023年末，沧州市发行过信用债券的融资主体累计10家，其中河北沧州东塑集团股份有限公司为民营企业，河北沧州农村商业银行股份有限公司为公众企业，其余均为地方国有企业。如表4—6所示。

表4—6　　　　　2023年沧州市发行信用债的融资主体情况　　　　　单位：亿元

公司名称	企业性质	债券余额
沧州银行股份有限公司	国有企业	25.00
沧州市建设投资集团有限公司	国有企业	55.9
沧州港务集团有限公司	国有企业	56.00
任丘市建设投资集团有限公司	国有企业	27.00
河北渤海投资集团有限公司	国有企业	25.00
沧州交通发展(集团)有限责任公司	国有企业	45.00
肃宁县农村信用联社股份有限公司	国有企业	2.00

续表

公司名称	企业性质	债券余额
沧州渤控建设发展有限公司	国有企业	5.00
河北省国营中捷友谊农场集团有限公司	国有企业	1.40
河间市农村信用合作联社	国有企业	—
河北沧州东塑集团股份有限公司	民营企业	—
河北沧州农村商业银行股份有限公司	公众企业	—

数据来源：Wind。

发行过债券的融资主体中，有存量债券的企业为7家，均为国有企业，债券余额为235.9亿元。

(2)产业结构分析

截至2023年末，沧州市发债融资主体中的城投企业信息以及所有发债融资主体按照产业结构分类如表4－7所示。

表4－7　　　　　　　　城投企业情况

企业类型	公司名称
城投企业	沧州市建设投资集团有限公司
	沧州交通发展(集团)有限责任公司
	河北渤海投资集团有限公司
	沧州港务集团有限公司
	任丘市建设投资集团有限公司

数据来源：课题组整理所得。

从行业分布情况来看，按照证监会行业划分规定，沧州市发债主体涉及综合、金融业、交通运输业、建筑业、材料业，具体情况如表4－8所示。

表4－8　　　　　　2023年沧州市发债主体产业结构

序号	行业名称	公司数量	公司名称
1	综合	1	任丘市建设投资集团有限公司
2	金融业	2	沧州银行股份有限公司
			肃宁县农村信用联社股份有限公司
3	交通运输、仓储和邮政业	1	沧州交通发展(集团)有限责任公司
4	建筑业	3	沧州市建设投资集团有限公司、 沧州港务集团有限公司、 河北渤海投资集团有限公司

续表

序号	行业名称	公司数量	公司名称
5	农业	2	沧州渤控建设发展有限公司、河北省国营中捷友谊农场集团有限公司
	合计	9	

数据来源：Wind。

(3) 主体评级情况分析

沧州市现有主体评级 AA＋的发债企业有 4 家，占比为 44.44%。其中 3 家为城投公司：沧州交通发展（集团）有限责任公司、沧州市建设投资集团有限公司和河北渤海投资集团有限公司，均为市本级公司；1 家为金融业企业：沧州银行股份有限公司。主体评级 AA＋发债企业的债券存量余额为 143.9 亿元，占存量余额的比重为 61.68%。

主体评级为 AA 的发债企业有 4 家，占比为 44.44%，分别为沧州港务集团有限公司、任丘市建设投资集团有限公司、沧州渤控建设发展有限公司和河北省国营中捷友谊农场集团有限公司，均为城投企业，其中沧州港务集团有限公司为市级公司，其余为区县级公司。主体评级 AA 发债企业的债券存量余额为 89.4 亿元，占存量余额的比重为 38.32%。

主体评级为 A 的发债企业 1 家，为肃宁县农村信用联社股份有限公司，无存量债券。

沧州市发行过债券的融资主体评级情况如表 4－9 所示。

表 4－9　　　　　　　　2023 年沧州市发债企业主体评级情况

企业名称	主体评级
任丘市建设投资集团有限公司	AA
沧州银行股份有限公司	AA+
肃宁县农村信用联社股份有限公司	A
沧州交通发展（集团）有限责任公司	AA+
沧州市建设投资集团有限公司	AA+
沧州港务集团有限公司	AA
河北渤海投资集团有限公司	AA+
沧州渤控建设发展有限公司	AA
河北省国营中捷友谊农场集团有限公司	AA

数据来源：Wind。

3.股权资本市场发展现状

沧州市现有的5家A股上市公司中,金牛化工和沧州大化于上交所主板上市,沧州明珠和华斯股份于深交所主板上市,建新股份于深交所创业板上市。2020—2023年,沧州市A股上市公司营业收入总额持续增加,与沧州市各期GDP的比值也在逐步上升,2023年沧州市A股上市公司营业收入合计90.68亿元,占当年GDP比重为2.04%。上市公司在沧州市经济中稳定持续地做出了贡献。

根据《沧州市国民经济和社会发展第十四个五年规划和二〇三五年远景目标纲要》,沧州市汽车及零部件制造、绿色化工、生物医药、主题旅游、时尚服装服饰和现代物流组成了六大优势产业,沧州市5家A股上市公司中有4家属于化工行业,1家属于纺织服饰行业,均与当前沧州市的优势产业密切相关。

根据iFinD统计,截至2023年6月末,河北省共有11家企业处在IPO申报流程中(不含终止、中止以及撤回的项目),沧州市有1家企业处于IPO申报阶段,为华茂伟业绿色科技股份有限公司。根据Wind数据统计,河北省处在辅导备案状态的36家企业中,沧州市拥有5家,数量处于河北省前列,仅次于石家庄市。5家辅导备案企业分别为沧州四星玻璃股份有限公司、河北汇东管道股份有限公司、河北彩客新材料科技股份有限公司、河北万岁医药股份有限公司和河北沧海核装备科技股份有限公司。

沧州市上市后备企业合计31家,其中专精特新企业有16家,且50%以上的专精特新企业为国家级专精特新"小巨人"企业。上市后备企业涉及沧州市支柱产业,且传统行业占据较大份额,其中装备制造业、五金机电业和基础化工业作为沧州市的传统强势行业,在基本符合上市条件的后备企业中拥有较大的比重。除此之外,沧州市专精特新企业,尤其是国家级专精特新"小巨人"企业,具备一定的规模及硬实力,存在着较大的上市可能性。

截至2023年末,新三板方面,沧州市共有15家新三板挂牌企业,与省内其他地市相比数量较多,其中8家企业位于创新层。总体上,沧州市具备一定数量的上市公司储备,储备上市公司的梯度建设较为合理,但不少新三板公司尚未达到转层条件。

(三)资本市场发展的优势与不足

1.资本市场发展的优势

(1)政策支持有力

沧州市政府为支持地区债权资本市场发展,多次出台了相关措施,助力地方企业融资。

2021年12月,沧州市人民政府印发了《财政引导金融支持实体经济发展若干措施》(以下简称为《措施》),《措施》提出将实施首发债券补助,支持引导企业拓展融资渠道,引导企业通过发行公司债、企业债、非金融企业债务融资工具、可转债等方式多渠道融资,提高直接融资比重,优化债务融资结构。对首次成功发行公司债、企业债、银行间债券市场非金融企业债务融资工具等公司信用类债券的企业,市级财政按融资金额5亿元(含)以下、5亿~10亿元(含)、10亿元以上分三档,分别给予20万元、40万元、60万元的发行费用补助。对首次通过河北股权交易所发行可转债融资且债券期限达到2年以上的企业,市级财政给予最高不超过30万元的一次性发行费用补助,且省市两级合计补助金额不高于实际发行费用。

2022年,沧州市推出了《沧州市加快"专精特新"中小企业挂牌上市培育培育工作方案》,解决企业中普遍存在的"不会上市、不愿上市、不敢上市"问题。该方案主要提出:一是开展全方位服务,激发企业上市意愿;二是降低股改成本,鼓励规范改造;三是鼓励企业快速提升,尽快达到上市条件;四是破解多数企业净资产收益率低的问题,提倡轻量化改造。

(2)地理位置优越

沧州市地处河北省东南部,东临渤海、北依京津、南接山东,京杭大运河贯穿市区,并且地处环渤海中心地带,不仅是河北省确定的"两环"(环京津、环渤海)开放一线地区、环渤海经济圈和京津冀都市圈的重要组成部分,也是京津通往东部沿海地区的交通要冲。京沪高速公路、石黄高速公路在沧州市交汇,对城投公司后续扩展主营业务、在资本市场融资具有较强的区位优势。

(3)发债主体成熟

截至2023年末,沧州市共有4家市级发债主体,其中3家主体评级为AA+,分别为河北渤海投资集团有限公司沧州市建设投资集团有限公司和沧州交通发展(集团)有限责任公司;1家为AA级企业,为沧州港务集团有限公司。4家集团公司具有各自的主营领域,且均具备一定的资本市场融资能力。沧州市级发债主体较多且较为成熟,投资者对沧州市的整体情况已有一定认知。

2. 资本市场发展的不足

(1)发债平台体量较小,盈利能力待提升

从发债平台信用评级来看,沧州市级发债主体最高主体评级为AA+;从资产体量来看,截至2023年底,沧州市AA+级发债平台资产总计为2 533.15亿元;2023年度,沧州市发债平台共计实现营业收入113.27亿元。从单体发债平台盈利能力来看,沧州市发债平台净资产收益率均不足1%,盈利能力有待提升。整体来看,沧州市的市级平台有待进行进一步的资源整合,提升发债平台的综合实力。

(2) 上市公司质量不高，所处行业较集中

沧州市经济发展水平处于河北上游，GDP常年排在省内前三，但现阶段上市公司数量和市值都尚未居于河北省前列，上市公司规模与沧州市经济发展规模不匹配。自2010年11月华斯股份（002494.SZ）上市以来，沧州市已有12年未出现上市公司，在资本市场发力不足，尚未充分挖掘具有上市潜力的公司。

沧州市在上市公司梯队建设上已有一定成效，但现有上市公司和上市后备企业行业集中度过高，主要集中于装备制造业和基础化工行业这两大沧州市传统优势产业。沧州的装备制造业目前仍以较为传统的管道制造为主，基础化工业正向绿色化工进行转型。在国家注册制改革大背景下，创业板和北交所主要服务于创新型企业，沧州市上市后备企业与之有一定关联度，但仍需提高自身创新属性才能更好地符合板块定位。上市公司再融资是其获得业务发展的重要机会，盈利状况好的公司在合适时机下募集资金不但可以助力项目的开展，还可以调整公司资产结构。

三、融资主体概况

（一）沧州市城投公司发展情况及分析

1. 总体情况

截至2023年末，沧州市有存量债券的市本级城投公司有4家，其中主体评级为AA+的有3家，分别为河北渤海投资集团有限公司沧州市建设投资集团有限公司和沧州交通发展（集团）有限责任公司；主体评级为AA的有1家，为沧州港务集团有限公司。市本级的城投公司基本情况如表4-10所示。

表4-10　　　　　　　　沧州市市本级城投公司基本情况

公司名称	实际控制人	成立日期	注册资本（亿元）	主体评级
沧州市建设投资集团有限公司	沧州市人民政府国有资产监督管理委员会	1994-06-06	41.00	AA+
沧州交通发展（集团）有限责任公司	沧州市人民政府国有资产监督管理委员会	2020-04-08	60.00	AA+
河北渤海投资集团有限公司	沧州市人民政府国有资产监督管理委员会	2005-04-28	42.22	AA+
沧州港务集团有限公司	沧州市人民政府国有资产监督管理委员会	1994-04-25	14.35	AA

数据来源：Wind。

区县级城投公司3家，分别为任丘市建设投资集团有限公司、河北省国营中捷友谊农场集团有限公司和沧州渤控建设发展有限公司，基本情况如表4-11所示。

表 4—11　　　　　　　　　沧州市区县级城投公司债务情况

公司名称	实际控制人	成立日期	注册资本（亿元）	主体评级
任丘市建设投资集团有限公司	沧州市人民政府国有资产监督管理委员会	2008-11-26	11.7	AA
沧州渤控建设发展有限公司	沧州渤海新区黄骅市财政和金融监督管理局	2005-08-16	40.00	AA
河北省国营中捷友谊农场集团有限公司	沧州市人民政府国有资产监督管理委员会	2021-09-16	6.00	AA

数据来源：Wind。

2021年开始，沧州市响应政策号召，进行了城投平台的兼并重组，优化区域内平台结构。沧州市通过专业化整合实现资源集聚。沧州建投投资集团有限公司完成了对河北渤海投资集团有限公司、沧州港务集团有限公司的股权整合，截至2023年末，沧州建投投资集团有限公司资产总额达到1 055.54亿元，将更好地发挥城市建设与运营的主力军作用；沧州交通发展（集团）有限公司以路为基、多元发展，截至2023年末，公司资产总额达到873.07亿元，将进一步做强做优做大交通基础设施产业；沧州大运河发展（集团）有限责任公司，整合4家市属一级企业，有效化解市属企业多而不强、布局分散的短板弱项，致力于打造大运河沿线开发建设及文旅产业运营的专业化平台。

2.区域内城投公司转型发展情况

(1)城投公司新设及整合情况

沧州市区域经济实力位居省内前列，渤海新区及黄骅港发展前景广阔，为沧州市建设投资集团有限公司的发展提供了积极向好的外部环境。

河北渤海投资集团有限公司原名为沧州港口投资开发有限公司，于2005年4月由沧州市建设投资集团公司（以下简称"沧州建投"）、原黄骅港开发区土地储备中心（以下简称"黄骅港土储中心"）和沧州市黄骅港务局共同出资组建，初始注册资本1 000.00万元。2021年，沧州市人民政府国有资产监督管理委员会（以下简称"沧州市国资委"）和沧州港务集团有限公司（以下简称"港务集团"）分别将持有的河北渤海投资集团有限公司78.75%和1.25%的股权全部无偿划至沧州建投，自此沧州建投成为其唯一股东。

(2)城投公司做大做强情况

①沧州市建设投资集团有限公司

沧州市建设投资集团有限公司是沧州市政府城市基础设施及市重点项目的投融资平台，代表市政府履行出资人职责，管理国有股权与资源，其主要任务和职责是整合合并，做大做强国有资源、资本、资产、资金。业务涉及起重制造、产业投资、金融服务、地产开发、园区建设、城市基础设施建设等领域，具有行业垄断性。公司在沧州市城市基础设施建设、国有资源经营方面具有不可替代的地位。公司作为沧州市政府最主要的从事保障性住房建设、基础设施建设并对多个领域（公共事业、金融业等）实施多元化投资的主体，长期以来受到市政府及各相关部门的大力支持，在所属区域内处于行业主导地位。

2023 年，沧州市建设投资集团有限公司完成了对河北渤海投资集团有限公司的股权整合，基础设施和安置房建设板块业务规模随之扩大。该板块运营主体除公司本部及子公司建投房地产开发、建投保障房外，新增渤海投资；业务覆盖范围从沧州市内进一步拓展至渤海新区。截至 2023 年末，沧州建设投资集团有限公司，公司资产总额达到了 1 055.54 亿元。

根据中诚信国际 2022 年 7 月给出的评级报告，公司主体评级由 AA 级上升为 AA+，主体地位在沧州市内进一步提升，公司将更好地发挥城市建设与运营的主力军作用。

②沧州交通发展（集团）有限责任公司

沧州交通发展（集团）有限责任公司承担着国有公路资产保值、增值任务，对沧州重点公路项目进行管理，包括沧州重点公路工程建设项目的筹融资及其投资管理和建设的实施管理，已通车营运的沧州重点公路项目的经营管理、资产管理和养护管理。公司在沧州市城市高速公路收费管理、国有资源经营方面具有不可替代的地位。

自 2020 年以来，沧州市人民政府先后将沧州市高速公路建设管理局出资的津汕高速公路运营管理处、沧廊（京沪）高速公路运营管理处、沿海高速公路运营管理处、沧州市陆达高速公路服务有限公司以及沧州市交通运输局出资的沧州市交通实业总公司、沧州交发工程项目管理有限责任公司、沧州交通宾馆等资产划至公司，使得公司资产规模不断扩大。截至 2023 年末，公司资产总额达 873.07 亿元。

公司地处环渤海中心带，具有较强的区位优势，便于扩展主营业务。公司业务以路为基，多元发展，主营业务除了通行费业务外，还在积极发展旅游、餐饮及服务、租赁等业务，同时以交通基础设施业务为中心，拓展业务收入来源。

(3)城投公司经营性业务拓展情况

沧州市建设投资集团是沧州市属城投公司进行经营性业务拓展的典型代表。公司通过向城市综合运营服务商转型、向国有资本投资公司发展，以 67 个拆迁类项目的整体开发为抓手，采取"开发项目+公益项目"的方式，形成城镇化土地红利反哺核心区品质提升的沧州市城市更新机制。

公司吸收合并渤海投资后,业务范围由沧州市进一步拓展至渤海新区及黄骅港,新增渤海新区基建、港口工程施工、港口配套服务等业务,基础设施和安置房建设板块业务规模也随之扩大,该板块运营主体除公司本部及子公司建投房开、建投保障房外,新增了渤海投资。

(二)上市公司发展现状及分析

1. 上市公司总体情况

截至 2023 年末,沧州市共有 5 家 A 股上市公司,分别为河北金牛化工股份有限公司、沧州大化股份有限公司、沧州明珠塑料股份有限公司、河北建新化工股份有限公司和华斯控股股份有限公司。

(1)金牛化工

河北金牛化工股份有限公司所属行业为基础化工—化学原材料行业,主要业务为甲醇的生产和销售,公司主要产品包括甲醛、二甲醚等。截至 2023 年末,公司通过了中国质量认证中心的 ISO9001 质量管理体系认证和环境管理体系认证,拥有我国最大的 PVC 树脂生产基地,同时拥有河北省规模最大的氯碱工业原料基地,生产工艺达到了世界先进水平。

公司 2020—2022 年分别实现营业收入 4.04 亿元、5.68 亿元、6.60 亿元,实现归母公司净利润 0.10 亿元、0.48 亿元、0.49 亿元。2023 年末,公司实现营业收入 5.11 亿元,同比下降 22.4%;实现归母净利润 0.34 亿元,同比下降 33.14%。

(2)沧州大化

沧州大化股份有限公司所属行业为基础化工行业,主营业务为尿素及 TDI 产品、烧碱产品的产销业务;主要产品是甲苯二异氰酸酯、氢氧化钠。截至 2023 年末,公司累计获得专利 52 个,其中发明专利 20 个、新型实用专利 32 个;通过了中国质量认证中心的 ISO9001 质量管理体系认证和工业产品生产许可证。

公司 2020—2022 年分别实现营业收入 16.53 亿元、23.87 亿元、49.14 亿元,实现归母公司净利润 0.37 亿元、2.20 亿元、4.20 亿元。2023 年末,公司实现营业收入 48.67 亿元,同比下降 0.95%;实现归母公司净利润 1.90 亿元,同比下降 54.68%。

(3)沧州明珠

沧州明珠塑料股份有限公司所属行业为基础化工—化工合成材料—其他塑料行业,主营业务是 PE 管道、BOPA 薄膜以及锂离子电池隔膜产品的生产与销售。主要产品是多类别管材管件、薄膜、锂离子电池隔膜等。截至 2023 年末,公司累计获得软件著作权 7 个、专利 74 个,其中包括发明专利 20 个、新型实用专利 54 个。公司是我国最大的 BOPA 薄膜制造企业,是国内第一家通过自主研发全面掌握 BOPA 薄膜同步双向拉伸工艺的企业。公司在 PE 管道产品和 BOPA 薄膜产品方面凭借其规模和技术优势已成为细分行业的领军企业,随着生产技术和生产工艺不断提高和完善,锂离子电池隔膜产品生产规模不断扩大,产品已进入国际龙头企业。公司产品"陆通""东鸿"商标品牌在行业内拥有较高的知名度,2017 年"陆通"商标被评为中国驰名商标。

公司 2020—2022 年分别实现营业收入 27.62 亿元、28.89 亿元、28.35 亿元;实现归母公司净利润 3.01 亿元、3.66 亿元、2.81 亿元。2023 年末,公司实现营业收入 26.19 亿元,同比下降 7.6%;实现归母公司净利润 2.73 亿元,同比下降 2.99%。

(4)建新股份

河北建新化工股份有限公司所属行业为基础化工—化学制品—纺织化学用品行业,主营业务是苯系中间体产品的生产与销售,主要产品是医药及农药类中间体、复合材料类中间体、染料类中间体、纸张化学品。截至 2023 年末,公司累计获得专利 75 个,其中包括发明专利 30 个、新型实用专利 45 个。公司通过了中国质量认证中心的 ISO9001 质量管理体系认证和环境管理体系认证、高新技术企业认证。

公司 2020—2022 年分别实现营业收入 5.64 亿元、6.28 亿元、7.42 亿元;实现归母公司净利润 0.45 亿元、0.14 亿元、0.61 亿元。2023 年末,公司实现营业收入 6.58 亿元,同比下降 11.35%;实现归母公司净利润 0.15 亿元,同比下降 75.96%。

(5)华斯股份

华斯控股股份有限公司所属行业为纺织服装—纺织制造行业,主营业务为裘皮制品的设计、研发和制造。公司的主要产品为服装、裘皮饰品、裘皮皮张、裘皮面料。截至 2023 年末,公司累计获得产品著作权 430 个、专利 96 个,其中包括发明专利 27 个、新型实用专利 36 个、外观设计 33 个。公司自主品牌"怡嘉琦"以"奢华、典雅、独特、时尚"为主题,获得"中国驰名商标""中国名牌"和"中国真皮标志"等荣誉称号。

公司 2020—2022 年分别实现营业收入 3.38 亿元、4.15 亿元、3.18 亿元;实现归母公司净利润—3.46 亿元、0.17 亿元、—3.16 亿元。2023 年末,公司实现营业收入 4.04 亿元,同比上升 27.07%;实现归母公司净利润—0.13 亿元,同比上升 95.89%。

2.上市公司资本运作行为及分析

(1)股权转让

表 4—12　　　　　　　自 2020 年以来沧州市上市公司股权转让基本情况

序号	公司名称	交易时间	转让方式	转让方	受让方	标的公司	是否关联交易	转让比例
1	金牛化工	2020-05-23	无偿转让	河北省人民政府国有资产监督管理委员会	河北省财政厅	冀中能源集团有限责任公司	否	10.00%
2	金牛化工	2020-09-05	协议转让	冀中能源集团有限责任公司	冀中能源股份有限公司	河北金牛化工股份有限公司	是	20.00%
3	沧州大化	2021-09-17	无偿转让	国务院国有资产监督管理委员会	中国中化控股有限责任公司	沧州大化集团有限责任公司	否	100.00%
4	沧州大化	2022-10-01	无偿转让	沧州市人民政府国有资产监督管理委员会	鲁伟鼎；沧州交通发展(集团)有限责任公司	沧州大化集团有限责任公司	否	49.02%
5	金牛化工	2022-02-17	协议转让	冀中能源峰峰集团有限公司	冀中能源股份有限公司	河北金牛化工股份有限公司	否	19.99%
6	金牛化工	2022-11-05	协议转让	冀中能源股份有限公司	河北高速公路集团有限公司	河北金牛化工股份有限公司	否	56.04%
7	沧州明珠	2022-12-17	协议转让	河北沧州东塑集团股份有限公司	李繁联	沧州明珠塑料股份有限公司	否	0.02%

资料来源：Wind。

根据表 4—12 可知，2020 年以来，沧州市 A 股上市公司共发生 7 次股权转让事件，主要为沧州明珠、金牛化工的协议转让和沧州大化、金牛化工的无偿转让。

2020 年 5 月 22 日，河北金牛化工股份有限公司收到控股股东冀中能源集团有限责任公司转发的河北省财政厅文件《河北省财政厅等三部门关于划转河钢集团有限公司等 16 家省属企业部分国有资本有关事项的通知》。根据上述通知，河北省人民政府国有资产监督管理委员会将持有的冀中能源集团有限责任公司 10% 的国有股权一次性划转给河北省财政厅持有，以充实社保基金。经本次转让后，河北省财政厅持有冀中能源集团有限责任公司 10% 的股权。

2020 年 9 月 5 日，河北金牛化工股份有限公司股东冀中能源集团有限责任公司拟向冀中能源股份有限公司转让所持公司全部 136 036 065 股（占上市公司总股本的 20.00%），并终止将前述拟转让股份中的 34 015 984 股（占上市公司总股本的 5%）表决权委托冀中能源峰峰集团有限公司行使的事项。本次权益变动系同一控制下的对公司股份的协议转让。本次权益变动完成后，冀中能源股份有限公司直接持有公司 245 267 074 股，占公司总股本的 36.05%，将成为公司控股股东，公司实际控制人仍为河北省人民政府国有资产监督管理委员会。

2021年09月17日,国务院国有资产监督管理委员会将中国中化集团有限公司和中国化工集团有限公司的全部股权无偿划转至中国中化控股有限责任公司,导致中国中化控股有限责任公司间接收购中国化工集团下属控股公司持有的沧州大化股份有限公司45.50%的股份。本次收购不涉及上市公司控股股东及实际控制人的变化。

2021年10月1日,沧州市人民政府国有资产监督管理委员会将沧州大化股份有限公司的控股股东沧州大化集团有限责任公司49.02%的国有股权无偿划转给沧州交通发展有限责任公司。本次权益变动,不涉及持股数量的增减,不触及要约收购,不会导致公司控股股东及实际控制人发生变化。

2022年2月17日,河北金牛化工股份有限公司股东冀中能源峰峰集团有限公司拟向冀中能源股份有限公司转让所持公司全部135 995 903股无限售条件的流通股股份(占上市公司总股本的19.99%),转让完成后冀中能源股份有限公司持有金牛化工56.04%的股权。

2022年11月5日,河北金牛化工股份有限公司控股股东冀中能源股份有限公司拟向河北高速公路集团有限公司转让所持公司全部381 262 977股无限售条件的流通股股份,占上市公司总股本的56.04%。本次权益变动完成后,冀中能源股份有限公司不再直接持有上市公司的股份;河北高速公路集团有限公司将持有上市公司381 262 977股股份,占上市公司总股本的56.04%,并成为上市公司的控股股东,实际控制人仍是河北省国资委。

2022年12月15日,河北沧州东塑集团股份有限公司通过大宗交易减持沧州明珠塑料股份有限公司614万股(其中30万股受让方为公司副总经理、董事会秘书李繁联先生),占公司总股本的0.367 1%。本次大宗交易减持后,东塑集团持有公司股份390 747 803股,占公司总股本的23.360 3%,李繁联持有公司0.017 9%的股权。

(2)收购购买

表4-13　　　　　　自2020年以来沧州市上市公司收购购买基本情况

序号	公司名称	最近公告日	事项类别	交易金额(万元)	交易买方	交易卖方	是否关联交易	交易标的
1	建新股份	2020-01-13	收购购买	2 825.00	河北建新化工股份有限公司	沧州渤海新区自然资源和规划局	否	沧州渤海新区中捷产业园区B-2019-35号地块土地使用权

续表

序号	公司名称	最近公告日	事项类别	交易金额（万元）	交易买方	交易卖方	是否关联交易	交易标的
2	建新股份	2020-02-13	收购购买	2 099.80	沧州升腾科技有限公司	沧州渤海新区自然资源和规划局	否	沧州渤海新区CB-2014-009-B宗海海域使用权
3	建新股份	2020-10-12	收购购买	1 170.00	河北建新化工股份有限公司	沧州绿皓化工有限公司	否	河北九点医药化工有限公司15.85%股权
4	建新股份	2021-04-26	收购购买	14 213.00	沧州建新瑞祥化学科技有限公司	沧州市自然资源和规划局	否	沧州临港经济技术开发区东区C-2021-12、C-2021-13土地使用权
5	沧州明珠	2022-08-19	收购购买	97 515.00	沧州明珠塑料股份有限公司	——	否	沧州东鸿制膜科技有限公司部分股权，芜湖明珠制膜科技有限公司部分股权

资料来源：Wind。

自2020年以来，沧州市A股上市公司共发生5次收购购买事件，如表4－13所示。

2020年1月13日，河北建新化工股份有限公司参与了沧州渤海新区中捷产业园区B－2019－35号地块土地使用权的竞拍，并收到沧州渤海新区中捷产业园区公共资源交易中心签发的《中捷产业园区挂牌出让国有建设用地使用权成交通知书》，公司以人民币28 250 000元竞得该宗土地的使用权。

2020年2月13日，河北建新化工股份有限公司全资子公司沧州升腾科技有限公司参与了沧州渤海新区CB－2014－009－B宗海海域使用权的竞拍，并收到《海域使用权成交确认书》，沧州升腾科技有限公司以人民币2 099.80万元竞得该宗海域的使用权。

2020年10月12日，河北建新化工股份有限公司召开第五届董事会第八次会议，审议通过了《关于收购控股子公司股权及吸收合并子公司的议案》，同意公司与河北九点医药化工有限公司及其股东沧州绿皓化工有限公司签署《河北九点医药化工有限公司股权转让及吸收合并协议》。公司拟以自有资金人民币1 170万元收购沧州绿皓化工有限公司持有的河北九点医药化工有限公司15.85%的股权。本次股权收购完成后，公司将持有九点医药100%的股权，九点医药由公司控股子公司成为全资子公司。

2021年4月26日,河北建新化工股份有限公司全资子公司沧州建新瑞祥化学科技有限公司参与了沧州渤海新区临港经济技术开发区C—2021—12、C—2021—13地块土地使用权的竞拍,并收到《渤海新区挂牌出让国有建设用地使用权成交通知书》,以人民币14 213万元竞得该两宗土地的使用权。

2022年8月19日,沧州明珠塑料股份有限公司使用募集资金48 417万元对全资子公司沧州东鸿制膜进行增资以实施募投项目"年产38 000吨高阻隔尼龙薄膜项目(沧州)",48 417万元全部计入资本公积,本次增资不增加沧州东鸿制膜的注册资本;公司使用募集资金49 098万元对全资子公司芜湖明珠制膜进行增资以实施募投项目"年产38 000吨高阻隔尼龙薄膜项目(芜湖)",其中10 000万元为实缴资本,剩余39 098万元计入资本公积,本次增资不增加芜湖制膜的注册资本。本次增资完成后,沧州东鸿制膜科技有限公司和芜湖明珠制膜科技有限公司仍为公司的全资子公司,公司持股比例均为100%。

(3)资产出售

表4—14　　自2020年以来沧州市A股上市公司资产出售基本情况

序号	公司名称	最近公告日	事项类别	交易金额(万元)	交易买方	交易卖方	是否关联交易	交易标的
1	沧州大化	2020-12-31	不动产出售	18 947.52	沧州市运河区房屋征收管理办公室	沧州大化股份有限公司沃原分公司	否	化肥装置区房屋
2	沧州明珠	2021-12-28	股权出售	——	沧州明珠塑料股份有限公司,于立辉、谷传明等	——	是	沧州明珠隔膜科技有限公司部分股权
3	沧州明珠	2022-01-24	股权出售	7 380.00	河北鑫海化工集团有限公司	沧州明珠塑料股份有限公司	否	沧州银行股份有限公司0.527 8%股权
4	沧州明珠	2022-05-27	股权出售	7 000.00	国科新能(合肥)智能电动汽车创业投资合伙企业(有限合伙),高红梅、田建红	青岛明珠捷高股权投资中心(有限合伙)	否	西安捷高电子科技有限公司51%股权

资料来源:Wind。

自2020年以来,沧州市A股上市公司共发生4次资产出售事件,其中,1次为沧州大不动产出售,3次为沧州明珠股权出售,如表4—14所示。

2020年12月31日,就沧州大化集团化肥装置区房屋进行征收涉及公司尿素装置区面积约150 299.10平方米的土地及其附属物事宜,沧州市运河区房屋征收管理办公室分别与公司签署了《大化化肥装置区房屋征收货币补偿协议》。

2021年12月28日,沧州明珠塑料股份有限公司拟在沧州明珠隔膜科技有限公司实施多元化员工持股计划。员工拟以货币资金通过直接持股或设立持股平台间接持股的方式向沧州明珠隔膜科技有限公司合计增资不超过3 910.23万元。公司业务整合、子公司增资扩股交易完成后,沧州明珠隔膜科技有限公司注册资本由10 000.00万元增加至55 000.00万元,其中公司认缴出资53 111.00万元,占比为96.57%;多元化员工持股计划参与对象合计认缴出资不超过1 889.00万元,占比3.43%。

2022年1月24日,沧州明珠塑料股份有限公司将持有的参股公司沧州银行股份有限公司0.527 8%(3 000万股)的股权转让给河北鑫海化工集团有限公司。本次转让标的股权的价格为人民币7 380.00万元。本次交易前,公司持有沧州银行股份有限公司451 496 270股股份,持股比例7.942 9%;本次交易完成后,沧州银行股份有限公司仍为公司的参股公司,公司将持有其421 496 270股股份,持股比例7.415 1%。

2022年5月26日,沧州明珠塑料股份有限公司子公司青岛明珠捷高股权投资中心(有限合伙)与相关方签订《青岛明珠捷高股权投资中心(有限合伙)与国科新能(合肥)智能电动汽车创业投资合伙企业(有限合伙)、高红梅、田建红关于西安捷高电子科技有限公司股权转让之协议书》,约定青岛明珠捷高股权投资中心(有限合伙)向国科新能(合肥)智能电动汽车创业投资合伙企业(有限合伙)转让其所持有的西安捷高21.86%的股权,向高红梅转让其所持有的西安捷高14.57%的股权,向田建红转让其所持有的西安捷高电子科技有限公司14.57%的股权,西安捷高电子科技有限公司其他股东放弃优先购买权。本次交易的股权转让价格合计为人民币7 000.00万元。本次交易实施后,青岛明珠捷高股权投资中心(有限合伙)不再持有西安捷高电子科技有限公司股权,不再将其纳入合并报表范围。

(4)再融资

表4-15　　　　　　自2020年以来沧州市上市公司再融资情况

序号	公司名称	交易时间	融资类别	发行价格(元)	发行数量(股)	融资金额(万元)
1	沧州明珠	2022-07-29	非公开增发	4.86	254 773 567	123 819.95

资料来源:Wind。

2022年7月29日,沧州明珠塑料股份有限公司完成定向增发。本次增发募资金额总额123 819.95万元,其中增发费用1 701.37万元,实际募集资金122 118.59万元,本次增发为实现年产38 000吨高阻隔尼龙薄膜项目(芜湖)与年产38 000吨高阻隔尼龙薄膜项目(沧州),同时补充流动资金、偿还银行贷款。

3. 上市公司存在的问题及对策

(1)行业分布过于集中

沧州明珠、沧州大化、金牛化工、建新股份四家公司均属于基础化工类公司,化工行业涉及产品进出口问题,易受到国外不可抗力因素的影响;同时环保问题一直是化工行业面临的一个巨大挑战。从海外需求变化来看,例如2022年在欧洲能源紧缺背景下,其化工品产能较为受限,由于欧洲能源和原材料成本飙升,TDI全球供需失衡加剧,当地TDI工厂低开工导致亚洲化工产品出口增多,这对于TDI生产商沧州大化产生极大利好影响。在环保方面,例如2013年4月初,河北沧县小朱庄地下水呈现红色,近800只鸡饮水后死亡,导致建新股份环境污染问题被曝光,尽管建新股份目前自主开发了成套能达到符合国家相关规定的废水系统化处理装置,但随着我国环境治理要求的不断提高,化工企业仍将面临挑战。政府应加强对这些上市公司的支持,同时加强对本市其他行业的相关企业的关注,帮助其上市,让上市公司涉及行业多元化。

(2)再融资能力不足

截至2023年末,沧州市上市公司再融资募集资金金额较少,再融资频率较低。上市公司再融资总募资额为56.27亿元,规模在河北省处于中下游。沧州市上市公司共进行10次再融资,2020年至今,仅2022年7月沧州明珠定向增发募资12.38亿元。沧州市上市公司满足定向增发、配股、公开增发的发行条件,应积极利用上市平台,多渠道融资,满足企业发展需求;同时政府也应加大对于上市公司关注,在政策、服务上鼓励上市公司进行再融资等资本运作。

(三)沧州市基本符合上市条件的后备企业情况及分析

1. 基本符合上市条件的后备企业总体情况

如表4-16所示,截至2023年6月末,河北省沧州市基本符合上市条件的后备企业共31家,涉及装备制造业、基础化工业等行业。根据公开信息,这些企业在市内、省内甚至国际上都有业务,享有一定的声望。如格锐特是中石油、中石化、中海油的一级网络供应商,得到国内外客户的高度认可,产品远销美国、俄罗斯、中东、非洲等国家和地区;领创激光占据石油勘探工具——切管机市场近50%的市场份额,为沧州市成为全球最大的石油割缝筛管加工基地起到了重要的推动作用;安迪模具配备多种高端生产设备及检测设备,产品远销多国。

表 4—16　　截至 2023 年 6 月末沧州市基本符合上市条件的后备企业情况

序号	公司名称	所属区县	主营业务
1	河北诚铸环境工程有限公司	海兴县	无害化处理工程及处理工程设备制造、销售;畜禽无害化处理工程及处理工程设备制造、销售;屠宰废弃物处理工程及处理工程设备制造、销售;餐饮垃圾处理工程及处理工程设备制造、销售;城市污水污泥处理工程及处理工程设备制造、销售;城市生活垃圾处理工程及处理工程设备制造、销售
2	泊头市兴达汽车模具制造有限公司	泊头市	模具制造;模具、检具、夹具、冲压件、量具平板的研发、设计与制造;铣床加工及货物进出口业务;机器设备、房屋、车间、门市的租赁
3	沧州四星玻璃股份有限公司	沧县	公司自主生产、销售中性硼硅玻璃管;利用公司生产的中性硼硅玻璃管生产药用管制玻璃瓶系列产品;同时对外采购低硼硅及钠钙玻璃管;生产药用管制玻璃瓶系列产品
4	河北彩客新材料科技股份有限公司	东光县	生产精细化工类产品;颜料中间体;医药中间体;电子、造纸用高科技化学品;食品添加剂;香精香料中间体;生产:氢气、三氯氧磷、甲醇钠甲醇溶液;硫酸钠的生产、销售;废气、废液、废渣的综合利用;化工产品的研发;本公司产品的销售和进出口业务
5	中化工程沧州冷却技术有限公司	新华区	冷却塔、空冷器、水处理设备的开发、设计、制造、销售、安装、测试;工业循环水系统、工业水处理系统的研究、开发、设计、优化、集成、成套、运行管理;环保技术的研究、开发、服务、转让、咨询;工业节水和节能服务;工业水质管理服务;工业能源管理服务;环境工程设计、技术咨询;工业及民用建筑工程施工、机电工程施工、石油化工工程施工、市政公用工程施工、环保工程、机电设备安装;国内贸易代理
6	保定来福汽车照明集团沧州有限公司	献县	汽车灯泡、灯具等照明器具及零部件、汽车零部件的生产与销售;机床、机械零部件的加工制造与销售;光电子器具及其他电子元器件、光学仪器、光电产品、印刷设备的技术研发、制造及相关的投资服务;生物技术研发及咨询服务
7	金达科技股份有限公司	高新区	塑料包装材料的研发、生产、销售,主要产品包括 PVC、PP、PS、PET 塑胶片材及板材,广泛用于食品、医药、电子、服装等行业
8	河北世窗信息技术股份有限公司	高新区	公司是行业领先的 IT 服务提供商,是河北省软件企业、高新技术企业。为智慧城市提供信息化解决方案和大数据服务,为行业及公众提供移动互联网应用服务、电信增值服务、云计算与物联网服务
9	河北万岁医药股份有限公司	开发区	河北万岁医药集团是一家集药品研发、医药原料药制造、药品生产、经营与销售、临床医疗于一体的高新技术企业。下属河北万岁药业有限公司、沧州市和平医院、沧州科润化工有限公司等四家企业之间实现了资源共享、优势互补,形成了完整、专业的医药产业链

续表

序号	公司名称	所属区县	主营业务
10	河北中天邦正生物科技股份有限公司	青县	生产经营农药杀虫剂、杀菌剂、杀螨剂、除草剂、叶面肥、植物生长调节剂六大系列300余种产品,涵盖大多数农用化合物,使用范围覆盖全国80%以上的作物病虫草害
11	河北乐海乐器有限责任公司	肃宁县	生产销售:乐器、文体设备及文艺器材、音响设备、演艺器材、教学设备、家具、工艺美术品、木工机械设备、乐器专用设备;同时销售乐器专用木材;以及提供乐器维修、乐器租赁服务
12	河北鹏润印刷有限公司	肃宁县	出版物印刷;包装装潢印刷;图文设计制作;普通货物运输;销售纸张、机械设备、图书、文具
13	众鑫电缆有限公司	任丘市	生产:电线电缆、电缆材料;加工:铜丝、铝丝;销售:建筑材料、五金交电、电气设备
14	任丘市利和科技发展有限公司	任丘市	专注于石油化工催化剂、助剂的研发和生产经营的认证高科技企业。研发、生产、加工、销售:聚丙烯主催化剂、聚乙烯主催化剂、烯烃聚合高效催化剂、烯烃聚合助催化剂、MTO催化剂、石油化工催化剂、抗氧剂、改性剂、预混剂、抗静电剂、成核剂、硬脂酸盐、改性塑料、聚合评价仪器、仪器仪表(以上项目危险化学品除外)。生产、销售,盐酸:500吨/年;助剂(三氯化钛混合物),80吨/年(有效期至2023年8月9日);化学工程技术开发、技术咨询、技术服务、技术转让。批发:三氯化钛混合物、盐酸、乙烯、丙烯、1-丁烯、1-己烯、1-辛烯(无储存经营)(有效期至2023年6月18日)
15	洁源黄骅新能源有限公司	黄骅市	风力、太阳能发电项目的开发、建设及相关技术、产品的研发;咨询服务
16	河北宏泰专用汽车有限公司	黄骅市	道路机动车辆生产;危险化学品包装物及容器生产;特种设备制造;通用设备制造(不含特种设备制造);汽车零部件及配件制造;计算机软硬件及外围设备制造;导航、测绘、气象及海洋专用仪器制造;汽车新车销售;汽车零配件批发;电子产品销售;住房租赁;非居住房地产租赁
17	河北明尚德玻璃科技股份有限公司	河间市	主营业务是人工吹制工艺玻璃制品的设计、生产及销售,主要产品包括工艺烟具、工艺茶具、咖啡具、双层杯、储藏罐等高硼硅耐热玻璃制品
18	沧州格锐特钻头有限公司	河间市	从事特种钢材和金刚石材料的加工研究,致力于石油装备产品的研发、设计、生产与销售,系中石油、中石化、中海油指定物资供应商。主要生产销售:PDC钻头、牙轮钻头、螺杆钻具、扭力冲击器、钻井提速工具
19	凯瑞环保科技股份有限公司	河间市	该公司是国内较早开始研发醚化树脂催化剂和水合树脂催化剂并实现工业化生产的企业,是国内规模较大的树脂催化剂生产企业之一

续表

序号	公司名称	所属区县	主营业务
20	沧州会友线缆股份有限公司	河间市	电线、电缆制造,电线、电缆经营,塑料制品制造,塑料制品销售,金属丝绳及其制品制造,金属丝绳及其制品销售,货物进出口,土地使用权租赁,非居住房地产租赁,检验检测服务、技术服务、技术开发、技术咨询、技术交流、技术转让、技术推广
21	河北新欣园能源股份有限公司	中捷产业园区	甲基叔丁基醚、戊烷、氢气、丙烷、正丁烷、异丁烷、异丁烯、壬烯、壬基酚、乙酸叔丁酯、叔丁醇、二异丁烯、1-辛烯制造;乙二醇单叔丁基醚(ETB)、乙二醇双叔丁基醚(DBE)、十二烯、二异丁基次磷酸铝(阻燃剂)、硫酸钠、重烯烃、十二烷基酚、C9饱和烃制造(以上产品不含危险化学品);化工产品技术开发及服务、化工设备安装;经销清洁煤、润滑油、导热油、沥青、化工产品(以上产品不含危险化学品)
22	吴桥县六合德利化工有限责任公司	吴桥县	对甲基苯甲酸、邻氨基苯酚、邻磺酸钠苯甲醛、4,4-二乙氨基-3,3-二甲基-5,5-环氧联苯甲基邻苯甲酸、1,4-萘二甲酸、1,4-双(2-腈苯乙烯基)苯、噻吩-2,5-二羧酸、邻甲基苯甲酸、间甲基苯甲酸、邻甲氧基苯甲醛、盐酸、对苯二甲酸、氯化钠、硫酸钠、邻氰基氯苄、对氰基氯苄、邻氯苯甲酸、邻甲基苯腈、邻苯二甲酸、亚硫酸钠、氯化亚砜、对甲基苯腈、氨水、磷酸二乙酯钠、甲醇、6G、氯乙烷、硫酸的生产、销售;货物或技术进出口
23	沧州惠邦机电产品制造有限责任公司	南皮县	主营业务为精密金属及非金属冲压件、精密焊接部件、高低压开关柜、节能变压器及零部件、电力电子零部件、汽车零部件产品
24	河北沧海核装备科技股份有限公司	盐山县	公司是一家以制造、销售民用核管配件和管件系列产品;管道工程(凭资质证经营);钢材、机电产品(国家专控产品除外)的批发、零售等业务为经营范围的企业,主营业务是核电、输油输气、化工、火电等领域金属管件的研发、生产及销售
25	河北汇东管道股份有限公司	盐山县	加工制造保温管道、保温管道连接件;承揽防腐保温工程、化工石油设备安装工程、清洗、维修;经营本企业自产产品及技术的出口业务和本企业所需的机械设备、零配件、原辅材料及技术的进口业务,但国家限定公司经营或禁止进出口的商品及技术除外
26	沧州信联化工有限公司	渤海新区	电子元件及组件制造。生产制造四甲基氢氧化铵、甲醇(安全生产许可证有效期至2024年7月30日);生产制造四甲基碳酸氢铵、利莫那班、氨基丁酸、酒石酸氢胆碱、茶氨酸;销售化工原料(不含许可类化工产品)、塑料产品、钢材、建材、纸浆及纸张、日用百货、橡胶制品、五金交电、木材制品

续表

序号	公司名称	所属区县	主营业务
27	黄骅市信诺立兴精细化工股份有限公司	黄骅市	从事煤焦油精细加工业务,是目前国内较大的煤焦油精细加工企业之一,多年来一直致力于煤焦油相关制品的市场推广。公司主要产品为焦油产品、洗油产品、喹啉产品、聚羧酸产品、苯酐产品。通过多年的经验,公司已掌握国内同行业中先进的生产工艺——萘法苯酐新工艺,产品质量得到国内外市场的广泛认可,硬质沥青、杂酚油、洗油加工制品等远销俄罗斯、北美、南美、中东等国家与地区
28	神美科技有限公司	河间市	神美科技有限公司是一家以环保技术服务为主导、立足于高科技领域前沿,集研发、生产、销售、服务为一体,专业致力于精细化领域的高科技环保企业
29	河北荣泰模具科技股份有限公司	黄骅市	专业生产各种玻璃制品模具,产品覆盖各种玻璃瓶罐模具、玻璃器皿模具、玻璃灯饰模具等
30	沧州领创激光科技有限公司	运河区	激光加工设备的研制、销售;钣金设备的研制、销售;切割工艺开发及技术咨询;机床附件、配件的研制、销售;激光加工设备技术服务;切割软件开发、销售;企业管理咨询(不含投资、基金、证券咨询)
31	华茂伟业绿色科技股份有限公司	黄骅市	河北华茂是一家绿色环保工艺生产 DMDEE 和其他产品的制造商,隶属于河北华茂伟业科技有限公司,该公司也是第一家应用连续工业生产技术生产的产品。在过去十年中,通过绿色化学改革传统上被视为高污染领域的化学和制药行业

资料来源:课题组整理所得。

2."专精特新"企业梳理

沧州市的企业具备一定的自主创新和研发能力,在上述基本符合上市条件的后备企业中,专精特新企业有 16 家,其中 50% 以上的企业为国家级专精特新"小巨人"企业(见表 4—17),企业质地良好,在省内特定领域内有较高的市场占有率,拥有多项专利和发明,自我研发创新能力较强,存在着较大的上市可能性。

表 4—17　　　　　　　　沧州市"专精特新"企业名单

序号	公司名称	专精特新认定	所属行业
1	泊头市兴达汽车模具制造有限公司	国家级	化工、木材、非金属加工专用设备制造
2	河北彩客新材料科技股份有限公司	国家级	化学原料和化学制品制造业
3	金达科技股份有限公司	国家级	——
4	凯瑞环保科技股份有限公司	国家级	专用化学产品制造
5	河北沧海核装备科技股份有限公司	国家级	
6	河北汇东管道股份有限公司	国家级	结构性金属制品制造

续表

序号	公司名称	专精特新认定	所属行业
7	河北荣泰模具科技股份有限公司	国家级	化工、木材、非金属加工专用设备制造
8	沧州领创激光科技有限公司	国家级	工程和技术研究和试验发展
9	华茂伟业绿色科技股份有限公司	国家级	基础化学原料制造
10	沧州四星玻璃股份有限公司	省级	玻璃制品制造
11	中化工程沧州冷却技术有限公司	省级	工程和技术研究和试验发展
12	保定来福汽车照明集团沧州有限公司	省级	汽车零部件及配件制造
13	众鑫电缆有限公司	省级	电线、电缆、光缆及电工器材制造
14	任丘市利和科技发展有限公司	省级	其他未列明制造业
15	河北宏泰专用汽车有限公司	省级	汽车整车制造
16	河北明尚德玻璃科技股份有限公司	省级	货摊、无店铺及其他零售业

资料来源：课题组整理所得。

3. 基本符合上市条件的后备企业地位分析

沧州市拥有六大支柱产业，分别是装备制造业、基础化工业、生物医药业、五金机电业、纺织服装业和食品加工业。其中装备制造业是沧州第一大支柱产业，也在基本符合上市条件的后备企业中占据较高比重，2022年沧州市全部工业增加值下降7.8%，其中规模以上工业增加值增长7.8%。在规模以上工业中，分三大门类看，采矿业增加值下降1.7%，制造业增长10.3%，电力、热力、燃气及水生产和供应业增长3.5%。沧州的装备制造业目前还以较为传统的制造为主，未来将向智能制造的方向进行发展。

基础化工业是沧州第二大支柱产业，在基本符合上市条件的后备企业中同样占据较高比重，沧州的化工行业在省内乃至全国都具有一定的实力，目前沧州市制定了一系列措施加快推进绿色化工产业发展，形成产业聚集化、产品精细化、工艺绿色化、技术高端化、制造数字化、生产安全化的发展格局，促进绿色化工产业高质量发展，着力推进全市炼油企业整合重组和绿色转型升级，加快原油直接转化制化工材料等重大项目推进速度，推动沧州市基础化工业转向绿色化工。

五金机电业是沧州第三大支柱产业，惠邦机电等企业均属于该行业，沧州被誉为中国北方电子五金之乡，沧州市抢抓京津冀协同发展机遇，依托五金机电产业规模化、集群化发展优势，促进骨干企业、中小型企业、配套企业融合发展，推动产业升级，不仅在传统领域继续拓展，推陈出新，还在航空航天、新能源汽车等方面积累了许多经验。

4. 基本符合上市条件的后备企业存在的问题及对策

根据公开信息显示，目前基本符合上市条件的后备企业存在的问题主要分为三类，分别是未达到上市的最低要求、企业业务种类单一以及企业上市意愿不足。

沧州市基本符合上市条件的后备企业未选择上市存在较多的问题是公司规模、营收等不足以达到上市的最低标准。根据公开信息，诸如兴邦车业、丰源环保等企业存在规模、营收不足以达到上市最低标准的问题，这些企业有一定的潜力，但业务单一性较强，或处在扩张期，是潜在的待上市公司；有一些企业自身资金充足，业务成熟稳定，对融资的需求较小；另外一些企业存在企业业务种类过于单一，营收渠道单薄的问题，如恒东机动车检测，只从事机动车安全检测这一项服务，未来如果拓宽道路，结合新能源发展，设立多项如车辆维修的业务，可以在业务层面上满足上市要求。

针对上市意愿不足的问题，可以由政府主要组织企业进行上市相关论坛或会议，宣传我国目前的资本市场政策，提高企业对多元化融资的认识；建立多级别工作责任制，推动企业上市，为企业在沟通联动方面做好保障工作；把握企业发展痛点，出台相应奖励政策，加大政策扶持力度，降低企业改制成本，提高企业竞争力，引导企业上市融资。

（四）沧州市新三板市场发展情况及分析

1. 新三板公司总体概述

截至2023年6月末，沧州市的共15家新三板挂牌企业，其中7家位于基础层、8家位于创新层。具体情况如表4-18所示。

表4-18　　　　　　　　沧州市新三板挂牌企业基本情况

序号	代码	名称	所属分层	所属行业	总资产（亿元）	营业收入（亿元）	归属母公司股东净利润（万元）
1	831844.NQ	会友线缆	创新层	电力设备	3.99	1.69	353.63
2	832289.NQ	沧运集团	基础层	交通运输	8.98	5.04	-3 297.84
3	832291.NQ	中泊防爆	基础层	机械设备	3.86	0.65	2 557.32
4	832964.NQ	凯瑞环保	创新层	基础化工	5.46	1.21	1 760.32
5	833491.NQ	沧海核装	基础层	机械设备	14.11	2.57	1 236.10
6	870881.NQ	宁泊环保	基础层	环保	1.66	0.21	164.15
7	872402.NQ	大元生态	基础层	建筑装饰	0.26	0.02	-95.40
8	873509.NQ	大元建材	基础层	建筑材料	0.94	0.30	-337.50
9	874010.NQ	华鑫洺源	基础层	石油石化	1.08	0.73	2 619.59
10	831467.NQ	世窗信息	创新层	计算机	2.39	0.39	-504.22

续表

序号	代码	名称	所属分层	所属行业	总资产（亿元）	营业收入（亿元）	归属母公司股东净利润（万元）
11	834114.NQ	明尚德	创新层	轻工制造	1.48	0.46	196.88
12	836059.NQ	金达科技	创新层	轻工制造	3.12	1.32	1 084.89
13	836903.NQ	汇东管道	创新层	建筑材料	3.14	1.04	24.67
14	837320.NQ	信昌股份	创新层	基础化工	2.45	0.57	1 828.43
15	873772.NQ	彩客科技	创新层	基础化工	4.68	3.77	8 803.32

数据来源：Wind，财务数据为公司2023年年中报数据。

从行业分布来看，沧州市新三板挂牌企业行业分布较为分散，拥有电力设备、交通运输、机械设备、基础化工、建筑材料、轻工制造等多个行业。电力设备行业中，会友线缆的主营业务为电线电缆的研发、生产和销售；交通运输行业中，沧运集团的主营业务为道路客运、汽车客运站、物流服务及与之相关的汽车销售与售后服务业务；机械设备行业中，中泊防爆的主营业务为铍青铜防爆工具、铝青铜防爆工具、特种钢制工具、钛合金无磁工具及其他工具的研发、生产与销售，沧海核装主营业务为核电、输油输气、化工、火电等领域金属管件的研发、生产及销售；基础化工行业中，信昌股份主营业务为炼油助剂、油品添加剂的生产与销售，彩客科技主营业务为高性能有机颜料中间体等精细化工产品的研发、生产和销售。

从公司质地来看，彩客科技、沧海核装、凯瑞环保、华鑫洺源、信昌股份和中泊防爆归属母公司股东净利润较高，均在1 200万元以上，营业收入基本处在0.5亿元以上，公司综合质地较好；沧运集团营业收入虽然金额较大，但公司归属母公司股东净利润为负且数额巨大，公司质地相对一般；大元建材以及大元生态归属母公司股东净利润均为负值，有一定的风险。

总体来看，沧州市新三板挂牌企业较多，与省内其他城市相比，企业盈利水平较高。沧州的核心支柱产业主要有装备制造产业、基础化工业、生物医药业、五金机电业、纺织服装业和食品加工业等，这些产业中，纺织服装业和食品加工业的新三板上市公司不多，而这两个行业作为沧州市鼓励、政策倾斜的行业，有更大的发展新三板挂牌公司的机会。沧州市应鼓励地区的核心产业向新三板挂牌来靠拢，集聚资金发展，打造更好的、更优质的企业。

3.新三板可转板企业梳理

(1)基础层向创新层转板

沧州市7家基础层企业分别为沧运集团、大元建材、大元生态、宁泊环保、沧海核装、华鑫洺源和中泊防爆。其中沧运集团、沧海核装符合基础层转创新层的要求。建议要加强在融资方面的累计金额，并增加符合条件投资者的人数，逐渐达到基础层向创新层转板的最基本要求。具体分析如表4-19所示。

表4-19　　　　　　　　　　　沧州市基础层企业转板分析

序号	标准＼名称	最近一年期末净资产不为负值	符合条件的合格投资者人数不少于50人	公司挂牌以来完成过定向发行股票(含优先股)，且发行融资金额累计不低于1 000万元
1	沧运集团	√	√	√
2	中泊防爆	√	×	×
3	沧海核装	√	√	√
4	宁泊环保	√	×	×
5	华鑫洺源	√	×	×

资料来源：课题组整理所得。

(2)创新层向北交所上市

新三板创新层共有8家企业分别为世窗信息、明尚德、信昌股份、金达科技、会友线缆、凯瑞环保、汇东管道和彩客科技。这8家企业在近一年均未有违规行为，且净资产都超过了5 000万元。

表4-20　　　　　　　　　　　沧州市创新层企业情况

公司名称	公开发行股份超过100万股	发行对象超过100人
世窗信息	√	×
明尚德	√	×
金达科技	√	×
汇东管道	√	√
信昌股份	√	×
会友线缆	√	√
凯瑞环保	√	×
彩客科技	√	×

资料来源：课题组整理所得。

根据表4-20可以看出，只有汇东管道和会友线缆符合北交所上市的前提条件和基础条件。按照北交所上市的四个标准：标准一(盈利性)，市值不低于2亿元，最近两年净利润均不低于1 500万元且加权平均净资产收益率均不低于8%，或者最近一年净利润不低于2 500万元且加权平均净资产收益率不低于8%；标准二(成长性)，市值不低于4亿元，最近两年营业收入平均不低于1亿元，且最近一年营业收入增长率不低于30%,最近一年经营活动产生的现金流量净额为正;标准三(研发成果产业化),市值不低于8亿元,最近一年营业收入不低于2亿元,最近两年研发投入合计占最近两年营业收入合计比例不低于8%;标准四(研发能力),市值不低于15亿元,最近两年研发投入合计不低于5 000万元。沧州市现有创新层企业均不满足北交所上市条件,公司可以通过引进投资者、提高研发、增加营收的方式以满足北交所上市条件,具体如下:

世窗信息:提高公司营收,通过提高研发效能、扩大经营范围等方式使公司扭亏为盈,引进合格投资者使得公司公开发行对象超过100人。

明尚德:提高公司净利润,通过提高研发效能等方式提高公司毛利率,使其达到行业内较高水平,并引进合格投资者使得公司公开发行对象超过100人。

金达科技:目前公开发行投资者过于少,应着手分批引进投资者,并通过多种渠道持续增强公司盈利能力。

信昌股份:公司毛利率、净利率在行业内处于较低水平,公司应开辟新生产设备、生产线,降低不必要的成本,增强研发,提高公司净利率,提升净利润,以达到北交所上市要求。

彩客科技:在新三板连续挂牌满12个月,且保持实际控制权和管理层稳定,同时增加或保持现有营收规模,以满足北交所上市要求。

四、沧州市资本市场发展对策建议

(一)对沧州市债券市场的发展的相关建议

1. 推动城投整合,加强战略合作

近年来,城投整合事件越发频繁,多地推行了将市级多家城投统一整合为资质更强企业的模式,城投公司在整合后的业态变化令人瞩目,沧州市也在逐步尝试中。例如,2021年5月,沧州市国资委将市属城投公司河北渤海投资集团有限公司、沧州港务集团有限公司的股权计划无偿转至沧州市建设投资集团有限公司,提升公司的综合实力。城投公司完成整合之后,不仅可以提升公司的综合实力,还有望提升公司的主体信用级别,高等级的信用可以帮助城投平台更加方便地获得金融机构的支持,得到投资者的信任,扩大融资规模、降低融资成本。

但城投整合并非为了简单压低城投公司的数量和做大公司规模,而是要产生"1+1>2"的效果。沧州市可考虑逐步推进市级城投平台的整合工作,打造资产收入规模体量更大、资质更强、投资者认可度更高的城投平台,待整合完成后可争取更高的主体信用等级,对于区域融资和经济发展具有较强的保障作用。

2. 设立信保基金，提升信用水平

信用保障基金是指由政府、实体企业或金融机构出资成立，以向企业提供信用担保、短期资金周转等信用保障服务为目的的资金池。自2020年以来部分省份国企债务压力上升，个别地方国企发生债券违约，导致新债发行困难，发债成本也有所上升，严重影响了国企的再融资能力。为应对这一问题，河北、河南、广西、天津等地成立了信用保障基金，其资金来源主要是地方财政、国企及金融机构，用于化解债务风险和增信。

2020年9月，由河北省国资委授权，河北建投集团牵头组建的河北省国企信用保障有限责任公司正式成立。该公司联合省内国有企业和金融机构等单位，共同发起设立河北省国企信用保障基金，基金总规模300亿元。结合沧州市已发债及拟发债平台较多、融资规模较大的现状，沧州市政府应统筹设立沧州市信用保障基金，建立常态化、规范化的国企债券风险化解机制，提升国企整体信用水平。

3. 加大政府补贴，助力企业发展

在城投公司与地方政府关系重新界定的过程中，地方政府对平台公司的支持力度也越来越重要。一方面，部分城投公司市场化转型进度偏慢，仅仅依靠自身的造血能力难以满足其发展需求，未来信用风险或将有所上升；另一方面，区域公益性项目建设投资需求较大的区域，仍需要地方政府支持相应的城投公司。建议沧州市财政部门进一步增强对沧州市企业的补贴力度，提升企业净利润指标，这不仅有利于企业扩展融资渠道，符合更多债券品种的准入标准，还能够吸引更多投资者，进一步降低融资成本，实现良性循环。

4. 创新融资品种，实现多元融资

城投融资渠道主要包括银行借款、非标融资和债券发行，从存量来看，银行借款占比最高。目前监管的基本要求可以归纳为"不增加隐性债务规模的前提下满足融资平台合理的资金需求"，城投公司在上述合规框架内仍可正常地开展融资活动。近年来，不少城投公司开始探索基础设施REITs，随着基建项目逐渐进入运营阶段，城投公司可提前谋划布局。此外，城投公司可以主动申请政府引导基金，作为发起主体的政府引导基金，能够有效撬动金融资本、民间资本和社会资本，发挥财政资金杠杆作用。沧州市城投公司后续债券融资应在维持并夯实传统债券品种融资的基础上，探索并拓展REITs等新品种，进一步盘活存量资产、扩大有效投资，同时探索传统债券品种的创新型产品如绿色债券、科创债券等，积极抓住国家战略政策有利窗口，多渠道开展创新融资。

（二）对沧州市股权市场发展的相关建议

1. 加大政策支持，助推企业上市

当前沧州市在鼓励企业上市方面有一定的政策支持，但具体措施尚不明朗，对A

股上市的政策偏向性不明显。下一步应考虑出台具体的支持政策,对上市后备企业在辅导、审核、注册等关键阶段进行直接奖励,并且给予贷款便利和配套服务。同时,挖掘现有优势产业中的优质公司,提供上市方面的政策支持和配套服务,极大程度地提高沧州市现有优质企业的上市热情,促进其发挥行业带头作用。与此同时,加强科技创新机构的建设,鼓励企业加大科技投入,提升产业技术创新能力,加强知识产权保护,推动技术成果转化。此外,重点支持现代服务业、高新技术产业、先进制造业等新兴产业,培育产业集群,提升产业竞争力。与周边城市建立合作伙伴关系,共同推动区域协同发展,促进资源共享和优势互补。

2. 优化行业布局,强化梯队培育

沧州市拥有装备制造业、基础化工业、生物医药业、五金机电业、纺织服装业和食品加工业六大支柱产业。因此,沧州市一方面要加快装备制造业向智能制造的方向进行发展的步伐,加速基础化工业向绿色化工转型的进程;另一方面要识别和培育其他优势产业中具有上市潜力的公司,尤其是国家级专精特新"小巨人"企业,以上市融资、加速企业发展为目标提供配套服务。目前新兴产业格局尚未定型,高效的资本运作对于公司在细分领域内取得竞争优势具有重要意义。扶持新兴产业公司,提供上市支持,有利于产业整体发展,并有助于促进沧州市产业结构转型。

3. 有效利用资源,增加融资规模

上市公司再融资是其获得业务发展的重要机会,盈利状况好的公司在合适时机下募集资金不但可以助力项目的开展,还可以调整公司资产结构。沧州市上市公司再融资的单次金额较低。再融资运作中定向增发的实施需要匹配合适的投资方,而除了企业自身的努力外,政府在其中也可起到重要的桥梁作用。政府凭借资源发现能力,依靠对于市内产业结构和企业状况的了解,通过为企业匹配合适投资方,不但可实现投资数额的增加,还可引导投资方向的改变。

4. 收购上市公司,推动平台转型

目前,城投平台收购上市公司已经成为城投转型升级的重要方式之一,也是未来的重要发展方向。城投平台收购上市公司主要出于市场化转型、发展或培育本地产业、纾困本地上市公司的考虑,在发挥自身国有资本的增信优势,帮助上市公司重新搭建融资渠道化解流动性危机的同时,也借助上市公司优化自身产业结构、介入新兴产业,进一步加快自身的市场化转型步伐。

但城投公司在收购上市公司时也会面临诸多风险,不可为了市场化转型而盲目收购上市公司。城投公司收购上市公司可能会面临商誉减值、流动性冲击、债务压力、整合管理等风险,建议在收购上市公司时充分考虑收购标的与公司业务或本地产业的协同性,同时审慎评估上市公司业务竞争力及财务状况,严格做好尽调,避免高价收购确认大额商誉或收购后发现上市公司财务作假等重大问题。

在河北省其他地市中,有邯郸建投成功收购上市公司汇金股份的成功案例,建议沧州市可以通过支持其他城投平台收购上市公司的方式有效提升公司的整体经营能力,助力城投公司提升主体评级,提升融资能力。

保定市资本市场发展分析报告

摘要：近年来，保定市的经济基本保持平稳增长，产业结构也得到进一步优化。2023年全市地区生产总值4 012.2亿元，较上年增长5％，不变价增速3.75％，高于全国(3％)0.75个百分点，与全省增速持平。从产业结构来看，2023年保定市三次产业结构为11.6∶33.7∶54.7，其中第三产业占比有所提升。

较于区域宏观经济发展状况而言，保定市债券资本市场发展相对缓慢，市场规模较小，近年来，仅少数企业于债券资本市场实现融资，债券资本市场融资效率较低。城投平台建设方面，保定市城投平台数量充足，但资产整合进度缓慢，实体产业布局亟需完善，这一特征在区县级城投平台表现得尤为显著。同时，保定市债券资本市场还存在融资品种单一、市场造血功能不足等问题。

横向比较省内其他地市，保定市股权资本市场起步较早、发展较为成熟。近年来，在保定市政府的大力支持下，股权资本市场行业领域较为广泛，对区域经济发展起到一定带动作用。但仍存在"有产业没龙头，有龙头没生态"的问题。

鉴于上述问题，保定市应进一步提高企业支持力度。债券资本市场方面，保定市政府应积极推动区域内城投平台加快资产整合、内外联动、产业协同等工作。股权市场方面，建议采取加大补贴力度、密切政企合作等方式，多管齐下，加快区域内上市公司实现创新发展，切实帮助上市企业实现创新发展。此外，政府需要进一步强化引导，充分利用资本市场，提高资源分配效率。

关键词：保定市；债券市场；股权市场；造血能力；资源配置效率

一、保定市区域经济、财政及政府债务情况

保定市地处河北省中部偏西，是河北省人口最多的地级市，北邻北京市、张家口

市,东接廊坊市、沧州市,南连石家庄市、衡水市,西毗山西省大同市、忻州市。保定市位于雄安新区战略腹地,在京津冀协同发展战略中具有显著区位优势。此外,保定市也是国务院批复确定的京津冀地区中心城市之一,是京津冀协同发展中部核心功能区之一。

(一)经济情况

面对严峻复杂的国内外形势,保定市高效统筹疫情防控和经济社会发展各项工作,努力克服经济下行压力。2018—2023年保定市地区生产总值分别为3 526.6亿元、3 772.2亿元、3 954.3亿元、3 725.0亿元、3 880.3亿元和4 012.2亿元。其中,2021年受新冠疫情影响导致经济水平下降。2023年全市地区生产总值较上年增长5%。

产业结构方面,2018—2023年保定市的产业结构发生显著的变化,第三产业产值增速显著高于第一、二产业。2018—2023年,保定市三次产业结构由10.53∶41.56∶47.91变化为11.64∶33.69∶54.67,第三产业占比显著提升。

(二)财政情况

2023年保定市一般公共预算收入完成342.8亿元,同比上涨8.61%,低于全省7.7%,其中税收收入165.6亿元,上涨11.0%。退税减税缓税影响全市一般公共预算收入27.9亿元,提出留抵退税因素后可比增长9.8%,超过计划目标1.8个百分点。

表5—1　　　　　　　　　保定市2023年一般公共预算情况

项　　目	金额(亿元)
一般公共预算收入	342.8
其中:税收收入	165.6
非税收入	177.2

数据来源:保定市政府。

截至2023年末,全市金融机构各项存款余额11 572.6亿元,比上年增长11.9%;各项贷款余额7 208.5亿元,增长13.4%;存贷比为62.3%。

(三)政府债务情况

2023年,保定市新增地方政府债券468.83亿元,发行的新增政府债券中,一般债券为333.1亿元,专项债券为1 438.66亿元。截至2023年末,保定市地方政府债务余额为1 749.35亿元,其中一般债余额为318.38亿元,专项债余额为1 430.97亿元,距离河北省财政厅下达的保定市地方政府债务限额(1 451.33亿元)还有一定空间。同时,近年来保定市经济平稳运行,财政实力稳步提升,可以为地方政府债务的偿付提供保障。

表 5-2　　　　　　　　　保定市 2023 年政府债务情况　　　　　　　　单位:万元

地区	新增限额	其中:一般债	专项债	债务余额	其中:一般债	专项债
全市	4 688 300	3 311 100	14 386 600	17 493 500	3 183 800	14 309 700
市本级	1 396 000	7 651 500	5 959 800	—	—	—
县区级	—	—	—	—	—	—

数据来源:保定市政府,部分数据缺失。

在保定市 2023 年新增的 468.83 亿政府债券中,大部分资金流向了市政建设领域和社会事业领域,分别占比 36.9% 和 27.4%,可以有力支持保定市的基础设施建设,扩大社会公共资源的提供。

表 5-3　　　　　　　保定市 2023 年新增政府债券资金投向情况　　　　　　单位:万元

资金投向	新增专项债
乡村振兴	195 600
农林水利	2 167 800
其他交通基础设施	42 000
铁路	6 113 900
城市停车场	65 700
冷链物流设施	276 900
能源	38 700
天然气管网	1 700
其他能源项目	6 000
棚户区改造	1 951 600
生态环保	8 700
城镇污水垃圾处理	87 300
市政和产业园区基础设施	6 335 200
医疗卫生	1 704 100
其他	541 100
民生服务	38 000
职业教育	515 300
托幼	36 300
其他民生服务	183 400
文化旅游	307 600
养老	3 200

续表

资金投向	新增专项债
城镇老旧小区改造	104 100
信息基础设施	85 200
合计	20 809 300

数据来源：保定市政府。

二、保定市资本市场概述

(一)资本市场发展历程

1.债券市场发展历程

保定市债券资本市场发展相对较慢，近年来在债券资本市场实现融资的企业主要有保定市长城控股集团有限公司、长城汽车股份有限公司、保定市国控集团有限责任公司、北方凌云工业集团有限公司、中国船舶重工集团动力股份有限公司、巨力集团有限公司、凌云工业股份有限公司、北京城建保定房地产开发有限公司等。保定市2018—2023年债券发行情况统计如表5－4所示。

表5－4　　　　保定市2018－2023年企业债券发行规模及数量

	2018年	2019年	2020年	2021年	2022年	2023年
债券发行总量(亿元)	27	125	80	154.425	205.056	153.598
发债数量(只)	4	13	8	12	21	13

数据来源：Wind。

总体来看，保定市债券资本市场融资主体单一，债券发行规模较小。但近五年来，保定市债券资本市场发行规模总体呈上升趋势，且占河北省比例逐年上升。债券发行品种层面，近五年来保定市债券融资品种逐渐丰富，各企业也积极把握政策机遇，实现多渠道融资。保定市区域内的企业近年来发行的债券融资品种统计如表5－5所示。

表5－5　　　　保定市2018－2023年债券发行数量　　　　单位：只

	2018年	2019年	2020年	2021年	2022年	2023年
公司债	0	10	8	6	7	8
企业债	4	0	0	0	0	0
短期融资券	0	0	0	0	0	0
定向工具	0	0	0	0	0	1
中期票据	0	5	0	3	10	2

续表

	2018年	2019年	2020年	2021年	2022年	2023年
金融债	0	0	0	0	0	0
可转债	0	0	0	3	0	2
资产支持证券	0	0	0	0	4	0

数据来源：Wind。

2.股权市场发展历程

保定市的股权市场在河北省各地级市中起步较早。其股权资本市场始于1997年，同年天鹅股份（603029.SH）登陆A股。天鹅股份是国内粘胶行业第一股，也是保定市第一家上市公司。截至2023年末，保定市先后已有11家企业在A股上市。整体来看，保定市各企业上市时间较为分散，唯一一个集中年份为2015年，当年有航天智造（300446.SZ）和立中集团（300428.SZ）两家企业上市。

（二）资本市场发展现状

1.债券市场发展现状

2023年保定市债权资本市场实现融资370.81亿元，位居河北省第四位，债券发行规模与其在河北省内的经济、财政地位相匹配。但从债券发行主体数量、债券发行规模、发行品种等方面来看，保定市债权资本市场总体发展水平有限，债权资本市场利用程度有待进一步提升。根据表5－6，从存量规模来看，保定市存量债券总体规模较小，区域内存量债券偿债压力较小；就债务期限结构而言，保定市存量债券以中长期为主，主要债务期限分布在3—5年期；就存量债券平均利率成本而言，保定市存量债券利率成本总体较低，主要集中在3%—4.5%区间。

表5－6　　　　　　　　　　　保定市存量债券概况

证券简称	上市日期	到期日期	发行总额（亿元）	当前余额（亿元）	票面利率（%）	证券类别	发行期限（年）
23保定国控PPN001	2023－05－05	2028－05－04	7.0	7.0	4.2	定向工具	5
14华能集MTN003	2014－09－09	2029－09－05	25.0	25.0	5.7	中期票据	15
14华能集MTN004	2014－11－10	2024－11－07	25.0	25.0	4.7	中期票据	10
15华能集MTN003	2015－11－26	2030－11－25	15.0	15.0	4.4	中期票据	15
15华能集MTN001	2015－05－15	2030－05－14	25.0	25.0	4.5	中期票据	15
15华能集MTN002	2015－06－12	2025－06－11	25.0	22.8	4.3	中期票据	10
16华能集MTN004	2016－08－10	2026－08－09	30.0	30.0	3.5	中期票据	10
16华能集MTN003	2016－04－22	2026－04－21	35.0	35.0	4.0	中期票据	10

续表

证券简称	上市日期	到期日期	发行总额（亿元）	当前余额（亿元）	票面利率（％）	证券类别	发行期限（年）
16 华能集 MTN002	2016-03-10	2026-03-09	15.0	15.0	3.8	中期票据	10
19 华能集 MTN004B	2019-08-22	2024-08-21	10.0	10.0	4.1	中期票据	5
19 华能集 MTN005B	2019-12-12	2024-12-11	5.0	5.0	4.1	中期票据	5
21 保定长城 MTN001	2021-11-05	2024-11-04	12.0	12.0	3.8	中期票据	3
21 凌云工业 MTN001	2021-11-12	2024-11-11	7.0	7.0	3.6	中期票据	3
22 华能集 MTN001	2022-03-02	2025-03-01	20.0	20.0	2.8	中期票据	3
22 凌工业 MTN001	2022-04-26	2025-04-25	5.0	5.0	3.3	中期票据	3
22 华能集 MTN002	2022-07-11	2025-07-08	10.0	10.0	3.1	中期票据	3
22 凌云工业 MTN001	2022-08-11	2025-08-10	3.0	3.0	3.0	中期票据	3
22 华能集 MTN003	2022-08-25	2025-08-24	20.0	20.0	2.8	中期票据	3
22 华能集 MTN004（能源保供特别债）	2022-10-20	2025-10-19	20.0	20.0	2.7	中期票据	3
22 华能集 MTN005（能源保供特别债）	2022-11-10	2025-11-09	15.0	15.0	2.7	中期票据	3
22 华能集 MTN006（能源保供特别债）	2022-11-16	2025-11-15	15.0	15.0	3.1	中期票据	3
22 华能集 MTN007A（能源保供特别债）	2022-12-29	2024-12-28	10.0	10.0	3.6	中期票据	2
22 华能集 MTN007B（能源保供特别债）	2022-12-29	2025-12-28	5.0	5.0	3.7	中期票据	3
23 华能集 MTN001（能源保供特别债）	2023-07-17	2025-07-14	5.0	5.0	2.9	中期票据	2
23 保定长城 MTN001	2023-08-24	2026-08-23	15.0	15.0	3.3	中期票据	3
动力定 01	2021-05-13	2025-05-13	6.4	6.4	0.5	可转债	5
动力定 02	2021-03-09	2026-09-09	15.0	9.2	0.2	可转债	6
长汽转债	2021-07-08	2027-06-10	35.0	35.0	0.2	可转债	6
汇通转债	2023-01-11	2028-12-15	3.6	3.6	0.3	可转债	6
22 保控 02	2022-11-02	2027-10-28	10.0	10.0	3.3	公司债	5
华能 YK05	2023-06-26	2026-06-13	20.0	20.0	3.0	公司债	3
华能 YK06	2023-07-31	2026-07-24	20.0	20.0	2.9	公司债	3
立中转债	2023-08-16	2029-07-27	9.0	9.0	0.3	可转债	6
16 华能债	2016-12-15	2026-11-24	40.0	40.0	3.7	公司债	10

续表

证券简称	上市日期	到期日期	发行总额（亿元）	当前余额（亿元）	票面利率（%）	证券类别	发行期限（年）
18CHNG4Y	2018-11-13	2028-10-31	2.0	2.0	5.3	公司债	10
18CHNG2Y	2018-11-02	2028-10-25	5.0	5.0	5.3	公司债	10
22CHNG3Y	2022-12-06	2025-11-30	16.0	16.0	3.2	公司债	3
22CHNG4Y	2022-12-06	2032-11-30	4.0	4.0	4.0	公司债	10
华能YK01	2022-12-20	2025-12-15	20.0	20.0	4.1	公司债	3
华能YK03	2023-01-06	2025-12-27	15.0	15.0	3.8	公司债	3
18CHNG1A	2018-09-03	2028-08-17	17.0	17.0	4.9	公司债	10
18CHNG1B	2018-09-03	2028-08-17	3.0	3.0	5.1	公司债	10
19CHNG9Y	2019-11-14	2024-11-07	15.0	15.0	4.3	公司债	5
19CHNG0Y	2019-11-14	2029-11-07	5.0	5.0	4.7	公司债	10
19CHNG7Y	2019-09-17	2024-09-11	9.0	9.0	4.1	公司债	5
19CHNG8Y	2019-09-17	2029-09-11	11.0	11.0	4.7	公司债	10
19CHNG6Y	2019-06-21	2029-06-05	8.0	8.0	5.0	公司债	10
19CHNG4Y	2019-05-27	2029-05-20	17.0	17.0	5.2	公司债	10
20长控01	2020-07-03	2025-06-24	10.0	10.0	4.0	公司债	5
20CHNG5Y	2020-07-01	2025-06-24	10.0	10.0	3.8	公司债	5
20CHNG6Y	2020-07-01	2030-06-24	10.0	10.0	4.4	公司债	10
20长控03	2020-07-30	2025-07-21	10.0	10.0	4.5	公司债	5
20CHNG3Y	2020-03-23	2025-03-16	15.0	15.0	3.6	公司债	5
20CHNG4Y	2020-03-23	2030-03-16	5.0	5.0	4.2	公司债	10
20CHNG1Y	2020-03-16	2025-03-09	15.0	15.0	3.6	公司债	5
20CHNG2Y	2020-03-16	2030-03-09	5.0	5.0	4.1	公司债	10
CHNG11Y	2019-11-28	2024-11-22	14.0	14.0	4.2	公司债	5
CHNG12Y	2019-11-28	2029-11-22	6.0	6.0	4.6	公司债	10
22保控01	2022-09-28	2027-09-22	10.0	10.0	3.3	公司债	5
GC绿源03	2022-04-18	2025-01-22	0.6	0.6	3.6	资产支持证券	3
GC绿源04	2022-04-18	2026-01-22	0.6	0.6	3.8	资产支持证券	4
GC绿源05	2022-04-18	2027-01-21	0.7	0.7	3.8	资产支持证券	5

续表

证券简称	上市日期	到期日期	发行总额（亿元）	当前余额（亿元）	票面利率（％）	证券类别	发行期限（年）
GC绿源次	2022-04-18	2027-01-21	0.2	0.2		资产支持证券	5
22CHNG1Y	2022-05-27	2025-05-23	7.0	7.0	2.9	公司债	3
22CHNG2Y	2022-05-27	2027-05-23	13.0	13.0	3.4	公司债	5
GC华能02	2021-10-08	2026-09-28	10.0	10.0	3.4	公司债	5
GC华能03	2021-10-08	2031-09-28	10.0	10.0	3.8	公司债	10
GC华能04	2021-11-03	2024-10-29	20.0	20.0	3.1	公司债	3
21保控02	2021-08-05	2026-08-02	10.0	10.0	4.1	公司债	5
21城建02	2021-08-24	2024-08-19	4.0	4.0	4.5	公司债	3
23保定银行CDs02(18M)(个人)		2024-11-08	2.1		2.8		2
23保定银行CDs02(2Y)(个人)		2025-05-08	0.9		2.8		2
23保定银行CDs02(3Y)(个人)		2026-05-08	7.3		3.5		3
23保定银行CDs02(5Y)(个人)		2028-05-08	1.1		3.7		5
华能YK07	2023-10-26	2026-10-19	23.0	23.0	3.2	公司债	3
23CHNG1Y	2023-11-29	2026-11-24	15.0	15.0	3.0	公司债	3
24保定银行CDs01(6M)(个人)		2024-07-16	0.1	0.1	2.1		1
24保定银行CDs01(9M)(个人)		2024-10-16	0.0	0.0	2.2		1
24保定银行CDs01(1Y)(个人)		2025-01-16	0.2	0.2	2.2		1
24保定银行CDs01(18M)(个人)		2025-07-16	0.0	0.0	2.5		2
24保定银行CDs01(2Y)(个人)		2026-01-16	0.0	0.0	2.7		2
24保定银行CDs01(3Y)(个人)		2027-01-16	0.1	0.1	3.0		3

数据来源：Wind。

2. 股权市场发展现状

截至2023年末，保定市辖区内共有11家A股上市公司，居河北省第三位；总市值2 727.54亿元，居省内第四位，两项数据均处于全省前列。其中2022年新增上市企业1家，为保定市东利机械制造股份有限公司，其成功上市不仅标志着企业自身全面驶入资本快车道，更为全市上市后备企业集群坚定了上市决心，为保定市优势龙头企业做大做强奠定了基础，成为保定市经济工作的一大新亮点。

保定市工业结构以制造业为主，主要涉及装备机械、汽车、轻工、建材、纺织、食品、医药、电子信息等十几个门类，30个行业，共3 000多种产品，形成了先进制造业、新能源及智能电网、生物医药健康三大优势产业，新一代信息技术、新材料、节能环保三大新兴产业，食品、纺织服装、建材三大传统产业的主导产业格局，成为保定市工业经济的重要支撑。在保定市的11家A股上市公司中，有3家深耕汽车领域，7家从事新能源行业，另有3家从事光伏行业，均属于保定市的优势产业。上市公司在传统产业和新兴产业均有布局，整体布局较为合理。此外，从产值角度来看，2023年，保定市各上市公司营业总收入为2 776.99亿元，占保定市2023年GDP的69.21%，在保定市的经济中占有举足轻重的地位。

（三）资本市场发展的优势与不足

1. 债券市场发展优势与不足分析

（1）债券市场发展优势

第一，财政实力较强，政策环境良好。2023年，保定市实现地区生产总值4 012.2亿元，一般公共预算收入为342.8亿元，在河北省处于中上游水平，区域整体经济发展水平较优。近年来，伴随着经济下行压力和经济不确定性增加，保定市出台稳经济运行"1+11+1"政策体系，精准释放政策红利，为保定市企业业务开展、做大做强提供有利的条件。

第二，偿债压力较小，融资空间较大。保定市总体债务融资规模较小，年均债务融资规模在百亿元上下，主要债务期限分布在3—5年期，且利率主要集中在3%—4.5%的中低利率区间。保定市区域内存量债券偿债压力较小，未来融资空间较大。

第三，毗邻雄安新区，区位优势明显。保定市毗邻雄安新区，北依北京，深度嵌入北京"一小时交通圈"和"半小时通勤圈"，区位优势明显。就发展政策而言，保定市紧紧扭住北京非首都功能疏解"牛鼻子"，毫不动摇"服务首都、对接北京、联动雄安"。未来随着京津冀协同发展、雄安新区规划建设的进行，将助力保定区域经济取得进一步的发展。

（2）债券市场发展不足

一是资源体量无法满足需求。保定市国资委按照保定市委、市政府统一部署确定的"主业归核、资产归集、产业归位"的总体要求,计划形成国控、文发、交投、产发、农发、建投、数投、国康8家平台公司。保定市计划打造八大平台,但就保定市目前经济、财政情况而言,资源总体有限,不足以同时支撑8家大型城投公司做大做强,若不考虑重点发展,而仅是平衡发展,将呈现出资产分散、资金分散、人力分散、管理分散的局面,不利于融资平台开展资本运作和多元化融资,无法满足市场化城市运营资金的需求,同时也阻碍融资平台的市场化转型进程。

二是区县城投亟需整合。在保定市区县级平台中,仅保定国家高新技术产业开发区发展有限公司在2012年成功发行过8亿元企业债券,主体评级为AA级;涿州、定州、徐水已完成资产整合并获得AA级主体评级。除此以外,保定市属其他区县尚未完成平台的整合打造工作,该情况导致了相关区域的资源未形成有效资产,进而无法通过资本市场融资转变成为资本,资源的利用效率较低。

三是债券品种有待创新。保定市债券融资主要为公司债券、企业债券、中期票据等传统产品,无资产证券化、REITs及其他创新公司债券品种的发行,不利于保定市总体融资规模的提升和债务结构多元化的打造,以及抵御政策变动的能力相对较弱。

四是持续造血能力不足。目前,保定市城投公司处于初步发展阶段,以传统城投代建业务、公用事业等业务为主,经营性业务虽在拓展,但总体未形成规模,持续造血能力有待提升。以拓展其他经营业务较为积极的保定国控集团为例,2021年,保定国控集团营业收入为22.42亿元,但来自其他业务的收入仅为1.57亿元,占比仅为7%,大部分收入来自主营的供水和代建业务。

2.股权资本市场发展优势与不足

(1)股权资本市场发展优势

近年来,保定市先后出台多项政策,支持资本市场发展。

2021年3月,保定市政府发布了《保定市支持民营经济健康发展十二条措施》,分别就全面落实省市各项优惠政策、加快推进政务服务"云"办理、加快推进"标准地"改革、鼓励内外资企业和国际组织(机构)在保定设立总部、培育壮大龙头企业、培育"专精特新"示范企业、实施"倍增计划"行动、推进工业企业技术改造、开展"百千万"电商直播培训计划、促进精准招商引资、深入推进金融服务、加强民营企业人才队伍建设十二个方面提出相应政策措施,同时对各条扶持政策的责任落实到具体部门,确保各项工作举措落地落实。

为进一步加大保定市企业在境内外多层次资本市场挂牌上市融资的政策支持力

度,保定市政府于2022年出台了《关于加强支持企业利用资本市场推进高质量发展的二十条措施》,从资金奖补支持、提升要素供给、加强外联协作三个方面为保定市企业上市提供了强大的制度保障和有效的政策支持。其中提到,鼓励符合条件的挂牌上市公司发行公司债、企业债和可转换债等债券,以及通过配股、增发新股等方式,增强在资本市场的持续融资能力;对成功实现债权或股权融资的挂牌上市企业,按其实际到位的直接融资规模中用于当地的数额进行补助。

(2)股权资本市场发展不足

第一,龙头企业存在虹吸效应。截至2023年末,保定市共有11家A股上市公司,总市值3 137.56亿元。其中保定市上市公司中的龙头企业长城汽车的市值为1 771.155 8亿元,占到上市企业总市值的64.0%,上市公司市值分布极不均衡。龙头企业市值一家独大,会产生资源的虹吸效应,导致长城汽车受到各类资源上的倾斜,而其他上市公司无法从股权市场有效吸纳资金,最终不利于保定市各上市公司和其他企业的整体协同发展。

第二,产业结构布局仍需优化。在《保定市政府工作报告》,以及《保定市国民经济和社会发展第十四个五年规划和二〇三五年远景目标纲要》中,均明确提出了要大力发展电子信息产业,实现信息技术产业的突破。但在上市公司维度上,只有乐凯新材一家上市公司分属于电子信息行业,在该行业整体的发展较为薄弱。在经济步入高质量发展的大背景下,信息技术的发展对地区经济起到了至关重要的拉动作用。因此,布局信息技术产业,扶持相关企业显得尤为关键。

第三,行业龙头引领效用不强。在保定市所有的上市公司中,只有长城汽车、中国动力等少数企业在所属行业中处于龙头地位,其余企业在所处行业中影响力较小,引领作用不足。

三、融资主体概况

(一)区域内融资主体情况分析

1. 企业性质分析

截至2023年末,保定市区域内主要有8家融资主体,其中保定市长城控股集团有限公司、长城汽车股份有限公司、巨力集团有限公司为民营企业,占比为37.5%;保定市国控集团有限责任公司、北方凌云工业集团有限公司、中国船舶重工集团动力股份有限公司、凌云工业股份有限公司、北京城建保定房地产开发有限公司为国有企业,占比为62.5%。

2. 产业结构分析

保定市融资主体中城投企业 1 家,占比 12.5%,为保定市国控集团有限责任公司;产业类企业 7 家,占比 87.5%,分别为保定市长城控股集团有限公司、长城汽车股份有限公司、北方凌云工业集团有限公司、中国船舶重工集团动力股份有限公司、巨力集团有限公司、凌云工业股份有限公司和北京城建保定房地产开发有限公司。

3. 主体评级情况分析

保定市目前已发债企业总体信用等级较高,其中 2 家为 AAA 主体评级,3 家为 AA+主体评级,1 家为 AA-主体评级。保定市发债平台主体评级情况统计如表 5－7 所示。

表 5－7　　　　　　　　　　保定市发债平台主体评级情况

公司名称	评级机构	最新评级
保定市长城控股集团有限公司	东方金诚国际信用评估有限公司	AAA
长城汽车股份有限公司	东方金诚国际信用评估有限公司	AAA
北方凌云工业集团有限公司	联合资信评估股份有限公司	AA+
凌云工业股份有限公司	联合资信评估股份有限公司	AA+
保定市国控集团有限责任公司	联合资信评估股份有限公司	AA+
巨力集团有限公司	上海新世纪资信评估投资服务有限公司	AA-

资料来源:课题组整理所得。

(二)保定市城投公司发展情况及分析

1. 区域内城投公司总体情况

目前,保定市区域内有 21 家城投公司,遍布各个区域及下辖县市,发展较为成熟。其中 9 家为市本级城投公司,定州市和涿州市城投公司最少,均只有 1 家。保定市城投公司涉及发展业务较为广泛,较好地肩负起经济发动机的作用。

近年来,保定市国有企业陆续开展平台整合工作,主要通过区域国有企业股权划转、优质国有资产、资源的注入、市属与区县联动等形式壮大平台公司。截至 2023 年底,保定市市属平台中已有 5 家获得主流评级机构给予的主体评级;区县平台公司中已有 1 家获得主流评级机构给予的主体评级,评级均为 AA 以上。其余平台公司正积极推动资产整合,获取主流评级机构给予的主体信用评级,如表 5－8 所示。

表 5-8 保定市区域内城投公司基本情况

序号	区域	公司名称	主体评级	股东
1	市本级	保定市国控集团有限责任公司	AA+（联合资信）	保定市国资委（100%）
2		保定市城市建设投资集团有限公司	AA+（安融评级）	保定市国资委（55%）、保定市国控集团（45%）
3				
4		保定市国控资产运营有限公司	AA+（中证鹏元）	保定国控集团（100%）
5		保定交通建设投资集团有限公司	AA（远东评级）	保定市国资委（100%）
6		保定市农业发展集团有限公司	—	保定国控集团（100%）
7		保定市文化产业发展集团有限公司	AA（联合资信）	保定国控集团（100%）
8		保定数字城市投资发展有限公司	—	保定市国资委（100%）
9		保定市产业引导发展集团有限公司		保定市财政局（100%）
		保定市国康医养发展集团有限公司		保定市国资委（100%）
10	经开区	保定长城产业园建设开发集团有限公司	—	保定经开区管委会（100%）
11		保定国家新技术产业开发区发展有限公司	AA（中证鹏元）	保定高新产业发展集团（100%）
12	竞秀区	保定市新秀国有资产经营管理有限公司	—	保定国资运营公司（100%）
13		保定市新秀投资有限责任公司	—	保定国资运营公司（100%）
14	徐水区	保定市新秀投资有限徐水区瑞达投资有限公司	—	保定国资运营公司（100%）
15		保定市四维投资有限责任公司	—	保定市灏麟国控集团有限公司（100%）
16		保定市龙之道投资有限公司	—	保定市灏麟国控集团有限公司（100%）
17	涿州市	涿州市龙之道投资有限公司	AA（中证鹏元）	保定市城投集团（100%）
18	定州市	定州市建投控股集团有限公司	—	定州市财政局（100%）

续表

序号	区域	公司名称	主体评级	股东
19	高碑店市	高碑店市惠佳城乡建设有限责任公司	—	高碑店市财政局(100%)
20		高碑店市财通建设有限责任公司	—	保定城投集团(100%)
21		高碑店市金财城乡建设投资有限责任公司	—	高碑店市财政局(100%)

资料来源：课题组整理所得。

2.区域内城投公司转型发展情况

(1)城投公司新设及整合计划

自2020年起,保定市积极推动资产整合工作。2021年,按照保定市委、市政府统一部署确定的"主业归核、资产归集、产业归位"的总体要求,保定以企业为主体,以市场需求为导向,推动形成布局合理、结构优化的"8+4+3+N"格局,即形成国控、文发、交投、产发、农发、建投、数投、国康8家平台公司,保定银行、保定交运、资产管理、新型建材4家实体公司和广电、报社、唐尧网3家文化公司为主体的国有企业监管体系,N是指各县级平台公司,每个县整合两家平台公司,年底前完成,共同形成功能鲜明、分工明确、协调发展的国有出资企业格局。以此推动国有资本向城市服务、农业发展、数字智能、文化旅游、医疗康养、交通运输、金融服务、建筑材料等方面集中,真正打造一批有竞争力、有实力、能盈利、能扛事的国有集团企业。

(2)城投公司整合与发展情况

①保定市国控集团有限责任公司

保定市国控集团有限责任公司(以下简称"国控集团")成立于2016年8月18日,是国有资本投资公司,保定市财政局代政府履行出资人职责。目前,公司承担着深圳园基础设施建设、主城区城中村改造、保定智慧城市运营、永保天然气长输管线项目、保定东西火车站经营性资产运营、市场管理建设等重点项目,为建设"品质生活之城"提供支撑。

根据2020年8月24日保定市人民政府出具的《关于划转保定市财兴资产经营有限责任公司等10家公司股权及实物资产的通知》(保政函〔2020〕38号)及2021年8月20日保定市人民政府下发的《关于划转保定市新秀投资有限公司等24家公司股权及实物资产的通知》等文件,保定市人民政府将保定市区域内优质国有企业股权、资产、资源注入保定国控集团,助力其做大做强。

目前保定国控集团系保定市规模最大的城投公司,公司主体信用评级实现AA+级。

②保定交通建设投资集团有限公司

保定交通建设投资集团有限公司(以下简称"保定交投集团")是在京津冀协同发展大背景下,为深化交通体制改革,破解交通发展瓶颈,经保定市委、市政府批准成立的国有独资公司,保定市政府授权市交通运输局代为履行出资人职责。2017年9月15日,保定交投集团正式挂牌成立,主要负责保定市范围内的交通基础设施的投融资、建设、运营及管理,负责加快推进保定综合交通运输体系建设,确保国有资产的保值增值。

近年来,根据保定市委、市政府的统一部署安排,保定交投集团梳理并整合了保定市交通板块资产,同时通过市县企业联动,整合了保定市部分县域国有企业,实现了企业的做大做强。

③保定市文化产业发展集团有限责任公司

保定市文化产业发展集团有限责任公司(以下简称"保定文发集团")成立于2017年,经营范围包括文化园区开发、建设;文化、娱乐信息咨询;文化艺术交流活动;文化艺术策划、创意服务;体育赛事咨询;投资咨询服务(不含金融、证券、期货咨询),企业管理咨询、策划服务;会计、审计及税务代理服务;会议及展览服务;电影和影视节目制作、发行、录音制作;计算机软件设计、开发、制作等。

近年来,根据保定市委、市政府的统一部署安排,保定文发集团梳理并整合了保定市文化旅游板块资产,同时通过市县企业联动,整合了保定市部分县域国有企业,实现了企业的做大做强。

(3)城投公司经营性业务拓展情况

持续造血能力系城投公司的未来发展方向,而积极拓展经营业务,是保持城投公司竞争力,持续造血能力的关键。近年来,保定市各家城投公司积极拓展经营业务,努力发展多元经济。在拓展业务,提高自身造血能力方面,保定交投集团和保定国控集团是两个典型代表。

近三年来,保定交通建设投资集团有限公司积极开展供应链、工程施工等业务,学习并引入域外公司的先进经验,同深圳市怡亚通供应链股份有限公司展开深度合作,设立了保定义投怡亚通供应链管理有限公司,将充分发挥国企混改的市场化优势和怡亚通成熟的产业供应链平台优势,助力城市产业转型升级,加快新旧动能转换。与此同时,保定交投集团还积极与沧州市港发集团等省内其他开展供应链业务的城投公司展开深度交流,互相学习,借鉴经验,共同进步。

保定市国控集团有限责任公司则积极开展基金等经营性业务,充分调动市场主体的积极性,扎实推进城中村改造工程的顺利开展。2022年8月16日,由国控集团、中信建投资本管理有限公司与中国铁建投资集团有限公司共同发起设立的保定润信城市发展母基金合伙企业(有限合伙)(以下简称"保定母基金")在中国证券投资基金业协会完成备案,基金规模32.02亿元,主要投资于以城市更新、基础设施、城市配套等为投资范围的私募股权投资基金。

(三)保定市上市公司发展现状及分析

1.保定市上市公司总体情况

截至2023年末,保定市共有11家A股上市公司,上市板块包括主板和创业板,涉及汽车、电力、电子、建筑装饰、机械设备、基础化工、环保等行业。整体来看,保定市的上市企业行业集中度相比河北省其他地市较低,分布较为广泛,主要集中在汽车和电力等保定市的传统优势行业。与此同时,在传统行业与新兴行业,夕阳产业与朝阳产业,保定市的上市公司均有布局,整体分布较为均衡如表5-9所示。

表5-9　　　　截至2023年末保定市上市公司基本情况

序号	证券代码	证券名称	公司名称	所属行业	上市日期	上市地	上市板块
1	300446.SZ	航天智造	航天智造科技股份有限公司	电子	2015年4月23日	深圳	创业板
2	301298.SZ	东利机械	保定市东利机械制造股份有限公司	汽车	2022年6月6日	深圳	创业板
3	600550.SH	保变电气	保定天威保变电气股份有限公司	电力设备	2001年2月28日	上海	主板
4	603176.SH	汇通集团	汇通建设集团股份有限公司	建筑装饰	2021年12月31日	上海	主板
5	002342.SZ	巨力索具	巨力索具股份有限公司	机械设备	2010年1月26日	深圳	主板
6	600135.SH	乐凯胶片	乐凯胶片股份有限公司	基础化工	1998年1月22日	上海	主板
7	300428.SZ	立中集团	立中四通轻合金集团股份有限公司	汽车	2015年3月19日	深圳	创业板
8	600480.SH	凌云股份	凌云工业股份有限公司	汽车	2003年8月15日	上海	主板
9	300152.SZ	新动力	雄安新动力科技股份有限公司	环保	2019年7月17日	深圳	创业板
10	601633.SH	长城汽车	长城汽车股份有限公司	汽车	2011年9月28日	上海	主板
11	600482.SH	中国动力	中国船舶重工集团动力股份有限公司	电力设备	2004年7月14日	上海	主板

数据来源:Wind。

根据表5-10,从营业收入来看,2023年,长城汽车营业收入为1 732.12亿元,位居保定市上市公司首位。从归母净利润来看,除新动力、保变电气以外,其余上市企业均实现利润为正。其中,长城汽车以70.22亿元归母净利润位居首位,远超同区域的上市公司;中国动力、凌云股份、立中集团分别实现归母净利润7.79亿元、6.32亿元和6.06亿元,分别位居第二至第四位;其余上市公司归母净利润相对较少。

表5-10　　　　　　　　　2023年保定市上市公司盈利情况

序号	证券名称	所属行业	营业总收入(亿元)	归母净利润(亿元)
1	航天智造	电子	21.18	-0.47
2	东利机械	汽车	5.7	0.86
3	保变电气	电力设备	34.62	-2.06
4	汇通集团	建筑装饰	27.76	0.6
5	巨力索具	机械设备	23.28	-0.087
6	乐凯胶片	基础化工	58.6	4.23
7	立中集团	汽车	233.65	6.06
8	凌云股份	汽车	187.02	6.32
9	新动力	环保	2.03	-0.70
10	长城汽车	汽车	1 732.12	70.22
11	中国动力	电力设备	451.03	7.79

数据来源:Wind。

2. 上市公司地位分析

(1)上市公司在本市经济中的地位分析

2023年,保定市全市GDP为4 012.2亿元,财政税收收入为165.6亿元。上市公司对保定市GDP和全市工业利润总额的贡献分别在40%和60%以上,对全市财政收入的贡献在15%以上,均在保定市国民经济发展中扮演着重要角色。与此同时,根据表5-11可以看到长城汽车与其他上市企业之间存在着巨大的体量断层。从GDP、工业利润、税收收入三项指标来看,长城汽车贡献力度较大,对当地经济的带动作用最为显著。

表5-11　　　　　　　　2023年保定市上市公司各指标占比信息

序号	证券简称	营业总收入(亿元)	营业总收入/GDP(%)	应交税费(亿元)	税费/税收收入(%)	归母净利润(亿元)	归母公司净利润/全市规模以上工业利润总额(%)
1	新动力	2.03	0.05	0.123	0.08	-0.70	-0.93
2	巨力索具	23.28	0.58	0.18	0.11	-0.087	-0.12

续表

序号	证券简称	营业总收入（亿元）	营业总收入/GDP（％）	应交税费（亿元）	税费/税收收入（％）	归母净利润（亿元）	归母公司净利润/全市规模以上工业利润总额（％）
3	乐凯胶片	21.18	0.53	0.12	0.07	−0.47	−0.63
4	保变电气	34.62	0.86	0.47	0.29	−2.06	−2.75
5	凌云股份	187.02	4.66	1.26	0.76	6.32	8.43
6	立中集团	233.65	5.82	1.00	0.60	6.06	8.08
7	中国动力	451.03	11.24	3.06	1.85	7.79	10.39
8	长城汽车	1 732.12	43.17	23.90	14.43	70.22	93.63

数据来源：Wind。

(2)上市公司产业地位分析

保定市的上市公司主要覆盖了汽车、电力、建筑工程、电子、机械设备、建筑装饰、基础化工、原材料以及环保等行业。在不同行业领域内，保定市的上市公司所处的位置迥异。本文选取汽车和化工两个保定的传统优势产业，分析目前保定市上市公司所处的地位。

①汽车产业

总体而言，保定市的汽车产业发展较为成熟，上市公司在各个细分领域中基本处于优势地位。

长城汽车公司属于汽车行业中的汽车制造行业，同行业内共有 A 股上市公司 27 家，包括上汽集团、比亚迪、长城汽车、长安汽车、广汽集团、赛力斯、北汽蓝谷和海马汽车等。截至 2024 年 5 月，按总市值排名，长城汽车在 27 家上市车企中均排名第四，落后于理想汽车、小米以及比亚迪，在全国范围内处于领先地位。净资产收益率更是在全部 A 股乘用车企中排名第一。由此可见，在乘用车市场，长城汽车在全国范围内处于领先地位。

凌云股份属于汽车行业中的汽车零部件制造行业，该细分领域中共有 212 家 A 股上市公司，按 2023 年总收入排序，凌云股份在其中排在第 26 位。净资产收益率、总资产报酬率分别排在 76 位和 54 位，在全国同样处于领先水平。

②化工行业

保定市的优势产业化工产业只有一家上市公司乐凯新材。该公司属于化工行业中的电子化学品Ⅱ行业，主要经营磁记录材料（包括磁条、磁记录纸、航空判读带、航空磁带）、热敏纸、压印箔、电子功能材料、光电子材料、电磁波防护多功能膜、防伪功能性膜及涂层材料等。在全国全部 27 家同行业上市公司中，航天智造的总收入排名较为靠后,各项盈利指标同样在同业比较中排在靠后的位置。总体来说,保定市的化工行业在全国竞争中处于劣势地位。

(3)上市公司省内横向比较

基于保定市在汽车行业内积累的优势,处于该行业的长城汽车、东利机械、立中集团和凌云股份等公司均在河北省内处于领先地位。而基础化工行业由于省内没有其他该领域的上市公司,因此航天智造等公司也在省内处于领先地位。而分属于建筑行业的汇通集团和分属于机械装备行业的巨力索具,由于省内同样具有该类产业优势的地级市较多,且保定市自身优势不明显,致使其在省内未取得显著竞争优势。

3. 上市公司资本运作行为及分析

2022年,保定市只有东利机械一家企业完成了IPO,实现了上市目标。公司主要产品为汽车零部件、石油阀门零部件及其他产品等,广泛应用于汽车、石油、轮船、新能源和工程机械等行业。其中,汽车发动机减振器核心零部件是公司的主要产品,下游客户遍布海内外市场。公司首次公开发行股票3 680万股,占发行后总股本的25.07%,每股面值人民币1元,每股发行价格为人民币12.68元。

在融资层面上,保定市各上市公司灵活使用多种再融资方式,尝试为企业的资金需求创造多种渠道。2022年,凌云股份进行了再融资,具体再融资规模情况如表5-12所示。

表5-12   保定市上市公司再融资情况

序号	公司名称	交易时间	融资类别	发行价格（元）	发行数量（万股）	募资总额（万元）
1	凌云股份	2022-03-01	定向增发	8.99	15 350.39	138 000.00

数据来源:Wind。

在保定市已上市公司中,中国动力(600482.SH)、乐凯新材(300446.SZ)两家的并购重组行为值得关注。

(1)中国动力拟以226.3亿元收购多家公司股权

2022年8月,中国动力子公司中船柴油机以自身股权作为对价向中船工业集团收购其持有的中船动力集团36.23%的股权、向中国船舶收购其持有的中船动力集团63.77%的股权、向中国动力收购其持有的中船柴100%的股权、陕柴重工100%的股权、河柴重工98.26%的股权,并以现金作为对价收购中船重工集团持有的河柴重工1.74%的股权。本次交易标的资产的交易价格以评估报告的评估结果为基础确定(评估增值合计58.38亿元),作价225.32亿元。本次交易完成后,中船柴油机成为中国动力下属从事柴油机动力业务的控股子公司,由中国动力持有控股权。

(2)乐凯新材拟以 33 亿元关联并购航天能源及航天模塑

2022 年 9 月 23 日,乐凯新材发布公告称公司拟采用发行股份购买资产的方式,买下航天能源 100%的股权及航天模塑 100%的股份,交易价格合计为 33.03 亿元。同时,向包括关联方航投控股在内的特定对象,募集配套资金不超过 21 亿元。本次交易完成后,乐凯新材将基于现有的信息防伪材料、电子功能材料和精细化工材料,依托航天制造技术,面向军民两用市场,进入油气设备领域和汽车零部件领域。

2023 年 10 月 18 日,乐凯新材公告,鉴于公司重大资产重组已实施完成,通过重组整合,公司现已成为集高性能材料研发应用、汽车内外饰件设计制造、油气装备与工程于一体的具有航天特色的产品与服务提供商,公司原名称已不能匹配目前的业务结构及未来发展战略。自 2023 年 11 月 13 日起,公司证券简称由"乐凯新材"变更为"航天智造"。

4.上市公司存在的问题及对策

(1)盈利能力下滑

上市公司的财务报告显示,在保定市 11 家上市公司中,有中国动力、新动力、凌云股份、乐凯胶片、航天智造 5 家企业净利润在近几年发生了连续或较大的下滑,其中新动力承压最大,利润率受损严重。在国内需求疲软、新冠疫情冲击、经济下行压力加大的大背景下,陷入亏损的上市公司如不能及时调整发展方针并把握发展新方向,则有可能陷入经营困境。

表 5-13　　　　　　　　保定市上市公司净利润变化情况

序号	证券名称	2023 年净利润变化(%)	2022 年净利润变化(%)	2021 年净利润变化(%)	2020 年净利润变化(%)	2019 年净利润变化(%)
1	中国动力	186.10	-45.73	12.93	-45.23	-24.94
2	凌云股份	43.76	23.19	172	247.55	-125.67
3	乐凯胶片	-209.02	-34.24	45.88	-56.22	477.2
4	航天智造	9 629.63	0.4	119.82	-123	6.3
5	新动力	19.35	67.43	-2 151.73	84.52	101.36

数据来源:Wind。

面对盈利能力下滑的问题,政府应及时介入,引导上市公司转变发展思路,为上市公司提供一定的产业补贴、业务交流和其他形式的帮助,助力上市企业拓宽经营渠道,拓展经营领域,提高上市公司的可持续经营能力。对于目前遇到一定经营困难的上市公司,政府应给予大力支持,防止上市公司受到警告甚至面临退市的风险,维护保定市上市公司的信誉以及良好的公众形象。

(2)新兴领域企业实力有待提升

保定市在传统制造业,尤其是整车及汽车零部件制造等领域存在较大的优势,而在诸如化工、信息技术等领域发展比较薄弱,虽在河北省的横向比较中并未显示出太大劣势,但在全国大市场的竞争中处于较为弱势的地位。创新是发展的第一动力,而新兴产业则是未来发展的重要引擎。保定市政府和上市公司应团结一心,鼓励高精尖产业的上市公司高速发展。与此同时,依托传统制造业基础,赋能新型制造业突破,支持处于传统制造业,尤其是整车和汽车零部件制造业的企业加大研发投入,开拓新兴行业产品与业务。

(四)拟上市公司情况及分析

1. 拟上市公司总体情况

截至 2023 年 6 月末,保定市拟上市公司共有 6 家,数量在河北省内处于第 3 位,占比达 11%,拟上市企业储备较为丰厚。其中,2 家公司的上市申报材料已递交并被交易所受理,另外 4 家公司正处于辅导期内。拟上市公司分布在农用机生产与销售、新材料制造、光伏发电、工程勘探设计、半导体生产能源开采与工程建设等各个领域,分布广泛。具体情况如表 5-14 所示。

表 5-14 保定市拟上市公司基本情况

序号	辅导状态	公司名称	公司简介	申报板块	辅导备案日期	辅导状态
1	审核期	河北英虎农业机械股份有限公司	公司主要从事玉米收获机的研发、生产和销售,主要产品为自走式摘穗剥皮型玉米收获机和自走式茎穗兼收型玉米收获机两种机型,产品销售区域主要集中于华北地区、黄淮海地区	上交所主板	2022 年 8 月 22 日	已受理
2		保定维赛新材料科技股份有限公司	公司主要从事高性能结构泡沫材料的研发、生产与销售,主要产品包括 PVC、PET 等结构泡沫材料以及上述材料的后加工产品等	深市主板	2021 年 1 月 29 日	已反馈意见
3	辅导期	保定爱廸新能源股份有限公司	公司致力于光伏发电产品制造以及下游终端市场开发的全产业链垂直一体化,为客户提供投资、设计、施工、运维等一站式系统集成解决方案。于 2017 年被授予河北省科技型中小企业、高新技术企业,是河北省 2017 年战略性新兴产业百强领军企业和创新百强企业	北交所	2021 年 9 月 1 日	在辅导

续表

序号	辅导状态	公司名称	公司简介	申报板块	辅导备案日期	辅导状态
4		城兴设计集团股份有限公司	公司主营业务为工程勘察设计、咨询,拥有建筑工程、公路工程、市政排水工程、道路工程、桥梁工程设计专业甲级、工程咨询单位市政公用工程资信甲级六项甲级资质	北交所	2022年1月25日	在辅导
5		河北同光半导体股份有限公司	公司是国内领先的宽禁带半导体(又称第三代半导体)碳化硅单晶衬底生产商,主要从事碳化硅衬底产品的研发、生产和销售。公司产品可广泛应用于国防雷达、5G通信、新能源等多个领域,具有广阔的市场前景	科创板	2022年3月23日	在辅导
6		中冀石化工程设计股份有限公司	公司主要为能源基础设施和石化企业的工程建设、污水防治和市政工程建设提供勘察、设计、检测和测绘服务。公司主要客户为中石油、中石化和国家管网公司等企业的下属企业	创业板	2022年6月30日	在辅导

数据来源:wind。

2."专精特新"企业梳理

专精特新企业创新能力强、成长性好,是提升产业链竞争力和供应链稳定性的基础力量,是推动经济高质量发展的重要驱动。党中央、国务院在支持"专精特新"中小企业发展方面做出了一系列重要战略部署,习近平总书记在致2022全国专精特新中小企业发展大会的贺信中要求激发涌现更多专精特新中小企业。国务院促进中小企业发展工作领导小组办公室印发的《提升中小企业竞争力若干措施》《为"专精特新"中小企业办实事清单》等文件明确提出,"加强直接融资支持""在区域性股权市场推广设立'专精特新'专板"。

截至2022年底,保定市已累计培育省级专精特新中小企业289家,专精特新示范企业68家,"领跑者"企业7家,认定市级专精特新中小企业314家。

根据河北省工业和信息化厅发布的数据,第六批河北省"专精特新"中小企业名单中,保定市企业共计71家上榜,如表5-15所示。

表5-15　　　　　　　　保定市"专精特新"企业名单

序号	公司名称
1	安国市保康中药饮片加工有限公司
2	安国市普天和中药饮片有限公司

续表

序号	公司名称
3	安国市祁澳中药饮片有限公司
4	安国市深豪药业有限公司
5	安国市天下康制药有限公司
6	安国市中建无纺布有限公司
7	保定安保能冶金设备有限公司
8	保定恒辉电气有限公司
9	保定恒利恒体育用品有限公司
10	保定华森电力设备制造有限公司
11	保定京博橡胶有限公司
12	保定晶泽光电技术有限公司
13	保定景欣电气有限公司
14	保定凯博瑞机械制造有限公司
15	保定凯圣兰包装装潢彩印有限公司
16	保定隆达铝业有限公司
17	保定迈拓港湾科技发展股份有限公司
18	保定铭锐汽车部件制造有限公司
19	保定宁信新型材料有限公司
20	保定平恩康汽车技术有限公司
21	保定全乐食品有限公司
22	保定日正电力设备有限公司
23	保定三合井泉泵业有限公司
24	保定市比尔超声电子有限公司
25	保定市汉德新材料科技有限公司
26	保定市金桥纺机配件制造有限公司
27	保定市力达塑业有限公司
28	保定天川食品有限公司
29	保定天泰电力科技有限公司
30	保定威晟电力设备科技有限公司
31	保定维赛新材料科技股份有限公司
32	保定阳光电力设备有限公司
33	保定云木电力科技有限公司

续表

序号	公司名称
34	保定中科橡塑制品有限公司
35	北京仁通永盛机械设备有限公司
36	阜平硒鸽实业有限公司
37	阜平县军熙农业科技有限公司
38	河北安达电气科技有限公司
39	河北白杨床业制造厂
40	河北犇创机电设备制造有限公司
41	河北国煦生物科技有限公司
42	河北浩飞食品有限公司
43	河北合创建筑节能科技有限责任公司
44	河北华威电气设备科技有限公司
45	河北冀中漆业有限公司
46	河北坚朗春光节能材料科技有限公司
47	河北金博士卫生用品有限公司
48	河北九英电气设备有限公司
49	河北久申防水建筑材料有限公司
50	河北科华防静电地板制造有限公司
51	河北领科新材料科技有限公司
52	河北民辉电气设备制造有限公司
53	河北群翔采暖设备有限公司
54	河北三臧生物科技有限公司
55	河北尚权金属制品有限公司
56	河北顺安远大环保科技股份有限公司
57	河北同光晶体有限公司
58	河北伍亿机械制造有限公司
59	河北向峰纺织有限公司
60	河北兴华铸管有限公司
61	河北义厚成日用品有限公司
62	河北智乐环境技术有限公司
63	河北中煤神海科技发展有限公司
64	河北中石园林工程有限公司

续表

序号	公司名称
65	汇通建设集团股份有限公司
66	隆达铝业(顺平)有限公司
67	曲阳县中尚园林雕塑工程有限公司
68	望都恒泰机械制造有限公司
69	易县圣霖板业有限责任公司
70	宇能电气有限公司
71	涿州市隽诚化工有限公司

资料来源:课题组整理所得。

3. 拟上市公司地位分析

截至2023年6月末,保定市6家拟上市公司均为国家认定的高新技术企业,其中河北同光半导体股份有限公司被认定为国家专精特新"小巨人"企业。本部分将主要分析已处于申报阶段的河北英虎农业机械股份有限公司和保定维赛新材料科技股份有限公司。

(1)河北英虎农业机械股份有限公司

河北英虎农业机械股份有限公司是保定市内农用机械生产制造的龙头企业。公司是国内领先的集自主研发、生产、销售、服务为一体的玉米收获机械专业制造商。公司主要产品为摘穗剥皮型和茎穗兼收型自走式玉米收获机,收获行数主要为三行和四行,可实现摘穗、剥皮、果穗集箱、茎秆切碎还田或回收等多种功能,产品性能、可靠性、作业效率处于行业前列。2019—2021年,公司实现玉米收获机销量分别为3 345台、4 691台和8 500台,销量分别位居国内自走式玉米收获机领域的第四名、第三名和第二名,位居行业前列。2019—2021年,公司国内市场占有率分别为15.12%、16.20%和21.30%,市场占有率持续提升,行业内品牌知名度不断提高。

经过多年的发展和积累,公司拥有自主知识产权的不对行拨禾链强制喂入、静液压行走、高效剥皮、茎穗兼收和橡胶拨禾链板式玉米割台等核心技术,形成134项国家授权的专利。公司是玉米收获机械国家标准参与制定单位、国家高新技术企业、河北省农业科技小巨人企业、河北省专精特新中小企业、河北省科技型中小企业。2022年,公司被中国机械工业联合会认定为农业机械工业龙头企业,被河北省科技厅认定为河北省玉米联合收获机技术创新中心,获得一项中国机械工业科技进步奖二等奖。

(2)保定维赛新材料科技股份有限公司

保定维赛新材料科技股份有限公司主要从事高性能结构泡沫材料的研发、生产与销售,核心产品包括PVC结构泡沫、PET结构泡沫等。公司凭借在行业内多年的技术积累,具备独立完成关键配方设计、制造工艺升级、产品性能测试的完整技术体系。依托研发及技术优势,公司产品有效提升了PVC泡沫材料的耐温性能,解决了下游风电叶片客户生产中长期存在的因芯材耐温性不足导致的鼓包、糊芯、塌陷、分层等制造缺陷。2020年12月,中国轻工业联合会对发行人"高耐热高强度PVC泡沫的研制及其产业化"成果进行鉴定,并出具"中轻联科鉴字〔2020〕第068号"《科学技术成果鉴定证书》,认为项目技术总体达到国际先进水平,产品耐热性等关键技术指标处于国际领先水平,一致同意通过该鉴定。

此外,公司拥有多项授权发明专利和实用新型专利;作为主持及编写单位主持了《聚氯乙烯结构泡沫板材》国家标准制定;作为核心成员完成了《聚甲基丙烯酰亚胺泡沫板材》行业标准的编制工作;参与了《夹层结构平拉强度试验方法》《夹层结构侧压性能试验方法》《夹层结构滚筒剥离强度试验方法》《夹层结构或芯子平压性能试验方法》《夹层结构或芯子剪切性能试验方法》《夹层结构弯曲性能试验方法》六项国家标准的修订工作。公司产品已通过DNV-GL认证、GE安环审核,并先后荣获中国轻工业联合会科技进步一等奖和河北省科学技术进步二等奖,广泛应用于国内外主流风电叶片及整机厂商生产制造中。公司已与中材叶片、中复连众、三一重能、中科宇能、明阳智能、远景能源等国内风电行业知名厂商建立了长期稳定合作关系,并已对LM风能实现批量供货,获得了国内外客户的高度认可。VISIGHT(维赛)品牌也已成为行业内的知名品牌,在国内外相关领域享有较高的知名度。

4. 拟上市公司存在的问题及对策

(1)信用管理存在缺失

正在辅导阶段的城兴设计集团股份有限公司近三年来有多条失信被执行人记录,主要涉及劳动仲裁拒不履行、违反财产报告制度等事项,严重影响公司的信用情况。当下,投资者和投资机构对公司信用情况和信用评级愈加看重。若拟上市公司的信誉不能保证,将在上市过程中遇到重重阻力,公司上市后也不能充分利用股权市场资金池进行充分的融资。

针对既往信用记录不佳,失信行为较多的企业,政府可以设置专门的辅导清单,分类管理。加强与失信拟上市公司的沟通,增强其法律意识,在必要时可以设置专门的机构监管此类拟上市公司的合同执行情况,制度遵守情况等,确保该类公司最终能够最终顺利上市。

(2)业务政策耐受性亟需增强

保定市拟上市公司分布在农用机生产与销售、新材料制造、光伏发电、工程勘探设计、半导体生产能源开采与工程建设等各个领域,其中不少企业极易受到外部政策的影响。如保定维赛新材料科技股份有限公司,根据国家发改委2021年6月发布的《新能源上网电价政策有关事项的通知》,新核准陆上风电项目中央财政将不再进行补贴,新核准(备案)海上风电项目上网电价由当地省级价格主管部门制定,具备条件的可通过竞争性配置方式形成,风电行业投资节奏短期内可能有所波动。若未来国内各类扶持政策继续退出,可能导致风电相关产业的景气度下滑,从而影响公司的营业收入及利润水平,公司存在因产业政策调整对经营业绩产生不利影响的风险。

(五)保定市新三板市场发展情况及分析

1. 新三板公司总体概述

截至2023年末,保定市共有18家新三板挂牌公司。自2014年奥普节能(430572.NQ)成为保定市第一家挂牌公司开始,2014—2016年分别有5家、4家和7家公司挂牌成功,保定市迎来了企业新三板挂牌的高峰期。但自五花头(873079.NQ)于2019年挂牌成功后,2020—2022年三年内保定市暂未有新的挂牌公司。2023年交投智能挂牌上市。目前新三板挂牌的18家公司中,仅有7家处于创新层,其余均分属基础层,且大部分公司主要从事制造业行业,公司分层结构和行业构成不够均衡,如表5-16所示。

表5-16　　　　　　　　保定市新三板公司基本信息

序号	证券代码	证券简称	挂牌日期	交易方式	所属分层	总股本(万股)	证监会行业分类
1	872677.NQ	天朔医疗	2018-03-01	集合竞价交易	创新层	8 818.00	制造业
2	838927.NQ	国文股份	2016-08-15	集合竞价交易	创新层	6 664.51	制造业
3	831513.NQ	爱廸新能	2014-12-17	做市交易	创新层	10 708.20	电力、热力、燃气及水生产和供应业
4	830837.NQ	古城香业	2014-07-08	做市交易	创新层	15 606.17	制造业
5	872284.NQ	新大长远	2017-11-08	集合竞价交易	基础层	2 501.25	建筑业
6	872152.NQ	华仿科技	2017-08-17	集合竞价交易	基础层	3 377.90	信息传输、软件和信息技术服务业
7	870409.NQ	诚安达	2017-02-06	集合竞价交易	基础层	9 281.25	金融业
8	838762.NQ	迈拓港湾	2016-08-10	集合竞价交易	基础层	1 023.00	信息传输、软件和信息技术服务业

续表

序号	证券代码	证券简称	挂牌日期	交易方式	所属分层	总股本（万股）	证监会行业分类
9	838749.NQ	蒲公英	2016-08-08	集合竞价交易	基础层	1 000.00	租赁和商务服务业
10	837986.NQ	金锁安防	2016-08-05	集合竞价交易	基础层	6 852.09	信息传输、软件和信息技术服务业
11	837707.NQ	宝凯电气	2016-06-07	集合竞价交易	基础层	3 873.22	制造业
12	833603.NQ	澳森制衣	2012-09-30	集合竞价交易	基础层	1 166.00	制造业
13	833267.NQ	津海股份	2012-08-20	集合竞价交易	基础层	2 160.00	制造业
14	830915.NQ	味群食品	2014-08-06	集合竞价交易	基础层	8 150.00	制造业
15	430572.NQ	奥普节能	2014-01-24	集合竞价交易	基础层	1 600.00	制造业

数据来源：Wind。

2. 新三板可转板企业梳理

（1）基础层向创新层转板

表5－17　　　　　　2023年末保定市基础层企业转板分析

序号	标准名称	最近一年期末净资产不为负值	符合条件的合格投资者不少于50人	公司挂牌以来完成过定向发行股票（含优先股），且发行融资金额累计不低于1 000万元
1	五花头	√	×	×
2	新大长远	√	×	×
3	华仿科技	√	×	×
4	诚安达	√	×	×
5	迈拓港湾	√	×	×
6	蒲公英	√	×	×
7	金锁安防	√	×	×
8	德龙环境	√	×	×
9	宝凯电气	√	×	×
10	澳森制衣	√	×	×
11	津海股份	√	×	×

续表

序号	标准名称	最近一年期末净资产不为负值	符合条件的合格投资者不少于50人	公司挂牌以来完成过定向发行股票(含优先股),且发行融资金额累计不低于1 000万元
12	唐北电瓷	√	×	×
13	味群食品	√	×	×
14	奥普节能	√	×	×

数据来源:Wind。

如表5-17所示,保定市目前基础层企业都不符合向创新层转板的要求,后续还需要增加投资者人数,吸纳更多资本,以顺利完成转板。

(2)创新层转向上市

创新层企业中,目前爱迪新能和城兴股份满足了上市基本要求,具备了转板的条件,目前正在积极进行IPO申报或正在接受辅导。

(六)保定市区域性股权市场发展情况及分析

自石家庄股权交易所成立以来,保定市辖区内已有150家公司成功挂牌。截至2023年末,可以正常交易的公司有38家。可正常交易的公司中,制造业公司共有6家,金融业公司共有9家,农业公司共有5家,建筑业公司共有5家,此外还有道路运输业2家等,并且大多数企业挂牌日在2018年之前。其中正常交易的公司具体基本情况如表5-18所示。

表5-18　　　　河北股权市场中正常交易的保定公司

序号	证券代码	证券简称	注册资本(万元)	证监会行业	挂牌日
1	630002.SJZ	古艺坊	1 500.00	家具制造业	2014-02-26
2	630017.SJZ	飞扬快递	1 000.00	道路运输业	2014-11-25
3	630018.SJZ	寰亚泵业	501.00	通用设备制造业	2014-11-25
4	630021.SJZ	笃厚股份	1 410.00	综合	2014-11-28
5	630022.SJZ	阜彩蔬菜	500.00	农业	2014-11-28
6	630027.SJZ	裕升建筑	5 000.00	建筑安装业	2014-12-26
7	630036.SJZ	亿林枣业	1 000.00	农副食品加工业	2012-09-01
8	660053.SJZ	雪瑞莎	1 200.00	皮革、毛皮、羽毛及其制品和制鞋业	2014-02-27
9	660056.SJZ	冰花食品	2 000.00	食品制造业	2014-08-28
10	660082.SJZ	金拓股份	1 010.00	建筑装饰和其他建筑业	2012-06-02
11	660083.SJZ	亮城丽都	1 000.00	专业技术服务业	2012-06-02

续表

序号	证券代码	证券简称	注册资本（万元）	证监会行业	挂牌日
12	660087.SJZ	绿舵科技	3 000.00	农业	2012-11-18
13	660102.SJZ	春利农牧	500.00	农业	2012-12-31
14	660122.SJZ	九洲橡胶	6 130.50	橡胶和塑料制品业	2012-12-31
15	660172.SJZ	达奥达	1 088.00	零售业	2016-06-29
16	660201.SJZ	众信小贷	15 000.00	货币金融服务	2016-06-24
17	660202.SJZ	万源小贷	10 000.00	货币金融服务	2016-06-24
18	660206.SJZ	融达股份	5 000.00	货币金融服务	2016-06-24
19	660217.SJZ	海川胶带	2 000.00	化学原料和化学制品制造业	2016-06-29
20	660222.SJZ	友联贷款	20 000.00	货币金融服务	2016-12-30
21	660224.SJZ	兴业小贷	8 000.00	货币金融服务	2016-12-30
22	660250.SJZ	航空国旅	300.00	商务服务业	2016-09-27
23	660258.SJZ	康鑫小贷	5 000.00	货币金融服务	2016-12-30
24	660269.SJZ	乾亿食品	560.00	农副食品加工业	2016-12-30
25	660270.SJZ	绿阳农业	800.00	农业	2016-12-30
26	660271.SJZ	远东园林	1 000.00	生态保护和环境治理业	2016-12-30
27	660286.SJZ	小帮手	300.00	零售业	2016-12-30
28	660287.SJZ	酷奇贝微	500.00	纺织服装、服饰业	2016-12-30
29	660340.SJZ	博泰小贷	3 500.00	货币金融服务	2018-11-19
30	660370.SJZ	恒盛小贷	5 000.00	货币金融服务	2018-11-20
31	660372.SJZ	速捷运输	1 000.00	道路运输业	2018-11-20
32	660379.SJZ	银海小贷	10 000.00	货币金融服务	2018-11-20
33	660417.SJZ	新富民	300.00	农业	2018-11-21
34	660424.SJZ	奥海农业	130.00	科技推广和应用服务业	2018-11-21
35	660448.SJZ	天德园林	2 590.00	房屋建筑业	2018-11-22
36	660457.SJZ	锦泉园林	500.00	土木工程建筑业	2018-11-26
37	660483.SJZ	同顺纺织	500.00	批发业	2018-11-27
38	660486.SJZ	荣盛绿化	2 100.00	建筑装饰和其他建筑业	2018-11-27

数据来源：Wind。

四、保定市资本市场发展对策建议

(一)债券资本市场发展建议

1. 打造重点平台,整合金融资源

伴随着国内债务风险的凸显,监管机构、资本市场投资者均更多地向优质企业倾斜,使得优质企业与弱资质企业的融资便利度、融资成本差异逐渐扩大。为此,近年来多地积极推动平台整合。2021年,保定市提出"推动形成布局合理、结构优化的'8+4+3+N'格局"。

强资质城投平台的融资能力、债券流动性显著好于中低等级城投平台。考虑到保定市资源总体有限以及目前的政策导向,保定市在推动八大平台整合过程中,应采用"重点推动,有序进行"的方式,即集中精力优先打造其中几家城投公司,让其实现市场化融资,在重点企业能够在资本市场实现稳定融资后,再逐步根据区域布局打造其他城投公司。

应贯彻落实保定市人民政府办公室关于推进金融业高质量发展的实施意见,健全完善保定市区块链金融服务平台,增强政策发布和融资对接能力,吸引整合各方金融服务资源,高效归集涉企政务信息。引导有信用的中小企业和商业银行在平台上分别发布融资需求和信贷产品,推动资金供需双方高效对接,为企业提供一站式智慧型金融服务。

2. 降低发行利率,加强投资支持

据统计,河北省信用债券的投资人中占比最高的是股份制银行及理财子公司。相较于其他省份,河北省内城商行和农商行投资河北省发行人债券的占比偏低,也是造成河北省信用债发行难度相对较高、整体融资成本偏高的因素之一。保定市优质平台数量较多,融资需求较大,压降发行利率将有效节省平台资金成本,争取更大利润空间,从而实现直接融资的良性循环。保定市应协调加强区域内金融机构对平台公司的债券投资支持,如保定银行作为保定市本地银行,资本雄厚,若可加大对保定市企业信用债券的投资力度,将为相关债券的发行工作提供极大保障。

3. 防范金融风险,降低融资成本

维护金融安全,是关系我国经济社会发展全局的带有战略性、根本性的大事。防范和化解金融风险,是金融工作的永恒主题。在运用金融工具融资的过程中,不应仅关注资金的募集,还应综合考虑融资的综合成本和债务期限等因素,原则债务期限与项目运营情况匹配,在可选择的情况下,优先选择低融资成本的金融工具,尽量避免后续出现集中还本付息风险。

（二）股权资本市场发展建议

1. 建立政企联动机制，提升企业综合实力

目前，保定市主要融资的城投公司处于初步发展阶段，自主经营能力和抗风险能力均比较弱。在该阶段，应通过政企联动，充分利用政府资源、政策，并结合资产注入、委托代建、特许经营等形式，进一步做大企业资产规模，提高企业营收水平和盈利能力，通过综合实力的提升，扩展平台融资渠道，进一步降低融资成本，增强融资及风险抵御能力。

2. 拓展经营性业务，增强持续造血能力

保定市主要城投公司应通过自主开发、与外部企业合作、收购上市公司等形式，拓展经营性业务，增强持续造血能力。同时，积极参与证券定向增发，进一步丰富金融投资业态；深化与省企间的战略合作，进一步开展建设信息化平台项目和企业上市项目推进；进行战略投资，参与资本市场首次公开发行；通过企业资本运作、引导培育本地产业上市积累宝贵经验，为实现市属国企国有资产保值增值拓宽新的渠道。

3. 改善企业营商环境，加大政府支持力度

政府应着力改善营商环境，加大招商引资力度，与大型科研机构和高校合作，在技术创新等方面加大鼓励相关政策，吸引科技人才，完善制造业务配套服务与措施。在上市公司政策支持方面，保定市政府可以对上市公司进行一定程度的发展补贴，帮助这些公司拓展业务，提高盈利能力，最终实现做大做强，助推股价的提升。同时，政府可以安排相关机构对上市公司进行再融资辅导，提升上市公司的再融资能力。在资源配置方面，政府应合理引导域外资金的流向，帮助市值较低的上市公司尽可能地从参与股权融资中获益。

邯郸市资本市场发展分析报告

摘要：邯郸市债权资本市场起步较早，之后随着邯郸市区域经济发展不断完善，现已有多家AA+级别市级城投平台，企业存量债券规模位于河北省上游水平，融资品种基本实现全覆盖，已经形成了相对稳定的格局。但相较于其他可比地市平台，邯郸市仍存在平台资产实力偏弱、直接融资受限等较为明显的问题，同时邯郸市多数区县尚未推进资产整合，无法开展资本市场各类融资工作。未来，邯郸市既需要推动城投平台整合，鼓励金融机构加强对平台的支持，设立信保基金提升企业整体信用水平，又需要加大政府补贴力度，探索创新融资产品等。

随着我国资本市场的发展壮大，邯郸市股权资本市场有了比较显著的变化，主板、中小板、创业板以及新三板和区域股权交易市场在此期间也都有了一定的发展，但上市公司、新三板挂牌公司数量依旧较少，辅导期拟上市公司储备不足，区域性股权市场挂牌公司行业分布主要集中于传统行业。针对股权市场发展现状，邯郸市应进一步加强政策引导和对企业的扶持，拓宽上市企业行业，优化梯队培养，提高资本市场发展的速度和规模。

关键词：股权资本市场；债券资本市场；邯郸市

一、邯郸市经济、财政及政府债务情况

邯郸市位于河北省南部，是晋、冀、鲁、豫四省交界区重要的特大城市，也是我国华北地区重要的交通枢纽城市。近年来，邯郸市高效统筹经济社会发展，扎实推动稳经济一揽子政策措施落地见效，经济实现了平稳发展，城市化进程加快，各行业发展态势良好，综合实力显著增强。

(一)经济情况

地区生产总值方面,2018—2023年邯郸市的地区生产总值稳步提升,在河北省内的排名位于上游。2022—2023年邯郸市全市生产总值分别为4 346.34亿元和4 382.20亿元,同比增长分别为5.6%和5.7%。

产业结构方面,第一产业同比增长2.7%,第二产业同比增长5.9%,第三产业同比增长6%。农业生产形势稳定,全年农林牧渔业总产值840.3亿元,比上年增长2.8%;工业生产稳步发展,全年规模以上工业增加值比上年增长7.2%,高于全省平均水平0.3个百分点,主要门类稳步发展,主导行业支撑有力;服务业逐步恢复,全年服务业增加值比上年增长6%,增速分别高于全国、全省(全国、全省全年增速相同,为5.8%)0.2个百分点。

居民收入方面。全市居民人均可支配收入为32 951元,比上年增长7.1%,其中城镇居民人均可支配收入42 267元,增长6.5%;农村居民人均可支配收入21 561元,增长7.5%。城乡居民收入差距进一步缩小,城乡居民收入比值为1.96,比上年同期降低0.02。

(二)财政情况

邯郸市财政收入保持良好增势。面对日益严峻复杂的经济形势,全市始终把组织收入作为第一要务,在不折不扣落实国家减税降费政策的基础上,多措并举,挖潜力、促增收、保入库,保持了财政收入持续稳定的增长态势。

在财政收入方面,2018—2023年,邯郸市一般公共预算收入保持总体增长态势,2023年实现一般公共预算收入376亿元,同比增加5.9%。其中,税收收入先增加后减少,在2021年达到峰值208.0亿元,随后于2023年上升到226.1亿元;政府性基金收入先增加后减少,在2020年达到峰值320.22亿元,随后逐年下降,2023年为205.5亿元;国有资本经营收入有所波动,在2019年达到峰谷0.22亿元,随后逐年上升,2023年达到5.50亿元。在财政支出方面,2018—2023年,邯郸市一般公共预算支出保持总体增长态势,2023年一般公共预算支出872.8亿元。其中,政府性基金支出有所波动,2020年达到峰值421.41亿元,2022年为345.10亿元;国有资本经营支出也有所波动,从2018年的10.28亿元下降到2021年0.41亿元,2022年回升到3亿元,如表6—1所示。

表6—1　　　　　　　　2018—2023年邯郸市财政情况

指　标	2018年	2019年	2020年	2021年	2022年	2023年
一般公共预算收入(亿元)	243.40	262.10	287.82	314.10	355.20	376.0

续表

指　标	2018年	2019年	2020年	2021年	2022年	2023年
一般公共预算收入增速(%)	10.58	7.68	9.81	9.13	13.09	—
其中:税收收入(亿元)	165.8	181.5	187.7	208.0	196.8	226.1
政府性基金收入(亿元)	167.60	251.03	320.22	267.04	210.30	205.5
国有资本经营收入(亿元)	15.69	0.22	4.53	4.81	5.50	—
一般公共预算支出(亿元)	619.10	694.70	789.24	753.70	844.40	872.8
政府性基金支出(亿元)	233.64	298.59	421.41	275.92	345.10	—
国有资本经营支出(亿元)	10.28	1.23	1.20	0.41	3.00	—

数据来源:Wind,邯郸市统计局,部分数据缺失,2023年数据尚未公布。

(三)政府债务情况

总体来看,邯郸市政府债务在逐年增加。如表6—2所示2018—2023年,邯郸市总债务余额从636.07亿元逐步增加到1 381.14亿元,五年间政府总债务余额增加了745.07亿元。其中,一般债务余额从388.03亿元增加到520.54亿元,增加了132.51亿元;专项债务余额从248.05亿元增加到860.6亿元,增加了612.55亿元。

表6—2　　　　　　2018—2023年邯郸市政府债务情况　　　　　　单位:亿元

年　份	一般债务余额	专项债务余额	总债务余额
2018	388.03	248.05	636.07
2019	415.18	317.25	732.42
2020	454.80	442.34	897.14
2021	477.87	509.99	987.87
2022	499.27	689.94	1 189.21
2023	520.54	860.60	1 381.14

数据来源:Wind,企业预警通。

二、邯郸市资本市场概述

(一)资本市场发展历程

1. 债券市场发展历程

邯郸市债权资本市场经过多年的发展,基本形成相对稳定的格局。为明确展示邯郸市债权资本市场的发展历程,对近五年(2019—2023年)邯郸区域内企业(涵盖城投公司、产业企业、金融机构)债券发行总量、债券发行主体数量统计如表6—3所示:

表 6-3　　　　2019—2023 年邯郸区域债券发行总量及发行主体数量

项目	2023 年	2022 年	2021 年	2020 年	2019 年
债券发行总量(亿元)	100.7	124.6	91	32	32.2
债券发行主体数量(家)	6	5	6	1	2

数据来源：Wind。

总体来看，近五年来邯郸地区的债券发行总量呈现波动上升趋势，其中 2022 年的债券发行数量最多，为 124.6 亿元，2020 年的债券发行总量最少，为 32 亿元。从债券主体的发行数量来看，2021 年和 2023 年的发行主体最多，有 6 家，为近五年来之最。

随着债券融资品种逐渐丰富，邯郸市多家平台抓住政策窗口，实现了交易所、银行间等渠道的融资，对邯郸区域企业近五年（2019—2023 年）发行债券融资品种的统计情况如表 6-4 所示。

表 6-4　　　　2019—2023 年邯郸区域发行债券类型统计

债券类型	2023 年	2022 年	2021 年	2020 年	2019 年
公司债	45	25	17	32	25
企业债	0	23.8	—	0	27.2
短期融资券	15	0	0	0	0
定向工具	5	26.8	10	0	0
中期票据	20	24	54	0	0
金融债	0	15	15	—	—
资产支持证券	15.7	0	—	—	0

数据来源：Wind。

2. 股权市场发展历程

1997 年邯郸市迎来了第一家深交所主板上市公司新兴铸管，2010 年晨光生物于创业板上市，2020 年中船汉光于创业板上市。可以看出，邯郸市上市公司发展比较缓慢。

（二）资本市场发展现状

1. 债券市场发展现状

对邯郸市近五年（2019—2023 年）债券融资总额和融资主体数量在河北省内占比变化趋势统计如表 6-5 所示。

表6-5　　　　　　2017—2023年邯郸区域债券发行河北省占比统计

债券类型	2023年	2022年	2021年	2020年	2019年
债券融资总额占比(%)	4.13	8.70	10.20	5.27	6.99
债券融资主体数量占比(%)	10	10	13.04	4	8.70

数据来源：Wind。

根据以上数据，邯郸区域的债券融资总量占比与债券融资主体数量占比均呈现波动上升的态势，并于2022、2023年度分别为8.7%和4.13%的新高峰。相较于发行规模，融资主体数量占比较低，说明邯郸市区域内可融资主体的挖掘打造仍具有一定空间。

邯郸市在2023年期间共发行信用债12只，金额合计88.3亿元，品种涉及企业债、短期融资券、定向工具、中期票据、金融债。其中期限1年以内债券2只，金额为15亿元，占2023年信用债发行总金额的16.99%，短期债券占比较少，表明邯郸市发行债券主体的信用较好，债资本市场较稳定。邯郸市2023年发行信用债的情况如表6-6所示。

表6-6　　　　　　邯郸市2023年发行的信用债期限结构

期　限	发行数量(只)	数量比重(%)	发行金额(亿元)	金额比重(%)
1年以内	2	17%	15	17%
1—3年	2	17%	3.3	4%
3—5年	4	33%	40	45%
5—7年	4	33%	30	34%
合　计	12	100%	88.3	100%

数据来源：Wind。

截至2023年末，邯郸市存量信用债共96只，存量规模为380.5亿元，品种涉及公司债、企业债、银行间产品、资产证券化(ABS)、金融债等。

2. 股权市场发展现状

邯郸市下辖6个区、1个县级市、11个县和2个经济开发区，目前正统筹农业、生态、城镇三大主体功能区建设，规划形成"一圈、两带、三区、四轴、多节点"的国土空间开发与保护总体格局。邯郸市大力发展"532"主导产业，聚焦精品钢材、装备制造、食品加工、现代物流、文化旅游五大优势产业，扶植新材料、新能源、生物健康三大战略性新兴产业，发展安防应急、电子信息和网络两大高潜力产业，深入实施创新驱动发展战略，打造新兴产业集群，成为引领全市产业向中高端迈进的主力军、高质量绿色崛起的驱动器、转型升级的新引擎。

截至2023年末,邯郸上市公司总计5家,分别为新兴铸管(000778.SZ)、晨光生物(300138.SZ)、中船汉光(300847.SZ)、恒工精密(301261.SZ)和中船特气(688146.SH),其中中船特气总市值最高。

(三)资本市场发展的优势与不足

1. 债券市场优势分析

(1)经济实力较强

2023年,邯郸市全市生产总值4 382.2亿元,全市实现一般预算收入376.0亿元,在河北省处于中上游水平。区域整体经济发展水平较优,为邯郸市城投平台的业务开展、做大做强提供了较为有利的条件。

(2)市级发债主体较多且成熟

截至2023年末,邯郸市已有3家AA+级的市级城投平台,分别为邯郸城市发展投资集团有限公司(以下简称"邯郸城发集团")、邯郸市建设投资集团有限公司(以下简称"邯郸建投集团")、邯郸市交通投资集团有限公司(以下简称"邯郸交投集团")[邯郸市交通建设有限公司(以下简称"邯郸交通公司")为其子公司],三家集团公司具有各自的主营领域,且均具备一定的资本市场融资能力。邯郸地区城投企业资产和收入规模稳步增长,财务杠杆维持在相对合理的水平,短期偿债压力较轻。随着邯郸水务集团的进一步整合,将成为邯郸市第四家AA+级平台,实现资本市场的融资。邯郸市市级发债主体较多且较为成熟,投资者对邯郸市的整体情况已有一定了解。

(3)债权资本市场发展的政策优势

2021年11月,河北省出台《财政引导金融支持实体经济发展十条措施》,引导金融机构更好地服务实体经济,推动全省经济高质量发展。

一是引导企业通过发行债券从公开市场融资,通过发行公司债、企业债、非金融企业债务融资工具、可转债等方式多渠道融资,提高直接融资比重,优化债务融资结构。

二是费用补助,对首次成功发行公司债、企业债、银行间债券市场非金融企业债务融资工具等信用类债券的企业,按融资金额5亿元(含)以下、5亿—10亿元(含)、10亿元以上分三档,分别给予50万元、80万元、100万元的发行费用补助。

三是鼓励资产证券化,支持引导企业盘活资产融资,积极推动资产证券化,引导企业以特定基础资产或资产组合所产生的现金流为偿付支持,通过结构化方式进行信用增级,在此基础上进行资产证券化融资。

2. 债券市场劣势分析

(1)市级平台资产体量较小

根据表6—7,从资产体量来看,截至2022年末,邯郸市发债平台资产总计为

1 241.13 亿元。从发债平台单体资产情况来看,邯郸市发债平台资产体量均未超过 500 亿元,单体资产体量较小,缺少投资者认可度更高的强资质主体平台。

表 6－7　　　　　　　　　2022 年邯郸 AA＋平台总资产情况　　　　　　　单位:亿元

城　市	公司名称	总资产
邯郸	邯郸城市发展投资集团有限公司	450.67
	邯郸市交通投资集团有限公司	440.27
	邯郸市建设投资集团有限公司	350.19

数据来源:Wind。

(2)发债平台盈利能力较低

根据表 6－8,从单体发债平台盈利能力来看,邯郸市发债平台净资产收益率约为 1.16%,盈利能力有待提升。

表 6－8　　　　　2022 年邯郸与唐山市 AA＋平台净资产收益率情况　　　　单位:%

城　市	公司名称	净资产收益率	算术平均
邯郸	邯郸城市发展投资集团有限公司	0.79	1.16
	邯郸市交通投资集团有限公司	0.03	
	邯郸市建设投资集团有限公司	2.65	

数据来源:Wind。

(3)信用债融资受限

当前债券审核对发行人债券余额占净资产比重有一定限制。截至 2023 年末,邯郸市信用债融资余额为 346.82 亿元,占发债主体净资产之和的比例为 68.56%,信用债融资余额占净资产比重较高,信用债融资受限明显,提升各平台净资产规模为迫切需求。

(4)创新债券品种较少

根据表 6－9,从债券品种情况来看,目前邯郸发债城投平台主要以公司债、中期票据、定向工具等传统融资工具为主,合计占总信用债余额的 73.87%,缺少资产证券化、REITs 等创新债券品种的融资,未实现资产有效盘活。

表 6－9　　　　　截至 2023 年末邯郸发债城投平台债券品种、余额及占比

债券品种	余　额(亿元)	占　比(%)
公司债	111.40	32.12
企业债	29.92	8.63
中期票据	108.0	31.14
定向工具	36.80	10.61

续表

债券品种	余 额(亿元)	占 比(%)
金融债	30	8.65
国业存单	15.7	4.52
短期融资券	15	4.33
合 计	346.82	100.00

(5)区县级城投平台有待整合

邯郸市区县级平台中,仅磁县的中岳公司和武安市的武安国资运营公司发行过债券,两家公司的评级级别均为 AA;另有曲周县城投通过与邯郸城发集团达成战略合作,已于 2020 年内将股权划转至城发集团中。除此以外,邯郸市属其他区县尚未完成平台的整合打造工作,该情况导致了相关区域的资源未形成有效资产,进而无法通过资本市场融资转变成为资本,资源的利用效率较低。

3.股权市场相关政策优势

为引导和支持企业把握资本市场改革发展新形势,借助境内外资本市场做优做强,促进全市产业转型升级、创新驱动发展,邯郸市金融监督管理局 2020 年 12 月 10 日发布了《邯郸市推动企业股改上市融资三年行动计划》,提出 2020—2022 年邯郸市企业上市工作目标为:"抓 10 争 4 保 2 消空白"。"抓 10"指市级直抓推动 10 家左右重点上市后备企业,争取在河北证监局辅导验收、上交所和深交所受理企业注册申请、新三板精选层申报上有实质性突破;"争 4 保 2"指通过多方努力,争取 4 家、确保 2 家企业上市;"消空白"就是力争明年底、确保后年底 11 个县(市、区)全部消灭上市空白点(含在新三板挂牌)。各县(市、区)要坚持政府引导市场化运作、聚焦优势产业优质企业、多层次分梯次全面推进、促发展预防风险两手抓的原则,制订各自行动计划。

2022 年 8 月 24 日,邯郸市人民政府印发《关于加快推进企业上市的若干政策措施》的通知,为贯彻落实省政府有关扶持企业上市的政策措施,抢抓国家资本市场注册制改革的机遇,加快推进邯郸市企业上市步伐,其政策措施如下:①明确组织协调机构;②建立直包直联制度;③建立梯次推进机制;④加大前期奖补力度;⑤持续强化后期服务;⑥落实企改税收政策;⑦优先保障发展要素;⑧积极引进股权投资;⑨积极引导金融支持;⑩持续优化上市环境;⑪大力营造浓厚氛围。

2023 年 7 月 4 日,邯郸市政府办公室按照《河北省企业上市行动方案》要求,结合实际,制定《邯郸市企业上市行动方案(2023—2027 年)》,该行动方案按照"培育一批、辅导一批、上市一批"的工作思路,每年筛选上市后备企业 80 家以上,保持重点培育企业 10 家、辅导期企业 3~5 家,力争新增上市企业 2~3 家;到 2027 年,力争全市新增上市企业

10~15家,直接融资占全市国内生产总值比重提高3个百分点。重点工作如下:①建立梯次推进机制,建立优质企业常态化入库机制。②强化企业包联服务。对上市后备企业、重点培育企业和拟上市企业全部实行领导包联服务。③完善融资支持措施,支持各类产业引导基金、私募投资基金对入库企业进行筛选并开展前期尽调,在依法依规和风险可控的前提下进行股权投资。④优化上市激励政策。严格落实省、市企业上市支持激励政策,鼓励各县(市、区)政府进一步优化企业上市前激励措施,设立产业引导基金,撬动社会资本和金融资本进行股权投资,助力企业加快上市步伐。⑤提升行政服务效能。对上市后备企业、重点培育企业和拟上市企业纳入"白名单"管理。

4.股权市场存在的问题

(1)上市公司的数量较少

截至2023年末,邯郸上市公司总计5家,而整个河北省有79家上市公司,邯郸市上市公司的数量仅占河北省的6.33%。和河北省的其他地级市相比,邯郸上市公司数量较少。政府应该积极改善其营商环境,加大招商引资力度。同时要注意对本市企业加以补贴,并对其现状和需求加以了解,帮助未上市企业成长。

(2)上市公司涉及的行业领域较少

邯郸上市公司共涉及5个行业,分别为金属制品业,食品制造业,计算机、通信和其他电子设备制造业,通用设备制造业和半导体业。由于上市公司数量较少,其涉及的行业领域也比较少,缺乏高技术产业。政府应该多多支持企业与科研机构进行合作,完善人才引进政策,引进高技术人才。

(3)政府配套的支持政策有限

邯郸市政府关于推进企业上市的政策较为缺乏,应抓紧完善制造业务配套服务与措施。

三、融资主体概况

(一)区域内融资主体情况分析

经统计,截至2023年末,邯郸市区域内具有存量信用债券的融资主体情况如表6-10所示。

表6-10　　　截至2023年末邯郸区域存量信用债券融资主体情况

序号	公司全称	企业性质	主体评级	存量债券只数(只)	存量债券规模(亿元)
1	邯郸城市发展投资集团有限公司	城投类	AA+	11	73.8
2	邯郸市建设投资集团有限公司	城投类	AA+	9	83.86

续表

序号	公司全称	企业性质	主体评级	存量债券只数（只）	存量债券规模（亿元）
3	邯郸市交通投资集团有限公司	城投类	AA+	11	132
4	邯郸市交通建设有限公司	城投类	AA	5	40
5	新兴铸管股份有限公司	产业类（央企）	AAA	2	19.4
6	邯郸银行	金融类	AA+	6	50.2
7	峰峰集团	产业类	AA+	1	15

数据来源：Wind。

根据上表，邯郸市目前具有存量债券的7家发债主体均为地方或中央国有企业，无民企具有存量债券。其中，4家为城投类企业，占比79.58%；2家为央企产业类企业，占比8.3%；1家为金融类企业，占比12.12%。从主体评级来看，AAA评级为1家，占比4.7%；AA+评级为5家，占比85.64%；AA评级为1家，占比9.66%。

（二）邯郸市城投公司发展情况及分析

1. 城投公司总体情况

（1）市级平台情况

自1994年以来，邯郸市陆续成立了多家城投平台。邯郸市目前共有4家AA+级别的市级城投平台（见表6—11），分别为邯郸城发集团、邯郸建投集团、邯郸交投集团（邯郸交建公司为其子公司），邯郸水务集团在完成进一步整合后获得了AA+主体评级。2023年邯郸市已形成四大AA+集团的格局，具有各自的主营领域，且均具备一定的资本市场融资能力。

表6—11　　　　　　　　　邯郸区域城投平台基本概况

项　目	邯郸城发集团	邯郸交投集团	邯郸建投集团	邯郸交建公司
注册资本(亿元)	10.00	8.00	16.00	1.80
信用评级	AA+	AA+	AA+	AA
总资产(亿元)	450.67	440.27	350.19	340.54
净资产(亿元)	238.21	123.97	126.46	105.94
资产负债率(%)	47.14	71.84	63.89	68.89
营业收入(亿元)	12.13	33.61	42.16	11.86
净利润(亿元)	1.88	0.03	0.21	0.15

数据来源：Wind。

注：以上财务数据引自各公司2023年度审计报告。

（2）区县级平台情况

截至2023年末，邯郸市的区县平台中，仅磁县的中岳公司和武安市的武安国资运营公司于早期发行过企业债券，两家公司的评级级别均为AA；另有曲周县城投通过与邯郸城发集团达成战略合作，已于2020年内将股权划转至城发集团中。除此以外，邯郸市属其他区县尚未完成平台的整合打造工作。

2.区域内城投公司转型发展情况

（1）城投公司新设及整合情况

邯郸市目前具有主体评级的三大平台——邯郸建投集团、邯郸交投集团、邯郸城发集团均已于近年逐渐完成平台整合打造，实现了主体AA+评级，并已完成多期债券市场融资工作。除以上平台，2022年8月，邯郸市委研究通过《邯郸市水务集团改革方案》，正式整合市水投集团、市自来水公司、市政排水公司，组建成立邯郸市水务集团有限公司。其注册资本100亿元，主要承担市政府涉水重大项目实施，实现水务投资及运营、水利设施设计及建设、自来水生产及输配、污水收集处理及排放等业务一体化经营，履行水源保护和水质安全责任，保证市民生活和城市发展用水需求。9月21日，邯郸市水务集团有限公司（以下简称"市水务集团"）举行揭牌仪式。邯郸市水务集团预计在完成进一步资产整合后，有望获评AA+主体评级，实现资本市场的直接融资。截至2023年底，邯郸市水务集团未发行债券。

（2）城投公司做大做强情况

邯郸城发集团合并曲周县城投公司

曲周县城投公司通过与邯郸城发集团达成战略合作，已于2020年内将股权划转至邯郸城发集团中。上述合并进一步提升了邯郸城发集团的资产、营收规模，改善财务情况，为邯郸城发集团的做大做强提供助力。

（3）城投公司经营性业务拓展情况

①邯郸建投集团收购汇金股份（300368.SZ）

收购模式：

2019年，邯郸建投集团与鑫汇金（第一大股东）、孙景涛、鲍喜波、韬略投资签订了股份转让协议。本次权益变动后，邯郸建投集团持有汇金股份159 000 000股，占目前汇金股份总股本（531 943 475股）的29.89%，成为汇金股份第一大股东。同时，根据转让协议，交割股份转让过户完毕后，邯郸建投集团依据有关法律法规及公司章程向公司董事会提名合计不少于五位董事，对标的公司形成实际控制。

交易步骤：

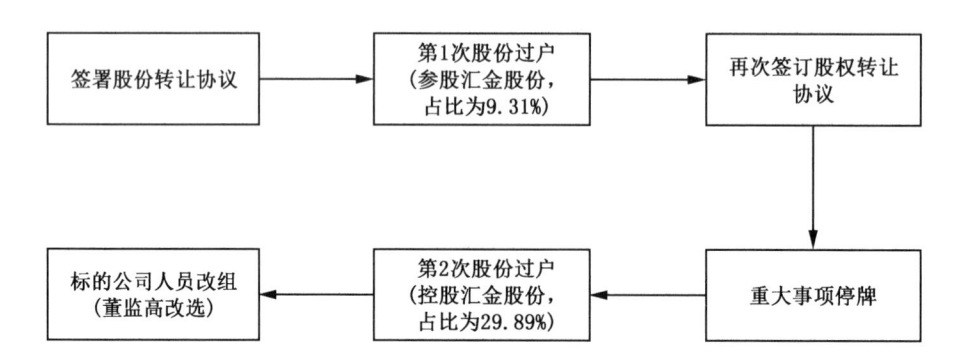

图6-1 邯郸建投集团收购汇金股份交易步骤

收购资金来源：

本次交易共分为两次进行，第一次收购价款为2.60亿元，第二次收购价款为5.96亿元，具体资金来源如下：

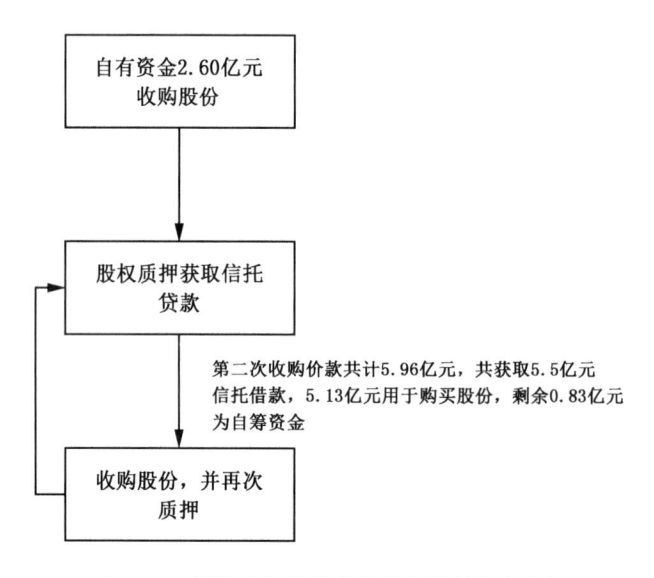

图6-2 邯郸建投集团收购汇金股份资金来源

通过上述方式，本次收购邯郸建投集团仅投入合计3.43亿元(2.60亿元＋0.83亿元)自有资金，获取了汇金股份159 000 000股，占比29.89%（当前市值约35亿元）。收购汇金股份后，邯郸建投的营业收入、现金流情况均得到进一步扩充，助力邯郸建投进一步提升资本市场融资效率。

②邯郸市三大平台经营性业务拓展情况

对邯郸市三大平台的2020年和2021年营业收入结构分析情况如下表6-12和表6-13所示。

表 6—12　　　　　　　　2022 年邯郸区域三大平台营业收入情况

序号	公司名称	营业收入（亿元）	公益性收入（亿元）	占比（%）	准公益性收入（亿元）	占比（%）	经营性收入（亿元）	占比（%）	经营性收入主要板块
1	邯郸城发集团	12.13	10.81	89.14	1.30	10.70	0.02	0.16	房地产销售、材料销售
2	邯郸建投集团	42.16	1.68	3.98	29.12	69.07	11.36	26.94	智能制造、供应链业务、商品销售、保理业务
3	邯郸交投集团	33.61	17.25	51.32	12.83	38.17	3.53	10.50	商品销售、监理费收入、机场服务、商品房销售

表 6—13　　　　　　　　2023 年邯郸区域三大平台营业收入情况

序号	公司名称	营业收入（亿元）	公益性收入（亿元）	占比（%）	准公益性收入（亿元）	占比（%）	经营性收入（亿元）	占比（%）	经营性收入主要板块
1	邯郸城发集团	14.53	1.55	10.66	9.16	63.05	3.82	26.29	房地产销售、材料销售
2	邯郸建投集团	44.64	1.38	3.09	33.30	74.60	9.96	22.31	智能制造、供应链业务、商品销售、保理业务
3	邯郸交投集团	37.20	18.48	49.68	12.31	33.09	6.41	17.23	商品销售、监理费收入、机场服务、商品房销售

根据上表可知，邯郸城发集团的经营性收入占比由 0.16% 提升至 26.29%；邯郸建投集团的经营性收入占比由 26.94% 提升 22.31%；邯郸交投集团的经营性收入占比由 10.50% 提升至 17.23%。随着城投公司进一步转型发展，业务板块多样性提升，经营性业务收入占比进一步提升。

（三）邯郸市上市公司发展现状及分析

1. 上市公司总体情况

（1）邯郸上市公司概览

截至 2023 年末，邯郸上市公司总计 5 家，2022 年无新增上市公司，2023 年新增 2 家。邯郸市上市公司近 4 年总市值如表 6—14 所示，2020—2023 年总市值分别为 294.85 亿元、312.75 亿元、286.87 亿元和 500.84 亿元，2023 年新增 2 家上市公司导致上市公司总市值大幅增长，每家平均市值变动不大。

表 6－14 2020－2023 年邯郸上市公司数量与总市值统计表

年　份	2020	2021	2022	2023
数量总计（家）	3	3	3	5
总市值（亿元）	294.85	312.75	286.87	500.84

数据来源：Wind。

具体来看，新兴铸管（000778.SZ）是一家跨地区、跨行业、集科工贸于一体的大型企业，同时还是国家520家重点企业之一。公司离心球墨铸铁管、钢格板生产规模居世界首位，即使在疫情防控期间整体经济下行，公司依然维持着较高的收益增长，其中2020年的净利润增长率为21.06%，2021年的增长率为10.72%。晨光生物（300138.SZ）作为一家集农产品精深加工、天然植物提取为一体的出口创汇型企业，主要致力于研制和生产天然色素、天然香辛料提取物和精油、天然营养及药用提取物等，其中天然色素生产和销售居全国之首、世界前列，是世界上最大的辣椒红色素生产供应商，2021年的利润总额为3.98亿元，同比增长27.33%，维持着较高的盈利能力。中船汉光（300847.SZ）是最早实现OPC鼓的国产化和产业化的企业，通过了国家"863"计划重大项目"有机光导鼓产业化关键技术及发展研究"验收，同时也是早期实现墨粉国产化的企业之一。公司在耗材产业国产化的进程中发挥了重要的推动作用及引领作用，凸显了民族品牌的力量及价值。

（2）邯郸市上市公司行业分布情况

根据证监会网站公布的行业分类标准，截至2023年末，邯郸上市公司共涉及5个行业，分别为金属制品业，食品制造业，计算机、通信和其他电子设备制造业，通用设备制造业，半导体业。由于新兴铸管业务规模较大，使得属制品业的总市值、营业收入、利润总额均较大。各行业上市公司名称及规模情况如表6－15所示。

表 6－15 2023 年邯郸上市公司分行业统计表

行　业	公司名称	总市值（亿元）	总市值占比（%）	营业收入（亿元）	利润总额（亿元）
金属制品业	新兴铸管（000778.SZ）	152.42	30.43	432.53	16.07
食品制造业	晨光生物（300138.SZ）	71.55	14.29	68.72	5.56
计算机、通信和其他电子设备制造业	中船汉光（300847.SZ）	51.45	10.27	10.69	1.07
通用设备制造业	恒工精密（301261.SZ）	45.37	9.06	8.83	1.40

续表

行　业	公司名称	总市值（亿元）	总市值占比（%）	营业收入（亿元）	利润总额（亿元）
半导体	中船特气（688146.SH）	180.05	35.95	16.16	3.53

数据来源：Wind。

(3)邯郸市上市公司市场结构

截至2023年末，邯郸5家上市公司中，新兴铸管为深交所主板上市公司，市值为152.42亿元，晨光生物、中船汉光、恒工精密为创业板上市公司，市值分别为71.55亿元、51.45亿元。

2.上市公司地位分析

(1)在本市经济中的地位

上市公司是国民经济中最具有活力的群体，是各个行业中的优秀代表。上市公司的发展往往对各地经济发展有着巨大的推动作用。表6－16列示了2023年邯郸上市公司总营业收入和GDP的相关数据。从上市公司的总营业收入来看，2023年邯郸5家上市公司的总营业收入536.93亿元，占GDP的比重为12.25%，可见上市公司对本市经济的影响较大。从增速上来看，邯郸上市公司总营业收入的增速下降为－7.36%，低于GDP的增速5.7%。

表6－16　　　　　邯郸上市公司总营业收入及GDP对比表

区域	总营业收入金额(亿元)	GDP(亿元)	增　速	总营业收入占GDP比重
邯郸	536.93	4 382.2	5.70%	12.25%

数据来源：Wind。

(2)在河北省内的地位

表6－17列示了河北和邯郸上市公司数量和规模的相关数据。从河北省内情况来看，截至2023年末，河北省共有上市公司79家，合计总市值约为10 914.93亿元。邯郸上市公司数量和总市值占比分别为6.33%和4.59%。从平均市值数据来看，邯郸上市公司的平均市值约为河北上市公司平均市值的74.50%，远低于全省上市公司平均市值，邯郸上市公司规模均较小。

表6－17　　　　截至2023年末河北和邯郸上市公司数量和规模统计表

区　域	上市公司数量(家)	数量占比	总市值(亿元)	总市值占比	平均市值(亿元)
河北	78	100%	10 914.93	100%	138.16
邯郸	5	6.33%	500.84	4.59%	100.17

数据来源：Wind。

从表 6-18 中可以看出,河北省上市公司总营业收入占 GDP 的比重为 24.05%,邯郸上市公司总营业收入占 GDP 的比重为 12.74%,可见邯郸上市公司仍有很大的发展空间。

表 6-18　　　　2023 年河北和邯郸上市公司总营业收入和 GDP 数据统计表

区域	总营业收入(亿元)	GDP(亿元)	总营业收入占 GDP 的比重
河北	10 569	43 944.1	24.05%
邯郸	536.93	4 382.2	12.74%
占比	5.08%	9.97%	

数据来源:Wind。

3. 上市公司资本运作行为及分析

上市公司的股权资本运作主要是 IPO、再融资及并购重组。2020—2023 年,邯郸市新增 IPO 上市公司 3 家、再融资 1 次,分别是中船汉光于 2020 年 IPO 上市融资 3.42 亿元,晨光生物于 2020 年发行可转债融资 6.30 亿元,恒工精密于 2023 年 IPO 上市融资 8.11 亿元,中船特气于 2023 年 IPO 上市融资 28.71 亿元。邯郸上市公司无并购重组行为。由于邯郸市上市公司数量少、规模小,近四年邯郸上市公司融资额整体较低。

4. 上市公司存在的问题及对策

目前,邯郸市上市公司存在的主要问题为数量上远低于河北其他地级市,规模较小,以及企业涉及的行业领域不够全面,涵盖了金属制品业,食品制造业,计算机、通信和其他电子设备制造业,通用设备制造业和半导体业。除此以外,政府支持企业上市的相关扶助的政策力度也较小,并缺乏目标考核机制和省级协调机制。

当前来看,应在强化落实已有政策的基础上,进一步加大推进企业上市的工作力度,建议省政府出台促进资本市场发展和企业上市的相关政策,明确企业上市的目标任务、工作举措、考核机制,协调推进机制,出台省级奖补政策,增强企业上市的积极性。同时,企业应广泛利用资本运作工具,不断提升主营业务的竞争力,并拓展至相关战略性新兴产业,成为邯郸市未来发展的核心推动力。

(四)邯郸市拟上市公司情况及分析

1. 拟上市公司总体情况

截至 2023 年 12 月 31 日,邯郸市在河北证监局辅导的拟上市公司 5 家,其中已上市公司 2 家,终止审核的公司 1 家,终止辅导的公司 2 家。具体情况如表 6-19 所示。

表 6－19　　　　　　　2023 年末邯郸已获得辅导的 5 家拟上市公司

公司名称	申报板块	辅导备案日期	辅导状态
河北恒工精密装备股份有限公司	创业板	2021.3.23	已过会
中船(邯郸)派瑞特种气体股份有限公司	科创板	2021.12.31	已过会
河北金力新能源科技股份有限公司	科创板	2022.4.21	已终止审核
河北沃土种业股份有限公司	深市主板	2019.10.28	已终止辅导
河北康远清真食品股份有限公司	北交所	2022.12.22	已终止辅导

注：其中，河北恒工精密装备股份有限公司于 2023 年 7 月 10 日在深交所创业板成功上市；中船(邯郸)派瑞特种气体股份有限公司于 2023 年 4 月 21 日在上交所科创板成功上市。

数据来源：Wind。

根据股转系统官网信息查询，河北康远清真食品股份有限公司为创新层公司，河北沃土种业股份有限公司无公开数据，根据尽职调查初步判断，符合上市要求。

2."专精特新"企业梳理

"专精特新"是指企业具有专业化、精细化、特色化、新颖化的发展特征。专精特新企业创新能力强、成长性好，是提升产业链竞争力和供应链稳定性的基础力量，是推动经济高质量发展的重要驱动。截至 2023 年末，河北省各市"专精特新"企业数量及占比情况如表 6－20 所示。

表 6－20　　　　　　　河北各地级市"专精特新"企业数量及占比情况

区　域	专精特新企业数量(家)	占比(％)
唐山市	38	11.48
石家庄市	78	23.56
保定市	44	13.29
沧州市	27	8.16
邯郸市	38	11.48
邢台市	34	10.27
廊坊市	20	6.04
衡水市	21	6.34
张家口市	9	2.72
秦皇岛市	12	3.63
定州市	2	0.60
承德市	5	1.51
辛集市	1	0.30

续表

区　域	专精特新企业数量(家)	占比(%)
雄安新区	2	0.60
合　计	331	100.00

数据来源:Wind。

邯郸市"专精特新"企业38家,占全省"专精特新"企业比例为11.48%,在全省处于中上游位置。在未来仍有较大的发展空间,还需加强政策引导,推动中小企业转型升级,培育一批主营业务突出、竞争力强、成长性好的专精特新"小巨人"。

3.拟上市公司地位分析

2021年邯郸拟上市公司总营业收入和GDP的相关数据如表6-21所示。从营业收入来看,2021年邯郸拟上市公司的总营业收入43.32亿元,占GDP的比重为1.05%,占比较小,可见拟上市公司对本市经济的影响不大。从增速上来看,邯郸拟上市公司总营业收入的增速远高于GDP的增速,拟上市公司能够一定程度地带动本市经济良好发展。

表6-21　　　　邯郸拟上市公司总营业收入与GDP对比表

区　域	总营业收入金额(亿元)	增　速	GDP金额(亿元)	增　速	总营业收入占GDP的比重
邯郸	43.32	57.12%	4 114.82	13.85%	1.05%

注:由于拟上市公司沃土种业无公开数据,本处统计未计算其数据。

数据来源:Wind。

4.拟上市公司存在的问题及对策

总体来看,邯郸市辅导期的拟上市公司数量相对本省其他地市来说较少,储备项目略显不足。政府应扩大拟上市公司储备,加大对本市企业的关注,尤其是对于"专精特新"企业的关注,在合理的基础上将其纳入辅导期拟上市公司行列,可以安排相关人员做具体调查,了解企业目前上市面临的难题及现状,加强政策引导,帮助其解决相关困难并上市。

企业只有加强自身管理和自身限制,同时完善公司法务部门,积极了解相关政策要求,解决现在面临的关联问题,才能做好上市的准备。

(五)邯郸市新三板市场发展情况及分析

1.新三板公司总体概述

截至2023年末,邯郸市总计9家新三板公司,其中创新层挂牌公司3家,基础层挂牌公司6家。具体情况如表6-22所示。

表 6-22　　　　　　　　　　　邯郸 9 家新三板公司状况概览

序号	证券代码	证券简称	主营产品	总股本(万股)	所属层级
1	873203.NQ	邦岑股份	无机化工原料	500	基础层
2	873033.NQ	康远股份	肉制品	9 585	创新层
3	872906.NQ	荣特化工	化学试剂	2 500	基础层
4	872144.NQ	精一科技	互联网服务、通信系统与平台、专业咨询服务	500	基础层
5	838729.NQ	摩卡股份	电子设备及加工	1 060	基础层
6	836344.NQ	隆海生物	成品油、公路建设	6 300	创新层
7	832093.NQ	科伦股份	塑料制品经销	8 858.68	创新层
8	831104.NQ	翔维科技	塑料包装制品	1 600	基础层
9	874241.NQ	永和荣达	饲料	3 500	基础层

数据来源：Wind。

邯郸市的新三板挂牌公司的行业分布较为分散，拥有制造业、食品加工行业、机械行业、建筑施工行业、现代服务业、化工行业等多个行业。制造业中，科伦股份的主营业务是塑料制品经销，翔维科技的主营产品是塑料包装制品；食品加工行业中，康远股份的主营产品是肉制品；机械行业中，摩卡股份的主营产品是电子设备及加工；建筑施工行业中，隆海生物的主营产品是成品油、公路建设；现代服务业中，精一科技的主营产品是互联网服务、通信系统与平台、专业咨询服务；化工行业中，邦岑股份的主营产品是无机化工原料，荣特化工的主营产品是化学试剂。

政府应鼓励邯郸地区的企业在新三板上市，积极了解本地区企业的上市需求，制定相关的支持政策，以扩大邯郸市新三板企业的数量，同时还应给予企业一定的创新激励，以及给予更多的补贴，吸引更多的高科技人才到本地企业中。

2. 新三板公司市值分析

邯郸新三板公司近年总市值情况如表 6-23 所示。

表 6-23　　　　　　　2019—2023 年邯郸新三板公司总市值情况　　　　　　单位：万元

证券简称	2019 年	2020 年	2021 年	2022 年	2023 年
康远股份	25 622.50	48 212.55	85 114.80	76 680.00	50 608.80
荣特化工	2 500.00	2 500.00	2 500.00	2 500.00	2 500.00
精一科技	530.00	530.00	530.00	530.00	530.00
摩卡股份	2 840.80	2 840.80	2 840.80	2 840.80	2 840.80
隆海生物	32 445.00	26 145.00	26 145.00	16 254.00	7 308

续表

证券简称	2019年	2020年	2021年	2022年	2023年
科伦股份	9 212.05	9 372.26	27 075.42	26 576.05	31 891.26
翔维科技	1 664.00	1 664.00	1 664.00	1 664.00	512
合　计	74 814.35	91 264.61	145 870.02	127 044.85	96 190.86

数据来源：Wind。

根据上表，邯郸市新三板公司市值整体呈现上升趋势，其中，荣特化工、精一科技、摩卡股份近三年市值未发生变化，主要是因为新三板整体交易不活跃，翔维科技2023年发生交易，康远股份、科伦股份由于业绩良好，市值整体大幅增长。

3.新三板可转板企业梳理

(1)基础层向创新层转板

表6-24　　　　2023年邯郸市基础层企业转板分析　　　　单位：万元

序号	标准名称	最近一年期末净资产不为负值	符合条件的合格投资者人数不少于50人	公司挂牌以来完成过定向发行股票(含优先股)，且发行融资金额累计不低于1 000万元
1	邦岑股份	√	×	×
2	荣特化工	√	×	×
3	精一科技	√	×	×
4	摩卡股份	×	×	×
5	翔维科技	√	×	×

数据来源：Wind。

根据表6-24可以看出，邯郸市现有五家基础层企业均不符合向创新层转板的要求，后续还需要增加投资者人数，吸纳更多资本，才能顺利完成转板。

(2)创新层向北交所上市

邯郸市创新层企业包含康远股份、隆海生物和科伦股份三家企业，三家企业均满足挂牌时间超过了一年的要求。科伦股份2021年有一次违规行为，不满足上市前提条件。康远股份和隆海生物近一年没有违规行为。隆海生物市值低于2亿元，不满足上市要求。

目前北交所上市共有四个标准：

①盈利性，市值不低于2亿元，最近两年净利润均不低于1 500万元且加权平均净资产收益率均不低于8%，或者最近一年净利润不低于2 500万元且加权平均净资产收益率不低于8%；②成长性，市值不低于4亿元，最近两年营业收入平均不低于1亿元，且最近一年营业收入增长率不低于30%，最近一年经营活动产生的现金流量净

额为正;③研发成果产业化,市值不低于8亿元,最近一年营业收入不低于2亿元,最近两年研发投入合计占最近两年营业收入合计比例不低于8%;④研发能力,市值不低于15亿元,最近两年研发投入合计不低于5 000万元。

康远股份市值不低于4亿元,截至2023年末,营业收入为52 293.46万元,但同比下降34.37%,因此不满足上市要求。

对于以上三家企业而言,其可以进行针对性调整,以实现尽快上市。

对于科伦股份而言,首先要解决违约问题,提高企业自身的信用状况。对于隆海生物和康远股份而言,要提高公司市值,加强企业自身发展和管理,提高企业盈利水平,提高企业运营效率,降低成本。

(六)邯郸市区域性股权市场发展情况及分析

1.区域性股权市场发展概况

河北省区域股权交易市场是由河北省省政府设立的主要为省内企业提供融资服务和股权转让的非公开市场,因此进入区域股权交易市场的门槛要求相对较低。这既有利于中小企业的发展,同时又能激活民间资本。2021年河北省挂牌公司为297家,较上年同期增加5家,石家庄股权交易所融资累计为650亿元。

2.区域性股权市场企业挂牌情况

根据表6—25,目前,邯郸市在石家庄股权交易所挂牌的公司总计64家,涉及9个大行业,前三名的行业分别为制造业、农林牧渔业、批发和零售业,占比分别为42.19%、20.31%、15.63%,占比较高的行业均为传统行业,未来还需加强出台针对"专精特新"企业专注度高、创新性强、成长性好特征的专项政策,为"专精特新"企业精准赋能。

表6—25　　　　邯郸市区域股权市场挂牌公司行业分布情况表

所属行业	挂牌数量(家)	占比(%)
制造业	27	42.19
农林牧渔业	13	20.31
批发和零售业	10	15.63
建筑业	5	7.81
综合	3	4.69
金融业	2	3.13
租赁和商务服务业	2	3.13
电力、热力、燃气及水的生产和供应业	1	1.56
信息传输、软件和信息技术服务业	1	1.56

续表

所属行业	挂牌数量(家)	占比(%)
合　计	64	100.00

数据来源:Wind。

四、邯郸市资本市场发展对策建议

(一)对邯郸市债券市场的发展的相关建议

1.推动城投平台整合,加强平台战略合作

2019年,邯郸市在邯郸市交通建设有限公司等公司的基础上组建了邯郸市交通投资集团有限公司。截至2023年12月31日,邯郸市交通投资集团有限公司的主体信用评级为AA+,存续债券金额为107亿元。强资质城投平台的融资能力、债券流动性显著好于中低等级城投平台。邯郸市可参考唐山市与石家庄市的改革模式,考虑逐步推进市级城投平台的整合工作,打造资产收入规模体量更大、资质更强、投资者认可度更高的城投平台,待整合完成后可争取更高的主体信用等级,对于区域融资和经济发展具有较强的保障作用。各区县在进一步推动区域内资产整合的同时,可基于"协同合作,互利共赢"的原则,与相关市级城投平台合作,将股权划归市级城投平台,共同做大做强市级平台的资产及营收规模,为各区县平台公司提供规模效应,为各区县平台公司产业项目建设资金及经营性周转资金提供更广阔的资金来源及更低的资金成本。例如邯郸城发集团合并曲周县城投公司,不仅可以扩大邯郸城发集团资产及营收规模,所筹资金也可进一步支持曲周县相关重点项目的建设,形成良好的战略合作关系。

2.加强金融机构支持,争取更大利润空间

据统计,河北省信用债券的投资人中占比最高的是股份制银行及理财子公司。相较于其他省份,河北省内城商行和农商行投资河北省发行人债券的占比偏低,也是造成河北省信用债发行难度相对较高、整体融资成本偏高的因素之一。邯郸市优质平台数量较多,融资需求较大,压降发行利率将有效节省平台资金成本,争取更大利润空间,从而实现直接融资的良性循环。建议协调加强区域内金融机构对平台公司的债券投资支持,如邯郸银行作为邯郸市本地银行,若可加强对邯郸市企业信用债券的投资力度,将为相关债券的发行工作提供极大保障。同时,加强邯郸市的金融机构创新能力,提出更加灵活、更具有针对性的金融产品和服务以满足不同客户的需求,提升市场竞争力。中小企业是邯郸市经济发展的重要力量,金融机构应该加强对中小企业的支持,提供更加优惠的贷款和融资服务,促进中小企业的发展和壮大。邯郸市政府可以与金融机构加强合作,提供更加优惠的政策和支持,促进金融机构的发展,为邯郸市经济发展注入新动力。

3. 设立信用保障基金,提升企业信用水平

近年来债券违约事件频发,国企债券信用事件尤其受到债券市场投资者的广泛关注。2020年7月,由中国国新控股有限责任公司联合31家中央企业共同出资发起设立的央企信用保障基金成立仪式在京举行。该基金总规模1 000亿元,首期规模100亿元,以市场化方式募集设立,专项用于防范化解和处置央企债券风险,提升央企整体信用,是目前层级最高、规模最大的信用保障基金。发展信用保障基金可以降低个别国有企业的信用事件向整个区域蔓延的速度,及时消除潜在的连锁反应,增强投资者对区域信用环境的信心,提升地方政府对国有企业信用事件以市场化、法治化方式妥善处置的能力,维护区域金融市场的稳定,提升企业信用水平。

结合当前邯郸市已发债及拟发债平台较多、融资规模较大的现状,债务发行主体,特别是个别国有企业的债务水平明显上升,信用风险增加。若个别信用违约事件发生后不能得到及时处置,将有可能扩散至其他领域,对区域整体信用环境造成较大影响。邯郸市政府应从维护区域信用生态、防范化解信用风险的角度出发,因地制宜建立信用保障基金。统筹设立邯郸市信用保障基金有助于建立常态化、规范化的国企债券风险化解机制,提升国企整体信用水平,进一步降低融资成本。

4. 增强政府补贴支持,提升公司盈利指标

多数平台公司作为区域内重大项目及民生工程的建设实施主体,盈利能力整体偏弱,净利润水平较大程度上依赖政府给予的补贴收入。政府支持方面,邯郸市发展较好的城投公司,如邯郸城发集团、邯郸交建集团都获得了较高的政府补贴支持,累计获得政府资产注入金额最高。若政府降低对城投企业的财政拨款支持,将对城投企业的盈利造成较大负面影响。因此应综合考虑地方政府财政实力和企业在地方基建中的重要性,财政实力越强,补助的持续性越高;企业承担的基建越多,政府补助其的意愿越强。建议邯郸市财政进一步增强对邯郸市企业的补贴力度,提升企业净利润指标。

5. 夯实传统债券品种,探索创新融资产品

邯郸市各平台应在维持并夯实传统债券品种融资的基础上,探索并拓展创新品种,如资产证券化、公募REITs等品种。邯郸市可以通过加强传统债券品种的发行和市场化运作,提高市场认可度和影响力,也可以考虑提高债券品种的利率或者加入一些保障措施,提高债券品种的吸引力。此外,可以加强与银行等金融机构的合作,促进传统债券品种的知名度和推广。对于传统债券品种和创新融资产品,建议邯郸市完善信息披露制度和平台,提供更加完整、准确和及时的信息披露服务,加强市场监管,维

护市场秩序。

2021年7月2日,国家发改委印发了《关于进一步做好基础设施领域不动产投资信托基金(REITs)试点工作的通知》,进一步增加了公募REITs的试点范围,其中与城投公司直接相关的范围是"市政基础设施的停车场项目、保障性租赁住房"。这次新增的试点范围,对于城投公司的融资工作来说,无疑是打开了一扇窗。随着公募REITs的进一步实践,预计监管机构将会根据发行的实际情况出台进一步细化公募REITs的规则,城投公司可以应用的基础资产范围有可能进一步扩大。邯郸市城投平台应充分利用这一政策支持,把握机遇进一步盘活存量资产、扩大有效投资,探索一些创新融资产品,以满足不同企业的融资需求。比如,可以考虑发行专项债券,支持基础设施建设;可以考虑发行绿色债券,支持环保产业发展。

(二)对邯郸市股权市场的发展的相关建议

1. 收购现有上市公司,加快城投转型升级

上市公司是产业运作、重组整合的有力工具。城投公司通过并购上市公司不仅可以打通证券市场这条关键融资渠道,而且将上市公司并表后,可以形成可持续的经营性现金流,从而极大改善城投公司已有的融资能力、偿债能力。尤为重要的是,并购上市公司可以打造产业运作与整合平台,逐步将旗下优质资产注入上市公司,推动城投公司的资产证券化工作,还可以聚焦本地的产业需求对产业进行投资、并购、整合,引导产业向本地聚集。显然,并购上市公司可以改变城投公司的融资能力,改变城投公司的经营模式与业务结构,对于推动城投公司市场化转型、打造产业—资本互动、城市—产业互动的商业模式具有根本作用,也会对地方经济产生更大的战略价值。邯郸市可以通过支持其他城投平台收购上市公司的方式有效提升公司的整体经营能力,助力城投公司提升主体评级,提升融资能力。

2. 拓宽上市行业,强化梯队培育

目前,邯郸市出台了一系列扶持上市企业发展的政策,降低了上市门槛,提高了市场竞争力,发展文化创意产业、现代服务业等新兴产业,通过政策扶持和资金支持,吸引了一批高成长性企业进入上市领域,但仍需进一步加强措施、深化改革,推动上市企业实现更高水平的发展。邯郸市应优化政策环境,建立健全上市公司扶持政策,进一步降低上市门槛,提高市场竞争力,吸引更多的高成长性企业上市;邯郸市可以加大对高新技术产业、文化创意产业等新兴产业的支持力度,促进产业升级和转型升级。积极引进优秀的金融机构和专业人才,提高金融服务水平,为上市企业提供更加全面、专业的金融服务。邯郸市也可以通过拓展合作交流渠道,加强与各地企业和金融机构的合作,促进资源共享,实现优势互补,提高整体竞争力。

3. 加强政策引导，加大扶持力度

政策引导和扶持力度的加强可以促进股权资本市场的发展、提高资本市场的活跃度。股权资本市场可以为企业提供更加丰富的融资渠道，促进企业的发展和壮大，进而推动整个地方经济的发展。政策引导和扶持力度的加强可以吸引更多的投资者和企业参与股权资本市场，提高市场的流动性和活跃度，为股权资本市场的健康发展奠定基础；带动地方经济的增长，提高企业的盈利水平，进而增加政府的税收和财政收入，为地方经济的可持续发展提供支持。

邯郸市应通过政策给予股权投资基金和投资者一定的税收优惠，降低企业和个人的投资成本，激发投资者的积极性，吸引更多资金进入股权资本市场。向股权投资基金提供财政补贴，用于支持基金的设立和运营。政府可以向符合条件的企业提供直接资金支持，帮助其进行股权融资，促进企业发展。同时，政府可以推出股权投资基金等金融产品，为投资者提供多元化的投资渠道。此外，政府还可以通过鼓励银行和其他金融机构参与股权融资业务，提高市场的流动性和活跃度。

廊坊市资本市场发展分析报告

摘要：近年来，廊坊市积极推动经济发展，2023年实现地区生产总值3 608.3亿元，同比增长3.8%，位居全省第六，经济发展潜力较大。在财政情况方面，2023年廊坊市实现一般公共预算收入320.2亿元，位居全省第四。在京津冀一体化背景下，廊坊市发展迅速，2022年6月，廊坊市出台"1+20"政策，以推动经济平稳健康发展，就"南北经济带"协同发展、中小企业协同发展等专项制定了具体实施方案。与此同时，廊坊临空经济区也正在加紧建设，有望成为河北省的新经济增长点。

在债券市场方面，廊坊市债券市场仍存在着发债规模较小、市场参与者少等问题。截至2023年末，廊坊市共有1家AA+级城投平台，信用债累计发行主体为12家，存量债券余额为301.05亿元，占河北省存量债券余额的5.13%。

在股权市场方面，截至2023年末，廊坊市共有新三板挂牌企业、境内外上市公司90家，其中境内A股上市公司6家，新三板挂牌企业11家，河北股权交易所挂牌企业132家。廊坊市各级政府坚持以目标为导向，引导企业深刻认识上市带来的机遇，变"政府推动上市"为"企业主动上市"，使得廊坊市挂牌上市公司数量较过去有所增长，融资也比过去更加活跃。

本报告在梳理廊坊市经济、财政、政府债务以及资本市场基本情况的基础上，结合实际情况，从推动融资主体发展、提升信用水平和信用保障、化解隐性债务、拓宽融资渠道、促进城投公司发展转型、推动产业升级、加大政策支持以及深化政金企合作等方面对廊坊市资本市场发展提出了相关建议。

关键词：债券市场；股权市场；融资挂牌；多层次资本市场建设；廊坊市

一、廊坊市经济、财政及政府债务情况

作为以北京为核心的世界级城市群的重要节点城市,廊坊市被誉为"京津走廊明珠"。其主要产业包括制造业、房地产业、交通运输、仓储和邮政业、信息传输、软件和信息技术服务业等。其中,制造业是廊坊市的主导产业,具有重要地位。此外,廊坊市还是我国重要的出口加工区之一,是京津冀地区外向型经济的重要组成部分。目前,廊坊市正在积极推进打造高质量的现代化产业体系。

(一)经济情况

2023年,廊坊市的整体经济运行情况良好。廊坊市财政局数据显示,廊坊市全年的生产总值为3 608.3亿元人民币,同比增长了3.8%,位居全省第六。从三个产业增加值的数据来看,第一产业增加值为217.9亿元,同比下降2.9%;第二产业增加值为1 153.8亿元,同比增长7.2%;第三产业增加值为2 236.6亿元,同比增长2.7%。尽管廊坊市在2023年实现了稳定的经济增长,但总体来看,其GDP增长水平仍低于全国的平均增长率水平(5.2%),以及全省的增长率水平(5.5%)。

(二)财政情况

2023年,廊坊市一般公共预算收入为320.2亿,同比减少6.2%。其中,税收收入为198.6亿元,同比增长8.7%,占公共预算收入的55.6%;非税收入为109.8亿元,同比下降16.1%,占公共预算收入的43.2%。

在支出方面,廊坊市一般公共预算支出为595.5亿元,同比下降6.2%。其中,重点支出包括一般公共服务、公共安全、教育、社会保障和就业、卫生健康、节能环保、城乡社区等,同比下降7.3%。

具体来看,三河市在2023年仍然位居全市第一,一般公共预算收入达到54.9亿元,尽管相比2022年下降幅度较大,但其仍然是当地的支柱产业——电子信息、高端装备制造等的核心区域。固安和香河两县在新兴产业——航空航天等的推动下,其财政收入也成功挤入30亿元的级别。在财政收入增长方面,永清县和文安表现最佳,分别增长了-18.4%和5.1%,成为廊坊市财政稳定的主力军。虽然廊坊市各地在财政收入方面的增长表现不一,但整体上仍保持稳定。

(三)政府债务情况

截至2023年末,河北省全年累计下达廊坊市的债务限额为1 161.86亿元,而廊坊市政府债务余额为1 116.92亿元,其中一般债务余额为212亿元,专项债余额为904.92亿元,整体控制在政府债务限额以内。

举债所筹集的资金,主要投入保障全市重大战略的实施,一是支持北三县与通州

区协同发展。筹集资金9.7亿元,支持大厂回族自治县厂通路、香河县安石路等4条跨界道路加快建设,打通北京与北三县连接"最后一公里"。统筹运用政府债券、政府和社会资本合作(PPP)模式等多种方式筹集资金以支持北京轨道交通22号线(平谷线)河北段开工建设。筹集资金10.4亿元,支持京唐城际铁路北三县段实施,助力京唐铁路顺利建成通车。筹集资金3.2亿元,支持南水北调北三县供水工程建设实施,有效缓解北三县水资源供求矛盾。二是支持临空经济区加快建设。筹集资金110.96亿元,支持智造港、信息港、物流港等16个重点项目建设,临空经济区基础配套日益完备,产业导入能力显著增强。统筹资金12.7亿元,支持廊坊东站城际铁路联络线一期工程和京台高速公路礼贤连接线项目建设,临空经济区与北京连接通道持续拓宽。筹集资金2.0亿元,加快霸州域内水系生态环境综合整治,推动实现与白洋淀水系恢复贯通。统筹资金2.4亿元,支持白沟河固安段治理工程建设,提高河道防洪标准,筑牢沿岸安全屏障。筹集资金4 855万元,支持112国道环境综合治理改造和固雄公路提质建设,有效改善路域环境提升通行能力,实现与雄安新区的高效对接。

二、廊坊市资本市场概述

(一)资本市场发展历程

1. 股权资本市场的发展历程

相较于债权资本市场,廊坊的股权资本市场起步较早。1999年,廊坊发展作为廊坊市唯一一家上市国企,首先登陆上海证券交易所。2004年福成股份在上交所主板上市,2007年荣盛发展在深交所主板上市,2011年8月华夏幸福借壳ST国祥获批,挂牌上交所主板。这些公司的上市成功,标志着廊坊市股权资本市场的初步形成。

然而,在2011年之后,廊坊股票市场的发展陷入了很长一段时间的停滞,持续十余年都没有新增上市公司。这可能是多种因素所致,包括市场环境的变化、政策调整、经济形势等。对此,廊坊市政府采取了一系列措施以推动股权资本市场的进一步发展。例如,出台了鼓励企业上市政策,加大对上市公司的扶持力度等。

2021年5月,同飞股份(300990.SZ)在深交所创业板上市,成为14年以来廊坊市再次成功实现IPO的企业。同年11月,志晟信息(832171.BJ)作为首批精选层(北交所)上市公司登陆资本市场。这些上市公司的成功上市,让廊坊原本沉寂已久的股权资本市场焕发了新的活力。

2. 债权资本市场的发展历程

在廊坊市股权资本市场长达十年的停滞期间,债权资本市场呈现出了蓬勃发展的态势。2007年5月,三河发电有限责任公司发行了廊坊市内的第一只信用债,总规模为4.6亿元，标志着当地债券市场的初步萌芽。但直到2014年之后，廊坊的债券市场才逐渐完善和发展。

根据图7－1可知，2016—2018年，廊坊市的城市投资建设债券发行数量整体呈现上升趋势，表现出不断扩张的态势。但在2020—2021年，城市投资建设债券发行量、地方政府债券发行额出现下降，这主要是由于中央政府对于地方政府隐性债务问题的担忧，进而加强了对于地方政府债务的管控。尽管如此，在债券偿还方面，这一时期仍是有所增加的，表明廊坊市的债券市场仍然保持着相对稳定的发展势头。2022年，城市投资建设债券发行量、地方政府债券发行额快速恢复。总体来说，廊坊市的债券市场已经取得了较为显著的成就，成为当地市场发展的重要推动力。未来，随着地方经济的发展和政策环境的变化，廊坊市的债券市场仍将具有广阔的发展前景。

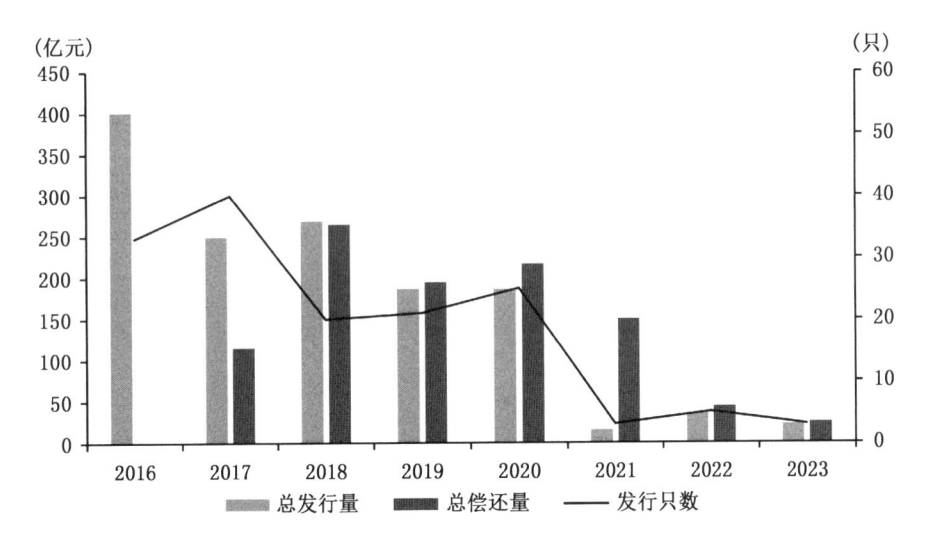

数据来源：廊坊市人民政府、Wind。

图7－1　廊坊市2016－2023年债券发行与偿还总量变化

根据图7－2，从廊坊市债券发行主体来看，2014—2022年，廊坊市发债主体数量经历了先上升后下降的趋势。自2021年以来，廊坊市债券市场的状况发生了较大的变化，原因是华夏幸福基业股份有限公司及其子公司发生了债务违约，退出了发债市场。因此，2023年末廊坊市的发债主体数量保持在7家，其中包括2家产业债发行主体，即新奥控股投资股份有限公司和九通基业投资有限公司；4家金融机构类发行主体，即固安农商、河北香河农商、三河农商、廊坊银行；1家城投类发行主体，即廊坊市投资控股集团有限公司。

从债券品种来看，自2014年以来，廊坊市债券的发行种类逐渐多样化。在2014年和2015年，廊坊市只发行了企业债和公司债。随着市场对不同类型债券的需求不

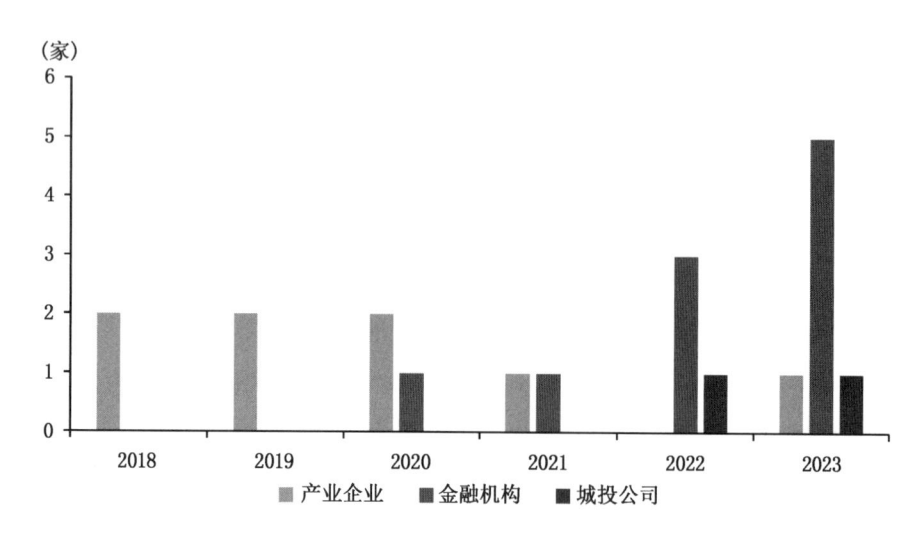

数据来源：Wind。

图7-2 廊坊市历年债券发行主体数量变化

断增加，廊坊市开始发行更多种类的债券。到2020年，廊坊市的债券品种已经涵盖了公司债、资产支持证券、可交换债券、金融债和非金融企业债务融资工具等多种类型。2021年以后，廊坊市的债券发行多样性开始有所减少，主要原因是国家对房地产行业的发行人发债采取严格的监管。这一监管政策导致房地产企业的发债数量减少，从而减少了市场上不同种类债券的供应量。尽管如此，廊坊市的债券市场仍然保持着相对的活跃度，在适应市场需求变化的同时，不断推陈出新，发行更多新型债券产品。

（二）资本市场发展现状

1. 债权资本市场发展现状

近年来，廊坊市债权资本市场发展较为迅速。截至2023年末，廊坊市信用债累计发行主体为12家。同时，廊坊市的信用债发债主体数量在河北省的占比为9.68%，排名第五，说明廊坊市在债权资本市场中具有一定的发展潜力与优势。此外，廊坊市存量债券余额为317.35亿元，占河北省存量债券余额的2.14%，在河北省排名第六。

值得注意的是，廊坊市有存续信用债的企业数量较少，仅有12家，占河北省存续有债券企业数量的10.62%，与沧州并列排名第五。这说明廊坊市在债权资本市场中的发展还存在不足之处，需要继续加强企业的信用建设，增加债券发行数量和规模。与此同时，廊坊市也需要着重提高市场竞争力，吸引更多的投资者参与市场交易，进一步推动市场发展。

为了进一步促进廊坊市债权资本市场的发展，政府和相关机构可以采取一些措施。首先，加强对信用债市场的监管，完善市场规则和制度，提高市场透明度和公信力,增强投资者的信心。其次,加强对企业的信用评估,鼓励企业提高信用水平,增加债券发行数量和规模,提高市场份额。同时,政府可以出台相关政策和措施,支持和引导企业在债权资本市场上的发展,提高市场竞争力。最后,可以加强市场宣传和推广,扩大市场影响力,吸引更多的投资者参与市场交易,推动市场稳定发展。

总体来看,廊坊市债权资本市场的发展取得了一定的成绩,但与其他地区相比还存在一定的差距。政府和相关机构需要采取有效的措施,加强市场监管,完善市场制度,提高企业信用水平,扩大市场影响力,进一步推动廊坊市债权资本市场建设。

2. 股权资本市场发展现状

截至2023年末,廊坊市共有6家企业成功上市。

为了帮助企业破解上市发展中的瓶颈问题,廊坊市充分发挥各单位职能作用,开辟"绿色通道",在上市申报过程中,给予重点支持,确保企业早上市、快上市。廊坊市政府的努力也取得了显著成果。2022年,廊坊市新增3家企业在河北证监局辅导备案,分别为香河昆仑、欧伏电气和华元科工;润泽科技成功在深交所创业板重组上市;世昌股份在新三板挂牌。截至2023年末,廊坊市境内外共有90家挂牌上市公司,其中境内A股上市公司6家,新三板挂牌企业11家,河北股权交易所挂牌企业132家。

表7-1　　　　　　　　截至2023年末廊坊市现有A股上市公司情况

序号	公司名称	证券简称	证券代码	上市场所
1	荣盛房地产发展股份有限公司	荣盛发展	002146.SZ	深交所主板
2	三河同飞制冷股份有限公司	同飞股份	300990.SZ	深交所创业板
3	廊坊发展股份有限公司	廊坊发展	600149.SH	上交所主板
4	华夏幸福基业股份有限公司	华夏幸福	600340.SH	上交所主板
5	河北福成五丰食品股份有限公司	福成股份	600965.SH	上交所主板
6	河北志晟信息技术股份有限公司	志晟信息	832171.BJ	北京证券交易所

(三)资本市场发展的优势与不足

1. 资本市场发展的优势

第一,廊坊市的区位优势是国内许多城市无法比拟的,与北京、天津和雄安新区相邻。作为以北京为核心的世界级城市群的重要节点城市,廊坊市被誉为"京津走廊明珠"。此外,廊坊市还是我国重要的出口加工区之一,是京津冀地区外向型经济的重要组成部分。除此之外,廊坊市本身也是一个港口资源丰富的城市,交通便利,地理位置优越,产业结构完备这些优势为廊坊资本市场的发展提供了无限的可能。

第二,作为全国GDP百强城市之一,廊坊市拥有的雄厚经济实力,为当地基础设施建设提供了充足的资金和支持,创造出更多投资机会。在经济基础之上,廊坊市政府十分重视资本市场的发展,并为推动资本市场发展颁布了一系列的优惠政策。

第三,廊坊市积极推行人才引进政策,不断加强对专业人才的吸引和培养。这些人才将为当地资本市场建设提供更为强有力的支撑,进一步促进廊坊市资本市场的建设与发展。

总之,廊坊市优越的地理位置、雄厚的经济实力、不断完善的基础设施建设和丰富的人才储备,为廊坊市资本市场发展提供了坚实的基础和有利条件。

2.资本市场发展的不足

首先,廊坊市缺乏高信用的大型平台。尽管廊坊市现有的发债平台数量众多,但截至2023年末,廊坊市内各平台规模都未超过300亿元。廊坊市内仅有2家城投平台,其中AA+级平台1家,为廊坊市投资控股集团有限公司;AA级平台1家,为廊坊开发区建设发展有限公司。

其次,廊坊市发债平台的盈利能力相对较弱。就单个平台的盈利能力而言,截至2023年末,廊坊市发债平台的净资产收益率约为1.28%,发债平台的盈利能力有待提升。

最后,廊坊市的产业结构不均衡。目前,上市公司主要来自地产行业,缺乏高新技术企业的支持。这种单一的产业结构不利于廊坊市资本市场的稳定,资本市场容易受到某一行业的变化而产生波动。

因此,廊坊市需要进一步加强政府的引导作用,建立更加完善的监管体系,同时积极推动新兴产业的发展,促进城投企业的发展转型,促进产业升级,从而推动当地资本市场的发展。

三、融资主体概况

(一)债权融资主体概况

1.廊坊市地方政府债权融资概况

随着中国经济快速发展,地方政府为了实现区域经济增长和社会发展,需要大量的资金以支持各项基础设施建设和公共服务的提供。然而,由于中央政府债务限制和地方政府的财力限制,地方政府债券的发行成了最为直接和有效的融资手段。在2015年修订的《预算法》中,明确规定了地方政府是地方债务融资唯一合法的发债主体,这意味着地方政府可以通过发行债券来筹集资金,以支持各项经济建设。随着政策的逐步推进,地方政府债券的发行量逐渐增多,地方政府也逐渐成了区域内最大的债权融资主体。

根据廊坊市财政局的数据，截至2023年末，河北省累计下达廊坊市政府债务限额为1 161.86亿元，而全市政府债务余额1 116.92亿元，总体控制在上级下达的政府债务限额以内。债务类型上，政府债券余额1 116.92亿元，占全市政府债务余额的96.31%；政府外债等非政府债券债务余额35.38亿元，占全市政府债务余额的3.17%。截至2023年底，河北省累计下达廊坊市政府债务限额1 161.92亿元，全市政府债务余额1 116.9亿元，控制在上级下达的政府债务限额以内；河北省累计下达廊坊市本级政府债务限额252.3亿元，市本级政府债务余额234.1亿元，控制在上级下达的政府债务限额以内。廊坊市2023年新增专项债券904.92亿元，新增一般债券212亿元。从上述数据可以看出，政府债券是廊坊市政府债务的主要来源。政府债券的主要特点是安全性高、流动性强，同时还具有较高的融资成本效益。政府债券通常由财政部门发行，并受到国家法律的保障，因此其还款能力较为稳定，可以有效降低政府债务风险。此外，政府债券的流动性较好，可以在二级市场上自由买卖，因此可以为投资者提供更加多元化的投资选择。同时，政府债券还可以提高政府融资的效率，促进经济发展。

2.廊坊市城投平台、地方企业债权融资概况

城投平台、地方企业等债权融资主体在融资市场中扮演着重要的角色，其发挥的作用涉及经济发展、融资成本、投资机会、市场流动性以及企业治理水平等多个方面。因此一个地区所拥有的城投平台或地方企业的数量、评级以及主体的结构一定程度上能反映出当地债权资本市场的发展状况以及经济发展水平。下文也将从上述三个方面对廊坊市债权融资主体的概况进行分析。

从融资主体的数量来看，廊坊市市本级城投公司共有1家，为廊坊市投资控股集团有限公司。区县级城投公司共计19家，分布于廊坊市的各个区县内。但截至2023年末，廊坊市投资控股集团有限公司系廊坊市唯一有存续债券的城投公司，其在完成相关资源整合后已获得AA+主体评级，发债利率屡创新低，最近一期公司债发行利率为4%(23廊控01)。除了城投公司外，廊坊市内拥有存量债券的企业还有华夏幸福基业股份有限公司、九通基业投资有限公司、荣盛房地产发展股份有限公司、华夏幸福基业控股股份有限公司、新奥控股投资股份有限公司、固安九通基业公用事业有限公司6家民营企业，以及廊坊银行股份有限公司这家公众企业。

从融资主体的结构来看，2021年之前，廊坊市发债主体以产业类主体为主，主要包括房地产行业企业幸福基业物业服务有限公司、荣盛房地产发展股份有限公司、华夏幸福基业控股股份有限公司、华夏幸福基业股份有限公司和公用事业行业企业固安九通基业公用事业有限公司。2020年，在新冠肺炎疫情冲击房地产市场、房企销售不及预

期、现金流压力陡增的行业背景下,房地产行业信用风险事件频发,房地产企业发债融资受阻。因此,自2021年以来,廊坊市产业类发行人数量仅保持在1家。

从融资主体的评级情况来看,截至2023年末,廊坊市有存量债券的融资主体共7家,其中主体评级AAA的企业2家,存量债券余额48.516 0亿元;主体评级AA+的企业2家,存量债券余额212.30亿元;主体评级C的企业4家,存量债券余额175.128 8亿元。总体来看,廊坊市存量债券以高评级企业存续的债券为主,部分企业目前评级为C,主要系受房地产行业低迷的影响(见表7—2)。

表7—2　　　　　　　　截至2023年末廊坊市有存量债券的融资主体情况

企业名称	债券余额(亿元)	债券只数(只)
邢台银行股份有限公司	40	4
邢台市交通建设集团有限公司	10	2
邢台路桥建设集团有限公司	20	4
冀中能源集团有限责任公司	203	23
晶澳太阳能科技股份有限公司	89.603 1	1
河北邢台农村商业银行股份有限公司	9	1
河北顺德投资集团有限公司	75.4	13
河北宁晋农村商业银行股份有限公司	50	1

总的来看,当前廊坊市内债权融资主体数量较少,尤其在国家积极推进城投平台市场化的背景下,许多县区级的城投平台由于评级较低、经营能力较差,已多年未发行过债券,债券的发行主要集中在大型国有企业廊坊市投资控股集团有限公司以及少数几个高评级的民营企业之中。为进一步清晰廊坊债务融资主体的状况,接下来将对廊坊目前最大的城投平台——廊坊市投资控股集团有限公司进行分析。

廊坊市投资控股集团有限公司(以下简称"廊坊控股集团")不仅是一家大型国企,更是廊坊市内最大的城投平台。公司成立于2013年8月12日,实际控制人为廊坊市国资委,公司注册资本为5.5亿元,主体评级为AA+级,累计发行债券9只,共计36.5亿元,目前存量债券为5只,共计16.5亿元。廊坊控股集团的支柱业务为园区开发,其以万庄生态新城、新兴产业示范区等园区为核心项目,以园区开发运营和旧城改造等为支柱业务。经过10年的快速发展,已成为中心城区范围内最大的改造企业,并成为城市提档升级的主力军。

除此之外,公司还是廊坊市乃至河北省进行园区开发和城市更新的重要力量。为支持廊坊控股集团快速做大做强,廊坊市政府在廊坊控股集团的资产注入、政策优惠、项目引进等方面给予全方面支持。2020年下半年至2021年上半年，在廊坊市政府的大力支持下，廊坊控股集团顺利完成对廊坊市十余家国有公司股权和国有资产的无偿划转工作，新划入公司主要从事工程及设计、商品和医疗耗材销售、咨询服务等业务，公司规模和实力得到进一步提升。至此，廊坊控股集团成为廊坊市规模最大、产业最全、覆盖区域最广、集国有资产运营与项目开发建设为一体的市属重点国有独资企业。

Wind数据显示，2023年廊坊控股集团共计发行2只债券，分别为23廊控01和02，其发行规模分别为16.5亿元、1亿元，共计17.5亿元，其余城投平台在该年度均没有发债情况。

（二）股权融资主体概况

在挂牌企业、上市公司方面，截至2023年末，廊坊市挂牌企业共计113家。其中以荣盛发展、华夏幸福为代表的地产类上市公司，曾经在地方产业发展中起到了带动作用，引领了地产经济的发展。但随着近几年地产行业的下行，地产类上市公司对于本地经济的带动作用也在减弱。2023年度，廊坊暂无A股IPO与再融资的情况；港股上市公司中，中国宏泰发展（06166.HK）被中国金茂（00817.HK）收购，并在2022年12月6日于港交所退市。

在拟上市企业方面，目前有6家企业已报河北省证监局辅导备案，处于正常公示状态，虽然并不占据数量优势，但是企业发展良好，已挂牌企业整体上已达到财务指标要求。其中奥瑞拓能源科技股份有限公司注册资本5 050万元，主要经营为石油钻井工程所使用的螺杆钻具、随钻检测仪器等专用设备的研发、生产、销售和租赁等；香河昆仑新能源材料股份有限公司注册资本3 570万元，主要经营为固态锂电池及材料、燃料电池及材料的研发及销售；欧伏电气股份有限公司注册资本8 746.4万元，主要为新能源领域（风电、储能、汽车充换电站）、通信领域等行业客户提供配电与控制设备、通信机柜等产品；河北华元科工股份有限公司注册资本8 562.6万元，主要经营为化工石油设备及管道安装技术和水平定向钻穿越等非开挖技术的开发、专业技术服务等。总的来说，上述四家拟上市企业基本是从事国家大力支持发展的高新技术产业，反映出廊坊也正在积极推动产业转型升级，大力发展具有高成长、大潜力性质的企业。

另外，廊坊还在大力扶植一批"专精特新"企业，截至2023年6月末，廊坊市内现存的"专精特新"企业共计90家，其中注册资本在3亿元以上的有1家，在1亿元以上的有17家，仅16家企业注册资本低于1 000万元。在这些企业当中，已有1家企业正在接受上市辅导，有71家企业已经基本符合新三板及北交所要求的挂牌上市条件。

廊坊市"专精特新"企业信息在附件中展示。

四、廊坊市资本市场发展对策与建议

（一）对廊坊市债权资本市场发展的建议

1. 推动优质企业做大做强，打造资质更强融资主体

伴随着国内债务风险的凸显，监管机构、资本市场投资者均更多地向优质企业倾斜，优质企业与弱资质企业的融资便利度、融资成本差异逐渐扩大。信用更好，行业前景更佳，盈利能力更强的优质企业在债券市场有着更大的优势，廊坊市应依托京津冀一体化发展背景，凭借得天独厚的地理位置，找好城市定位，发挥城市优势，大力发展更多的产业，推动企业更好发展，培育出更多的优质融资主体，打破现阶段融资主体少，信用评级较低，融资规模小的现状。

2. 探索设立信用保障基金，提升企业整体信用水平

近年来债券违约事件频发，国企信用事件受到债券市场投资者的广泛关注。在防范化解系统性金融风险的工作基调下，多地组建信用保障基金，以缓解基本面长期向好的国有企业所面临的短期流动性压力，保护投资者权益，降低投资损失，增强市场信心，促进区域信用市场稳定。结合当前廊坊市平台融资的现状，廊坊市政府应统筹设立廊坊市信用保障基金，主要用于担保企业借款、融资等活动，提高企业的融资能力，降低融资成本。信用基金有助于建立常态化、规范化的国企债券风险化解机制，提升国企整体信用水平，进一步降低融资成本。同时，廊坊市应建立企业信用评级体系，对企业的信用等级进行评定，分别设立不同的保证金金额和融资额度，提供定向服务；同时加强信用风险管理，建立企业违约和信用风险数据库，对企业的信用状况进行监测和评估，及时发现和解决企业信用问题；与金融机构合作，共同推进信用保障基金的发展。

3. 开展隐性债务化解工作，实现平台融资渠道突破

在监管机构对隐性债务调控极为严格的情况下，部分廊坊市优质平台如廊坊城发集团的融资渠道因存在存量隐债而严重受限，合理融资需求无法得到满足，且失去了部分信用债产品滚续融资的便利，极大影响平台的融资效率。政府应统筹协调当地资源尽快推动优质平台的隐性债务化解工作，助力优质平台实现融资渠道的突破。

4. 推动城投公司转型发展，优化调整企业业务布局

目前廊坊市城投公司仍存在业务模式单一、造血能力不足以及融资压力较大等问题。面对日益突出的融资矛盾，城投公司亟需拓展业务、改善财务状况，获得市场化的收入及利润，以破解融资难题和可持续发展难题。在当前的发展形势下，城投公司应

积极推动转型,而转型的关键是市场化业务的开展,而市场化业务开展的有力抓手是上市公司的并购与运作。廊坊市城投公司可以通过收购上市公司来推动发展。城投公司收购上市公司主要具有以下两点优势:一是盘活资产,收购上市公司能够使城投公司盘活资产,提升自身造血能力,拓宽城投公司的融资渠道,降低综合融资成本,有效改善资产负债水平,在一定程度上化解存量债务风险。二是推动平台转型升级。通过收购上市公司,能够帮助城投公司快速进入其他行业领域,有效地改变目前单一的业务模式,优化公司业务结构,推动公司业务朝着多元化方向发展,加速推动区域产业转型升级。

5. 抓住政策有利窗口,开展多渠道创新融资

2016年《政府工作报告》中提到"深化投融资体制改革,继续以市场化方式筹集专项建设基金,推动地方政府融资平台转型改制进行市场化融资,探索基础设施等资产证券化,扩大债券融资规模",这为地方政府投融资平台融资渠道提供了新的方向。通过对新形势下公司外部宏观环境、内部投融资和资产财务状况的分析,得以确立投融资转型路径选择。

2020年至今,公募REITs推动迅速,监管从试点指引、投资者参与、税收政策支持、扩募规则等方面不断完善国内公募REITs发展框架。截至2022年末,已有24只公募REITs上市。从二级市场表现来看,除中金安徽交控REIT、华夏中国交建高速REIT以及平安广州交投广河高速公路REIT外,其余REITs均实现正收益。廊坊市应抓住政策有利窗口,结合政策导向,推动城投公司开展多渠道创新融资,例如通过参与公募REITs盘活存量资产,化解存量债务,并由原先的投融资主体转型为真正意义上的基础设施市场化运营主体。

(二)对廊坊市股权资本市场发展的建议

1. 构建科技创新平台,引入高新技术产业

近年来,国家大力支持科技创新和高新技术产业的发展,廊坊也应当积极响应,推动产业转型升级。首先,廊坊可以通过建设科技创新平台,引入更多的高新技术产业入驻廊坊,形成产业聚集效应。在这个过程中,廊坊还应当加强与高校、研究机构的合作,提高科技成果转化率。其次,廊坊可以积极培育本土科技创新企业,支持企业技术研发和产品创新,增强企业核心竞争力。此外,廊坊还可以通过提供优惠政策、减少税收等方式,吸引更多的高新技术企业入驻廊坊,为廊坊市股权资本市场注入新的活力。

2. 优化区域营商环境,给予企业政策支持

近年来,廊坊市上市公司数量相对较少,这反映出廊坊市当前的整体营商环境并

不利于企业的发展。廊坊市政府可以考虑对有上市潜力或者发展前景的企业适度简政放权,简化企业的办事流程提高效率,通过设立专门的部门,为这些企业提供一站式服务。政府在扶持企业发展的同时,对于那些违法违规的企业也应进行处罚,维护市场秩序。

与此同时,政府还可以考虑对初创企业提供一定的贷款优惠或资金支持,以鼓励创新创业。初创企业通常需要大量的资金来启动和发展业务,但是很难获得传统银行贷款,尤其是没有稳定的现金流和抵押品的企业,政府可以制定相应的政策,为初创企业提供贷款保证、税收减免等支持。政府还可以设立投资基金,向初创企业提供风险投资,以帮助他们在早期阶段获得资金支持。此外,廊坊市还应该加强企业文化的建设,提升企业竞争力和品牌价值。政府可以通过举办各种培训班、创业大赛、企业文化节等活动,帮助企业提高管理水平和员工素质,促进企业文化的建设和传承。政府还可以制定相应的政策和规定,鼓励企业注重品牌建设和知识产权保护,以提升企业的核心竞争力。

最后,廊坊市政府还应该加强与企业的沟通和合作,听取企业的意见和建议,不断优化营商环境。政府可以设立投诉反馈机制,为企业提供便捷的投诉渠道,及时解决企业的问题和困难。政府还可以定期组织座谈会、论坛等活动,与企业家进行面对面的交流和互动,了解他们的困难和问题,共同探讨如何促进企业的发展。除了政府的支持和帮助,企业自身也需要努力提升自身的竞争力和创新能力。企业可以加强技术研发和创新,开拓新市场,扩大产品销售规模。企业可以加强员工培训和素质提升,提高管理水平和员工素质。企业可以注重品牌建设和知识产权保护,提升企业的核心竞争力。

3.深化政金企的合作,提升市场活跃度

目前,廊坊市股权市场的整体交易规模较小,市场缺乏活力、流动性以及创新性,交易方式单一。为发展廊坊市股权资本市场,应该深化政府和金融机构以及企业之间的合作。由政府牵头并背书,吸引更多的金融机构入驻廊坊,并通过各种优惠政策促进金融机构在廊坊市内开展各类的金融活动,提升股权资本市场活跃度,给本土优质企业带来更多的融资机会,并在金融机构的专业指引之下,开展本土企业的上市融资活动。同时也要推动企业的优质发展,完善企业的监管和信息披露制度,让企业更加符合上市要求,推动企业接受金融机构的服务,扩大融资规模,完善融资渠道。

附件：

表 7—3　　　　截至 2023 年 6 月末廊坊市"专精特新"企业情况

序号	公司名称	注册资本	主营业务	上市相关分析
1	安泰(霸州)特种粉业有限公司	10 300 万元	MIM超细不锈钢和低合金钢粉末、高品质软磁合金粉、金刚石合成用新型触媒粉末、金刚石工具胎体粉等生产、销售	符合新三板及北交所定位
2	京威汽车设备有限公司	5 000 万元	汽车零部件及配件制造	符合新三板及北交所定位
3	河北国美新型建材有限公司	8 900 万元	隔热和隔音材料制造	符合新三板及北交所定位
4	固安君德同创生物工程有限公司	350 万元	生物技术研制、开发,相关产品生产、销售	股本较小,可培育新三板
5	国能信控互联技术(河北)有限公司	17 540 万元	工业互联网技术开发、技术转让、技术服务;计算机系统服务;应用软件服务	符合新三板及北交所定位
6	廊坊舒畅汽车零部件有限公司	17 540 万元	汽车零部件及配件制造	符合新三板及北交所定位
7	廊坊纽特科技有限公司	8 000 万元	自动化设备、机械设备、计算机软硬件的技术开发、组装加工	符合新三板及北交所定位
8	三河市长城橡胶有限公司	1 380 万元	橡胶零件制造	符合新三板及北交所定位
9	森隆药业有限公司	23 960 万元	中成药生产	符合新三板及北交所定位
10	申江万国数据信息股份有限公司	7 321.6 万元	档案数据信息管理服务;档案存储、整理、数据处理、数字化信息管理、查询调阅、安全销毁	新三板企业,符合北交所定位
11	廊坊市安次区永强机械有限公司	200 万元	机床加工;橡胶塑料制品、仪器仪表、金属结构件制造、销售	股本较小,可培育新三板
12	廊坊市飞泽复合材料科技有限公司	18 447.058 7 万元	高分子材料、碳纤维复合材料及制品、碳纳米材料研发、生产、加工、销售及技术服务	符合新三板及北交所定位
13	廊坊市东平汽车零配件有限公司	500 万元	汽车零部件及配件制造	符合新三板定位,北交所尚需培育
14	廊坊市长青石油管件有限公司	3 000 万元	非标机械制造;锻件、金属管件的加工、销售	符合新三板及北交所定位
15	华田信科(廊坊)电子科技有限公司	2 000 万元	显示器件制造;电子元器件制造;仪器仪表制造;技术服务	符合新三板及北交所定位

续表

序号	公司名称	注册资本	主营业务	上市相关分析
16	廊坊市汇钰模塑有限公司	500万元	塑料零件及其他塑料制品制造	符合新三板及北交所定位
17	河北球境环保科技有限公司	1 000万元	节能环保技术开发、环保设备的研发	符合新三板及北交所定位
18	霸州市万鑫工贸有限公司	5 000万元	机械加工、焊管设备,销售金属材料及制品、有色金属材料及制品,矿产品	业务较杂,需要集中主业
19	吉凯恩(霸州)金属粉末有限公司	19 300万元	生产加工销售水雾化铁粉系列产品	符合新三板及北交所定位
20	中航试金石检测科技(大厂)有限公司	6 200万元	检验检测;技术检测;技术研发、技术推广、技术转让、技术咨询、技术服务	符合新三板及北交所定位
21	力姆泰克(廊坊)传动设备有限公司	3 500万元	金属加工机械制造中的超精密、智能装备制造;制造、加工电动推杆、螺旋升降机、换向齿轮箱、减速电机及其配套机械	新三板公司的子公司,有一定的资本市场价值
22	北京三重镜业(大厂)有限公司	5 800万元	生产表面镜、半反镜、减反射玻璃、导电玻璃、光学滤光片、光学薄膜产品	符合新三板及北交所定位
23	美仪电气有限公司	10 010万元	变压器、整流器和电感器制造	符合新三板及北交所定位
24	河北大固机电设备有限公司	2 000万元	配电开关控制设备制造	符合新三板及北交所定位
25	斯泰科(大厂回族自治县)空调制冷设备有限责任公司	5 000万元	制冷、空调设备制造	符合新三板及北交所定位
26	河北众航高能科技有限公司	2 000万元	电子束加工工艺、电子束加工设备、激光加工工艺、激光加工设备、等离子表面改性工艺、等离子表面改性设备研发	符合新三板及北交所定位
27	河北冠泰电子技术有限公司	2 473.91万元	加工、研发、销售:铝型材、散热片、五金件、风能、光伏发电设备配套产品	符合新三板及北交所定位
28	恒源利通电气大厂有限公司	2 100万元	电工机械专用设备制造	符合新三板及北交所定位
29	廊坊市华能新型建材有限公司	5 100万元	环保节能建筑材料和装饰材料	符合新三板及北交所定位

续表

序号	公司名称	注册资本	主营业务	上市相关分析
30	华能中天节能科技集团有限责任公司	10 000 万元	岩棉、橡塑、硅酸铝、聚氨酯、玻璃棉、防腐化工保温材料及建筑配套材料,耐火材料	建筑业配套,规范难度相对较大
31	廊坊盛森磨具有限公司	1 000 万元	树脂砂轮、涂附磨具、玻璃纤维网片	符合新三板及北交所定位
32	普莱斯德集团股份有限公司	10 000 万元	隔热和隔音材料制造	建筑业配套,规范难度相对较大
33	河北国美新型建材有限公司	8 900 万元	隔热和隔音材料制造	建筑业配套,规范难度相对较大
34	河北因朵科技有限公司	1 000 万元	应用软件开发、计算机软硬件技术开发、技术咨询、技术转让、软件开发;计算机信息系统集成服务	符合新三板及北交所定位
35	廊坊军兴溢美包装制品有限公司	550 万元	食品用纸包装容器等制品	规模相对较小,需要继续做大
36	固安翌光科技有限公司	37 500.075 万元	研发、生产、销售:半导体照明和显示器件、相关产品及应用终端	符合新三板及北交所定位
37	固安科宇鑫鹏自动化控制设备有限公司	5 000 万元	自动化控制设备、手机配件、电子产品、通信器材、表面处理设备、环保设备生产、研发	符合新三板及北交所定位
38	固安航天兴邦机械制造有限公司	20 000 万元	机械设备研发、软件开发、技术服务	符合新三板及北交所定位
39	固安君德同创生物工程有限公司	350 万元	生物技术研制、开发,相关产品生产、销售	规模相对较小,需要继续做大
40	固安鼎材科技有限公司	5 800 万元	电子信息技术开发、技术推广	符合新三板及北交所定位
41	固安县金生冲压件有限公司	600 万元	冲压件生产、销售	符合新三板及北交所定位
42	天罡新材料(廊坊)股份有限公司	8 000 万元	化学试剂和助剂制造	符合新三板及北交所定位
43	宝路七星管业有限公司	5 000 万元	塑料板、管、型材制造	符合新三板及北交所定位
44	汉旗电子科技(固安)有限公司	1 000 万元	汽车零部件及配件制造	符合新三板及北交所定位
45	中油管道检测技术有限责任公司	5 000 万元	管道智能检测及维修、管道防腐层检测及维修	符合新三板及北交所定位

续表

序号	公司名称	注册资本	主营业务	上市相关分析
46	廊坊市金色时光科技发展有限公司	3 500 万元	计算机信息技术服务;家用电器的技术开发、技术咨询、技术服务	符合新三板及北交所定位
47	廊坊市泽田依诺机械设备有限公司	500 万元	工业机械设备及零部件、五金工具加工、销售	规模相对较小,需要继续做大
48	峰杰技术有限公司	5 000 万元	信息系统集成服务	符合新三板及北交所定位
49	廊坊市吉宏包装有限公司	5 000 万元	包装箱、包装盒、纸制品、纸制餐具研发、加工、销售	符合新三板及北交所定位
50	河北智旦网络技术有限公司	10 000 万元	互联网接入及相关服务	符合新三板及北交所定位
51	廊坊展翔精密机械有限公司	500 万元	低温应用设备、精密电子产品、精密仪器仪表	规模相对较小,需要继续做大
52	廊坊科森电器有限公司	400 万美元	摩托车零部件及配件制造	符合新三板及北交所定位
53	中油昆仑管道工程有限公司	8 000 万元	非开挖工程、管道工程、建筑工程、市政公用工程	工程类企业,挂牌及上市存在一定难度
54	廊坊舒畅汽车零部件有限公司	1 000 万元	汽车零部件及配件制造	符合新三板及北交所定位
55	河北中跃检验检测有限公司	910 万元	检测服务	符合新三板及北交所定位
56	查普曼科技开发有限公司	4 861.533 6 万元	智能门窗、防火门、各类门窗及智能家居的研发、生产、销售	符合新三板及北交所定位
57	埃意(廊坊)电子工程有限公司	350 万美元	传感器及其组件的开发、生产、加工、组装及销售自产产品	符合新三板及北交所定位外资企业定位
58	廊坊黎明气体有限公司	5 000 万元	氧气(压缩、液化)、氮气(压缩、液化)、氩气(压缩、液化)、氢气	符合新三板及北交所定位
59	廊坊中电熊猫晶体科技有限公司	10 880 万元	电工仪器仪表制造	符合新三板及北交所定位
60	同方节能装备有限公司	11 600 万元	制冷、空调设备制造	符合新三板及北交所定位
61	廊坊天正通自动化设备有限公司	1 008 万元	专用设备制造	符合新三板及北交所定位
62	三河建华高科有限责任公司	4 200 万元	电力电子元器件制造	符合新三板及北交所定位

续表

序号	公司名称	注册资本	主营业务	上市相关分析
63	冶科金属有限公司	1 310万美元	非晶、纳米晶铁芯、坡莫合金铁芯、IC引线框架	符合新三板及北交所定位
64	三河市裕同印刷包装有限公司	8 000万元	包装装潢印刷、其他印刷品印刷	上市公司子公司,一般不分拆
65	三河市长城橡胶有限公司	1 380万元	橡胶零件制造	符合新三板及北交所定位
66	三河市镭科光电科技有限公司	1 333.25万元	光学仪器制造	符合新三板及北交所定位
67	三河科达实业有限公司	10 000万元	被服洗涤半挂车、餐车、急救车、助航灯光车、驱鸟车、淋浴车、清扫车	业务较杂,需要集中主业
68	森隆药业有限公司	23 960万元	中成药生产	符合新三板及北交所定位
69	远东(三河)多层电路有限公司	919.39万美元	集成电路制造	符合新三板及北交所定位
70	世维通河北科技有限公司	1 500万元	光电子器件、传感器产品	符合新三板及北交所定位
71	申江万国数据信息股份有限公司	7 321.6万元	档案数据信息管理服务:档案存储、整理、数据处理、数字化信息管理、查询调阅、安全销毁	新三板企业,符合北交所定位
72	廊坊福克斯科技有限公司	500万元	研发、生产、销售新型滤清器;生产销售汽车配件、金属制品	规模相对较小,需要继续做大
73	廊坊纳瑞祥环保科技有限公司	1 446万元	研发生产销售环保设备、刨花板、密度板、实木板	符合新三板及北交所定位
74	廊坊北化高分子材料有限公司	1 000万元	初级形态塑料及合成树脂制造	符合新三板及北交所定位
75	河北佳强节能科技有限公司	1 000万元	节能产品研发;生产、销售、安装箱式房、钢结构、彩钢活动房	符合新三板及北交所定位
76	河北华熙管业有限公司	3 600万元	制造销售金属高频焊管(镀锌板带用金属导管)、金属软管	符合新三板及北交所定位
77	河北一木集成房屋科技有限公司	5 000万元	研发、制造、销售、安装彩钢活动房、箱式房、轻钢别墅	符合新三板及北交所定位
78	绿之源有限公司	5 000万元	研发、生产、销售活性炭以及活性炭相关产品、口罩以及口罩相关产品	零售业,行业可进新三板
79	河北睿高机器人科技有限公司	1 000万元	机器人自动化设备、激光设备、数控机床研发、生产、销售	符合新三板及北交所定位

续表

序号	公司名称	注册资本	主营业务	上市相关分析
80	香河昆仑新能源材料股份有限公司	3 750万元	固态锂电池及材料、燃料电池及材料的研发及销售	上市辅导中
81	香河疆拓科技有限公司	100万元	汽车零部件及配件制造	规模相对较小，需要继续做大
82	河北叶罗丽玩具科技有限公司	500万元	玩具的研发、技术推广服务	规模相对较小，需要继续做大
83	香河县中辰铝业有限责任公司	500万元	铝型材、钢制家具、金属制品及上述相关产品配件	规模相对较小，需要继续做大，行业偏传统
84	香河县兴华金属制品有限公司	510万元	生产、加工、销售、组装机箱、机柜、配电柜	规模相对较小，行业偏传统
85	河北天诚通达电气设备有限公司	9 000万元	配电开关控制设备、电力电容器成套设备的制造、销售	符合新三板及北交所定位
86	河北中达凯专用车股份有限公司	2 015万元	专用汽车及零部件的设计研发、制造、销售	符合新三板及北交所定位
87	廊坊浩通特种电缆有限公司	10 800万元	高、中、低压电缆；特种电缆及电线生产制造与销售	符合新三板及北交所定位
88	永清县通达金属制品有限公司	8 000万元	冷轧带钢、热镀锌板带、光亮带钢退火、带管及各种金属制品深加工	符合新三板及北交所定位
89	兰迪家居用品(永清)有限公司	1 035万元	生产免漆板式家具，委托加工木制门窗、钢木门窗等	符合新三板及北交所定位
90	廊坊斗荣汽车配件有限公司	500万元	汽车零部件、汽车塑料制品及其他塑料制品的生产、研发及销售	符合新三板及北交所定位

邢台市资本市场发展分析报告

摘要：2023年，邢台市GDP总量为2 586.1亿元，同比增长3.6%，一般公共预算收入214.4亿元，同比增长2.3%。截至2023年底，邢台市地方政府债务余额1103.63亿元，同比增加19.25%。相较省内其他地市，邢台市发债主体相对集中，发债总额在河北发行总量的占比较低，但债券品种相对丰富，具有较大的挖掘潜力。2023年，邢台市共发行信用债69只，其中冀中能源股份有限公司发行20只，河北顺德投资集团发行5只。2023年邢台市信用债发行总额占河北省发行总量的比例为16.6%。邢台市应积极优化市场环境，扩充市场主体，优化债券融资渠道，助力本地资本市场多样化发展。

截至2023年末，股权资本市场方面，目前邢台市仅有1家国有企业和4家民营企业在A股上市，上市公司较少，在经济规模较小的影响下，社会投融资需求不高，需要进一步开发。近年来，为更好地激发资本市场活力带动当地经济发展，邢台市根据省委省政府指示进行大刀阔斧的改革以推动更多的优质后备企业上市。为更好地推动邢台市股权市场发展，当地政府还应当加强对于激励政策落实情况的监督、针对不同类型的企业制定不同的激励标准。

关键词：上市融资；优质企业；多层次资本市场；邢台市

一、邢台市经济、财政及政府债务情况

邢台市位于河北省南部，太行山脉南段东麓，是华北平原西部边缘的一个城市，东以卫运河为界与山东省相望，西依太行山和山西省毗邻，南与邯郸市相连，北与石家庄、衡水接壤，是一个重要的交通枢纽。作为一座千年古城，邢台市历史悠久，文化底蕴深厚，同时拥有丰富的矿产资源，是河北省的工业重镇。

（一）经济情况

邢台市以钢铁冶金、煤炭、化工业、建材、装备制造业、食品、医药、新能源八大产业为支柱。根据邢台市财政局公布的2023年的数据，邢台市的GDP总量为2 586.1亿元，比2022年增长4.1%，位居全省第七。其中，第一产业增加值为349.6亿元，比2022年增长1.1%，对全市经济增长的贡献率为4%；第二产业增加值为934.9亿元，比上年增长2.9%，对全市经济增长的贡献率为26.3%；第三产业增加值为1 301.6亿元，比上年增长5.8%，对全市经济增长的贡献率为69.7%。可以看出，邢台市的第二、第三产业增加值占据了主导地位，有效推动了经济的快速增长。

（二）财政情况

2023年，邢台市的一般公共预算收入达到214.4亿元，同比增长2.24%。在2023年的公共财政预算支出方面，邢台市一般公共预算支出641.7亿元，同比增长4.3%。一般公共预算支出的增加，对于促进社会稳定、提高民众生活水平、推动经济发展等方面都具有重要作用。截至2023年末，全市政府性基金收入为145.8亿元，同比增长10.2%，政府性基金支出为263.6亿元，同比增长5.6%。在政府性基金收入下降的同时增加了政府性基金支出，表现了政府对基础建设和民生事业的重视。在国有资本经营方面，邢台市的收入完成了2.4亿元，而支出仅为0.5亿元。国有资本经营方面的收支情况相对较为平稳，这表明邢台市政府在国有企业的经营管理上比较谨慎。社会保险基金收入方面，邢台市的社会保险基金收入预计完成116.94亿元，同比增长42.5%，而支出预计完成95.76亿元，同比增长38.1%。这反映邢台市的社会保障制度建设得到了积极推进和加强。

在财政预算支出的具体领域中，乡村振兴和教育发展也是邢台市政府的重要财政支出项目之一。乡村振兴是当前中国经济发展的重要方向，而乡村地区也是农民和农村经济发展的重要基础。邢台市政府在乡村振兴方面加大了投入，包括加强基础设施建设、发展特色产业、提高农民收入等。这些措施有助于推动邢台市农村地区的经济发展和农民收入的增加，同时也能够促进城乡经济的协调发展。而教育则是国家和民族未来发展的基础，也是实现人民群众全面发展的关键。邢台市政府在教育发展方面采取了一系列措施，包括加大教育投入、提高教育质量、促进教育公平等。这些措施有助于提高邢台市的人力资源质量和人才储备，为经济社会发展提供人才支持。在污染防治方面，邢台市政府也采取了许多防治措施，邢台市政府加大了污染治理的投入，包括加强环境监测、推进清洁能源的应用、加强工业企业的污染治理等方面。

总的来看，邢台市2023年的财政收支平稳有序，财政政策积极有效。政府采取了一系列措施，重点投入民生事业上，推动当地经济的发展，为当地经济社会的可持续发展提供坚实的财政支撑。

（三）政府债务情况

根据邢台市财政局数据，邢台市债务限额为1 129.56亿元，而邢台市的地方政府债务余额为1 103.63亿元，整体控制在了上级下达的政府债务限额以内。从邢台市政府的发债状况来看，2023年邢台市政府共计发行政府债务243.3亿元，其中一般债务发行额为52.64亿元，专项债务发行额为190.66亿元，专项债占比达到78.4%。新增债券重点支持了市政建设、医疗卫生、交通等项目建设，为经济社会发展提供充足的资金保障。需要注意的是，虽然邢台市的债务余额还在限额之内，但政府债务规模的增长速度值得关注。截至2023年底，邢台地方政府债务余额1 103.63亿元，同比增加16.13%。地方政府债务在2023年增长加快，要关注其还本付息压力和隐性债务情况。

二、邢台市资本市场概述

（一）资本市场发展历程

1. 债权资本市场发展历程

邢台市是河北省下辖的一个地级市，地处华北平原中部，拥有丰富的自然资源和人文景观，经济总量和发展潜力较大。然而，随着中国资本市场改革不断深化，邢台市在债权资本市场方面的发展相对缓慢。

邢台市的债券资本市场仍有较大发展空间，根据表8-1，从2020年到2023年，信用债券发行总额分别为17亿元、26亿元、129.984 3亿元、368.51亿元，占河北当年发行总量分别为0.69%、1.25%、1.28%、14.63%。从邢台市的信用债券发行总额以及发行总量占比来看，邢台市债券市场规模较小。另外，邢台地区债券发行量占河北省信用债券发行总量的比例偏低，发行主体数量相对较少，现有的发行主体主要是河北顺德投资集团有限公司、邢台路桥建设集团有限公司两家市属国有企业以及邢台银行股份有限公司、河北邢台农村商业银行股份有限公司和河北宁晋农村商业银行股份有限公司。因此，邢台市需要进一步推动市场的多元化和专业化发展，吸引更多的债券发行主体入市，增加市场活力。

表8-1　　　　　　　　邢台市2020—2023年信用债券发行概况

年份	信用债券发行总额（亿元）	发债主体数量（只）	当年发行总量占比（%）
2020	17	3	0.69
2021	26	4	1.25
2022	129.984 3	12	1.28
2023	368.51	75	14.63

数据来源：Wind。

从债券发行品种来看，自2017年以来，邢台市债券融资市场已经逐渐呈现出多样化趋势。在过去，邢台市的债券发行市场主要是单一的银行间市场，但随着市场发展和改革的推进，邢台市的债券发行市场逐步扩展为交易所和银行间双市场，这使得市场更加公开透明和竞争激烈。此外，邢台市的债券发行品种也越来越多样化。除了传统的公司债券和企业债券外，短期融资券和中期票据等直接融资工具也逐渐成为市场主流。这些不同的债券品种可以满足不同投资者的需求，促进市场的多元化和健康发展。这种趋势表明邢台市正在逐步完善债券市场环境，包括市场的法律制度、信息披露、交易机制、风险管理等，提高市场的透明度和流动性。这将进一步吸引更多投资者参与市场，增强市场的活力和发展潜力，推动邢台市经济的可持续发展和结构调整。

2.股权资本市场发展历程

邢台市的股权资本市场起步于20世纪90年代末，当时冶金工业部直属冶金机修企业在上海证券交易所上市，标志着邢台市的股权资本市场开始发展。接着，金牛能源股份有限公司于1999年9月在深圳证券交易所上市交易，这也为邢台市的股权资本市场开启了新的篇章。2006年4月19日，冶金工业部直属冶金机修企业并入了中国中钢集团公司；2008年6月，河北金牛能源集团有限责任公司和峰峰集团有限公司强强联合重组形成冀中能源集团有限责任公司，这一系列的重组合并导致邢台市的上市企业数量减少，最终只剩下了冀中能源集团有限责任公司；2010年，晶澳太阳能科技股份有限公司与龙星化工股份有限公司在邢台市成功上市，为邢台市股权资本市场注入了新的活力。

在中国政府积极推进构建多层次资本市场、解决中小企业融资难融资贵问题的背景下，邢台市的股权资本市场也面临着新的机遇和挑战。2021年9月3日，北京证券交易所注册成立，为邢台市股权资本市场提供了更广阔的平台。面对新机遇，邢台市专精特新"小巨人"、县域特色产业集群领跑者企业——河北华密新材科技股份有限公司于2022年12月23日成功登陆北京证券交易所。这也是邢台市股权资本市场发展历程中的又一个里程碑。在中国政府积极推进资本市场改革、加强金融市场监管的大背景下，邢台市的股权资本市场也逐渐朝规范、健康的方向发展。

（二）资本市场发展现状

1.债权资本市场的发展现状

截至2023年12月31日，邢台市的存量信用债券共51只，存量规模为434.5031亿元。其中，河北顺德投资集团有限公司和邢台银行股份有限公司是最大的债券发行者，分别发行了15只和4只存量信用债，存量规模分别为75.4亿元和40亿元。

从融资品种来看,邢台市的债券品种相对丰富,包括金融债、定向工具、中期票据、公司债、短期融资券和企业债等。其中,中期票据是存量规模最大的品种,共有39只,存量规模为175亿元;金融债有6只,存量规模为45.5亿元;公司债有6只,存量规模为38亿元;定向工具有4只,存量规模为17亿元;企业债有1只,存量规模为2.4亿元,如表8-2所示。

表8-2　　　　　　　　截至2023年末邢台市本级存量信用债情况

序号	债券简称	发行规模（亿元）	发行人	债券类型
1	晶澳转债	89.60	晶澳太阳能科技股份有限公司	可转债
2	23冀中能源SCP010	20.00	冀中能源集团有限责任公司	超短期融资债券
3	23邢台银行永续债01	15.00	邢台银行股份有限公司	商业银行次级债券
4	23冀中能源MTN010（科创票据）	15.00	冀中能源集团有限责任公司	一般中期票据
5	23冀中能源SCP011（科创票据）	15.00	冀中能源集团有限责任公司	超短期融资债券
6	23冀中能源SCP001（科创票据）	12.00	冀中能源集团有限责任公司	超短期融资债券
7	23冀中能源SCP005（科创票据）	10.00	冀中能源集团有限责任公司	超短期融资债券
8	23冀中能源MTN008A	10.00	冀中能源集团有限责任公司	一般中期票据
9	23冀中能源SCP003（科创票据）	10.00	冀中能源集团有限责任公司	超短期融资债券
10	23冀中能源MTN012B（科创票据）	10.00	冀中能源集团有限责任公司	一般中期票据
11	23冀中能源SCP009	10.00	冀中能源集团有限责任公司	超短期融资债券
12	23冀中能源MTN011（科创票据）	10.00	冀中能源集团有限责任公司	一般中期票据
13	23冀中能源MTN012A（科创票据）	10.00	冀中能源集团有限责任公司	一般中期票据
14	23冀中能源MTN009（科创票据）	10.00	冀中能源集团有限责任公司	一般中期票据
15	23顺德01	9.00	河北顺德投资集团有限公司	私募债
16	23冀能股份MTN002	8.00	冀中能源股份有限公司	一般中期票据
17	23冀中能源SCP004（科创票据）	8.00	冀中能源集团有限责任公司	超短期融资债券
18	23顺德投资CP001	7.00	河北顺德投资集团有限公司	一般短期融资券

续表

序号	债券简称	发行规模（亿元）	发行人	债券类型
19	23顺德投资SCP001	7.00	河北顺德投资集团有限公司	超短期融资债券
20	23顺德投资PPN001	7.00	河北顺德投资集团有限公司	定向工具
21	23顺德投资MTN002	7.00	河北顺德投资集团有限公司	一般中期票据
22	23冀中能源MTN004B（科创票据）	6.80	冀中能源集团有限责任公司	一般中期票据
23	23冀中能源MTN003B（科创票据）	6.00	冀中能源集团有限责任公司	一般中期票据
24	23邢台交建CP001	5.00	邢台市交通建设集团有限公司	一般短期融资券
25	23邢路02	5.00	邢台路桥建设集团有限公司	私募债
26	23冀中能源SCP006（科创票据）	5.00	冀中能源集团有限责任公司	超短期融资债券
27	23冀中能源MTN005（科创票据）	5.00	冀中能源集团有限责任公司	一般中期票据
28	23冀中能源SCP007（科创票据）	5.00	冀中能源集团有限责任公司	超短期融资债券
29	23冀中能源MTN008B	5.00	冀中能源集团有限责任公司	一般中期票据
30	23冀中能源SCP002（科创票据）	5.00	冀中能源集团有限责任公司	超短期融资债券
31	23冀中能源MTN006（科创票据）	5.00	冀中能源集团有限责任公司	一般中期票据
32	23顺德投资SCP002	5.00	河北顺德投资集团有限公司	超短期融资债券
33	23冀中能源SCP008（科创票据）	5.00	冀中能源集团有限责任公司	超短期融资债券
34	23邢台交建MTN001	5.00	邢台市交通建设集团有限公司	一般中期票据
35	23冀中能源MTN001（科创票据）	5.00	冀中能源集团有限责任公司	一般中期票据
36	23邢台路桥MTN001	5.00	邢台路桥建设集团有限公司	一般中期票据
37	23冀能股份MTN001	5.00	冀中能源股份有限公司	一般中期票据
38	23冀中D1	5.00	冀中能源集团有限责任公司	私募债
39	23冀中能源MTN007（科创票据）	5.00	冀中能源集团有限责任公司	一般中期票据
40	23冀中能源MTN002（科创票据）	5.00	冀中能源集团有限责任公司	一般中期票据
41	23邢路01	5.00	邢台路桥建设集团有限公司	私募债

续表

序号	债券简称	发行规模（亿元）	发行人	债券类型
42	23冀中能源MTN003A（科创票据）	4.00	冀中能源集团有限责任公司	一般中期票据
43	23冀中D2	4.00	冀中能源集团有限责任公司	私募债
44	23顺德投资MTN001	4.00	河北顺德投资集团有限公司	一般中期票据
45	23冀中能源MTN004A（科创票据）	3.20	冀中能源集团有限责任公司	一般中期票据

数据来源：Wind。

从发行期限来看，邢台市的存量信用债发行期限多为3年，符合中长期融资的需要。从融资平台来看，截至2023年末，邢台市本级共有1家城市投资平台，为河北顺德投资集团有限公司，也是AA+级市级城投平台（见表8—3）。这些城市投资平台都有清晰的业务职能定位以及战略发展方向，具备一定的资本市场融资能力。

表8—3　　　　　　　　　　　邢台市主要发债平台主体

公司名称	评级机构	最新评级
河北顺德投资集团有限公司	大公国际资信评估有限公司	AA+

尽管邢台市债权资本市场发展已经取得了一些成绩，但目前依旧存在许多不足之处。例如，相较于其他的省内地市平台，邢台市市级城投平台仍存在平台规模较小、直接融资受限较为明显的问题。这是当前邢台市债权资本市场发展的主要瓶颈之一，由于平台资产实力较弱，平台只能通过单一方式进行融资，这也无疑增加了融资成本和风险。

2.股权资本市场的发展现状

金融是现代经济的核心。增强企业的上市意愿，让更多公司从幕后走向台前，借助资本力量加快做大做强，这既是企业自身低成本融资的最佳方式，也是建立现代企业制度、实现良性循环和可持续发展的重要途径，更是推进当地经济发展水平更上一个台阶的必由之路，因此，邢台市政府一直在积极推动当地企业通过多渠道开展上市活动，进而推进股权资本市场的建设。

2010年8月10日，河北股权交易所股份有限公司成立，作为河北省唯一一家区域性股权市场运营机构，是一个为河北省中小微企业私募证券发行、转让及相关活动提供设施和服务的场所，始终以"坚持服务实体经济、坚持服务中小微企业"为原则，在推动邢台市资本市场实现高质量发展上起到了重要作用并取得了不俗的成绩。截至

2023年12月31日,邢台市挂牌企业累计9家,其中创新层3家、基础层6家。另外,在A股上市公司方面,2023年末邢台市A股上市公司共有5家,其中国有上市公司1家,为冀中能源股份有限责任公司,而民营上市公司则有龙星化工股份有限公司、晶澳太阳能科技股份有限公司、刑台纳科诺尔精轧科技股份有限公司和河北华密新材科技股份有限公司4家。这5家上市公司在各自的领域中发挥着重要的作用,并对邢台市及周边地区的经济发展做出了重要的贡献。

国有上市公司冀中能源股份有限责任公司是邢台市唯一的国有上市公司,其实际控制人为河北省人民政府国有资产监督管理委员会。冀中能源股份有限责任公司主要从事煤炭开采行业,是中国领先的煤炭生产企业之一,于1999年成立,现有业务覆盖了煤炭开采、煤炭加工、煤化工等领域,在中国能源行业中具有重要的地位。

民营上市公司中,龙星化工股份有限公司成立于2001年,于2010年在深圳证券交易所上市。主要从事化工原料领域的业务。公司的主营产品包括氯碱化工、烷基苯、甲醇等,这些产品在医药、化妆品、日用化工、涂料等领域中有广泛的应用。公司在发展过程中,不断加大技术创新和品牌建设的力度,已经成为中国化工行业中的重要企业之一。晶澳太阳能科技股份有限公司成立于2000年10月20日,于2010年在深圳证券交易所上市,是一家专注于电气设备领域的民营上市公司。主营业务包括太阳能电池、光伏组件、光伏电站等领域。公司产品质量稳定,技术水平领先,获得了广泛的市场认可,多年荣登《财富》中国500强和"全球新能源企业500强"榜单。河北华密新材科技股份有限公司成立于1998年6月23日,于2022年12月成功登陆北京证券交易所,是邢台市首家在北京证券交易所上市的企业。公司多年来一直从事特种橡塑材料及制品的研发、生产和销售,产品主要应用于汽车、高铁、航空航天、工程机械、石油机械等领域。经过多年的核心技术创新与行业经验积累,公司拥有了橡胶混炼胶配方设计、制品骨架结构优化、生产工艺设计等关键技术,开发出耐高低温、耐臭氧、耐磨损、耐怪类油气等具备优异性能的特种橡胶混炼胶及其制品。公司产品技术水平在行业内具有较强优势,并参与起草、修订多项国家标准和行业标准。

邢台纳科诺尔精轧科技股份有限公司成立于2000年1月6日,于2023年11月16日在北交所上市,公司专业从事高精度辊压设备的研发、生产和销售,是目前国内电池极片辊压设备制造行业中规模最大、技术水平最高的生产企业。公司生产的辊压机可轧制各种锂电池极片、超级电容器材料、高分子材料、金属粉末、精细碳粉等,主要服务于新能源行业、IT行业、有色金属行业等。目前公司产品主要应用于多种电池的极片轧制。公司客户包括日本松下能源、韩国三星SDI、天津力神、比亚迪、ATL新能源、瑞士特米高、德国博世、比克国际等400多家全球性企业。公司在加热辊轧机生产方面居于国内领先水平,辊压误差±0.002mm以内,温控精度达到±1℃,最高温度达到260℃,处于世界领先水平。

(三)资本市场发展的优势与不足

1.资本市场发展的优势

得益于邢台市优越的地理位置、稳定的经济增长、强大的产业优势和发展潜力、政府的大力扶持这四大优势,邢台市资本市场经过多年的发展已经初具规模。

地理位置方面,邢台市地处中国北方环渤海经济区腹地,是京津冀地区的新型工业化基地,中原经济区的北方门户。区域内京广铁路、京九铁路、京深高速公路贯穿南北,邢和、邢长公路贯穿东西,形成了铁路、公路纵横的交通运输网。便利的交通有利于资本市场之间的连接与互通。

经济增长方面,2020—2023年,邢台市的GDP总量分别为2 200.4亿元、2 427.1亿元、2 546.9亿元、2 586.1亿元,同比增长分别为3.7%、6.2%、3.6%、1.54%,经济增长始终保持着良好的发展态势,为资本市场的发展提供了良好的外部条件。

产业优势与潜力方面,邢台市是冀中南先进制造业基地,拥有世界上最大的方便面生产基地、世界上最大的维生素B12生产基地、全国最大的轴承生产销售集散地、全国最大的童车生产基地等,为打造制造业强市奠定了坚实基础。另外,作为一座千年古城,邢台拥有着丰富的旅游资源,自然与人文景观数不胜数。这些产业的发展潜力为资本市场提供了更多的投资机会,为资本市场带来了更多的投资机遇。

政府支持方面,邢台市政府一直高度重视资本市场的发展,出台了一系列的政策用以提升资本市场的活力和吸引力,例如,2022年12月邢台市政府颁布《关于进一步巩固全市经济回升向好势头的二十条措施》,指出要充分发挥市政府推进有效投资重要项目的协调能力,加快解决项目签约投放中的难点堵点,完善项目前期各项手续,确保国家政策性、开发性金融工具投放项目按期开工。支持企业积极申报部分领域设备购置与更新改造贷款财政贴息备选项目。推进基础设施领域不动产投资信托基金(REITs)项目培育,促进盘活存量资产。此外,文件还指出要加大银企对接力度,健全重大项目政银企常态化对接机制,引导金融机构加大对重点项目的支持力度,强化融资要素保障。

2.资本市场发展的不足

近几年,邢台市一直在大力推进资本市场的发展,但目前仍存在一定制约因素。债权资本市场方面,邢台现存的高评级债权融资平台较少,不利于吸引更多的投资者进入市场。截至2023年末,邢台市内主体评级达到AA+的市级平台仅有两家,分别为河北顺德投资集团有限公司和邢台市交通建设集团有限公司,其中河北顺德投资集团有限公司虽然已取得AA+主体评级,但其内仍存在AA的存续评级,使得监管机构、资本市场等对于河北顺德投资集团有限公司的实际评级级别认定具有不确定性，可能根据孰低原则认定为 AA 级别，不利于融资的开展。对此，邢台政府可以对信用评级较高的主体给予更多的支持从而激励其他平台去提高自身的信用评级。另外，邢台现有的债权融资平台的规模普遍较小，难以与省内石家庄、唐山等较发达的城市的平台比较，即使与经济状况大体相同的地级市比较也有一定的差距，以河南商丘为例，河北顺德投资集团有限公司的净资产规模仅有商丘市发展投资集团有限公司（评级也为 AA+）的 1/3 左右，而商丘与邢台的公共预算收入却是大体相当，为进一步扩大融资平台的规模，邢台应积极推进中小平台的资源整合。

股权资本市场方面，第一，邢台市存在投资不足的问题。这一问题是许多小城市所面临的普遍情况，原因包括投资者对于小城市的经济前景缺乏信心，以及投资机构的资金主要流向大城市。解决这一问题的方法之一是通过各种宣传和推广活动，增强投资者对邢台市经济前景的信心。此外，政府可以提供一些优惠政策，吸引投资机构投入更多资金。第二，邢台市当地的上市公司较少，仅有冀中能源集团有限责任公司、晶澳太阳能科技股份有限公司、龙星化工股份有限公司、邢台纳科诺尔精轧科技股份有限公司和河北华密新材科技股份有限公司 5 家。这一问题与邢台市相对较小的经济规模有关。为了吸引更多的上市公司，政府可以出台一系列支持政策，如降低上市门槛，提供税收优惠等。此外，政府还可以积极引导本地企业走向资本市场，鼓励企业融资上市。第三，邢台市的城市规模对较小，其股权资本市场规模较小，相比于一些大城市，市场的交易量和资本流动性都比较低。为了增加市场的交易量和资本流动性，政府可以积极发展股权投资基金等机构，吸引更多的投资者参与市场交易。此外，政府还可以加大市场监管力度，提高市场的透明度和公信力，进一步提高投资者信心。第四，邢台市相关专业人才不足，这不利于股权资本市场的进一步发展。政府可以出台一系列支持措施，吸引更多的人才到邢台市就业，如提供住房补贴、税收优惠等。同时，政府还可以积极推动科技创新和高新技术产业的发展，为人才提供更多的发展机会。

三、融资主体概况

（一）债权融资主体概况

1. 邢台市地方政府债权融资概况

2014 年，新《预算法》的颁布为地方政府债务融资的管理带来了一系列变化。在此之前，地方政府的债务融资一直处于灰色地带，缺乏明确的法律规定。这也导致了一些地方政府通过各种渠道非法融资，甚至出现了一些违法违规行为。新《预算法》的颁布使得地方政府债务融资进入了规范化、合法化的轨道。地方政府成为地方政府债务融资的唯一合法主体，随之而来的是地方政府债务融资的规模逐渐扩大，成为区域内最大的融资主体。地方政府以其政策执行能力和资源配置能力为基础，通过发债来筹措资金，以支持各项基础设施建设、公共服务等社会公益事业的发展。这种方式的优势在于能够快速筹措资金，推动社会经济发展，但也存在一定的风险。

从增量数据来看，2023年邢台市政府共计举新债243.3亿元，其中一般债52.64亿元，专项债190.66亿元。一般债的发行主要用于政府日常运作的开支，例如支付公共服务的费用，购买设备和物资，以及资助社会项目。专项债通常是为了资助特定的项目或活动而发行的债券。这些债券的收益通常只能用于特定的项目或活动，例如修建一座桥梁或建设一所学校。专项债通常由政府拨出一定的资金作为保证，但这些资金不能用于其他目的。相比之下，由于一般债通常不具备明确的还款来源和还款保障措施，风险相对较高。因此，如果地方政府所举新债中专项债占比较高，表明地方政府将大部分的融资用于特定的项目或用途，相对风险较低。从邢台市的发债数据可以发现其所举新债中78.4%是专项债，仅有少部分为一般债，这意味着邢台市政府十分注重控制债务的合理结构，所存在的债务风险也相对较低。

总体来说，虽然邢台市地方政府的债务规模较大，但基本控制在上级政府下达的限额内。在新债发行方面，邢台市政府主要发行的是专项债，债务结构较为合理，整体的债务风险较低。

2. 邢台市城投平台、地方企业债权融资概况

除了地方政府本身外，城投公司与地方企业也是地方债权融资的重要主体，它们的数量、规模等对促进债权资本市场的发展具有重要意义。当前，邢台市内的城投公司主要有河北顺德投资集团有限公司、邢台交通建设有限公司两家市级平台以及散布于各区县内的一众区县级平台，地方企业包括邢台银行股份公司为代表的金融类企业和以邢台路桥建设集团有限公司为代表的产业类企业。从债券存续情况来看，邢台市发债主体主要为城投企业，截至2023年末，城投企业、金融企业以及产业企业存量信用债券余额分别为75.4亿元、45.5亿元以及40.4亿元，占邢台市存量债券的比例分别为17.4%、10.5%以及9.3%。从评级情况来看，邢台市共有AA+评级企业4家，分别为河北顺德投资集团有限公司、邢台市交通建设集团有限公司、冀中能源股份有限公司、晶澳太阳科技股份有限公司；AA评级企业两家，分别为邢台路桥建设集团有限公司和邢台银行股份有限公司。

近年来，在邢台市委市政府的领导下，邢台市通过新设、股权划转、资产注入等方式对区域内的城投平台进行培育，目前区域内市属主要平台均已完成资产整合工作。根据市委、市政府的规划，市属三大平台均有各自明确的目标定位，其中河北顺德投资

集团有限公司系邢台市基础设施建设投融资及公用事业运营主体，在邢台市城市建设领域发挥着重要作用；邢台市交通建设集团有限公司系邢台市重要的城市基础设施建设服务及交通类工程施工主体。区县级平台方面，邢台区域内主要区县级平台包括邢台邢东新区开发建设投资集团有限公司及邢台市龙岗投资有限公司，其中邢东新区建投已获取 AA 评级，邢台市龙岗投资有限公司目前正在整合，暂不具备资本市场直接融资的条件。

河北顺德投资集团有限公司（以下简称"顺德集团"）成立于 2009 年 9 月，由邢台市政府投融资管理中心出资设立，初始注册资本为 1.20 亿元，并经过多次后续注资。2020 年 11 月 18 日，邢台市人民政府下发《关于整合做大河北顺德投资集团有限公司有关问题的批复》，同意将顺德集团 100％股权无偿划转给邢台市政府国有资产监督管理委员会（以下简称"邢台市国资委"）。2020 年 12 月，公司发布《河北顺德投资集团有限公司关于资产无偿划入及变更出资人事项的公告》，公告显示邢台市政府同意将邢台投融资中心持有的公司全部股份无偿划转至邢台市国资委。2021 年 4 月，根据《河北顺德投资集团有限公司股东决定》，各方股东同意将公司注册资本金由 15.00 亿元增资到 20.00 亿元。截至 2022 年末，公司注册资本及实收资本均为 20.00 亿元，邢台市国资委持有公司 100％股份，邢台市政府为公司实际控制人。作为邢台市重要的城市开发建设及公共事业运营主体，其主要从事工程建设、供热、供排水、商品销售和金融投资等业务。根据 Wind 数据显示，截至 2023 年末，顺德集团的存量债券有 15 只，共计 75.4 亿元。

邢台市交通建设集团有限公司（原"邢台市交通建设有限公司"）成立于 2020 年，系经邢台市人民政府批准，由邢台市人民政府国有资产监督管理委员会出资，并整合邢台路桥建设集团有限公司、河北路航实业集团有限公司和邢台华赢公交集团有限公司等 7 家公司而组建的国有独资公司，初始注册资本 1.00 亿元。公司通过股权划转等方式，有效扩大了资产规模及经营领域，增强了公司的盈利能力，并促进各子公司在经营范围、人才技术等领域的协同发展，进而提升公司整体的综合竞争力。截至 2021 年末，公司注册资本和实收资本均为 20.00 亿元，全资控股股东和实际控制人均为邢台市国资委。作为邢台市新成立的重要的城市基础设施建设服务商，邢台市交通建设集团有限公司主要从事建设施工、基础设施代建、保障房开发、公交运输、重点交通设施建设及运营等业务。根据 Wind 数据，截至 2022 年末，邢台市交通建设集团有 2 只处于注册进程中的债券，共计 25 亿元。

邢台路桥建设集团有限公司是邢台市交通建设集团有限公司旗下的国有全资企业，注册资本 42.54 亿元，注册登记于 1993 年，具有国家公路工程施工总承包特级资质,市政公用工程施工总承包一级资质,路面、路基、桥梁、隧道、公路交通工程专业承包一级资质,建筑工程施工总承包一级资质,钢结构工程专业承包一级资质,工程设计公路行业甲级资质等。邢台路桥建设集团有限公司是非上市发债企业,主体信用评级为 AA 级,截至 2023 年 9 月末,实现营收 49.47 亿元,总资产规模 357.63 亿元,资产负债率为 68.91%。邢台路桥建设集团有限公司自 2016 年开始发行各类债券 26 只,累计债券融资规模为 61.0 亿元,目前仍存续的有 5 只,其中包括 2023 年 6 月 9 日于上交所成功发行的 5 亿元私募债。

整体来看,邢台市内企业类的债权融资主体较少且主要是城投平台,但即使是规模最大的两家城投公司——河北顺德投资集团有限公司与邢台市交通建设集团有限公司,规模都相对较小,无法与省内发达城市的大城投平台比较。不过,目前邢台市也在逐步整合区域内的资源,推动构建高评级、大规模的城投平台。

（二）股权融资主体概况

邢台市的股权融资主体主要包括上市公司、拟上市公司、新三板挂牌企业等。上市公司方面,邢台市目前拥有 5 家上市公司,分别为冀中能源、龙星化工、晶澳科技、纳科诺尔以及华密新材。其中,华密新材和纳科诺尔分别于 2022 年 12 月 23 日和 2023 年 11 月 16 日在北交所上市,而其他 3 家上市公司则在深交所上市。2023 年,邢台市的 5 家上市公司也进行了一定的资本运作行为。冀中能源是邢台市规模较大的上市公司之一,其于 2023 年 2 月 13 日将所持河北金牛化工股份有限公司 56.04% 的股权,以 231 807.89 万元的价格出售给河北高速公路集团有限公司。龙星化工在 2023 年 7 月 1 日发布了向不特定对象发行可转换公司债券募集说明书,募集资金总额预计不超过 79 444.21 万元。这一行动旨在为公司未来的发展提供更多资金支持。晶澳科技向不特定对象发行的可转债已于 2023 年 8 月 4 日成功上市。

拟上市公司方面,截至 2023 年末,邢台共有 4 家企业 IPO 辅导备案登记,分别为精晶药业股份有限公司、根力多生物科技股份有限公司、今麦郎食品股份有限公司、河北欧耐机械模具股份有限公司。根力多生物科技股份有限公司是一家专业从事生物蛋白系列肥料、微生物菌剂、植物营养特种肥、矿物土壤调理剂等产品研发、生产、销售、服务为一体的企业,有机肥料行业在产业链中处于中游环节,上游主要由畜牧业、种植业的企业组成,下游主要服务于农业种植业等行业主体,以满足产业需求。今麦郎食品股份有限公司是一家大型数字化快消品公司,业务涵盖方便食品、饮品、面粉三大板块,产品销售遍布全国,并远销 50 多个国家和地区。今麦郎食品股份有限公司拥有极强的产品创新能力,企业建立今麦郎中央研究所、今麦郎品牌定位研究院两大创新中心,先后被认定为"河北省认定企业技术中心""河北省中小企业集群技术服务中心",并依托其产生基础建立了河北省方便食品工程技术研究中心、河北省面制品产业技术研究院等省级研发中心,成立产品定位研究院。

新三板挂牌企业方面,截至2023年末,邢台市新三板挂牌企业数量为9家,其中有6家属于基础层,3家属于创新层。这些企业分布在不同行业,其中制造业企业数量最多,共计6家,占比66.67%;其他行业的企业包括金融业,农、林、牧、渔业,批发和零售业,信息传输、软件和信息技术服务业,各有1家。值得一提的是,新三板挂牌企业是中国资本市场中的一类企业,其特点是规模小、成长性强、风险高。随着中国资本市场的不断完善和发展,新三板挂牌企业在推动经济发展和促进资本市场稳定方面发挥了重要作用。随着中国资本市场的不断发展和壮大,相信邢台市的新三板挂牌企业也将在规模和成长性上有所提升。

整体来看,邢台市的上市企业较少,只有冀中能源、晶澳科技、龙星化工、纳科诺尔和华密新材5家,在2023年,这些上市公司都进行了一定的资本运作行为,包括股份转让、发行可转债、非公开发行股票等。拟上市企业目前也只有4家企业在进行IPO辅导备案登记,分别为精晶药业股份有限公司、根力多生物科技股份有限公司、河北欧耐机械模具股份有限公司以及今麦郎食品股份有限公司。不过邢台市在新三板挂牌的企业较多,挂牌企业数量为9家,其中占比较大的是制造业企业。

四、邢台市资本市场发展对策建议

(一)对邢台市债权资本市场发展的建议

1. 统筹债务结构,防范债务风险

党的二十大报告提出,要加强和完善现代金融监管,强化金融稳定保障体系,依法将各类金融活动全部纳入监管,守住不发生系统性风险底线。在国内外环境不稳定的情况下,国内财政、货币政策的变动频繁,因此中长期债务在应对政策变动、稳定金融风险方面更具优势。

近年来,随着邢台市发债企业增多,存量债券余额持续增长,资本市场金融风险不断增加。为了防范债券违约等风险的发生,统筹市属国有企业是一个重要的方向。邢台市政府可以通过债务置换、灵活设计采取债券条款等措施,优化市属国有企业债务期限,实现以中长期为主,短期为辅的稳定结构。债务置换是指将一种类型的债务换成另一种类型的债务。例如,可以将短期债务转换为长期债务,以减轻短期偿债压力。这种方法可以使企业更好地规划其资金需求和资本支出,从而提高财务稳定性。另一个重要措施是灵活设计使用债券条款。债券条款的设计可以影响债券的风险和回报特征。因此,邢台市可以根据自身的风险偏好和财务需求,灵活设计债券条款,以更好地适应市场需求和金融风险。

通过采取上述的两项措施,可以助力邢台市优化市属国有企业的债务结构,从而实现以中长期为主,短期为辅的稳定结构。这不仅可以有效防范存量债务风险,还可以为企业提供更加稳定的融资环境,支持其长期发展。

2.扩大融资渠道,降低融资成本

融资是企业发展的重要基础之一,扩大融资渠道、降低融资成本是企业发展的必经之路。目前,邢台市发债企业主要通过交易一般公司债券、一般企业债、银行间一般债务融资工具等债券品种进行融资,以上融资渠道已经得到广泛应用,但在创新债券品种方面,邢台市企业的融资力度稍显不足。

邢台市应进行债券品种创新的原因有以下几点:首先,从企业角度出发,传统的债券品种存在一些局限性,如融资成本高、期限短、流动性差等,这些问题影响了企业的融资效率和融资能力。因此,邢台市企业应该积极拓展债券融资品种,以满足企业不同的融资需求。其次,创新债券品种是降低融资成本、拓展融资渠道的重要途径。创新债券品种是指那些创新的、针对特定领域或行业的债券品种。近年来,交易所持续推进市场债券和资产支持证券的品种创新,推出包括绿色公司债券、科技创新公司债券、乡村振兴公司债券等创新型公司债券的业务指引,为企业提供了更多的选择。这些创新型债券品种具有切实的融资优势,如融资成本低、期限长、流动性好等,可以帮助企业降低融资成本,优化企业的融资结构和债务结构。最后,从债券资本市场角度出发,创新债券品种可以降低融资风险,提升债券资本市场活跃度和参与度。多种品种债券进行融资,可以有效分散风险,降低融资风险,有利于债券资本市场的稳定和多层次债券资本市场的发展。

总之,扩大融资渠道、降低融资成本是邢台市企业发展的必经之路。企业应该积极探索创新债券品种,拓展多元化融资渠道,同时也要注重降低融资成本,优化融资结构,提高信用等级和风险管理能力,从而提高企业综合融资能力和资本市场投资人的认可度。

3.打造优质平台,助力区域经济发展

随着经济的不断发展,城市化进程加快,城市建设越发重要。然而,城市建设需要大量资金投入,城市投资开发有限公司(城投公司)因其负责城市公共基础设施建设、房地产开发等任务,成为城市建设中的重要力量。但是,在邢台市各区县的国有资产中,出现了资产分散、资金分散、管理分散等问题,城投公司也普遍存在资产规模较小、有效资产不足、融资渠道单一等问题,限制了其在城市建设中的作用。但是,可以将各区县城投公司小规模的优质资产整合起来,打造出更大、更优质的城投平台。市级城投和区县级城投可以进行合作,整合区县优质资产资源,从而提升其运营实力和资本市场认可度,进一步推进区域内相关项目建设,助力经济发展。

首先,整合优质资产资源可以提高城投平台的规模和质量。将区县城投公司的优质资产整合到市级城投平台中,形成一个规模更大、品质更高的城投平台,更有可能得到更多的关注和资本市场的认可。这也可以有效解决区县城投公司资产规模较小、有效资产不足等问题。其次,整合优质资产资源可以增加城投平台的投融资能力。城投公司的运营需要大量资金投入,但目前城投公司融资渠道单一,很难进行直接融资。通过整合区县优质资产资源,可以增加城投平台的资产规模和实力,提高其在资本市场上的认可度,进而增强其投融资能力,这有助于提高城市公共基础设施建设的投资规模。最后,整合优质资产资源可以提高资源利用效率。区县城投公司由于受限于自身财务指标、区县财政实力及国家相关政策影响,现有优质资产和资源利用效率偏低。但是,通过整合区县优质资产资源,可以实现资源的更好利用,从而提高资源利用效率。通过整合优质资产资源,可以加强市级城投和区县级城投之间的合作和协调,更好地实现区域内相关项目的建设和运营。在整合资源的过程中,市级城投和区县级城投可以进行深入的合作和协调,建立更加紧密的工作机制,更好地实现资源的共享和优化配置,从而更好地服务于区域经济的发展。

整体来看,在整合优质资产资源,打造规模更大、更优质的城投平台的过程中,市级城投和区县级城投需要密切合作,建立更加紧密的工作机制,加强资源的共享和优化配置,提高城投平台的规模、实力和投融资能力,从而更好地服务于城市建设和区域经济发展。同时,邢台市政府部门也需要加强对城投公司的引导和监管,确保城投公司在合理范围内开展业务,并规范市场秩序,从而为邢台的城市建设和区域经济发展提供有力支持。

4. 降低准入门槛,增加市场参与者

邢台市债权资本市场的参与者相对较少,这不利于邢台市债权资本市场的进一步发展。因此,降低准入门槛,增加邢台市债权资本市场的参与者,是非常重要的。

当前,邢台市债权资本市场的准入门槛比较高,所需要的资质和条件让许多优质但仍然处于起步阶段的中小企业难以进入市场。如果降低准入门槛,首先,可以吸引更多的小型企业和个人投资者进入市场,增加市场的活力和流动性。其次,降低准入门槛可以促进市场的创新和发展,推动市场向更高的水平发展。最后,降低准入门槛也可以促进邢台市经济的发展。债权资本市场是市场经济中非常重要的一部分,对于邢台市的经济发展具有非常重要的意义。如果债权资本市场的参与者越来越多,市场也会越来越活跃,这将有助于提高邢台市经济的竞争力和发展水平。

邢台市政府应制定更加合理和透明的准入门槛，在增加邢台市债权资本市场参与者的同时，政府和市场监管部门加强市场监管，市场积极引导参与者加强风险管理和自我约束，保证债券资本市场的健康发展。此外，市场也要积极推动金融科技的发展，以提高市场的效率和服务质量，满足不同参与者的需求。

（二）对邢台市股权资本市场发展的建议

1. 加快并购重组，助力中小企业上市

并购重组是现代企业发展中的重要策略，既可以实现企业外延式扩张，也可以加强产业整合和转型升级，是企业获得快速发展的重要途径之一。

在邢台市，通过并购重组交易，可以实现资产证券化和引入战略投资者两个目标。首先，这不仅有助于加大对邢台市上市后备企业和专精特新企业的服务力度，也能够加强对中小企业的跟踪及孵化，充分发挥专业机构的行业研究和产业服务的能力，为企业赋能。长期陪伴中小企业的成长能够助力培育和孵化更多的上市项目或并购标的，也为邢台市的经济转型和高质量发展贡献力量。其次，通过并购重组还可以帮助邢台市企业化解产能过剩问题，提高行业集中度，提升资源的配置效率，从而促进产业升级。这对于邢台市的经济发展具有重要意义，能够推动企业向高质量、高效率和高附加值方向转型升级。最后，通过并购重组还有助于加速邢台市国企改革的推进，优化国有资本布局，提供国有资产证券化比率，盘活国企存量资产，扩大市场份额，增强国企的市场竞争力。这将有助于提高国企的绩效和效率，推动国有资本市场化改革，促进国有资本布局优化，从而提高邢台市企业的竞争力和市场地位。

邢台市应加快并购重组，助力中小企业上市是一项长期的工作，需要各方共同努力，充分发挥各自的优势，促进经济转型升级，推动邢台市企业向更高层次、高质量发展。

2. 完善企业"白名单"机制，切实解决企业难题

完善企业"白名单"机制可以帮助企业优化运营环境，降低运营成本，增强市场竞争力，提升企业发展质量和效益。以下是一些建议，以帮助邢台市政府和企业完善这一机制。

首先，邢台市政府应该根据当地不同企业发展的实际情况，建立起一套科学的评价指标体系，将企业按照质量、信誉、安全、环保等方面的表现进行评估，并将评估结果以"白名单""灰名单""黑名单"的形式公示出来。这样的评价机制可以更客观、更科学地评估企业的质量和信誉。评估完成之后，针对不同层级的企业采取不同的支持鼓励政策或监管措施，例如对处在白名单的企业可以提供一定的资金支持并在办事流程上给予一定的简化，这样在推动优质企业发展的同时还能防止一些不良企业通过各种手段占据市场。

其次,邢台政府应该加强对企业的监管手段和执法力度,构建一套行之有效、注重公平的惩罚制度,严厉打击违法违规行为,让那些不守规矩的企业付出代价,促进市场竞争公平有序。另一方面,政府应该采取激励措施,鼓励那些积极承担社会责任的企业,为社会做出更多贡献,这在推动社会进步的同时还能提高企业的社会形象和美誉度。

最后,邢台政府应该加强与地方企业的沟通和互动,了解企业面临的实际问题和困难,帮助企业解决难题。例如可以成立专门的"企业服务中心",为企业提供全方位的服务,帮助企业化解风险,提高企业的创新能力和竞争力。而企业也应该主动加强自身的内部管理,建立健全的管理制度,规范企业行为,提升企业形象和信誉。同时,企业也应该增强社会责任意识,关注社会公益事业,为社会做出贡献,提高企业在社会中的影响力。

综上所述,完善企业"白名单"机制是提升市场竞争力、促进企业健康发展的重要手段。邢台市政府和当地企业都应该加强合作,共同推进"白名单"机制的建设,让白名单真正成为企业发展的标志。

3.加大对"专精特新"企业的支持,鼓励多路径上市

随着我国经济的不断发展和转型升级,邢台市许多企业也在不断地转型升级和创新发展,为社会和经济的发展做出了积极贡献。随着北京证券交易所的设立,"专精特新"这一新类型的企业成为各地重点发展的对象,这些企业在其所处的行业领域内,具有强大的技术研发能力和市场竞争力。为了进一步推动邢台市"专精特新"企业的发展,鼓励多路径上市,需要政府采取更加积极的措施,提供更加全面的支持。

首先,政府需要加大对邢台市"专精特新"企业的支持力度。具体来说,政府可以通过税收减免、财政补贴、技术创新等方面来为这些企业提供支持。对于那些具有较高技术含量和创新能力的企业,政府可以适当降低其税负,并提供一定的财政补贴,以支持其进行技术创新和产品研发。此外,政府还可以通过设立专项基金,吸引社会资本参与支持,加大对"专精特新"企业的支持力度,帮助它们在市场竞争中取得更好的成绩。其次,政府应该鼓励邢台市"专精特新"企业通过多种途径上市。目前,上市是企业获得资本和市场认可的重要途径之一。政府可以通过政策、法律和资本等方面来鼓励企业上市,帮助它们获得更好的融资渠道,提高市场竞争力。政府可以鼓励企业通过主板、创业板等不同的上市途径,寻求更适合自己的融资模式。此外,政府还可以鼓励企业通过并购重组等方式,提高其市值和竞争力,为其上市铺平道路。最后,政府可以通过设立专门的服务机构,为企业提供全方位的服务和支持,帮助它们解决融资、市场拓展等问题。同时,政府还应该加强对"专精特新"企业的监管和管理,规范企业行为,保障市场的公平和透明。政府可以加强对企业的信用评价和风险监测,避免企业出现风险和不良影响。此外,政府还应该建立健全的知识产权保护体系,保障企业

在技术创新和市场竞争中的合法权益。

总之,加大对邢台市"专精特新"企业的支持,鼓励多路径上市是一个系统工程,需要政府、企业和社会各方面的共同努力。政府需要加大投入和政策支持力度,为企业提供更加全面的支持和服务。企业需要不断加强技术创新和产品研发能力,提高自身的市场竞争力。社会各方面需要关注和支持这些"专精特新"企业的发展,为其提供更加广泛的合作机会和发展空间。只有在共同努力下,才能实现邢台市"专精特新"企业的持续发展和壮大,为推动股权资本市场发展和经济高质量发展做出更大的贡献。

4.深化与交易所的合作,配置优质企业

深化与交易所的合作对于邢台市的企业来说具有重要意义,这不仅可以为当地企业提供资金支持,还可以提供信息和技术支持,帮助企业提高竞争力和生产效率,促进股权资本市场的发展。

首先,交易所作为金融市场的核心机构,可以为企业提供融资和投资机会,为企业发展提供资金支持。邢台市的企业大多数是中小型企业,资金短缺是制约企业发展的主要问题之一。通过与交易所的合作,企业可以利用交易所的融资渠道,获得更多的资金支持。此外,交易所还可以提供各种投资机会,为企业提供更多的获利机会。这些融资和投资机会不仅可以帮助企业解决资金问题,还可以帮助企业扩大规模,提高产能,增强市场竞争力。其次,交易所可以提供资本市场的信息服务,帮助企业了解市场变化和行业趋势,做出更好的决策。随着信息技术的不断发展,交易所可以利用先进的信息技术手段,为企业提供实时的市场行情和行业动态。这些信息可以帮助企业了解市场变化和行业趋势,制定更加合理和科学的经营策略,提高企业的竞争力和市场地位。同时,交易所还可以为企业提供专业的咨询服务,帮助企业解决在经营过程中遇到的问题和困难。最后,交易所还可以提供技术和管理支持,帮助企业提高生产效率和管理水平。在经济全球化的大背景下,企业只有不断提高自身的生产效率和管理水平,才能在激烈的市场竞争中立于不败之地。交易所可以利用自身的资源和专业技术,为企业提供技术支持和管理咨询服务,帮助企业提高生产效率和管理水平,从而提高企业的经营效益和市场竞争力。

在实际操作中,邢台市可以采取多种措施,加强与交易所的合作。首先,邢台市可以加强与交易所的沟通,及时了解交易所的政策和业务变化,为企业提供更加全面和准确的信息服务。其次,邢台市可以利用交易所的平台,组织企业参加交易所的各种活动和项目,提高企业的知名度和影响力。最后,邢台市可以引导企业主动利用交易所的融资渠道和投资机会,加强与交易所的业务合作,实现互利共赢,推动邢台市股权资本市场的发展。

衡水市资本市场发展分析报告

摘要：2018—2023年，衡水市地区生产总值总体上持续增加，财政收入稳步增加，在经济建设方面取得了一定成效。在经济建设取得良好成效的同时，衡水市也在大力推动资本市场发展，但受多重因素的影响，衡水市的资本市场活跃度仍有待进一步提升。相较于省内其他地市，衡水市债券市场发展相对较晚，2012年，河北冀衡集团有限公司发行了第一只债券，发行额2.4亿元。2018—2021年，衡水市信用债发行量从1.60亿元逐步增加到5亿元，但2022年没有企业发行债券。截至2023年末，衡水市目前拥有3家A股上市公司，4家新三板挂牌企业，其中老白干酒和瑞星股份进行过再融资。针对资本市场发展较为薄弱，债券发行主体较少，债券发行量较低，上市公司数量和上市后备企业数量较少等现状，衡水市应进一步加强资本市场建设，积极协调区域金融资源，推动区域内企业协同合作互利互赢，同时推进平台公司收购上市公司，增强平台造血能力，从而更好地发挥金融服务经济的作用。此外，通过政企联动提质效，助力平台企业多元化发展。在股权资本市场方面，衡水市政府既需要加强专精特新企业的政策扶持，推进衡水市潜在上市企业的梯队建设，还需要助力已上市企业借力资本市场实现跨越式发展，着力打造资本市场"衡水板块"。

关键词：衡水市；债券融资；政企联动；城投转型；衡水板块

一、衡水市经济、财政及政府债务情况

衡水市是河北省东南部的中心城市，位于华北平原中部，与环渤海圈外环接轨，属于环渤海经济圈和首都经济圈的"1+9+3"计划京南区。衡水市盛产棉花、小麦、果品、蔬菜和畜牧产品等，粮、棉、油人均占有量居全省第一，是京津重要的农副产品加工

供应基地。产业布局方面,衡水市重点培育先进装备制造业、新材料产业、食物及生物制品三大主导产业,谋划布局服务机器人和数字信息安全产业两大未来产业,构建"3+2"现代产业新体系。同时,衡水市聚焦市域主导产业和县域特色产业,打造雄安衡水协作区、衡水高新区、滨湖新区三大经济发展增长极。

(一)经济情况

近年来,衡水市GDP总量总体不断扩大。从三次产业增加值来看,第一产业增加值基本保持稳定,第二产业增加值有所波动但整体向好,第三产业增加值稳步提高。2023年,衡水市经济持续回升,各项经济指标稳步增长,呈现出稳中求进、进中提质的总体态势。衡水市统计局显示(见表9-1),2023年衡水市实现地区生产总值1 888.1亿元,同比增长5.6%,占河北省全省当年生产总值的4.3%,在河北省的11个地级市中排名第9。其中,第一产业实现增加值259.8亿元,同比增长0.5%;第二产业实现增加值609.8亿元,同比增长6.5%;第三产业实现增加值1 018.5亿元,同比增长6.4%,三次产业结构为13.8∶32.3∶53.9。2023年衡水市人均GDP为4.5万元,同比上年增长5.9%,位居河北省第9。

表9-1　　　　　　　　2018—2023年衡水市经济情况主要指标

指　　标	2018年	2019年	2020年	2021年	2022年	2023年
GDP(亿元)	1 558.7	1 504.9	1 560.2	1 703.1	1 800.5	1 888.1
GDP增速(%)	6.9	6.8	4.0	6.8	4.2	5.6
第一产业增加值(亿元)	200.5	216.6	235.1	237.9	263.5	259.8
第二产业增加值(亿元)	639.3	492.1	489.6	583.7	622.1	609.8
第三产业增加值(亿元)	718.9	796.2	835.5	881.5	915.0	1 018.5
工业增加值(亿元)	—	401.7	400.1	485.2	516.4	501.6

数据来源:衡水市统计局、企业预警通。

(二)财政情况

在财政收入方面,2018—2023年间,衡水市财政收入平稳增长,财政实力持续增强。2023年,一般公共预算收入151.8亿元(其中税收完成81.1亿元),比上年增长5.7%,占河北省一般公共预算收入的比重为3.5%。2023年,衡水市一般公共预算支出440.1亿元,比上年增长4.3%,占河北省一般公共预算支出的比重为4.6%(见表9-2)。

表9-2　　　　　　　　2018—2023年衡水市财政情况主要指标

指　　标	2018年	2019年	2020年	2021年	2022年	2023年
一般公共预算收入(亿元)	114.99	122.05	127.26	136.64	143.61	151.80

续表

指　　标	2018年	2019年	2020年	2021年	2022年	2023年
一般公共预算收入增速(%)	11.10	6.10	4.30	7.40	5.10	5.70
税收收入(亿元)	76.04	80.49	75.78	79.23	68.04	81.1
一般公共预算支出(亿元)	359.21	394.28	419.85	395.41	422.07	440.10
政府性基金收入(亿元)	127.45	97.74	101.31	91.98	72.78	—
政府性基金支出(亿元)	138.04	123.93	159.30	171.42	94.23	—
国有资本经营收入(亿元)	0.27	0.25	0.31	5.23	0.23	—
国有资本经营支出(亿元)	0.09	0.02	0.16	3.19	0.04	—

数据来源：衡水市财政局、企业预警通。

(三)政府债务情况

从政府债务情况来看,衡水市政府债务率和负债率处于省内中游水平,政府债务规模较小,财政自给率处于省内中下游水平。从表9-3可以看出,近年来衡水市债务规模不断增长。截至2023年末,衡水市总债务余额达到651.79亿元,其中专项债余额增长明显,从2018年的93.69亿元增长至2023年末的454.29亿元。

2023年,衡水全市新增地方政府债券121.56亿元,其中一般债券13.72亿元,专项债券107.84亿元。专项债券主要用于市政基础设施、社会事业、产业园区基础设施、保障性住房等领域。

表9-3　　　　　　　　2018—2023年衡水市债务情况　　　　　　　　单位:亿元

年　份	一般债余额	专项债余额	总债务余额
2018	93.42	93.69	187.12
2019	120.8	133.72	254.52
2020	149.22	191.55	340.77
2021	167.25	301.87	469.12
2022	183.23	347.56	530.79
2023	197.50	454.29	651.79

数据来源：衡水市财政局、企业预警通。

二、衡水市资本市场概述

(一)资本市场发展历程

1.债券市场发展历程

据Wind数据统计,2012年9月20日,河北冀衡集团有限公司发行了第一只债券,债券类型为短期融资券,发行额2.4亿元,期限为1年,发行利率为6.6%。

截至2023年末,衡水市在债权资本市场实现融资的企业主要是衡水市建设投资集团有限公司和河北海伟交通设施集团有限公司。衡水市债权资本市场融资主体较为单一,融资规模较小。从债券类型来看,衡水地区目前发行的债券品种涉及公司债与短期融资券两种,品种较为单一(见表9—4)。

表9—4　　　　2017—2023年衡水市债券发行总量与发债主体数量统计

	2017年	2018年	2019年	2020年	2021年	2022年	2023年
债券发行总量(亿元)	0.00	1.60	0.00	6.00	5.00	—	0.00
发债主体数量(家)	0	1	0	1	1	—	0

从融资主体来看,衡水市建设投资集团有限公司为国有企业,最新主体评级为AA;河北海伟交设施集团有限公司为民营企业,最新主体评级为BBB—。

表9—5　　　　截至2023年末衡水市已发债企业主体评级情况

公司名称	评级机构	最新评级
衡水市建设投资集团有限公司	中诚信国际信用评级有限责任公司	AA
河北海伟交通设施集团有限公司	大公国际资信评估有限公司	BBB—

在衡水市债券资本市场的发展过程中,政府也出台了相应政策以规范其发展。

2022年5月,衡水市人民政府办公室印发的《关于优化金融环境的实施意见》提出,鼓励金融机构争取总部新产品、新工具优先在衡水市场探索、应用和推广,系统内试点优先在衡水实施;引导金融机构开发个性化、差异化、定制化金融产品,构建更加专业化、多样化的金融服务模式;鼓励金融机构将法律法规不禁止、产权归属清晰的各类不动产、动产、知识产权和其他财产权利作为贷款抵(质)押物为企业提供融资,减轻对传统抵押担保的过度依赖。

2022年10月,衡水市人民政府进一步出台了《关于进一步巩固全市经济回升向好势头的二十条措施》,其中指出要用足用好政策性开发性金融工具,深入研究国家最新政策动向,加强专业培训,积极梳理谋划项目,提高项目申报的数量和质量;充分发挥市政府推进有效投资重要项目协调机制作用,加快解决项目签约投放中的难点堵点问题,加快项目用地、规划许可、环评、施工许可(开工报告)等前期手续办理,确保国家政策性开发性金融工具投放项目按期开工建设;加大对基础设施领域不动产信托投资基金(REITs)的宣传和培训,做好项目谋划,促进盘活存量资产。

2.股权市场发展历程

衡水市股权市场的发展始于20世纪90年代初期,当时衡水地区有一批国有企业和集体企业开始进行改制,通过股份合作制、股份制等方式引入社会资本,实现了企业的活力和效益的提升。

2002年10月29日,老白干酒(600559.SH)在上交所主板上市,成为衡水市首家A股上市公司。衡水老白干酒厂始建于1946年,是全国第一家国营制酒厂,目前也是河北省白酒行业中唯一一家上市公司。2018年1月5日,瑞丰动力(02025.HK)于港交所主板挂牌上市,衡水市在国际融资方面完成零的突破;2月12日,养元饮品(603156.SH)于上交所主板成功上市;同年,衡水市实现了上市企业县(市、区)全覆盖。2023年7月3日,瑞星股份(836717.BJ)于北交所上市,所属细分行业为工业机械。

与此同时,衡水市持续深化"放管服"改革,一方面着力打造"三最"的营商环境,即为全省审批事项最少、时间最短、费用最低,持续优化的营商环境厚植了企业生存发展的沃土,也吸引着越来越多的企业选择落地衡水。另一方面继续加大招商引资的力度,过去几年,衡水市出台了招商引资优惠政策二十条等系列政策措施,面向珠三角、长三角、京津等重点区域开展常态化招商;政府也组织百家央企进入衡水,与中冶、中建等30余家"中字头"企业签署战略合作协议。随着京津冀协同发展的不断深化,衡水市谋划建设雄安衡水协作区、衡水·雄安新区配套产业孵化基地、武邑京津冀协同发展产业园、深州京津冀产业协作园、雄安·故城产业生态城等战略平台,北京威克多制衣等一批企业整体搬迁入园区,北京蒙牛、泰国正大等一批知名企业落户衡水。2021年,衡水市进一步提出,要坚持创新引领,聚焦项目建设,全力推进传统产业与新兴产业齐头并进、富民产业与创税产业共同发展、大企业与"专精特新"中小企业竞相迸放、一二三产业互促融合,形成大项目"顶天立地"、小项目"铺天盖地"的发展局面。

从再融资情况上看,衡水市上市公司再融资频率较低,截至2023年末仅有4次A股再融资事件,总筹资金额为19亿元,再融资总规模在河北省处于中下游。且三次再融资主体为老白干酒,瑞星股份进行一次再融资,养元饮品则暂无再融资。其中,最近一次再融资项目为2019年2月老白干酒实施定向增发募资2.83亿元,募集资金最大的再融资项目为2015年12月老白干酒定向增发募资8.25亿元。

在衡水市股权资本市场的发展过程中,衡水市政府为推进企业上市,也给予了大量政策方面的支持。根据《衡水市人民政府办公室关于优化金融环境的实施意见》(衡政办发〔2022〕5号)中的内容,在政策奖励方面,对在境内和境外主要证券交易所首发上市和新三板、区域性股权交易所挂牌的企业以及在新三板、区域性股权交易所首次融资的企业,按照标准给予费用补助,降低企业上市和发债融资成本;在企业培育方面,针对不同板块的上市条件,组织筛选20家有在高层次板块上市意愿的企业,纳入上市后备企业资源库,并建立培育上市梯队,进行动态管理。同时加强与上海、深圳、北京证券交易所的战略合作,借智借力,加快推动衡水市企业上市步伐。并且通过组织召开线上线下专题培训、赴企业实地走访调研和组织企业上市专题协调会等方式,对拟上市企业进行培训辅导。此外,政府对县域特色产业集群头部企业进行调研摸底,重点在景县橡塑、枣强燃气调压器、饶阳轨道交通信号等县域特色产业集群积极探索,力求有突破,并寻求加快推进县域特色产业集群高质量发展,为做强做优县域经济提供有力支撑。

(二)资本市场发展现状

1. 债券市场发展现状

截至2023年末,衡水市当年暂未发行债券;衡水市债券累计发行主体为5家,债券余额11亿元,有存续债券的企业仅1家,为衡水市建设投资集团有限公司。就债务期限结构而言,衡水市存量债券以中长期为主,主要债务期限分布在3—5年期。就存量债券平均利率成本而言,衡水市存量债券利率成本主要集中在5%左右,利率水平适中。衡水市存量债券总体规模较小,期限以中长期为主,总体融资成本适中,区域内存量债券偿债压力较小。

表9-6　　　　　　　截至2023年末衡水市存量债券情况统计

证券名称	发行日期	到期日期	发行规模（亿元）	当前余额（亿元）	票面利率（%）	证券类别	发行期限（年）
20衡建01	2020-04-16	2025-04-16	6	6	4.98	私募债	3+2
21衡建01	2021-01-18	2026-01-18	5	5	5.20	私募债	3+2

数据来源:Wind。

2. 股权市场发展现状

相较于河北省其他地市,衡水市的上市公司数量较少,上市公司所处行业相对单一,股权市场活跃度有待提高。目前,衡水市共有3家A股上市公司,分别为老白干酒(600599.SH)、瑞星股份(836171.BJ)和养元饮品(603156.SH)。2020—2023年,衡水市上市公司营业收入总额在80亿—110亿元之间,与衡水市各期GDP的比例均值为5.81%,占比较为稳定。

截至2023年末,衡水市共有3家企业处在辅导备案状态,暂无处在A股IPO申报阶段的企业。新三板方面,衡水市新三板挂牌企业的数量相对较少,目前仅有4家挂牌企业(其中3家企业位于基础层,1家企业位于创新层),新三板企业的整体发展水平还有待提高。衡水市共有32家区域性股权市场挂牌企业,作为服务中小微企业的私募股权市场,聚集了衡水有竞争力的企业,使得其成为政府产业扶持的综合运用平台,有利于拟上市企业规范辅导培育能力,辅导企业登陆更高层次的资本市场。

(三)资本市场发展的优势与不足

1. 债券资本市场发展优劣势分析

(1)债券资本市场发展的优势

①地理位置优越,区位优势明显

衡水市地处京津冀地区,地理位置优越,交通便利,是河北省的重要经济区域,也是京津冀协同发展的重要节点城市,这使得衡水市可以充分发挥区域经济的辐射带动作用,吸引更多的投资者和企业参与到债券资本市场中。此外,衡水市拥有较强的工业基础和发展潜力,衡水市工业和信息化局表示,衡水市将以"一带一路"建设、京津冀协同发展、雄安新区规划建设等为契机,加快推进产业转型升级,培育壮大新动能,打造现代化经济体系。

②地方政策支持,助推企业发展

近年来,中央在推动债券市场发展方面提出了一系列政策措施。衡水市作为河北省重点扶持的城市之一,享有一定的政策优惠,为债权资本市场提供了良好的发展环境。此外,衡水市也大力支持债券融资,支持企业债券、公司债券、非金融企业债务融资工具等多种债务品种的发行,创造良好的金融环境,助力实体经济高质量发展。

③偿债压力较小,仍有融资空间

衡水市总体债务融资规模较小,主要债务期限分布在3—5年期,且利率主要集中在5%左右。衡水市区域内存量债券偿债压力较小,未来融资空间较大。

(2)债券资本市场发展的劣势

①市场规模有限

相较于一线城市和部分发达的二线城市,衡水市的经济总量和金融市场规模相对较小,这限制了债券资本市场的发展空间。

②融资渠道单一

衡水市的企业融资渠道相对单一,主要依赖传统的银行贷款。尽管债券资本市场为企业提供了一种新的融资方式,但由于市场规模和企业信用问题,企业融资渠道的拓宽仍面临一定挑战。

③债券品种有待创新

目前衡水市债权融资主要为公司债券产品,暂无资产证券化、REITs及其他创新公司债券的发行,不利于衡水市总体融资规模的提升,也不利于债务结构多元化的打造,抵御政策变动的能力相对较弱。此外,债券市场以短期融资工具为主,长期融资工具占比较低,长期融资渠道不畅通。

④债券市场流动性较低

衡水市债券市场的换手率远低于全国平均水平,尤其是公司类债券的流动性不足,这在一定程度上影响了债券的定价效率和资源配置效率。

2.股权资本市场发展优劣势分析

(1)股权资本市场发展的优势

第一,政策优势。衡水市积极推动企业挂牌,加强后备资源库建设,支持企业股份制改造,加大辅导培育力度,持续强化政策支持。2020年3月,河北省地方金融监督管理局等部门印发《进一步推动资本市场服务实体经济的若干措施》,提出了一系列具体措施和目标任务,为衡水市企业挂牌上市提供了有力保障。2023年,《衡水市关于支持企业上市七条措施》提出,支持企业上市融资,建立专办工作机制,细化上市后备企业资源库,明确并优化上市奖励引导,做实做深企业上市培育工作,用利好税收政策降低股改成本,规范股改形式,提高企业竞争力,加速资本市场扩容提质。

第二,产业优势。衡水市有着良好的产业基础和发展潜力。作为河北省重要的工业城市和农业大县,衡水拥有食品饮料、机械制造、化工医药、纺织服装等特色产业,形成了一批具有竞争力和影响力的龙头企业。随着产业结构不断优化升级,衡水市为股权资本市场提供了丰富的投资标的,有助于吸引更多的投资者和企业参与。

(2)股权资本市场发展的劣势

衡水市股权资本市场发展目前还处于起步阶段,截至2023年末共有3家A股上市公司,上市公司主要在主板、北交所上市,科创板、创业板上市企业数量为零,整体上市企业数量和质量还不够高。此外,衡水资本市场融资活动较少,多层次资本市场建设仍不完善,上市后备企业培育和辅导力度有待加强。

三、融资主体概况

(一)城投公司

1.总体情况

衡水市实现融资的城投公司主要为衡水市建设投资集团有限公司,其前身为河北省衡水地区建设投资有限公司,成立于1996年6月12日。截至2023年末,公司注册资本金为30.3亿元,主体评级为AA级,控股股东为衡水市国资委。公司经营范围主要包括城乡基础设施投资建设、房屋工程建筑、公路工程建筑、市政工程、园林绿化工程服务、股权投资、债权投资、担保、小额贷款、融资租赁等。截至2023年末,公司总资产为 228.93 亿元;2023 年上半年公司实现营业收入 59.73 亿元,营业利润 8.45 亿元。

2.转型发展情况

2016 年 3 月 15 日,衡水市委、市政府在衡水市建设投资公司基础上组建市属国有独资企业"衡水市建设投资集团有限公司",将其变更为国有独资企业。衡水市建设投资集团有限公司自成立以来,不断强化市级投融资创新平台、基础设施建设平台、国有资本运营平台和产业转型升级平台"四个平台"的职能定位,在工程建设、项目融资、金融助企、智慧城市、资本运作以及新能源项目等工作开展方面齐头并进,取得了一定成果。集团先后建设和参与建设了邯港高速衡水段道路工程、吴侯路道路工程、吴公渠生态修复整治工程、雄安郊野公园衡水展园、南外环改造提升等 9 个重点项目建设任务,已完成直接投资 8.6 亿元,带动投资 54.1 亿元。2020 年 4 月 15 日,衡水市建设投资集团有限公司在上海证券交易所成功发行第一期私募公司债,发行规模为 6 亿元,票面利率为 4.98%。本期私募公司债也是衡水市第一只公司债券。这次债券的成功发行为衡水市建设投资集团有限公司承接实施重点项目建设提供了资金支撑,为市内企业后续通过债券市场融资起到引领和示范作用,也提升了衡水市在国内资本市场的知名度。

目前衡水市国有企业计划开展资产整合工作,通过做大做强衡水市建设投资集团有限公司,实现融资能力的提升。

(二)上市公司

1.上市公司概览

截至 2023 年末,衡水市共有 3 家 A 股上市公司,分别为河北衡水老白干酒业股份有限公司、河北养元智汇饮品股份有限公司和河北瑞星燃气设备股份有限公司(见表 9—7)。2023 年 7 月 3 日,瑞星股份于北交所成功上市。

表 9—7　　　　　　　　　衡水市 A 股上市公司基本情况

序号	公司名称	股票代码	公司简称	注册资本(万元)	成立日期
1	河北衡水老白干酒业股份有限公司	600559.SZ	老白干酒	91 474.74	1999－12－30
2	河北养元智汇饮品股份有限公司	603156.SZ	养元饮品	126 549.36	1997－09－24
3	河北瑞星燃气设备股份有限公司	836717.BJ	瑞星股份	11 468.00	2001－06－04

(1)老白干酒

老白干酒(600559.SH)原名为河北裕丰实业股份公司,2007 年正式更名为河北衡水老白干酒业股份有限公司,于 2002 年 10 月 29 日在上交所主板上市。目前,老白干酒是河北省酿酒行业的唯一一家国有上市公司。河北衡水老白干酒业股份有限公司所属行业为食品、饮料与烟草—饮料行业,公司主要从事衡水老白干酒的生产和销售、商品猪及种猪的饲养及销售、饲料的生产和销售等业务;公司主要产品衡水老白干酒有着1 800多年的酿造历史。

公司2019—2023年分别实现营业收入40.30亿元、35.98亿元、40.27亿元、46.53亿元和52.57亿元,较上年同期的增长率变动依次为12.48%、-10.73%、11.93%、15.54%和12.98%;实现归母公司净利润4.04亿元、3.13亿元、3.89亿元、7.08亿元和6.66亿元,较上年同期的增长率变动依次为15.38%、-22.68%、24.50%、81.81%和-5.89%(见表9-8)。

表9-8   2019—2023年老白干酒营业收入情况

	2019年	2020年	2021年	2022年	2023年
营业总收入(亿元)	40.30	35.98	40.27	46.53	52.57
营业总收入增长率(%)	12.47	-10.73	11.93	15.54	12.98
归母公司净利润(亿元)	4.04	3.13	3.89	7.08	6.66
归母公司净利润增长率(%)	15.38	-22.68	24.50	81.81	-5.89

(2)养元饮品

河北养元智汇饮品股份有限公司所属行业为日常消费—食品、饮料与烟草—饮料行业,公司主要业务为生产饮料和罐头、批发兼零售预包装食品。公司的主要产品有复合蛋白饮料核桃奶、果仁露等。公司是中国较早进入核桃饮料行业的企业之一,是国内核桃饮料生产规模最大的龙头企业。经过多年发展,公司与其"养元""养元六个核桃"核桃饮料成为公司销售区域中消费者认知度较高的核桃饮料厂商和品牌之一,并且"YANGYUAN及图"商标已被国家市场监督管理总局认定为"中国驰名商标"。

公司2019—2023年分别实现营业收入74.59亿元、44.27亿元、69.06亿元、59.23亿元和61.62亿元,较上年同期的增长率变动依次为-8.41%、-40.65%、55.99%、-14.24%和4.03%;实现归母公司净利润26.95亿元、15.78亿元、21.11亿元、14.74亿元和14.67亿元,较上年同期的增长率变动依次为-4.99%、-41.46%、33.78%、-30.16%和-0.46亿元(见表9-9)。

表9-9   2019—2023年养元饮品营业收入情况

	2019年	2020年	2021年	2022年	2023年
营业总收入(亿元)	74.59	44.27	69.06	59.23	61.62

续表

	2019年	2020年	2021年	2022年	2023年
营业总收入增长率(%)	-8.41	-40.65	55.99	-14.24	4.03
归母公司净利润(亿元)	26.95	15.78	21.11	14.74	14.67
归母公司净利润增长率(%)	-4.99	-41.46	33.78	-30.16	-0.46

数据来源：Wind。

(3)瑞星股份

河北瑞星燃气设备股份有限公司成立于2001年，是国内领先的燃气设备设计、智造、上市企业，于2023年7月3日在北交所主板上市。河北瑞星燃气设备股份有限公司所属行业为其他专用设备制造行业，主要从事城市燃气输配系统中调压设备的研发、生产、设计和销售等业务；公司的主要产品有燃气调压器、燃气调压箱(柜)、撬装式燃气减压装置、压力容器、LNG气化供气装置和埋地式调压箱等。公司获得河北省科学技术厅"河北省科技型中小企业"、"河北省企业科技中心"称号。

公司2019—2023年分别实现营业收入2.44亿元、2.17亿元、2.10亿元、2.03亿元和1.73亿元，较去年同期的增长率变动依次为-10.82%、-11.02%、-3.47%、-3.09%和-14.79%；实现归母净利润0.45亿元、0.37亿元、0.43亿元、0.38亿元和0.24亿元，较去年同期的增长率变动依次为-26.17%、-17.83%、16.58%、-13.51%和-37.22%(见表9-10)。

表9-10　　　　　　　　2019—2023年瑞星股份营业收入情况

	2019年	2020年	2021年	2022年	2023年
营业总收入(亿元)	2.44	2.17	2.10	2.03	1.73
营业总收入增长率(%)	-10.82	-11.02	-3.47	-3.09	-14.79
归母公司净利润(亿元)	0.45	0.37	0.43	0.38	0.24
归母公司净利润增长率(%)	-26.17	-17.83	16.58	-13.51	-37.22

数据来源：Wind。

2.上市公司地位及同行业地位分析

(1)上市公司地位分析

2023年，衡水市上市公司营业总收入占衡水市国内生产总值的6.13%，上市公司企业应交税费占衡水市税收收入的10.03%，利润总额占衡水市工业利润总额的4.31%，其中养元饮品的营业总收入的比例均为最高，营业总收入占衡水地区生产总值的比重为3.26%，为带动当地经济发展做出一定贡献。虽然衡水市上市公司数量较少，但是其对当地经济发展起到了一定的带动作用(见表9-11)。

表 9－11　　　　　　　　2023 年衡水市上市公司占比情况

序号	公司	营业总收入（万元）	营业总收入/衡水市GDP	应交税费（万元）	企业所得税/（衡水市财政收入－税收收入）	净利润（万元）	企业利润总额/衡水市工业利润总额
1	老白干酒	525 726.65	2.78%	58217.55	7.18%	66 593.62	1.33%
2	养元饮品	616 160.60	3.26%	22720.68	2.80%	14 6741.03	2.93%
3	瑞星股份	17 321.65	0.09%	408.81	0.05%	2 359.75	0.05%
合计		1 159 208.9	6.13%	81 347.04	10.03%	215 694.4	4.31%

(2)同行业地位分析

老白干酒属于日常消费－食品、饮料与烟草－饮料－白酒行业,截至 2024 年一季度末,全国同行业共有 20 家,行业平均净利润为 31 亿元,行业净利润中值为 5 亿元,老白干酒净利润为 1.362 亿元,低于行业平均水平和行业中值,排名第 15 位;行业平均总收入为 75.43 亿元,行业总收入中值为 19.37 亿元,老白干酒营业收入 11.30 亿元,低于行业平均水平和行业中值,排名第 12 位。

养元饮品属于日常消费－食品、饮料与烟草－饮料－软饮料行业,截至 2024 年一季度末,全国同行业企业共有 11 家,行业平均净利润为 1.97 亿元,行业净利润中值为 0.57 亿元,养元饮品净利润为 8.79 亿元,远高于行业平均水平和行业中值,排名第 1 位;行业平均总收入为 10.01 亿元,行业总收入中值为 5.51 亿元,养元饮品营业收入 23.16 亿元,远高于行业平均水平及行业中值,排名第 2 位。

瑞星股份属于专用设备－其他专用设备行业,截至 2024 年一季度末,全国同行业共有 87 家,瑞星股份的净利润在行业中的排名为 66,营业收入在行业中排第 82 位,均远低于行业平均值及中值。

3.上市公司资本运作行为及分析

(1)股权转让

2018 年 9 月 12 日,姚奎章先生累计通过上海证券交易所集中竞价系统增持河北养元智汇饮品股份有限公司股份 1 017 010 股,占公司总股本的 0.14%,增持金额 49 726 481 元,本次增持计划已实施完毕。本次增持计划完成之后,姚奎章先生直接持有公司股份 159 314 401 股,占公司总股本的 21.15%。

2020 年 12 月 26 日,衡水市财政局将其通过衡水市建设投资集团有限公司持有的老白干集团国有股权的 10% 无偿划转给河北省财政厅持有。本次国有股权划转不会导致老白干酒的控股股东和实际控制人发生变化,公司控股股东仍为老白干集团,实际控制人仍为衡水市财政局,不会对公司正常的生产经营活动产生影响。

2021年4月20日,佳沃集团通过集中竞价交易合计减持公司股份8 972 836股,占公司总股本的1%。截至本公告披露日,佳沃集团减持计划已实施完毕。本次减持后,佳沃集团持有公司股份36 972 452股,占公司股份总数的4.12%。

(2)收购购买

2018年3月27日,河北衡水老白干酒业股份有限公司拟发行股份及支付现金向佳沃集团、君和聚力、汤捷、方焰、谭小林购买丰联酒业控股集团有限公司100%的股权。交易完成后,丰联酒业控股集团有限公司(以下简称"丰联酒业")将成为上市公司全资子公司。本次交易对价由上市公司以发行股份及支付现金的方式支付,其中,以现金方式支付对价61 900.00万元,以股份方式支付对价78 000.00万元,股份发行价格为20.86元/股,发行股份数为37 392 137股。丰联酒业拥有河北乾隆醉、安徽文王贡酒、湖南武陵酒以及山东孔府家酒四个地方名酒品牌。这是老白干酒实现香型、地域互补,扩大市场覆盖范围,提升品牌影响力的重大战略布局。

2018年9月,河北衡水老白干酒业股份有限公司出资370万元,收购了其他股东持有的河北中衡云商电子商务股份有限公司25%的股权,收购完成后,公司持有中衡云商68%的股权,中衡云商电子商务股份有限公司(以下简称"中衡云商")成为公司控股子公司。

(3)再融资

2015年12月12日,老白干酒股份有限公司完成非公开增发,本次增发募资金额总额82 529.99万元,其中发行费用860.00万元,实际募集资金81 669.99万元,本次增发共定向发行35 224 100股。本次定向增发募集资金用于补充流动资金,偿还银行贷款。

2018年04月04日,老白干酒股份有限公司完成非公开增发,本次增发募资金额总额78 000.00万元,实际募集资金78 000.00万元,本次增发共定向发行37 663 000股。本次定向增发募集资金用于发行股份购买丰联酒业100%的股权。

2019年2月15日,老白干酒股份有限公司完成非公开增发,本次增发募资金额总额28 299.99万元,其中发行费用724.50万元,实际募集资金27 575.49万元,本次增发共定向发行24 208 700股。本次定向增发募集资金投入支付购买丰联酒业股权部分现金对价。

2017年12月27日,河北瑞星燃气设备股份有限公司完成非公开增发,本次增发募资金额总额1 200.00万元,增发共定向发行6 000 000股。本次定向增发募集资金用于更好地满足公司战略需要,优化公司财务结果。

(4)IPO

2018年1月30日,养元饮品股份有限公司完成上交所创业板首次公开发行并上市交易,本次 IPO 募资金额总额 338 932.65 万元,其中发行费用 1 075.50 万元,实际募集资金 326 567.20 万元,本次募资投向营销网络建设及市场开发项目、衡水总部年产 20 万吨营养型植物蛋白饮料项目以及永久补充流动资金。

2023年6月16日,河北瑞星燃气设备股份有限公司完成北交所首次公开发行并上市交易,本次 IPO 募资金额总额 14 540.76 万元,其中发行费用 2 497.27 万元,实际募集资金 12 043.49 万元,本次募资投向研发中心项目和燃气调压设备生产扩建项目以及永久补充流动资金。

(5)员工持股

2015年,老白干酒实施了定向增发和员工股权激励计划,并引进了战略投资者,募集了8亿元的资金,用于归还银行借款、增加流动资金和扩大产能。这是老白干酒在白酒行业深度调整期间,化解财务危机和提升内部激励的重要举措。

2005年,养元饮品实施了员工持股计划,并由原衡水老白干集团的技术员姚奎章带领 58 名员工收购了该公司 100% 的国有产权,完成了民营化改制。这是养元饮品摆脱困境,走向发展的重要转折点。

综上所述,老白干酒和养元饮品的资本运作行为主要体现了以下特点:首先,老白干酒和养元饮品在面对行业竞争和自身困境时,积极利用员工持股计划和资本市场进行融资和并购,以求突破发展瓶颈;其次,股东通过增持股份,向外界传递了一个积极的信号,即公司的业绩和发展前景值得看好,这对于提升公司的市场形象和吸引更多投资者有一定的正面作用;再次,老白干酒在三年内进行了三次非公开增发,分别用于补充流动资金、偿还银行贷款和购买股权这有助于避免稀释原有股东的控制权和收益权,提高融资效率和灵活性,降低融资成本和风险,并通过融资帮助企业改善财务状况和偿债能力;最后,养元饮品在上市过程中,并没有进行大规模的并购重组或跨界拓展,而是专注于自身主业和核心产品,保持了较高的盈利能力和成长性。

(三)新三板企业

1.总体概述

截至 2023 年末,衡水市共有 4 家新三板挂牌企业。其中 1 家位于基础层,3 家位于创新层(见表 9-12)。

在行业分布方面,衡水市的新三板挂牌企业主要分布在工业、信息技术以及公用事业领域。工业产业作为衡水市的支柱行业,近几年稳中向好,且仍有较大发展空间,特别是提出对三大主导产业和两大未来产业重点发展之后,存在较多新三板挂牌的潜在可能和机会。

在地区分布方面,衡水市的新三板挂牌企业较少,与省内其他的城市相比,企业的盈利水平较差,净利润较低。其中京安股份,财务状况优秀,具有良好的营收和持续经营能力,业绩突出,可以考虑转板至北交所上市。

综上所述,应该鼓励衡水市的核心产业向新三板挂牌,进而在北交所上市,集聚资金发展,打造更好的、更优质的企业。

表9—12　　　　　　　2023年末衡水市新三板挂牌企业基本情况

序号	代码	名称	总股本（万股）	总资产（万元）	净资产（万元）	营业收入（万元）	归属母公司股东净利润（万元）	所属分层	投资型分类
1	874108.NQ	青竹画材	5 461.41	39 628.42	2 9401.42	195 66.60	2 671.76	创新层	材料
2	872279.NQ	超越智能	2 050.00	3 771.47	1 531.16	239.52	−269.57	基础层	信息技术
3	871772.NQ	京安股份	14 210.00	36 337.61	21 057.33	6 907.65	603.74	创新层	公用事业
4	834701.NQ	鑫考股份	2 034.74	8 644.90	5 321.55	5 836.60	770.45	创新层	信息技术

2.市值分析

衡水市新三板企业主要分布在工业、信息技术以及公用事业行业。公用事业行业中的京安股份总市值表现比较优秀,其主营业务范围为沼气发电、有机肥的生产与销售、城市污水剩余活性污泥处置服务以及沼气工程咨询服务和相关设备销售等。信息技术行业表现稍差,其中鑫考股份市值较高,主营业务为信息集成服务,包括信息系统运行维护服务、信息技术咨询服务、软件开发、软件销售、技术服务、技术开发、技术咨询等。

北交所市值上市标准为市值达到2亿元,衡水市新三板挂牌企业中京安股份市值满足北交所上市标准,且近几年净利润表现符合标准,可以促进其在北交所上市;鑫考股份和北直通航市值较低;超越智能目前没有市值,原因在于企业缺乏交易的流动性。公司提升市值可以采取多种途径:一是稳定提升公司经营业绩及创新研发能力;二是提高对市值的重视程度,加强对品牌的宣传和对投资者的重视;三是提高对市值管理的重视,通过基于公司的真实价值增长和可持续发展的长期战略,来制定资本市场和业务发展战略。

截至2023年末,衡水市4家新三板挂牌企业的总市值、收盘价、股东户数、主营业务、所属行业如表9－13所示。

表9－13　　　　　　2023年末衡水市新三板挂牌企业基本情况

序号	证券代码	证券名称	总市值（万元）	收盘价（元）	股东户数（含间接）	主营业务	所属行业
1	874108.NQ	青竹画材	101 036.01	—	7	美术画材的生产与销售	材料
2	872279.NQ	超越智能	1 066.00	0.52	5	ATM安全防护产品的工业设计、市场开拓、系统集成、产品生产、系统安装和售后服务，以及保险柜等金融安防类产品的生产和销售	信息技术
3	871772.NQ	京安股份	54 140.10	3.81	15	沼气发电、有机肥的生产与销售、城市污水剩余活性污泥处置服务，以及沼气工程咨询服务和相关设备销售	公用事业
4	834701.NQ	鑫考股份	8 037.23	3.95	88	信息系统集成服务	信息技术

注：市值会受公司质地、业务等多重因素共同影响。

数据来源：Wind，数据截至2023－12－31。

3.新三板可转板企业梳理

（1）基础层向创新层转板

截至2023年6月末，基础层企业分别为超越智能以及京安股份。通过对这些企业进行基础层向创新层转板可能性分析可知，衡水市新三板基础层挂牌的企业均没有满足转板创新层的条件（见表9－14）。其中京安股份公司资质较好，市值较高，营收规模较大，业务稳定，通过定向增发的方式引入合格投资者，可以由基础层转板创新层，进而登陆北交所；其余企业可通过扩大经营规模，开展多项业务、品牌延伸、连锁经营等方式提升公司质地，吸引投资。

表9－14　　　　　　截至2023年6月末衡水市基础层企业转板分析

序号	标准＼名称	最近一年期末净资产不为负值	符合条件的合格投资者不少于50人	公司挂牌以来完成过定向发行股票（含优先股），且发行融资金额累计不低于1 000万元
1	超越智能	√	×	×
2	京安股份	√	×	√

（2）创新层向北交所上市

创新层方面,鑫考股份距离北交所上市还有一定距离,应该扩大经营规模,通过多项业务、品牌延伸等方式提高公司质地,提高盈利能力。

(四)企业挂牌

截至2023年末,衡水市共有33家区域性股权市场挂牌企业,其中31家于石家庄股权交易所挂牌,2家于天津股权托管交易中心挂牌(见表9—15)。

表9—15　　　　　　　衡水市区域性股权市场企业挂牌情况

证券代码	证券简称	上市地点	所属Wind行业名称[行业级别]一级行业
000035.TJS	鑫耀矿机	天津股权交易所	工业
613010.TJS	迪美特	天津股权交易所	材料
630001.SJZ	凯隆股份	石家庄股权交易所	材料
630007.SJZ	众悦农科	石家庄股权交易所	日常消费
630015.SJZ	昌达科技	石家庄股权交易所	日常消费
630039.SJZ	和谐农业	石家庄股权交易所	工业
660003.SJZ	河北兆鑫	石家庄股权交易所	可选消费
660004.SJZ	冀州中意	石家庄股权交易所	材料
660015.SJZ	河北安润	石家庄股权交易所	材料
660065.SJZ	河北驹王	石家庄股权交易所	可选消费
660068.SJZ	伟炬电讯	石家庄股权交易所	信息技术
660070.SJZ	金标股份	石家庄股权交易所	材料
660072.SJZ	欧派橡塑	石家庄股权交易所	材料
660088.SJZ	青云农业	石家庄股权交易所	日常消费
660095.SJZ	正祥科技	石家庄股权交易所	工业
660097.SJZ	胜迈科技	石家庄股权交易所	材料
660107.SJZ	新世纪	石家庄股权交易所	可选消费
660124.SJZ	亚圣股份	石家庄股权交易所	工业
660254.SJZ	驰祥股份	石家庄股权交易所	工业
660302.SJZ	金轮塑业	石家庄股权交易所	材料
660389.SJZ	中绿牧业	石家庄股权交易所	日常消费
660410.SJZ	浅休服饰	石家庄股权交易所	可选消费
660413.SJZ	聚益奶牛	石家庄股权交易所	日常消费
660429.SJZ	绿康农业	石家庄股权交易所	日常消费
660439.SJZ	河北森沃	石家庄股权交易所	材料

续表

证券代码	证券简称	上市地点	所属Wind行业名称[行业级别]一级行业
660442.SJZ	新饶农业	石家庄股权交易所	日常消费
660443.SJZ	天雄工艺	石家庄股权交易所	可选消费
660445.SJZ	繁博农业	石家庄股权交易所	日常消费
660446.SJZ	衡水韵丰	石家庄股权交易所	日常消费
660447.SJZ	忠大农业	石家庄股权交易所	日常消费
660462.SJZ	英牧养殖	石家庄股权交易所	日常消费
660464.SJZ	饶阳润鲜	石家庄股权交易所	日常消费
660470.SJZ	绿丰农业	石家庄股权交易所	日常消费

四、衡水市资本市场发展对策建议

(一)债券资本市场发展建议

1.协调区域金融资源,协同合作互利互赢

衡水市优质平台数量较多,融资需求较大,压降发行利率或将有效节省平台资金成本。衡水市政府应协调加强区域内金融机构对平台公司的债券投资支持,解决企业短期资金周转问题,确保企业维持正常的经营;同时协调区域内优质的资产资源,助力平台企业提高市场竞争力。此外,由于融资平台通常拥有较为庞大的投资者基础和行业资源,金融机构可以通过与平台合作,整合资源,实现互利共赢。例如,衡水银行作为衡水市本地银行,可加强其对衡水市企业信用债券的投资力度,将为相关债券的发行工作提供更为有利的保障。

2.推进上市公司收购,增强平台造血能力

衡水市城投公司可以通过收购上市公司实现经营性业务拓展,增强持续造血能力。城投公司收购上市公司不仅是民企纾困的需要,更是战略转型的重大举措。其优势有以下两方面:一方面,城投公司存在着前期项目投资大、回款进度慢、资产负债率高以及偿债压力大等特点,收购上市公司有助于企业盘活资产,提升自身造血能力,同时收购上市公司能够使得城投公司以较低成本获取可持续的资本运作平台,拓宽城投公司的融资渠道,降低综合融资成本,有效改善资产负债水平,一定程度上化解存量债务风险。另一方面,传统的城投公司业务以基础设施代建、土地整理以及棚户区改造等业务为主,此类业务依赖当地的城镇化水平以及政府财政收入,缺乏市场化经营性收入,并且往往表现为现金流持续流出。这在一定程度上导致城投公司市场竞争能力较弱,抗风险能力较低。通过收购上市公司,能够帮助城投公司快速进入其他行业领域,有效地改变目前单一的业务模式,优化公司业务结构,推动公司业务朝着多元化方向发展。

3.政企联动提质效,助力企业多元化发展

目前,衡水市主要融资的城投公司业务单一,资产规模及融资能力有限,应通过政企联动,充分利用政府资源、政策,并结合资产注入、委托代建、特许经营等形式,进一步做大企业资产规模,提高营收水平和盈利能力,增强风险抵御能力。具体而言,衡水市政府可以通过引导、支持、参与、监管等多种方式,助力城投公司开拓多元化业务领域,优化资产结构,降低融资成本,同时提高财务管理和风险管理水平。在政企联动模式下,城投公司或将实现新的发展,为衡水经济发展注入活力,助力实体经济高质量发展。

(二)股权资本市场发展建议

以老白干酒为例,河北衡水老白干酒业股份有限公司是河北省酿酒业唯一一家上市公司,也是中国白酒行业老白干香型中生产规模最大的厂家。随着白酒行业集中度越来越高,行业的"马太效应"越发凸显。以2020年的数据为例,2020年被称为"白酒大年"。Wind数据显示,19家白酒A股上市公司除6家上市酒企营收和净利润双降外,其余13家累计营收与归母公司净利润均实现了不同程度的增长。但老白干酒便是这6家之一,其营收同比减少10.73%至35.98亿元,归母公司净利润同比下滑22.68%至3.13亿元。事实上,老白干酒公司作为区域酒企在与一线名优酒企的竞争中,应不断地加强品牌建设、渠道建设,最大限度节省销售费用的前提下加大产品的市场推广力度,聚焦市场做深做透,聚焦核心品系,产品做简,结构向上;在品牌建设上,建议运用新媒体、电商直播、圈层营销、网红餐饮引领、流量主播带货等多种方式为产品赋能,巩固并扩大核心消费人群,不断提升公司品牌的知名度和美誉度;同时也要严格预算管理,对费用进行精细管控,对销售费用的使用情况进行分析,力求实现销售费用的最有效使用;在降本增效方面,公司需要加强制度建设规范成本标准,建立健全的财务监管体系,开展业务模式创新等措施合理控制成本,提升工作效率,实现创新发展,创造新效益点,不断提升盈利创效潜力。

2018年至今,衡水共有2家公司登陆A股,数目较少且拟上市资源不足。衡水市政府应加强专精特新企业的政策扶持,推进衡水市潜在上市企业的梯队建设,利用上市平台培育更多优质企业,发展当地经济。对于已上市企业,公司财务状况基本良好,可以满足增发、可转债等融资的基本条件,政府应助力企业借力资本市场实现跨越式发展,对企业的融资需求和资方进行合理匹配,在服务和政策上加快推动上市公司融资发展,着力打造资本市场的"衡水板块"。

张家口市资本市场发展分析报告

摘要：2023年，张家口市地区生产总值为1 842.7亿元，财政收入总体上保持平稳，政府债务规模处于省内中等水平。作为我国唯一的国家级可再生能源示范区，张家口正在大力发展绿色产业，着力培育科技型中小企业和创新型企业，努力推进产业转型升级，在发展经济的同时，发债主体趋于成熟，资本市场也得到了较大的发展空间。2023年，张家口债券总发行量突破60亿元，但与河北省其他市相比，张家口市发债主体较少、债券融资总体规模较小。同时，截至2023年末，张家口市共有2家A股上市公司，4家新三板挂牌企业，上市公司数量在河北省内与衡水市并列第九位，张家口市再融资总规模在河北省处于中下游，2018—2023年，仅在2022年有再融资项目，其规模仅占全省近六年再融资规模的1.51%，整体融资需求低，虽然上市公司再融资频率较低，但单次金额较高。为进一步提升张家口资本市场活跃度，应进一步贯彻落实行业激励政策，优化市场环境，为融资及企业上市创造良好的资本市场环境。

关键词：张家口市；产业转型升级；绿色产业；优化资本市场环境

一、张家口市经济、财政及政府债务情况

张家口市位于河北省西北部，是京包线上重要的城市之一，也是京张高速公路的终点，是河北与内蒙古的交通要冲，是连通中国西北、蒙古和北京的重要通道和货物集散地、军事要地与陆路商埠。改革开放后，随着开放型经济的发展，张家口成为沟通中原与北疆，连接东部京津经济区、环渤海经济区与中西部资源产区的重要纽带。

(一)经济情况

张家口市经济发展水平在河北省排名相对靠后,区域经济发展仍有较大提升空间。宏观经济方面,2023年,张家口市地区生产总值达到1 842.7亿元,占河北省全省地区生产总值的4.2%。按可比价格计算,张家口市地区生产总值同比增长5.1%。其中,第一产业增加值321.8亿元,同比增长4.2%;第二产业增加值464.1亿元,同比增长4.7%;第三产业增加值1 056.8亿元,同比增长5.5%。三次产业结构为17.5∶25.2∶57.3。人均方面,2023年张家口市人均GDP为45 360元,同比增长5.7%。全年全市居民人均可支配收入31 484元,同比增长6.9%。其中,城镇居民人均可支配收入为41 588元,同比增长5.2%;农村居民人均可支配收入为18 552元,同比增长7.8%(见表10-1)。

表10-1　　　　　　　　　2018—2023年张家口市经济情况

年　份	GDP(亿元)	GDP占比(%)	GDP排名
2018	1 429.3	4.4	11
2019	1 551.1	4.4	9
2020	1 600.1	4.4	9
2021	1 727.8	4.3	9
2022	1 775.2	4.2	11
2023	1 842.7	4.2	11

数据来源:地方统计年鉴。

(二)财政情况

在财政收入方面,张家口市的财政收入总体上保持平稳,但是有略微下滑的趋势。根据表10-2,2018—2023年张家口市一般公共预算收入整体呈现先增加再下降的态势。其中,2018—2021年,张家口市一般公共预算收入从156.88亿元增加到186.37亿元,而2022年一般公共预算收入则为169.5亿元,比上年末下降9.07%。2023年的一般公共预算收入则为180.37亿元,同比增长7.69%。从一般公共预算支出上来看,2018—2020年,一般公共预算支出从560.3亿元增加到643.1亿元,随后则开始下降,2021年下降到535.3亿元,随后增加到2023年的694.07亿元。从政府性基金收入和支出上来看,二者均出现逐年下滑的趋势,分别从2018年的250.18亿元和260.65亿元下降到2023年的131.95亿元和262.86亿元。国有资本经营收入总体呈下降的趋势,国有资本经营支出呈现先降后升的趋势。

表 10－2　　　　　　2018—2023 年张家口市财政收支情况

指　　标	2018 年	2019 年	2020 年	2021 年	2022 年	2023 年
一般公共预算收入(亿元)	156.88	168.62	175.5	186.37	169.5	180.37
一般公共预算收入增速(％)	15.5	7.50	4.07	6.22	－9.07	7.69
一般公共预算支出(亿元)	560.3	611	643.1	535.3	603.1	694.07
政府性基金收入(亿元)	250.18	208.48	139.88	133.76	118.12	131.95
政府性基金支出(亿元)	260.65	246.89	293.61	130.02	181.76	262.86
国有资本经营收入(亿元)	0.30	0.14	0.25	0.24	0.11	0.15
国有资本经营支出(亿元)	0.15	0.15	0.18	0.02	0.13	0.20

数据来源：地方统计年鉴。

(三)政府债务情况

从政府债务情况来看，张家口市政府债务率和负债率在省内处于较高水平，财政自给率处于省内下游水平，政府债务规模处于省内中等水平。从表 10－3 可看出，张家口市债务余额近年来在不断增长。截至 2023 年末，张家口市总债务余额达到 1 333.88 亿元，其中，专项债余额增幅明显，从 2018 年末的 192.46 亿元增加到 2023 年末的 832.28 亿元。

表 10－3　　　　　　2018—2023 年张家口市政府债务情况　　　　　　单位：亿元

年　　份	一般债余额	专项债余额	总债务余额
2018	268.23	192.46	460.69
2019	305.04	250.51	555.55
2020	369.15	392.70	761.85
2021	387.67	490.14	877.82
2022	425.10	621.51	1 046.61
2023	501.60	832.28	1 333.88

二、张家口市资本市场概述

(一)资本市场发展历程

1.债券市场发展历程

张家口发行的首只债券是 2011 年 7 月 5 日由张家口通泰控股集团有限公司发行的"2011 年张家口通泰控股集团有限公司公司债券"，发行总额为 18 亿元，募集资金用于张家口市洋河滨河路工程的建设及补充公司营运资金，其中 14.4 亿元用于张家口市洋河滨河路工程项目的建设,项目总投资额24.08亿元;3.6亿元用于补充公司的营运资金。此后,张家口市的债权资本市场经过多年的发展,已基本形成相对稳定的格局。

(1)债券发行规模逐年上升

2019—2023年,张家口区域内企业的债券总发行量呈现总体上升趋势,债券发行只数有所上升,由2019年的4只增长至2023年的8只。区域内企业近年来的债券发行情况统计如表10-4所示。

表10-4　　2019—2023年张家口区域内企业的债券发行规模和发债主体统计汇总

年　份	总发行量(亿元)	发行数量(只)
2019年	35.57	5
2020年	49.00	5
2021年	57.00	6
2022年	57.30	6
2023年	64.95	8

注:债券统计口径为金融债、企业债、公司债、中期票据、短期融资券、项目收益票据、定向工具、标准化票据、资产支持证券、可转债、可交换债券和可分离转债存债。

数据来源:Wind。

(2)公司债为主要融资品种

2019—2023年,张家口市发行债券融资品种的统计情况如表10-5所示。由表可见,张家口市公司债发行数量有所上升,企业债发行数量较少,2020—2022年暂无企业债发行;银行间债务融资工具发行总量呈现下降趋势;短期融资券和定向工具总体发行规模较小,具有很大的发展空间。2023年,张家口市债券发行规模为64.95亿元,发行主体有5家,债券类型包括非金融企业债务融资工具、公司债、企业债。

表10-5　　　　2018—2023年张家口市发行的债券品种数量统计　　　　单位:只

债券类型	公司债	企业债	短期融资券	定向工具	中期票据	金融债	资产支持证券
2019年	2	1	—	1	—	—	1
2020年	3	—	—	—	1	1	—
2021年	—	—	2	2	1	1	—
2022年	4	—	1	—	1	—	—
2023年	2	1	1	—	3	1	—

数据来源:Wind。

2.股权市场发展历程

张家口市的股权市场起步于20世纪90年代至21世纪初,在这一阶段,张家口市股权资本市场的发展相对较慢,市场规模有限,仅河钢资源(000923.SZ)一家企业于

1999年7月14日在深圳证券交易所主板上市。进入"十三五"末期后,张家口股权资本市场迎来了蓬勃发展。一方面,更多的本地企业通过资本市场融资,推动了企业的快速发展;另一方面,随着新三板、区域性股权市场等多层次资本市场的建立和完善,张家口市的企业和投资者有了更多的投融资渠道。张家口市的第二家上市公司青鸟消防(002960.SZ)也于2019年8月正式在中小板上市。

截至2023年底,张家口市共有2家A股上市公司,上市公司数量在河北省内排第10位。再融资方面,张家口市再融资总规模在河北省处于中下游,近五年内,仅在2022年有再融资项目,规模为17.87亿元,占全省近五年再融资规模的1.51%。

在张家口市股权资本市场的发展过程中,张家口市政府为推进企业上市,也给予大量政策方面的支持。根据《河北省县域特色产业集群"领跑者"企业培育行动方案》(张政办字〔2022〕42号)、《张家口市人民政府关于加快培育发展市场主体的意见》(张政发〔2018〕2号),在政策奖励方面,对在境内外主板、中小板、创业板上市的企业,给予一次性财政补助300万元;在全国中小企业股份转让系统("新三板")和在境外场外交易市场挂牌的企业,成功挂牌后给予一次性财政补助100万元;在石家庄股权交易所主板挂牌的企业,给予一次性财政补助30万元;对转板升级企业按照转板后的相应层次财政补助差额部分;在企业培育方面,针对不同板块的上市条件,政府对县域特色产业集群头部企业进行调研摸底,分梯队遴选上市预备企业实施重点培育。优先将雪川农业、华泰矿冶、金科钻孔、昌通环保、新迪电池、安智科为、原轵新材料、蔚县新天风能、中节能环保、凯威制药10家企业纳入市级上市培育库,制订有针对性的培育计划进行重点培育。

(二)资本市场发展现状

1. 债券市场发展现状

截至2023年末,张家口市企业存量债券共17只,存量规模164.55亿元,涉及债券类型包括金融债、企业债、公司债、中期票据、短期融资券及资产支持证券等。存量债券情况统计见表10-6。

表10-6　　　　　　　　截至2023年末张家口市企业存量债券情况

类别	债券数量(只)	债券数量比重(%)	债券余额(亿元)	余额比重(%)
1年以内	5	29.41	39	23.70
1-2年	5	29.41	61.55	37.41
2-3年	5	29.41	40	24.31
3年以上	2	11.76	24	14.59
合计	17	100.00	164.55	100.00

数据来源:Wind。

截至2023年末,张家口市主要的发债企业有5家,分别为张家口银行股份有限公司、张家口建设发展集团有限公司、张家口通泰控股集团有限公司、张家口产业投资控股集团有限公司(原"张家口金融控股集团有限公司")和张家口众联国控资产管理集团有限公司。目前各发债公司处于存续期的债券明细情况如表10—7所示。其中张家口通泰控股集团有限公司所发行的债券占有的市场份额最高,票面利率也相对较高。而张家口建设发展集团有限公司、张家口产业投资控股集团有限公司(原"张家口金融控股集团有限公司")和张家口众联国控资产管理集团有限公司所发行的债券占有的市场份额较少,票面利率较低。在期限结构上,5家发债企业所发行的债券均以中短期债券为主。

表10—7　　　　　　张家口市区域内主要发债企业存量债券情况

	证券简称	债券期限（年）	债券余额（2023—12—31）	利率	起息日期	到期日期	发行总额（亿元）
张家口通泰控股集团有限公司	23通泰MTN001	1.36	10.75	5.5%	2023-08-29	2025-01-10	10.75
	23通泰MTN002	2.00	6.00	5.88%	2023-09-21	2025-09-25	6.00
	23张通01	3.00	8.20	4.92%	2023-11-01	2026-11-01	8.20
	22通泰MTN001	2.000 0	11.00	6.40%	2022-09-23	2024-09-26	11.00
	22通泰01	3.000 0	11.10	6.80%	2022-05-26	2024-05-26	11.10
	22通泰02	3.000 0	10.70	6.50%	2022-09-01	2025-09-02	10.70
	21通泰PPN001	3.000 0	11.00	7.50%	2021-09-27	2024-09-28	11.00
小计			68.75				68.75
张家口建设发展集团有限公司	23张家建设CP001	1.000 0	6.00	4.80%	2323-06-15	2024-06-19	6.00
	23张家建设MTN001	3.000 0	5.00	5.73%	2023-03-28	2026-03-30	5.00
	22张发01	2.000 0	6.00	4.89%	2022-08-10	2024-08-11	6.00
	21张家建设MTN001	3.000 0	5.00	5.70%	2021-09-09	2024-09-10	5.00
	19张建发	7.000 0	4.80	4.47%	2019-10-12	2026-10-15	8.00
小计			26.80				30.00

续表

	证券简称	债券期限（年）	债券余额（2023-12-31）	利率	起息日期	到期日期	发行总额（亿元）
张家口银行股份有限公司	23张家口银行二级资本债01	10.0000	20.00	5%	2023-03-27	2033-03-29	20.00
	21张家口银行永续债	5.0000	17.00	4.80%	2021-11-04	2026-11-08	17.00
	20张家口银行永续债	5.0000	23.00	4.80%	2020-12-23	2025-12-25	23.00
	小计		60.00				60.00
张家口金融控股集团有限公司	20张控01	3.0000	5.00	5%	2023-10-24	2026-10-25	5.00
	小计		5.00				5.00
	合计		160.55				163.75

数据来源：Wind。

截至 2023 年末，张家口市区域内具有存量信用债券的融资主体评级情况如表 10-8 所示。从企业性质来看，张家口市目前具有存量债券的融资主体中，拥有主体评级的 5 家发债主体均为地方或中央国有企业，存量债券规模 164.55 亿元，占比为 100.00%。

表 10-8　　截至 2023 年末张家口市区域内存量债券主体评级情况

序号	公司全称	企业性质	主体评级	存量债券只数（只）	存量债券规模（亿元）
1	张家口通泰控股集团有限公司	国有企业	AA	7	68.75
2	张家口建设发展集团有限公司	国有企业	AA	5	26.8
3	张家口金融控股集团有限公司	国有企业	AA	1	5.00
4	张家口众联国控股资产管理集团有限公司	国有企业	AA	1	4.00
5	张家口银行股份有限公司	国有企业	AA+	3	60.00

数据来源：Wind。

从产业结构来看，张家口市具有存量债券的 4 家发债主体中，3 家城投类企业，行业涵盖建筑业和综合行业；1 家金融类企业，为张家口银行股份有限公司。具体行业分类如表 10-9 所示。

表 10—9 截至 2023 年末张家口市存量债券发债企业按行业分类

企业名称	行业分类
张家口通泰控股集团有限公司	建筑业
张家口建设发展集团有限公司	综合
张家口产业投资控股集团有限公司(原"张家口金融控股集团有限公司")	商务服务业
张家口银行股份有限公司	金融业
张家口众联国控资产管理集团有限公司	建筑业

数据来源：Wind。

就主体评级结构来看，截至 2023 年末，张家口市具有存量债券的 5 家发债主体中，4 家企业评级为 AA，债券余额规模为 104.55 亿元，占比为 63.54%；1 家为 AA+，债券余额为 60.00 亿元，占比为 36.46%。

2.股权市场发展现状

自 2019 年以来，张家口市的两家上市公司营业收入总额在 80 亿—110 亿元之间，与张家口市各期 GDP 的比例在 5%～6%之间上下浮动，占比较为稳定（见图 10—1）。

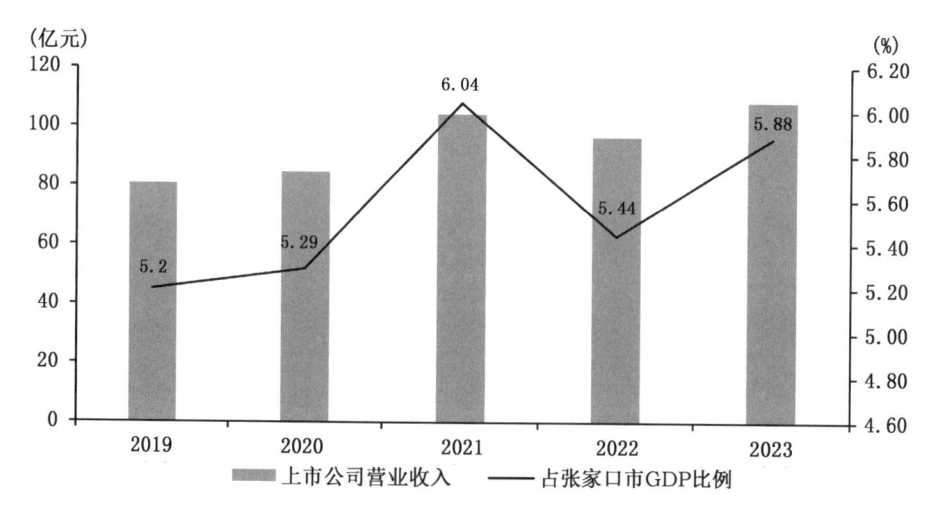

图 10—1 张家口市上市公司营业收入及占 GDP 比例情况

数据来源：Wind。

截至 2023 年末，张家口市共有 1 家企业处在辅导备案状态，为智慧互通，属于信息技术行业；暂无 IPO 申报阶段企业。

张家口市上市后备企业合计 11 家，其中专精特新企业有 5 家，且全部为国家级专精特新"小巨人"企业。张家口市基本符合上市条件的后备企业中有 10 家企业属于张家口市支柱产业。且以新能源为代表的新兴行业占比较大,部分企业掌握机械设备制造的高端新兴技术,在行业中属于龙头企业。张家口市基本符合上市条件的后备企业数量较河北省其他市较少,但大多属于新兴行业或掌握核心高新技术,具有一定的发展前景。

新三板方面,张家口市共有4家新三板挂牌企业,数量排名在省内靠后。4家企业均位于基础层,现阶段张家口市新三板基础层挂牌的企业均没有满足转板创新层的条件。但时代股份公司资质较好有机会通过定向增发的方式引入合格投资者,可以满足由基础层转板创新层,进而进军北交所。

(三)资本市场发展的优势与不足

1. 债权资本市场发展优劣势分析

(1)债权资本市场发展的优势

第一,市级发债主体趋于成熟。2021年,张家口市国资委将张家口通泰控股集团有限公司、张家口交通建设投资控股集团有限公司和张家口建设发展集团有限公司无偿划拨至张家口国控资产管理集团有限公司,成为张家口市重要的基础设施建设和国有资产运营主体。根据东方金城出具的信用评级报告,张家口国控资产管理集团有限公司获得了AA+评级,其子公司张家口通泰控股集团有限公司和张家口建设发展集团有限公司均为AA评级。这为张家口市城投平台的业务开展、做大做强提供了较为有利的条件,为张家口市平台的评级提升提供了进一步支持。

第二,区域经济实力持续增强。近年来,张家口市产业进行了调整升级,经济保持较快增长,已逐渐形成"四大两新一高"主导产业,在大生态、大健康、大数据、大旅游、新能源、新技术及高端制造领域持续发力。张家口市立足国内大循环,以深化供给侧结构性改革为主线,深入实施区域协调发展战略,纵深推进京津冀协同发展。通过发展高铁经济,深化高铁经济圈产业合作,在农业、养殖业、物流业、旅游业等行业积极推进第一、二、三产业融合发展。产业转型升级和区域经济实力的整体提升,为张家口平台的发展创造了有利条件。

第三,政策支持力度较高。近年来,河北省政府和张家口市政府高度重视债权资本市场的发展,出台了一系列政策措施,支持企业通过债券融资扩大规模、增强实力、提升竞争力。河北证监局也积极开展"河北资本市场赋能产业集群百县行"专项行动,为张家口重点后备企业提供专业服务和指导,帮助企业规范上市准备工作,推动企业借力资本市场实现高质量发展。

第四,产业结构具有一定优势。张家口拥有丰富的自然资源和产业基础,是国家重要的能源、农牧、旅游、装备制造等产业基地。张家口在新能源、新材料、新技术等领域有着较强的创新能力和竞争优势,也是国家清洁能源示范区和国家可再生能源电力示范区。此外,张家口的产业结构具有多元化、高附加值、高技术含量等特点,为债权资本市场提供了广阔的发展空间和潜力。

(2)债权资本市场发展的劣势

尽管张家口债权资本市场具有一定的发展优势,但在实际运作中仍然面临一些挑战和问题。

第一,工具运用少,融资手段单一。在张家口市区域内,许多企业和机构尚未充分利用多种金融工具,如债券、股权、衍生品等来进行融资活动。这使得企业在应对市场变化时,缺乏灵活性和创新能力。此外,尽管张家口市政府和金融机构已经在推动多元化融资渠道的发展,但在实际操作中除少数企业能够运用多种融资手段外,大部分单位仍然依赖传统的银行贷款和其他单一融资渠道。这导致企业融资成本较高,且受限于银行信贷政策的影响,就造成企业在面临市场波动时缺乏融资选择和灵活性。

第二,还本付息安排与项目运营不匹配。部分企业在运用金融工具融资的过程中,过于关注募集资金的目标,而忽视了融资还本付息安排与项目运营收益之间的匹配性。这可能导致融资成本过高,进而影响项目的盈利能力和投资回报率。除此以外,由于未充分考虑还本付息安排与项目运营收益的匹配性,部分单位的负债结构可能出现问题,如短期债务过多、长短期债务比例失衡等,这将增加企业的财务风险,甚至可能造成资金链断裂。还有可能在资金流管理方面可能面临一定的隐患,包括资金周转不灵、资金闲置浪费等问题,可能导致企业在资金利用效率和管理方面出现问题。

2.股权资本市场发展优劣势分析

(1)股权资本市场发展的优势

虽然张家口市的产业结构相对单一,但在一些领域,如制造业、农业和服务业,具有较为完整的产业链,这有利于企业之间的协同发展,进一步推动股权资本市场的壮大。此外,在成本方面,相较于一线城市,张家口市的生活成本和企业成本较低,这有助于降低企业运营成本,提高投资回报率。

(2)股权资本市场发展的劣势

第一,上市梯队亟须完善。截至2023年12月31日,张家口市有辅导备案企业1家,新三板挂牌的4家企业均处于基础层,且大部分难以满足转板条件,上市后备企业数量在省内均处于下游,上市梯队亟须完善。在深入推进股票发行注册制改革的大背景下,深交所创业板主要服务于成长型创新创业企业,北交所主要服务于创新型中小企业,深交所创业板和北交所的板块定位成了许多创新型中小企业的选择,而以专精特新企业为代表的创新型企业将成为未来上市企业的主力军。

第二,行业分布较为单一。张家口市目前已上市的两家企业河钢资源和青鸟消防,分别属于矿产开采和机械设备制造行业。近年来,张家口市的系列政策鼓励大数据产业和新能源产业的发展,同时张家口市的冰雪产业、旅游业、现代制造业等行业也是当下全市发展的重点。而当前张家口市股权市场中上市公司中青鸟消防(002960.SZ)虽属于当下张家口市重点发展的现代制造业,但相较于河钢资源(000923.SZ)所属的金属行业在营收和企业规模方面仍属于较弱势地位。可见当前张家口市股权市场中仍旧以本市传统行业为主,新兴行业尚未在股权市场中获得足够关注和发展机会。

三、融资主体概况

(一)张家口市城投公司发展情况及分析

1.总体情况

截至 2023 年末,张家口市共有 12 家城投公司,分别为张家口国控资产管理集团有限公司、张家口通泰控股集团有限公司、张家口建设发展集团有限公司、张家口市交通建设投资控股集团有限公司、张家口产业投资控股集团有限公司、张家口市政开发建设控股集团有限公司、张家口兴垣投资发展集团有限公司、张家口市政开发建设控股集团有限公司、张家口众联国控资产管理集团有限公司、张家口国融发展集团有限公司、张家口文化旅游投资集团有限公司和张家口中合新能源集团有限公司。

其中,张家口通泰、张家口建发、张家口控发为主要的发债城投公司,已经发行过信用债券;张家口国控为张家口通泰、张家口建发、张家口交投 3 家企业的控股股东。各公司基本情况见表 10－10 所示。

表 10－10　　　　　　　2023 年底张家口市主要发债城投公司概况

项　目	张家口国控资产管理集团有限公司	张家口通泰控股集团有限公司	张家口建设发展集团有限公司	张家口金融控股集团有限公司
注册资本(亿元)	56	13.87	15	43.13
信用评级	AA+	AA	AA	AA
总资产(亿元)	881.86	492.92	240.94	171.08
净资产(亿元)	303.26	156.99	75.73	74.68
资产负债率(%)	65.61	68.15	68.57	56.35
营业收入(亿元)	49.67	31.56	15.36	50.64
净利润(亿元)	0.43	0.39	0.58	0.19

数据来源:Wind。

张家口国控资产管理集团有限公司(以下简称"张家口国控")原名张家口垣城资产管理有限公司,系张家口市筹办冬奥会工作领导小组办公室于2017年6月出资组建的国有独资公司,初始注册资本为人民币5 000.00万元,实收资本为200.00万元。

2021年9月,张家口市国资委批复同意将其持有的张家口通泰控股集团有限公司96.61%的股权、张家口市交通建设投资控股集团有限公司100%股权和张家口建设发展集团有限公司100%股权无偿划拨至公司,划转基准日为2021年9月30日,3家子公司于2021年10月完成工商变更登记。目前公司注册资本为56.00亿元,张家口市国资委持有公司100%的股权,是公司唯一股东和实际控制人。

近年来,张家口市委市政府高站位推进国资国企改革,加快整合存量资源进行了一系列部署。根据东方金诚国际信用评估有限公司2021年12月21日出具的张家口国控资产管理集团有限公司主体长期信用评级报告,张家口国控资产管理集团有限公司主体信用获得AA+等级,国企改革取得重大进展。

2. 转型发展情况

(1)城投公司新设及整合情况

2017年,张家口市筹办冬奥会工作领导小组出资成立张家口国控资产管理集团有限公司;2021年5月,公司股东变更为张家口市人民政府国有资产监督管理委员会(以下简称"张家口市国资委");2021年9月,张家口国资委批复将其持有的张家口通泰控股集团有限公司95.51%的股权、张家口市交通建设投资控股集团有限公司100%股权和张家口建设发展集团有限公司100%股权无偿划拨至公司。

上述股权划转合计增加公司实收资本51.87亿元,资本公积196.88亿元。2021年12月11日,根据东方金诚国际信用评估有限公司2021年12月21日出具的张家口国控资产管理集团有限公司主体长期信用评级报告,张家口国控资产管理集团有限公司主体信用等级为AA+。

(2)城投公司发展情况

2022年5月17日,经股东会同意,由股东张家口国控资产管理集团有限公司向张家口通泰控股集团有限公司增资34 000.00万元,认缴出资时间为2023年12月31日,变更后,张家口通泰控股集团有限公司的注册资本由104 700.00万元增至到138 700.00万元,实力进一步增强。

(3)城投公司经营性业务拓展情况

持续造血能力是城投公司的未来发展方向,张家口国控资产管理集团有限公司及下属平台积极开展供应链、工程施工等业务,拓展经营性业务。

张家口通泰控股集团有限公司主要负责张家口市的高速公路建筑施工、现代物流以及新能源等业务。目前构成收入的主要业务包括基础设施建设业务、商品销售、劳务、房地产开发、通行费、租赁等。在业务方面独立核算、自主经营、自负盈亏。公司拥有完整的经营决策权和实施权,拥有开展业务所必要的人员、资金和设备,能够独立自主地进行生产和经营活动,具有独立面对市场并经营的能力。近两年,张家口通泰控股集团有限公司的各项主营业务总体占比呈现下降趋势,而其他业务的发展较快。截至2022年末,该集团公司其他业务的占比超30%,集团公司积极拓展经营性业务并取得了一定成效。

张家口建设发展集团有限公司主要负责张家口市的基础设施投资建设、医疗教育和农牧食品加工等业务,形成了城建工程、医疗教育、节能环保、农业投资、金融投资和文化旅游六大业务板块,业务多元化发展,是张家口市重要的基础设施投资建设和国有资本运营主体。近两年,张家口建设发展集团有限公司业务中非工程业务占比有所提高。随着区域产业转型升级加速,公司文化旅游、新能源等新兴产业转型持续推进,未来公司收入有望获得进一步增长,整体抗风险能力有望增强。

(二)上市公司

1. 上市公司概览

截至2023年末,张家口市有2家A股上市公司,分别为河钢资源股份有限公司和青鸟消防股份有限公司。上述公司的基本情况见表10-11。

表10-11　　　　　　　　张家口市上市公司基本情况

序号	公司名称	股票代码	公司简称	注册资本(万元)	成立日期
1	河钢资源股份有限公司	000923.SZ	河钢资源	65272.8961	1999-06-29
2	青鸟消防股份有限公司	002960.SZ	青鸟消防	758439.254	2001-06-15

数据来源:Wind。

(1)河钢资源

河钢资源所属行业为黑色金属—钢铁—冶钢原料行业,公司主要业务为铜、铁矿石的开采、加工、销售;公司主要产品有铜产品和磁铁矿,公司旗下的PC是南非最大的铜棒/线生产商。截至2023年末,公司累计有发明专利104个,作品著作权2项,软件著作权6项,通过了测量管理体系、环境管理体系、质量管理体系认证。公司2020—2023年分别实现营业收入59.35亿元、65.67亿元、50.53亿元和58.67亿元,同比增长率依次为2.33%、10.64%、-23.05%和16.10%;实现归母公司净利润9.71亿元、13.01亿元、6.66亿元和9.12亿元,同比增长率依次为83.72%、34.00%、-48.8%和36.95亿元。

(2)青鸟消防

青鸟消防股份有限公司所属行业为机械设备—专用设备—楼宇设备行业,公司主要从事消防安全系统产品的研究、开发、生产和销售。公司的主要产品有火灾自动报警及联动控制系统、电气火灾监控系统、自动气体灭火系统、气体检测监控系统。截至2023年末,公司累计获得专利229个,其中发明专利61个、新型实用专利93个、外观设计75个;作品著作权15项,软件著作权47项,获得其他自愿性工业产品认证。公司火灾自动报警产品获得中国质量检验协会颁发的"全国质量信得过产品"证书以及多个奖项。

公司2020—2023年分别实现营业收入25.25亿元、38.63亿元、46.02亿元、49.72亿元,同比增长率依次为11.16%、53.03%、19.13%;实现归母公司净利润4.30亿元、5.30亿元、5.70亿元、6.50亿元,同比增长率依次为18.72%、23.21%、7.51%、15.67%。

2. 上市公司地位及同行业地位分析

(1)上市公司地位分析

张家口市2023年GDP为1 842.7亿元,税收收入为83.56亿元。张家口市上市公司占比情况见表10—12。上市公司营业总收入占张家口市GDP的5.88%,上市公司企业应交税费占张家口市税收收入的2.25%,一定程度上为带动当地经济发展做出贡献,虽然张家口市上市公司较少,但对于当地经济的带动作用较为显著。

表10—12　　　　　　　　张家口市上市公司占比情况

序号	公司	营业总收入（亿元）	营业总收入/张家口市GDP	应交税费（亿元）	企业所得税/张家口市税收收入	净利润（亿元）
1	河钢资源	58.67	3.18%	0.99	1.18%	12.69
2	青鸟消防	49.72	2.7%	0.89	1.07%	7.06
	合计	108.39	5.88%	1.88	2.25%	19.75

数据来源:Wind。

(2)同行业地位分析

①河钢资源

河钢资源属于GICS行业中原材料—多种金属与采矿行业,截至2023年末,河钢资源总市值为109.66亿元,实现营业收入58.67亿元,两者均低于行业平均水平。

②青鸟消防

青鸟消防属于GICS行业中的电子设备和仪器行业,截至2023年末,青鸟消防市值为104.91亿元,实现营业总收入49.72亿元,两者均低于行业平均水平。

3.上市公司资本运作行为及分析

(1)股权转让

表10—13　　　　　　自2019年以来上市公司股权转让基本情况

序号	公司名称	交易时间	转让方式	转让方	受让方	标的公司	是否关联交易	转让比例
1	河钢资源	2019/3/23	协议转让	河北省国有资产控股运营有限公司	河北国控资本管理有限公司	河钢资源股份有限公司	否	3.31%
2	河钢资源	2020/5/23	无偿转让	河北省人民政府国有资产监督管理委员会	河北省财政厅	河钢资源股份有限公司	否	10.00%
3	河钢资源	2021/8/4	无偿转让	河北宣工机械发展有限责任公司	河钢集团有限公司	河钢资源股份有限公司	否	10.78%
4	河钢资源	2022/8/14	司法裁定（拍卖）	林丽娜	方泽彬、李涛	河钢资源股份有限公司	否	3.00%
5	青鸟消防	2022/11/22	协议转让	北京北大青鸟环宇科技股份有限公司	蔡为民	青鸟消防股份有限公司	否	7.96%

数据来源:Wind。

自2019年以来,张家口市A股上市公司共发生5次股权转让事件(见表10—13)。

2019年3月23日,河北省国有资产控股运营有限公司(以下简称"河北国控")拟将其目前持有河北宣工机械发展有限责任公司(以下简称"河北宣工")的全部21 611 100股股份(均为流通股,占河北宣工总股本的3.31%)以非公开协议转让的方式作价出资至其全资子公司河北国控资本管理有限公司。本次国有股权协议转让后,河北国控将不再直接持有河北宣工股份;河北国控资本管理有限公司(以下简称"国控资本")将直接持有河北宣工21 611 100股股份(占河北宣工总股本的3.31%),本次国有股权协议转让后,河北宣工控股股东河钢集团有限公司(以下简称"河钢集团")和实际控制人河北省国资委未发生变化。

2020年5月23日,河北省国资委持有的河钢集团10%的国有股权(国有资本)一次性划转给河北省财政厅持有。本次国有股权协议转让后,河北国控将不再直接持有河北宣工股份;本次国有股权划转完成后,河北省国资委持有河钢集团90%股权,河北省财政厅持有河钢集团10%股权,河钢集团仍持有公司34.59%股权,为公司控股股东,河北省国资委为公司实际控制人。

2021年8月4日,河钢资源股份有限公司(以下简称"河钢资源")持股5%以上股东河北宣工机械发展有限责任公司向河钢集团有限公司无偿划转其持有的河钢资源无限售条件流通股70 369 667股,本次拟转让股数占公司总股本的10.78%。经本次转让后,河钢集团有限公司持有河钢资源34.59%的股权。

2022年8月14日,河钢资源股份有限公司网络拍卖六个标的,其中两个标的竞买成功,合计6 530 000股,占公司总股本的1.00%;四个标的因无人竞拍,处于流拍状态,合计13 060 000股,占公司总股本的2.00%。本次拍卖前,林丽娜女士持有公司股份32 842 878股,占公司总股本的5.03%。本次拍卖中竞买成功的6 530 000股最终全部办理过户后,林丽娜女士所持股份将减少至26 312 878股,占公司总股本的4.03%,将不属于公司持股5%以上股东。

2022年11月22日,青鸟消防股份有限公司控股股东北京北大青鸟环宇科技股份有限公司与公司持股5%以上股东、公司董事长蔡为民先生签署了股份转让协议,北大青鸟环宇拟通过协议转让方式以每股24.54元、共人民币110 184.60万元向蔡为民先生转让公司股份44 900 000股,占公司总股本564 277 212股的7.96%。本次转让未触及要约收购。本次协议转让,仅涉及公司控股股东与董事长之间的转让,不涉及向市场减持。

(2)收购购买

表10—14　　　　　　　自2021年以来上市公司收购基本情况

序号	公司名称	最近公告日	事项类别	交易金额(万元)	交易买方	交易卖方	是否关联交易	交易标的
1	青鸟消防	2021/3/6	收购购买	4 773.33	青鸟消防股份有限公司	北京朗瑞皓腾科技发展有限公司	是	康佳照明
2	青鸟消防	2021/3/24	新股认购	2 400万欧元	青鸟消防股份有限公司	Finsecur SAS1	否	Finsecur SAS1
3	青鸟消防	2021/9/8	收购购买	26 334	青鸟消防股份有限公司	天津优孚企业管理合伙企业(有限合伙)	否	广东禾纪科技有限公司
4	青鸟消防	2022/3/31	收购购买	10 592.59	青鸟消防股份有限公司	上海青鸟杰光消防科技有限公司	是	上海青鸟杰光消防科技有限公司

续表

序号	公司名称	最近公告日	事项类别	交易金额（万元）	交易买方	交易卖方	是否关联交易	交易标的
5	青鸟消防	2022/5/13	收购购买	3 164	安徽青鸟消防科技有限公司	马鞍山市	否	马鞍山市国有建设用地土地使用权
6	青鸟消防	2022/5/19	收购购买	915.81	青鸟消防股份有限公司	上海青鸟杰光消防科技有限公司	否	上海青鸟杰光消防科技有限公司

数据来源：Wind。

自 2021 年以来，张家口市 A 股上市公司共发生 6 次收购事件（见表 10－14）。

2021 年 3 月 6 日，青鸟消防股份有限公司以自有资金 47 733 333 元收购北京朗瑞皓腾科技发展有限公司持有的康佳照明 25.37％的股权，本次收购完成后，公司将持有康佳照明 25.37％的股权，成为其第二大股东。

2021 年 3 月 24 日，青鸟消防股份有限公司以自筹资金总计 2 400 万欧元认购法国 FinsecurSAS1 200 万股新增发股份并与标的公司及原股东签订股权认购协议，取得标的公司 52.65％的股权。同时青鸟消防或美安消防拟与标的公司原股东签署售出期权（Put Option）、购买期权（Call Option）协议，在该等协议签署后的 6 年内以总计不超过 6 500 万欧元的自筹资金收购原股东持有的全部股权，最终取得标的公司 100％的股权。

2021 年 9 月 8 日，青鸟消防股份有限公司以自有资金总计人民币 26 334 万元向天津优孚企业管理合伙企业（有限合伙）收购其所持广东禾纪科技有限公司 57％的股权。本次交易完成后，广东禾纪科技有限公司及其子公司广东左向照明有限公司将纳入公司合并财务报表范围。

2022 年 3 月 31 日，青鸟消防股份有限公司以 10 592.59 万元自有资金进一步收购旗下参股公司——上海青鸟杰光消防科技有限公司（以下简称"青鸟杰光"）合计 56.30％的股权。本次交易完成后，青鸟杰光将由公司参股公司变为公司控股子公司，纳入公司合并报表范围。

2022 年 5 月 13 日，青鸟消防股份有限公司控股子公司安徽青鸟消防科技有限公司在马鞍山市国有建设用地土地使用权挂牌出让中以人民币 3 164 万元的成交价格公开竞得马鞍山市经开区马土让 2022－16 号（市经开区 2022－8 号工业用地）地块的国有建设用地使用权。

2022 年 5 月 19 日，青鸟消防股份有限公司以 9 158 131.29 元自有资金进一步收购旗下控股子公司——上海青鸟杰光消防科技有限公司4.330 7%的股权,本次收购完成后,青鸟杰光将成为公司全资子公司。

(3)再融资

表10-15　　　　　　　　自2017年以来上市公司再融资情况

序号	公司名称	交易时间	融资类别	发行价格(元)	发行数量(股)	融资金额(万元)
1	河钢资源	2017/8/8	非公开增发	12.39	250 004 555	309 755.65
2	河钢资源	2017/8/28	非公开增发	12.7	204 724 406	260 000.00
3	青鸟消防	2022/11/9	非公开增发	24.01	74 422 182	178 687.66

数据来源:Wind。

2017年8月8日,河钢资源股份有限公司完成非公开增发,本次增发募资金额总额309 755.65万元,其中发行费用0.00万元,实际募集资金309 755.65万元;本次增发共定向发行250 004 555股,增发比例55.80%。本次定向增发募集资金用于购买四联资源(香港)有限公司100%股权。

2017年8月28日,河钢资源股份有限公司完成非公开增发,本次增发募资金额总额260 000.00万元,其中发行费用6 537.73万元,实际募集资金253 462.27万元;本次增发共定向发行204 724 406股,增发比例31.36%。本次定向增发募集资金用于PC铜矿二期项目建设。

2022年11月9日,青鸟消防股份有限公司完成非公开增发,本次增发募资金额总额178 687.66万元,其中发行费用5 200.17万元,实际募集资金173 487.49万元;本次增发共定向发行74 422 182股,增发比例13.19%。本次定向增发募集资金投入青鸟消防安全产业园项目、绵阳产业基地升级改扩建项目和智慧消防平台建设项目,结余资金补充流动资金。

(4)IPO

2019年8月9日,青鸟消防股份有限公司完成深交所创业板首次公开发行并上市交易,本次IPO募资金额总额104 040.00万元,其中发行费用10 227.05万元,实际募集资金93 812.95万元,本次募资投向电气火灾监控系统及独立式光电感烟探测报警器升级扩产项目、自动灭火系统扩产建设项目、气体检测仪器扩产建设项目、火灾自动报警及联动控制系统生产线技术改造项目、火灾报警技术与产品线的一体化升级与开发项目和研发检测中心建设项目,结余募集资金永久补充流动资金。

(三)新三板企业

1.总体概述

截至2023年末,张家口市共有4家新三板挂牌企业。全部位于基础层。

在行业分布方面,张家口的新三板挂牌公司的行业分布较为分散,拥有基础化工、建筑、电力设备等多个行业。张家口新三板挂牌企业所属行业与张家口支柱行业不同,张家口市存在较多新三板企业挂牌的潜在机会。

从地区总体情况来看,张家口市的新三板企业较少,与省内其他的城市相比,企业的盈利水平较差,净利润较低。其中时代股份具有良好的营收和持续经营能力,业绩突出,可以考虑转板以至于北交所上市;新迪电瓷连续三年扣除非经常性损益后归属于公司普通股股东的净利润为负,经营活动现金流为负数,公司的持续经营存在不确定性。因此,应该鼓励张家口市的核心产业向新三板挂牌,进而在北交所上市,集聚资金发展,打造更好的、更优质的企业。截至2023年末,位于张家口市的4家新三板上市企业的具体信息见表10－16。

表10－16　　　　　　　　张家口市新三板挂牌企业基本情况

序号	代码	名称	总股本（万股）	总资产（万元）	净资产（万元）	营业收入（万元）	归属母公司股东净利润（万元）	所属分层	所属行业
1	833177.NQ	时代股份	6 000.00	17 242.82	10 919.23	9 081.99	2 022.85	基础层	基础化工
2	835969.NQ	华凌股份	4 780.60	7 852.55	5 210.22	281.62	－248.56	基础层	建筑材料
3	870429.NQ	安泰园林	3 000.00	10 874.82	499.70	657.44	－610.90	基础层	建筑装饰
4	871567.NQ	新迪电瓷	11 000.00	79 541.72	－2 160.74	16 562.33	－5741.41	基础层	电力设备

数据来源:Wind。

2.市值分析

公司市值受公司质量、业务等多重因素共同影响。

张家口市新三板企业涉及基础化工、建筑、电力设备、社会服务多个行业。基础化工行业中,时代股份总市值在4家企业中最高,其主营业务为橡胶油封、密封罩组件及其他相关产品的设计、开发、生产和服务;建筑行业中,安泰园林市值较高,其主营业务为园林景观的工程施工及园林养护服务,华凌股份主营业务为白云岩的开采、加工及销售;电力设备行业中,新迪电瓷主营业务为避雷器、静电除尘器用绝缘子、高压电站电器用瓷绝缘子、高压线路电瓷等产品的研发、生产及销售。

北交所上市标准为市值达到2亿元,张家口市新三板挂牌企业中时代股份和安泰园林市值较为接近北交所上市标准。华凌股份市值较低,新迪电瓷目前没有市值,原因在于企业缺乏交易的流动性。公司可以通过多种途径提升市值:稳定提升公司经营业绩及创新研发能力;加强对品牌的宣传和对投资者的重视;提高对市值管理的重视,通过基于公司的真实价值增长和可持续发展的长期战略,来制定出资本市场和业务发展战略,迎合投资市场的交易偏好。

截至2023年末,张家口4家新三板挂牌企业的总市值、收盘价、股东户数、主营业务、所属行业见表10-17。

表10-17　　　　　　　张家口市新三板挂牌企业基本情况

序号	证券代码	证券名称	总市值（万元）	收盘价（元）	股东数（户）	主营业务	所属行业
1	833177.NQ	时代股份	18 000.00	3.00	5	橡胶油封、密封罩组件及其他相关产品的设计、开发、生产和服务	基础化工
2	835969.NQ	华凌股份	4 780.60	1.00	39	白云岩的开采、加工及销售	建筑材料
3	870429.NQ	安泰园林	15 000.00	5.00	36	园林景观的工程施工及园林养护服务	建筑装饰
4	871567.NQ	新迪电瓷	—	—	2	避雷器、静电除尘器用绝缘子、高压电站电器用瓷绝缘子、高压线路电瓷等产品的研发、生产及销售	电力设备

数据来源:Wind。

3. 新三板可转板企业梳理

(1)基础层向创新层转板

基础层企业为时代股份、华凌股份、安泰园林、新迪电瓷,根据表10-18对这些企业基础层向创新层转板的可能性进行分析。

表10-18　　　　　　　张家口市基础层企业转板分析

序号	标准＼名称	最近一年期末净资产不为负值	符合条件的合格投资者不少于50人	公司挂牌以来完成过定向发行股票(含优先股),且发行融资金额累计不低于1 000万元
1	时代股份	√	×	×
2	华凌股份	√	×	×
3	安泰园林	√	×	×
4	新迪电瓷	√	×	×

如表10-18所示,张家口市新三板基础层挂牌的企业均没有满足转板创新层的条件。时代股份资质较好,市值较高,营收规模较大,业务稳定,通过定向增发的方式

引入合格投资者,可以满足由基础层转板创新层,进而进军北交所;其余企业可以通过扩大经营规模,开展多项业务、品牌延伸、连锁经营等方式提升公司质地,吸引投资。

(2)创新层向北交所上市

张家口市目前暂无创新层企业,基础层企业中时代股份公司资质优良,具有转入创新层后在北交所上市的潜力。

(四)上市后备企业

1. 上市后备企业总体概况

截至2022年底,河北省张家口市基本符合上市条件的后备企业合计11家,主要涉及新型能源业、机械设备业及高端制造业。张家口市基本符合上市条件的后备企业数量较河北省其他市少,但大多属于新兴行业或掌握核心高新技术,具有一定的发展前景。张家口市涉及新能源行业的企业较多,这与张家口市政府大力发展新能源、出台相应鼓励政策密不可分,张家口市可再生能源终端消费占比达到32.5%以上,已跻身国际一流行列,以可再生能源为代表的高新技术产业增加值占工业增加值比重达到39.2%。张家口市上市后备企业的行业情况见表10-19。

表10-19　　张家口市基本符合上市条件的后备企业及所属行业名单

序号	企业名称	所属行业
1	河北万丰冶金备件有限公司	机械设备业
2	张家口宣化华泰矿冶机械有限公司	机械设备业
3	河北骞海鼓风机有限公司	机械设备业
4	河北五维航电科技股份有限公司	高端制造业
5	河北新烨工程技术有限公司	地勘钻探业
6	启源新能源科技(张家口)有限公司	新型能源业
7	河北新华龙科技有限公司	新型能源业
8	张家口亿源新能源开发有限公司	新型能源业
9	张家口京张迎宾廊道生态能源有限公司	新型能源业
10	张家口海珀尔新能源科技有限公司	新型能源业
11	河北华佗药房医药连锁有限公司	生物医药业

张家口市基本符合上市条件的后备企业中,新兴行业占据较大份额,其中部分企业掌握机械设备制造的高端新兴技术,在行业中属于龙头企业,引领行业发展;2022年北京冬奥会期间,张家口市同样也承担了部分奥运会任务,其间100%使用绿色清洁电能,这源于张家口市大力发展新能源行业,建设了全国唯一的国家级可再生能源

示范区,涌现出一批优秀的新能源企业。

2. 专精特新企业梳理

截至2022年末,张家口市基本符合上市条件的后备企业中共有专精特新企业5家(见表10-20),均为国家级专精特新"小巨人"企业,其中两家企业为制造业单项冠军企业,制造业单项冠军企业坚持专业化发展,市场份额全球领先,企业申请产品的市场占有率位居全球前3。

这些企业坚持专业化发展道路,长期专注并深耕于产业链某一环节或某一产品,主导产品在全国细分市场占有率达到10%以上,研发支出较高,有一定的创新能力,2020—2022年主营业务收入平均增长率不低于5%,公司质地优良,在该领域具有一定的地位。

表10-20　　　　　　　　张家口市"专精特新"企业名单

序号	公司名称	专精特新认定
1	河北万丰冶金备件有限公司	国家级"小巨人"
2	张家口宣化华泰矿冶机械有限公司	国家级"小巨人"
3	河北骞海鼓风机有限公司	国家级"小巨人"
4	河北五维航电科技股份有限公司	国家级"小巨人"
5	河北新烨工程技术有限公司	国家级"小巨人"

3. 上市后备企业地位分析

张家口市拥有六大支柱产业,分别是新型能源业、机械设备业、地勘钻探业、高端制造业、数字经济业和文化旅游业。张家口市共计11家基本符合上市条件的后备企业中有10家属于张家口市支柱产业。

新型能源业是张家口市基本符合上市条件的后备企业中的第一大产业,可再生能源已成为张家口绿色发展的国际名片。截至2021年底,张家口已完成可再生能源装机规模2 347万千瓦(其中风电1 644万千瓦、光伏695万千瓦),成为中国非水可再生能源第一大市。不仅如此,张家口市还建设了总长为666千米的张北柔性直流输电示范工程,每年可向北京输送140亿千瓦时的张家口"绿电",这些成就是张家口建设国家级可再生能源示范区不断创新升级的体现。张家口市对新型能源业的大力支持与现有成就吸引了相关企业的入驻,带动了当地相关企业的发展,张家口市基本符合上市条件的后备企业中有5家企业与新型能源有关,占据了约半数,在大环境以及政策支持下,这些企业可作为良好的上市企业储备。

机械设备业是张家口市基本符合上市条件的后备企业中的第二大产业。张家口市具有雄厚的工业基础,机械制造是传统的支柱产业。如今,张家口市以高端化、智能化、集约化为主攻方向,将原本机械制造的优势发扬。通过结合智能管理系统,张家口市的机械制造业整体趋向于智能化,实现车间"无人化",大大提高了效率,提升了机械制造行业的整体竞争力,带动周边产业汽车零部件制造、煤矿机械、工程机械等产业发展。张家口市基本符合上市条件的后备企业中的机械设备行业企业,均为国家级专精特新"小巨人"企业,这些企业的创新能力较强,有一定的研发投入,营收情况较好,同样可作为张家口市上市企业储备。

四、张家口市资本市场发展对策建议

(一)债券资本市场发展的建议

1.加强市县平台合作,发挥规模效应

张家口市各区县的国有资产存在资产分散、资金分散、管理分散的问题,相关区县的主要平台公司普遍存在资产规模较小、有效资产不足、盈利能力较差、融资渠道单一、融资能力较弱等问题。各区县平台公司虽拥有一定规模的优质资产,但限于自身财务指标、区县财政实力及国家相关政策影响,现有优质资产和资源利用效率偏低,整体投融资能力有限,难以通过资本市场进行直接融资。

针对当前张家口市资金分散、名目众多、项目弱小、管理多头以及交叉重复等问题,应突出统筹管理,进一步优化管理体系,完善政策措施,创新体制机制,稳步推进资金统筹整合,不断提高资金使用效益。同时,坚持重点突破,积极引导资金向园区的重点领域、重大工程、主导产业倾斜,集中投入,形成效益。此外,也要强化示范引领作用,应运用系统、融合的思维,拆弱并强,发挥有限资金的集群效应,集中打造一批先进典型,以点带面、点面结合,打造规模效应,推动高效有序发展。

2.设立信用保障基金,提升信用水平

近年来债券违约事件频发,国企债券信用事件尤其受到债券市场投资者的广泛关注。在防范化解系统性金融风险的工作基调下,多地组建信用保障基金,以缓解基本面长期向好的国有企业所面临的短期流动性压力,保护投资者权益,降低投资损失,增强市场信心,维持区域信用市场稳定。2020年河北省国企信用保障基金成立,首期50亿元,为国内首支省级国企信用保障基金。该基金按照互助、互利和自愿原则筹集,是专项用于化解和处置省内国企债券风险的备用资金。结合当前张家口市平台较多、融资规模较大的现状,张家口市政府统筹设立张家口市信用保障基金,有助于建立常态化、规范化的国企债券风险化解机制,提升国企整体信用水平,进一步降低融资成本与风险。

3. 加大政府补贴支持，提高盈利能力

多数平台公司作为区域内重大项目及民生工程的建设实施主体，盈利能力整体偏弱，企业经营较大程度上依赖政府给予的补贴收入。同时，投资者在城投债的投资决策过程中，也越发注重企业的经营状况和在该区域的竞争优势，而政府给予的补贴收入能够最为直观地反映当地政府对企业的支持力度。因此张家口市财政应进一步增强对张家口市企业的补贴力度，提升企业净利润指标，不仅有利于企业扩展融资渠道，符合更多债券品种的准入标准，同时能够吸引更多投资者，从而进一步降低融资成本。

4. 加快推进平台建设，优化融资环境

在当下信用债券审核过程严格化、合规化的趋势下，投资主体对平台公司的盈利能力及其可持续性的关注度逐步加强。这不仅要求平台公司保持优良的经营状况以及良好的风险管理能力，更要求融资平台及时准确地将企业信息传递给投资主体以缓解信息不对称造成的融资困境。因此，张家口市应持续推进融资平台的建设和完善工作，为平台公司的融资提供便捷化、规范化途径，为投资者的资金投放创造公平化、透明化渠道。

（二）股权资本市场发展的建议

近年来，张家口市持续出台相关政策鼓励大数据产业和新能源产业的发展，同时在2022年北京冬奥会的背景下，张家口市的冰雪产业、旅游业、现代制造业等行业也得到了全市重点发展支持。

青鸟消防虽属于当下张家口市重点发展的现代制造业，但相较于河钢资源所属的金属行业在营收和企业规模方面仍属于较弱势地位。目前张家口市处在IPO阶段的原轼新材也属于非金属矿物制品业。可见张家口市股权市场仍以本市传统行业为主，新兴行业尚未在股权市场中占有一席之地。

因此，张家口市待上市企业应依据本市鼓励新兴行业发展的政策导向，在完善自身经营质量的基础上加快推动上市进程，推进张家口市股权市场的行业多样化。同时政府也应当进一步贯彻落实行业激励政策，为新兴行业健康发展和上市融资创造条件，持续推进全市股权市场的行业多样性，为股权市场的活跃发展提供政策保障。

秦皇岛市资本市场发展分析报告

摘要：秦皇岛市作为河北省重要的港口城市，近年来在经济建设方面取得了长足进步，但资本市场发展基础相对薄弱。秦皇岛市统计局数据显示，2018年到2023年，秦皇岛市地区生产总值持续增加，从1 507.3亿元增加到2 001.01亿元，在经济发展取得显著成效的同时，秦皇岛市债务余额也逐年增长，从467.64亿元增长到819.74亿元。资本市场方面，秦皇岛市债券融资主体数量保持稳定，近六年维持在2家左右，债券发行量从14亿元增加到40.3亿元。秦皇岛市目前拥有4家A股上市公司，11家新三板挂牌企业，33家上市后备企业，后备企业充足。总体来看，上市公司数量和上市后备企业数量尚可，但秦皇岛市的资本市场发展较为薄弱，债券发行主体较少，债券发行量也较低。针对以上问题，秦皇岛市应进一步加强资本市场建设，在债权资本市场方面：一是要做大做强市级平台，提高平台融资能力；二是要整合区县级城投平台，推进市县级平台合作；三是要创新融资品种，拓宽融资渠道；四是要把握政策导向，拓宽业务布局。在股权资本市场方面：一是重视经营风险，加强内部控制能力；二是提高再融资水平，激发融资积极性；三是拓宽经营领域，提高可持续经营能力。

关键词：秦皇岛市；港口城市；资源整合；京津冀协同发展

一、秦皇岛市经济、财政及政府债务状况

秦皇岛市是河北省的重要港口城市，位于环渤海经济圈的中心地带，是连接华北、东北和内蒙古地区的重要门户城市。秦皇岛市是中国重要的能源、原材料进口港之一，也是中国最大的散装水泥出口港口，被誉为"散装水泥之都"。该市还拥有大量的资源，如煤炭、铁矿石、石油、天然气等，是中国北方重要的能源基地之一。此外，秦皇

岛是华北、东北和西北地区重要的出海口,京津冀协同发展与振兴东北老工业基地两大国家战略的交汇点。秦皇岛港作为中国最早的自主通商口岸,目前是世界最大能源输出港。

(一)经济状况

总体来看,秦皇岛市经济发展保持稳中有进。地区生产总值方面,2020—2023年,秦皇岛市地区生产总值分别为1 685.80亿元、1 843.8亿元、1 909.5亿元和2 001.01亿元,同比增长分别4.6%、9.4%、3.6%和4.8%(见图11—1)。从全省来看,秦皇岛市经济增速和河北省整体经济增速大致持平,但经济增长波动较大。

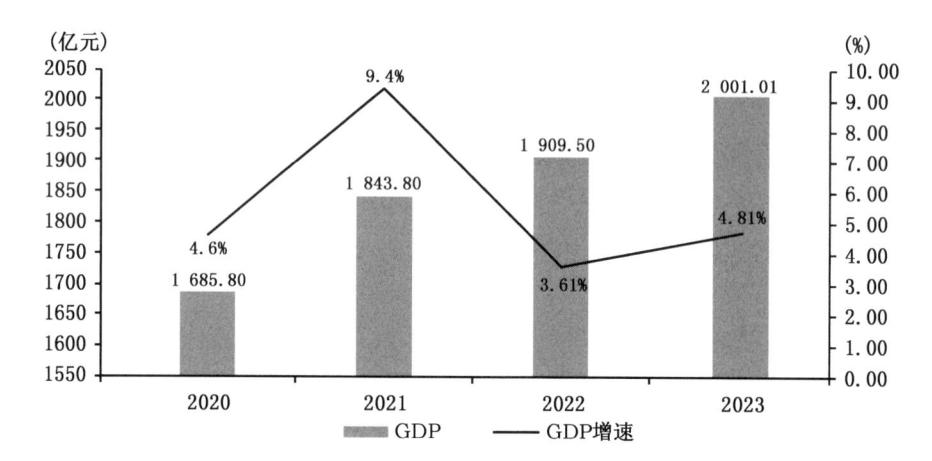

数据来源:秦皇岛市统计局。

图11—1 秦皇岛市近三年GDP增长情况

产业结构方面,2019年,秦皇岛市三大产业增加值构成比重分别为12.8∶32.9∶53.3;2020年,三大产业构成比重为12.8∶32.7∶53.5;2021年,比重为13.0∶35.6∶51.4;2022年,第一产业增加值为252.17亿元,第二产业增加值为681.45亿元,第三产业增加值为975.9亿元,比重为13.2∶35.7∶51.1;2023年,第一产业增加值为252.11亿元,第二产业增加值为640.41亿元,第三产业增加值为1 100.65亿元,比重为12.99∶32.0∶55.0。可以看到,2019—2023年间,第一、第二产业比重缓慢增加,工业增加值由2019年的440.74亿元增加至2023年的640.41亿元,而第三产业占比则缓慢回落。

居民收入方面,2019年城镇居民人均可支配收入38 358.63元,2020年,尽管秦皇岛市经济遭受了新冠肺炎疫情的影响,人均可支配收入增速有所降低,但仍达到39 931.48元,同比增长4.1%。2021年和2022年,城镇居民人均可支配收入分别为42 567.00元和44 142.00元,同比增长6.6%和3.7%。2023年,人均可支配收入

46 525 元，同比上升 4.5%。整体来看，随着秦皇岛地区生产总值的提高，人均可支配收入稳步提升。

（二）财政状况

近年来，秦皇岛市财政收入整体呈现上升趋势。一般公共预算收入以税收收入为主，但税收占比有下降的趋势，非税收入中以土地出让收入为主。2019—2023 年，秦皇岛市一般公共预算收入以及税收收入如表 11－1 所示。

表 11－1　　　　　2019—2023 年皇岛市一般公共预算收入以及税收收入

项　目	2019 年	2020 年	2021 年	2022 年	2023 年
一般公共预算收入（亿元）	144.14	158.49	172.22	171.88	172.53
同比增长（%）	8.00	10.00	8.7	5.2	0.4
税收收入（亿元）	101.74	99.59	107.51	81.09	89.52
占一般公共预算的比重（%）	70.6	62.8	62.4	47.2	51.87

数据来源：秦皇岛市统计局。

财政支出方面，2019—2023 年，秦皇岛市一般公共预算支出分别为 317.94 亿元、340.28 亿元、310.91 亿元、316.11 亿元和 376.78 亿元。各年度全市一般公共预算支出的 85% 以上用于民生领域，人民生活水平得到极大保障。

（三）政府债务状况

整体来看，秦皇岛市的债务规模不大，整体债务风险较小。2023 年，秦皇岛市的财政自给率、负债率和宽口径负债率分别为 45.79%、37.31% 和 42.96%，债务率和宽口径债务率分别为 287.78% 和 331.42%，负债规模在全国属于中低水平。

2023 年，财政部下达的秦皇岛市地方政府债务余额为 777.55 亿元。截至 2023 年末，秦皇岛市地方政府债务余额 819.74 亿元，同比 2022 年增长 5.43%，其中一般债余额 406.34 亿元，专项债余额 413.4 亿元，地方政府债务余额在中央提出的限额之内。

二、秦皇岛市资本市场概述

（一）资本市场发展历程

秦皇岛市债券市场起步较晚，秦皇岛市第一只信用债为秦皇岛开发区国有资产经营有限公司于 2012 年发行的"PR 秦开发"债。受到秦皇岛市整体财力的影响，秦皇岛区域的发债平台相对较少，但债券发行总量整体稳步增加。随着债券融资品种逐渐丰富，秦皇岛市平台抓住政策窗口，实现了交易所、银行间、发改委等渠道的融资，为明确展示秦皇岛市债权资本市场的发展历程，对 2019—2023 年秦皇岛区域内企业（涵盖城投公司、产业企业、金融机构)债券发行总量、债券发行主体数量以及债券发行种类统计如下(见表11—2)。可以看到,自2019年起,秦皇岛市债券发行总量稳步提升,发行主体基本保持稳定。在债券类型上,以公司债、短期融资券、定向工具和金融债券为主。债券融资占总融资额的比例升高,债券融资的重要性逐步增强。

表11—2　　　　2019—2023年秦皇岛市债券发行规模及融资主体数量

项　目	2019年	2020年	2021年	2022年	2023年
债券发行总量(亿元)	8	7	5	18.5	40.3
债券主体发行数量(家)	1	1	1	2	2
公司债(亿元)	0	0	5	8	7
企业债(亿元)	—	—	—	—	—
短期融资券(亿元)	—	—	0	7	7.8
定向工具(亿元)	—	—	—	3.5	6.5
中期票据(亿元)	—	—	—	—	—
金融债(亿元)	8	7	0	—	19

数据来源:Wind。

2023年,秦皇岛市债券融资总额为40.3亿元,共有2家融资主体,整体融资规模和融资主体数量均较低。考虑到2023年秦皇岛市的地区生产总值和一般公共预算收入均在河北省排第八位,排名较为靠后,秦皇岛市的债券市场发展水平与经济、财政实力较为匹配,但仍有一定的提升空间。

股权市场方面,截至2023年末,秦皇岛市共有4家A股上市公司,上市公司数量在河北省内处于第6位。4家上市公司分别为中嘉博创信息技术股份有限公司、秦皇岛港股份有限公司、康泰医学系统(秦皇岛)股份有限公司和秦皇岛天秦装备制造股份有限公司,分别于1997年12月18日、2017年7月20日、2020年8月24日和12月16日上市,4家上市公司市值合计276.21亿元,2019—2023年上市公司市值波动较大,平均市值为370.84亿元。秦皇岛市上市公司2019—2023年市值对比如图11—2所示。

秦皇岛市上市公司再融资金额和频率较低,共进行了7次融资。具体来看,再融资总募资额为32.74亿元,最近一次再融资为2022年7月20日康泰医学系统(秦皇岛)股份有限公司发行可转债募资7.00亿元,募集资金最大的再融资为2014年12月中嘉博创信息技术股份有限公司定向增发募资7.46亿元。在区域股权交易市场上,宏岳塑胶于2019年3月在石家庄股权交易中心发行可转债募资0.21亿元。

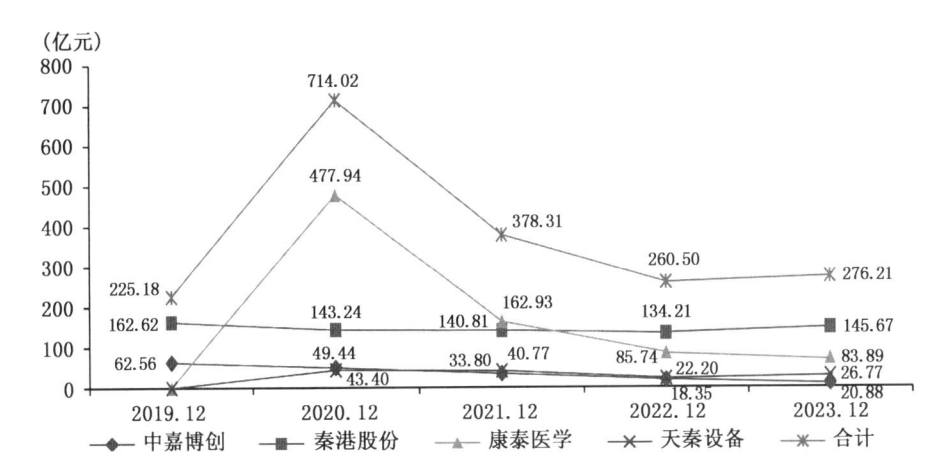

(亿元)
800
　　　　　　　714.02
700
600
　　　　　　　477.94
500
400　　　　　　　　　　　378.31
　　　　　　　　　　　　　　　　　　260.50　276.21
300　225.18
200　162.62　143.24　140.81　162.93　134.21　145.67
　　62.56　49.44　33.80　40.77　85.74　83.89
100　　　　　43.40　　　　　22.20　26.77
0　　　　　　　　　　　　　　18.35　20.88
　　2019.12　2020.12　2021.12　2022.12　2023.12
　　◆中嘉博创　■秦港股份　▲康泰医学　×天秦设备　✱合计

数据来源：课题组根据公开资料整理所得。

图 11－2　2019—2023 年秦皇岛市上市公司市值情况

（二）资本市场发展现状

1. 债券市场

截至 2023 年末，秦皇岛市区域内企业存量债券为 13 只，存量规模为 58.00 亿元，品种涉及公司债、企业债、短期融资券、定向工具、金融债等。当前秦皇岛市债券到期期限集中在 1—3 年，1 年以内和 3 年以上到期的债券规模较小，短期偿债压力较为可控。秦皇岛市存量债券的票面利率分布区间为 3.00%—5.70%，不同主体的融资利率有较大差异，较多集中于 4.00%—5.50% 之间。秦皇岛市存续债券利率情况如表 11－3 所示。

表 11－3　　　　　　　　秦皇岛市存续债券利率情况统计

债券简称	票面利率
19 秦皇岛银行二级 01	5.40%
22 秦皇城投 CP001	—
20 秦皇岛银行二级 01	4.7%
23 秦皇城投 PPN001	5.3000%
23 秦发 02	5.70%
22 秦发 01	4.18%
21 秦发 02	2021.11.10—2024.11.9，票面利率：3.53%； 2024.11.10—2026.11.9，票面利率：3.53%＋调整基点
22 秦皇城投 PPN001	3.9000%
22 秦发 02	3.93%

续表

债券简称	票面利率
21秦发01	2021.2.8—2024.2.7,票面利率:5.3%; 2024.2.8—2026.2.7,票面利率:5.3%+调整基点
23秦皇城投CP001	—
23秦发01	2023.3.10—2026.3.9,票面利率:3.8%; 2026.3.10—2028.3.9,票面利率:3.8%+调整基点
16秦经开	—

资料来源:课题组整理所得。

2.股权市场

秦皇岛市现有的四家A股上市公司中,秦港股份(601326.SH)于上交所主板上市,中嘉博创(000889.SZ)于深交所主板上市,康泰医学(300869.SZ)和天秦装备(300922.SZ)于深交所创业板上市。近几年内,秦皇岛市上市公司营业收入总额均在70亿元以上,但占秦皇岛市GDP比重在逐年缓慢下降,说明虽然上市公司在秦皇岛市经济中发挥了重要作用,但其作用效果有一定程度的下降(见图11-3)。

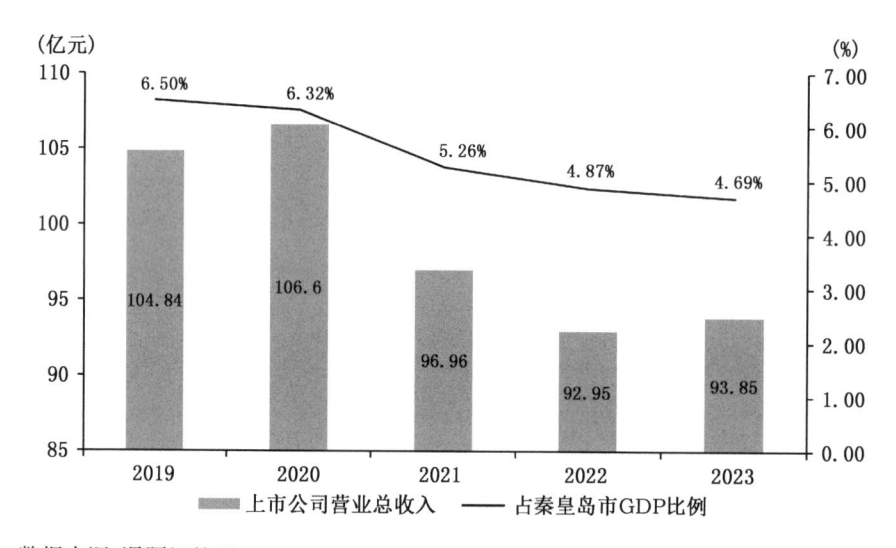

数据来源:课题组整理。

图11-3 2019年—2023年秦皇岛市上市公司营业收入及占GDP比重情况

根据《秦皇岛市国民经济和社会发展第十四个五年规划和二〇三五年远景目标纲要》,秦皇岛市着力培育壮大生命健康、文化旅游、汽车零部件、电子信息、高端装备制造、粮油食品加工、新型材料、临港物流八大特色主导产业,秦皇岛市4家上市公司分别属于通信、临港物流、医药生物、军工装备行业,均与当前秦皇岛市的主导产业密切相关。

截至2023年末,秦皇岛市共有2家企业处在IPO申报阶段,均选择申报创业板上市,分别属于医药生物中的医疗器械行业和汽车制造业;1家企业处在辅导备案状态,属于汽车制造业。

秦皇岛市上市后备企业合计32家,其中专精特新企业18家,且半数企业为国家级专精特新"小巨人"企业。装备制造业、粮油食品加工行业和汽车零部件业作为秦皇岛市的传统强势行业,在基本符合上市条件的后备企业中,占据较大的比重。除此之外,秦皇岛市专精特新企业,尤其是国家级专精特新"小巨人"企业,具备一定的规模及硬实力,存在着较大的上市可能性。

3. 新三板市场

截至2023年末,秦皇岛市共有11家新三板挂牌企业,其中9家位于基础层,2家位于创新层(见表11-4)。

表11-4 2023年末秦皇岛市新三板挂牌企业基本情况

序号	代码	名称	总股本(万股)	净资产(万元)	2023年营业收入(万元)	2023年归属母公司股东净利润(万元)	所属分层	投资型分类
1	834184.NQ	秦皇旅游	5 200	3 138.85	118.61	−660.95	基础层	社会服务
2	838519.NQ	同力达	5 560	8 998.81	11 048.24	−652.52	基础层	环保
3	838857.NQ	惠斯安普	5 000	7 614.93	2 897.51	−52.19	基础层	医药生物
4	839277.NQ	花千墅	3 418.5	4 334.22	4 497.95	306.97	基础层	房地产
5	839845.NQ	亿德力	650	−422.08	313.24	−647.28	基础层	计算机
6	870733.NQ	晟融数据	1 200	3 972.56	3 145.99	134.67	基础层	计算机
7	871771.NQ	秦安安全	625	1 615.41	3 061.51	−207.05	基础层	建筑装饰
8	872240.NQ	富连京	1 333.33	1 341.47	10 075.71	1 904.47	基础层	电子
9	831019.NQ	博硕光电	32 329.3	50 377.02	11 476.48	2 959.55	创新层	电力设备

续表

序号	代码	名称	总股本（万股）	净资产（万元）	2023年营业收入（万元）	2023年归属母公司股东净利润(万元)	所属分层	投资型分类
10	832881.NQ	源达股份	6 143.04	7 643.92	5 142.13	493.14	创新层	机械设备
11	874165.NQ	尼特智能	7 520	7 618.88	25 417.48	3 103.997 1	基础层	技术硬件设备

数据来源：企业预警通。

在行业方面，秦皇岛的新三板挂牌公司的行业分布较为分散，拥有电力设备、计算机、机械设备、社会服务、环保、医药生物等多个行业。秦皇岛市的核心支柱产业主要有装备制造产业、生命健康业、文化旅游业、汽车零部件业、电子信息业、粮油食品加工行业、新型材料业和临港物流业共计八大行业，但秦皇岛现有新三板挂牌企业中，涉及这八大支柱行业的公司较少。

在公司运营情况方面，基础层中只有4家企业归属母公司股东净利润为正，分别是富连京、尼特智能、秦安安全和博硕光电，其余7家企业归属母公司股东净利润均为负。公开资料显示，大部分企业利润下滑是疫情影响工程进度及物流、供应商提高原材料成本以及旅游业客流量减少所致。

在地区分布方面，秦皇岛市的新三板挂牌企业较多，但与省内其他的城市相比，企业的盈利水平较差，净利润较低。

总体来看，秦皇岛市部分新三板挂牌公司规模较大，可以选择在主板上市，另一些公司可以考虑在新三板创新层累计挂牌一年后，在北交所上市，增强公司资金力量，提升抗风险能力。

（三）资本市场发展的优势与不足

1.资本市场发展的优势分析

(1)财政实力逐年增强，财政支持力度强劲

近年来，秦皇岛市财政实力逐年增强，区域整体经济发展水平较优。在良好的财政实力和经济发展水平的基础上，秦皇岛市在财政收入上加快落实组合式减税降费政策，为上万户市场主体减轻了税费负担，注入了发展活力。在财政支出上，秦皇岛市重点对市属企业技术研发、招商引资以及品牌创建等企业活动提供资金支持，为企业做大做强提供政策保障。持续稳定的财政支出与相对雄厚的财政实力为秦皇岛市资本市场的发展提供了坚实的基础。

(2)市级平台实力雄厚，区域性认可度较高

秦皇岛城市发展投资控股集团有限公司（以下简称"秦皇岛城发集团"）为秦皇岛

市目前唯一具有主体评级的市级城投平台,是秦皇岛市城市基础设施建设领域最重要运营实体之一,且已具备一定的资本市场融资能力。在此形势下,秦皇岛市通过资产资源梳理、资产注入、政府支持、资源整合等形式,即可壮大秦皇岛城发集团的资产规模、资产质量、营收水平、盈利能力及抗风险能力,进而获取高主体信用评级。同时,作为区域内唯一一家市级城投平台,可较大程度上汇集区域内资金的支持,在融资方面具有较大保障。

(3)区县级平台数量众多,未来发展潜力较大

秦皇岛市8个区县累计拥有约30家由政府机关和央企实际控制的区县级重点城投公司。通过整合区县资源,发挥实际控制人的资源优势,众多区县级城投平台将获得更多的政策性支持。同时,依托秦皇岛市丰富的自然资源和人文资源,区县级平台将能够在业务经营方面创造更多的经营收入,提高自身盈利能力。随着区县级平台的做大做强,区域内的债权资本市场将更加活跃,全市城投平台将得到更多资金支持。

2. 资本市场发展的劣势分析

(1)上市后备企业较少,梯队建设仍需加强

截至2023年末,秦皇岛市已有2家企业处在IPO申报阶段,整体支持企业上市的环境良好。在潜在上市企业的梯队建设上,秦皇岛市目前共有11家新三板企业,但整体盈利能力不足,绝大多数新三板企业的利润水平不满足北交所的上市条件。此外,秦皇岛市重点上市后备企业数量较少且传统行业占据较大比重。

(2)债券融资空间不足,融资品种有待创新

当前债券发行审核对发行人债券余额占净资产比重有一定限制。截至2023年末,秦皇岛城发集团信用债融资余额为37.8亿元,占净资产比重为55.83%,信用债融资余额占净资产比重较高,信用债融资易受限。从债券品种情况来看,秦皇岛发债平台发行的债券以公司债、银行间产品等传统融资工具为主,缺少资产证券化、REITs等创新债券品种,未实现资产有效盘活。

(3)区县级平台亟须打造,平台资源有待整合

秦皇岛市区县级平台中,秦皇岛开发区国有资产经营有限公司发行过债券,评级为AA。除此以外,秦皇岛市属其他区县尚未完成平台的整合打造工作,该情况导致了相关区域的资源未形成有效资产,进而无法通过资本市场融资转变成为资本,资源的利用效率较低。

三、融资主体概况

(一)债权融资主体

截至2023年末,秦皇岛市区域内具有存量信用债券(不包括可转债)的融资主体有3家,均为地方国有企业(见表11-5)。从产业结构上看,秦皇岛市目前具有存量债券的3家发债主体中,2家为城投类企业,1家为金融类企业。从发债主体评级情况来看,秦皇岛市目前具有存量债券的3家发债主体的评级均为AA级。

表11-5 秦皇岛市存量信用债融资主体

序号	公司全称	企业性质	主体评级	存量债券数(只)	存量债券规模(亿元)
1	秦皇岛城市发展投资控股集团有限公司	城投类	AA	11	47
2	秦皇岛开发区国有资产经营有限公司	城投类	AA	2	—
3	秦皇岛银行股份有限公司	金融类	AA	19	49

数据来源:课题组整理所得。

(二)城投公司

1.区域内城投公司总体情况

(1)市级平台情况

秦皇岛市属重点城投公司主要是秦皇岛城市发展投资控股集团有限公司(以下简称"秦皇岛城发集团"),目前已获评AA级主体评级并已发行多期债券。

(2)区县级平台情况

除市属城投公司外,秦皇岛市各区县城投公司也拥有一定的优质资产。秦皇岛市区县重点城投公司分布于全市8个区县,其中海港区、抚宁区、昌黎县所拥有的区县重点城投公司数量较多,全市重点城投公司的实际控制人以政府机关和国有企事业单位为主。初步梳理区县城投公司情况如表11-6所示。

表11-6 2023年秦皇岛市区县重点城投公司情况

区域名称	公司名称	注册资金(万元)	实际控制人
北戴河区	秦皇岛市北戴河区聚鸿建设发展有限公司	100 000.00	秦皇岛市北戴河区财政局
山海关区	秦皇岛市臻和长城文化旅游产业发展有限公司	10 000.00	秦皇岛市山海关区财政局
山海关区	秦皇岛市山海关区国投资产经营有限公司	14 800.00	秦皇岛市山海关区财政局

续表

区域名称	公司名称	注册资金（万元）	实际控制人
海港区	秦皇岛海晟项目管理有限公司	10 000.00	秦皇岛市海港区国有资产监督管理委员会办公室
	秦皇岛北部工业建设投资有限公司	6 000.00	秦皇岛市海港区国有资产监督管理委员会办公室
	秦皇岛市海港建设投资有限公司	5 000.00	秦皇岛市海港区国有资产监督管理委员会办公室
	秦皇岛市创森林业发展有限公司	4 204.32	秦皇岛市海港区国有资产监督管理委员会办公室
	秦皇岛圆明山旅游度假区开发有限公司	3 100.00	秦皇岛市海港区国有资产监督管理委员会办公室
	秦皇岛市海港城建市政发展有限公司	2 000.00	秦皇岛市海港区国有资产监督管理委员会办公室
	秦皇岛海石建设发展有限公司	1 000.00	秦皇岛市海港区国有资产监督管理委员会办公室
	秦皇岛圆明山森林公园旅游开发有限公司	500.00	秦皇岛市海港区国有资产监督管理委员会办公室
	秦皇岛市海港区国有资产投资经营有限公司	2 000.00	秦皇岛市海港区财政局
抚宁区	秦皇岛市抚宁区绿源城乡建设投资有限公司	31 000.00	秦皇岛市抚宁区国有资产监督管理委员会办公室
	秦皇岛市抚宁区国有资产经营管理有限责任公司	10 000.00	秦皇岛市抚宁区国有资产监督管理委员会办公室
	秦皇岛市南戴河旅游发展(集团)有限公司	3 000.00	秦皇岛市抚宁区国有资产监督管理委员会办公室
	秦皇岛市卓越旅游开发有限公司	500.00	秦皇岛市抚宁区国有资产监督管理委员会办公室
昌黎县	秦皇岛滨海投资有限责任公司	21 961.00	昌黎县国有资产运营中心
	昌黎经济开发区投资发展有限公司	10 000.00	昌黎县国有资产运营中心
	昌黎县旅游发展有限公司	5 000.00	昌黎县国有资产运营中心
	昌黎县润天投资开发有限公司	3 000.00	昌黎县国有资产运营中心
	昌黎县空港投资有限公司	1 000.00	昌黎县国有资产运营中心

续表

区域名称	公司名称	注册资金（万元）	实际控制人
卢龙县	卢龙县永顺交通建设投资有限公司	10 000.00	卢龙县国有资产经营管理中心
	卢龙县永平投资管理有限公司	10 000.00	卢龙县国有资产经营管理中心
	龙县城镇建设投资有限公司	8 500.00	卢龙县国有资产经营管理中心
	卢龙县龙达公共交通有限责任公司	600.00	卢龙县国有资产经营管理中心
青龙满族自治县	青龙满族自治县龙安城镇房地产开发有限公司	3 000.00	青龙满族自治县财政局
	青龙经济开发区建设投资有限公司	500.00	青龙满族自治县财政局
	青龙满族自治县国有资产投资经营有限公司	500.00	青龙满族自治县财政局
秦皇岛经济技术开发区	秦皇岛开发区国有资产经营有限公司	71 300.00	秦皇岛经济技术开发区管理委员会
	秦皇岛泰盛建设发展有限公司	62 000.00	秦皇岛经济技术开发区管理委员会

数据来源：课题组整理所得。

2.区域内城投公司转型发展情况

(1)城投公司做大做强情况

2014年12月20日,秦皇岛市人民政府以《秦皇岛市人民政府关于将整合城发集团划转资产的批复》(批复〔2014〕56号)对公司《关于整合城发集团划转资产的请示》进行了批复,将秦皇岛市热力总公司100%股权、秦皇岛市燃气总公司100%股权、北戴河供水总公司100%股权、秦皇岛排水有限责任公司100%股权、秦皇岛交通建设投资有限公司100%股权、秦皇岛市城市建设投资有限公司持有的800公顷海域使用权全部划转至秦皇岛城发集团。

(2)城投公司经营性业务拓展情况

2020—2022年,秦皇岛城发集团的经营性收入占比在3%上下浮动。秦皇岛市城发集团近三年营业收入结构如表11－7所示。

表11－7　　2020－2022年度秦皇岛城发集团营业收入结构分析情况

年度	营业收入（亿元）	公益性收入（亿元）	公益性收入占比（%）	准公益性收入（亿元）	准公益性收入占比（%）	经营性收入（亿元）	经营收入占比（%）	经营性收入主要板块
2020	10.40	1.52	14.66	8.59	82.56	0.29	2.78	商品销售/其他板块

续表

年度	营业收入（亿元）	公益性收入（亿元）	公益性收入占比（%）	准公益性收入（亿元）	准公益性收入占比（%）	经营性收入（亿元）	经营收入占比（%）	经营性收入主要板块
2021	10.32	1.47	14.23	8.46	82.00	0.39	3.77	商品销售/其他板块
2022	11.61	2.52	21.71	8.78	75.62	0.31	2.67	商品销售/其他板块

数据来源：Wind。

（三）上市公司

1. 上市公司总体情况

2023年秦皇岛市共有4家A股上市公司，分别为秦皇岛港股份有限公司、康泰医学系统（秦皇岛）股份有限公司、秦皇岛天秦装备制造股份有限公司和中嘉博创信息技术股份有限公司。

表11-8　　　　　　　　　秦皇岛市A股上市公司基本情况

序号	公司名称	股票代码	公司简称	注册资本（万）	成立日期
1	秦皇岛港股份有限公司	601326.SH	秦港股份	558 741.20	2008-03-31
2	康泰医学系统（秦皇岛）股份有限公司	300869.SZ	康泰医学	40 179.68	1996-07-09
3	秦皇岛天秦装备制造股份有限公司	300922.SZ	天秦装备	15 681.12	1996-03-21
4	中嘉博创信息技术股份有限公司	000889.SZ	ST中嘉	93 629.11	1997-05-16

数据来源：Wind。

（1）秦皇岛港股份有限公司

秦皇岛港股份有限公司所属行业为交通运输—港口航运—港口行业，主营业务是为客户提供高度一体化的综合港口服务，包括装卸、堆存、仓储、运输及物流服务。经营货品种类主要包括煤炭、金属矿石、油品及液体化工、集装箱、杂货及其他货品。

截至2023年末，公司累计获得专利133个，包括发明专利28个、发明授权18个、实用新型87个，通过了中国石油管理相关证书，生态环境部—国家重点监控企业名单。

2020—2023年，公司分别实现营业收入64.56亿元、65.95亿元、69.19亿元、69.95亿元，同比增长率依次为-3.97%、-2.15%、4.92%、1.07%；实现归母公司净利润9.95亿元、10.38亿元、13.08亿元、14.81亿元，同比增长率依次为6.86%、4.35%、26.00%、13.23%。

(2)康泰医学系统(秦皇岛)股份有限公司

康泰医学系统(秦皇岛)股份有限公司所属行业为医药生物—医疗器械—医疗设备,主营业务是医疗诊断,监护设备的研发、生产和销售。产品涵盖血氧类、心电类、超声类、监护类、血压类等多个大类,建立了完善的研发、生产和销售体系。

截至2023年5月末,公司累计获得商标31个,专利530个,其中发明专利134个、新型实用专利210个、发明授权186个。公司在2017年获得河北省质量监督局颁发的"河北省质量效益型企业"荣誉,在2017年获得河北省工业和信息化厅颁发的"河北省工业企业研发机构A级"奖项。公司产品凭借良好的性能和较高的品牌知名度,已经累计销售至全球130多个国家和地区。

2020—2023年,公司分别实现营业收入14.01亿元、9.09亿元、7.12亿元、8.67亿元,同比增长率依次为-35.12%、-35.15%、-21.63%、21.77%;实现归母公司净利润6.13亿元、3.52亿元、1.96亿元、2.17亿元,同比增长率依次为74.15%、-42.56%、-64.32%、10.72%。

(3)秦皇岛天秦装备制造股份有限公司

秦皇岛天秦装备制造股份有限公司所属行业为国防军工—地面兵装行业,主要从事高性能工程塑料及其制品,树脂基复合材料及其制品的设计、开发、生产与销售;主要产品包括专用防护装置和装备零部件。

截至2024年5月末,公司累计获得商标43个,专利64个,其中包括发明专利22个、新型实用专利40个、外观设计2个。2019年,公司分别获得工信部、中国兵器集团授予的"国防科学技术进步奖"特等奖及"科学技术奖励进步奖"特等奖。

2020—2023年,公司分别实现营业收入2.30亿元、2.41亿元、1.48亿元、1.35亿元,同比增长率依次为8.20%、4.71%、-38.59%、-8.78%;实现归母公司净利润0.64亿元、0.81亿元、0.27亿元、0.22亿元,同比增长率依次为22.54%、25.27%、-66.67%、-18.52%。

(4)中嘉博创信息技术股份有限公司

中嘉博创信息技术股份有限公司所属行业为通信—通信服务—通信服务Ⅲ行业,主营业务是信息智能传输、通信网络维护和金融服务外包。主要产品有行业短信、电信分成、技术开发服务、维护服务、流量、其他(工程)。

2020—2023年,公司分别实现营业收入25.73亿元、19.51亿元、15.16亿元、13.42亿元,同比增长率依次为-18.64%、-24.18%、-22.28%、-11.48%;实现归母公司净利润0.20亿元、-20.05亿元、-0.79亿元、-0.79亿元,同比增长率依次为101.63%、-10 041.69%、96.07%、0%。

2.上市公司地位分析

(1)秦皇岛市地位分析

秦皇岛市2023年GDP为2 001.01亿元,财政税收收入为89.52亿元。上市公司营业总收入占秦皇岛市GDP的4.67%,利润总额占秦皇岛市工业利润总额的14.01%,其中秦皇岛港股份有限公司的三个指标比例均为最高,中嘉博创信息技术股份有限公司由于净利润为负,对秦皇岛市工业利润总额核算带来不利影响。总体来说,秦皇岛市上市公司较少,对本地经济影响有限(见表11-9)。

表11-9 2023年秦皇岛市上市公司占比情况

序号	公司	营业总收入(亿元)	营业总收入/秦皇岛市GDP(%)	企业所得税费(亿元)	企业所得税/秦皇岛市财政收入——企业所得税(%)	净利润(亿元)	企业利润总额/秦皇岛市规上工业利润总额(%)
1	秦皇岛港股份有限公司	69.95	3.5	0.052	0.53	15.64	13.38
2	康泰医学系统(秦皇岛)股份有限公司	8.67	0.67	0.261 0	2.66	1.657 7	1.42
3	秦皇岛天秦装备制造股份有限公司	1.36	0.43	0.046	0.16	0.32	0.27
4	ST中嘉	13.42	0.07	——	——	-1.254 8	-1.06
	合计	93.40	4.67	——	——	16.362 9	14.01

数据来源:Wind。

(2)同行业地位分析

秦皇岛港股份有限公司属于GICS行业中工业—运输—交通基本设施-海港与服务行业,截至2023年末,全国同行业共有23家在A股上市。秦皇岛岗股份有限公司总市值为159.24亿元,低于行业平均值,排名第14位;现行业平均营业总收入为96.24亿元,秦皇岛港股份有限公司营业总收入为70.55亿元,低于行业平均水平,排名第11位。

河北省内交通运输—海港航运行业上市公司共2家,分别为秦港股份和唐山港。经对比分析可知,秦港股份员工人数远高于唐山港,而唐山港归母公司净利润为秦皇岛港股份有限公司的两倍,其余指标两者表现相仿;两者发展规模,发展水平相似。秦皇岛港股份与唐山港基本经营状况对比如表11-10所示:

表 11—10　　　　　2023 年河北省海港航运行业上市公司对比

序号	股票代码	股票简称	员工人数（位）	总股本（亿股）	营业总收入（亿元）	归母净利润（亿元）	净现金流（亿元）
1	601326.SH	秦港股份	10 583	55.87	69.19	13.57	8.87
2	601000.SH	唐山港	3 553	59.26	56.20	16.90	1.47

数据来源：Wind。

康泰医学系统（秦皇岛）股份有限公司属于 GICS 行业医疗保健—医疗保健设施与服务—医疗保健设备行业,截至 2022 年底,全国同行业 A 股上市公司共 76 家,现行业平均总市值为 127.34 亿元,康泰医学系统（秦皇岛）股份有限公司市值为 130.99 亿元,高于行业平均水平,位居第 24 位;行业平均营业总收入为 16.53 亿元,康泰医学系统（秦皇岛）股份有限公司平均营业总收入为 9.09 亿元,低于行业平均水准,位居第 43 位。

河北省内医疗器械行业上市公司共 2 家,分别为康泰医学系统（秦皇岛）股份有限公司和中红普林医疗用品股份有限公司。对比分析如下,康泰医学系统（秦皇岛）股份有限公司总股本高于中红普林医疗用品股份有限公司,营业收入、归母净利润、员工人数低于中红普林医疗用品股份有限公司,两者净现金流均为负值;相较之下,中红普林医疗用品股份有限公司企业规模、营收规模较大,盈利能力较强。

表 11—11　　　　　河北省医疗器械行业上市公司对比

序号	股票代码	股票简称	员工人数（位）	总股本（亿股）	营业总收入（亿元）	归母净利润（亿元）	净现金流（亿元）
1	300869.SZ	康泰医学	1 571	4.02	9.09	3.52	-2.15
2	300981.SZ	中红医疗	3 678	3.00	49.09	23.42	-2.34

数据来源：Wind。

秦皇岛天秦装备制造股份有限公司属于 GICS 行业原材料—化学制品—特种化学制品行业,现全国同行业 A 股上市公司共 103 家,港股上市公司共 14 家;现行业平均总市值为 92.22 亿元,秦皇岛天秦装备制造股份有限公司市值为 21.64 亿元,低于行业平均水平,位居第 89 位;行业平均营业总收入为 37.55 亿元,秦皇岛天秦装备制造股份有限公司平均营业总收入为 2.41 亿元,低于行业平均水准,位居第 110 位。河北省内同行业有且仅有秦皇岛天秦装备制造股份有限公司一家上市公司。

中嘉博创信息技术股份有限公司属于 GICS 行业信息技术—软件与服务—信息科技咨询与其他服务行业,现全国同行业 A 股上市公司共 140 家,港股上市公司共 26 家;现行业平均总市值为 61.85 亿元,秦皇岛天秦装备制造股份有限公司市值为 17.60 亿元,低于行业平均水平,位居第 131 位;行业平均营业总收入 27.54 亿元,秦皇岛天秦装备制造股份有限公司平均营业总收入为19.51亿元,低于行业平均水准,位居第45位。河北省内同行业有且仅有中嘉博创信息技术股份有限公司一家上市公司。

3.上市公司资本运作行为及分析

(1)股权转让

表11—12　　　　　　　　上市公司股权转让基本情况

序号	公司名称	交易时间	转让方式	转让方	受让方	标的公司	是否关联交易	转让比例
1	中嘉博创信息技术股份有限公司	2021—09—15	协议转让	深圳通泰达投资中心(有限合伙)	上海泽恒基金管理有限公司	中嘉博创信息技术股份有限公司	否	4.47%
2	秦皇岛港股份有限公司	2022—10—29	协议转让	河北省人民政府国有资产监督管理委员会	唐山市人民政府国有资产监督管理委员会,河北建投交通投资有限责任公司,唐山建设投资有限责任公司等	河北港口集团有限公司	否	38.01%
3	中嘉博创信息技术股份有限公司	2022—12—27	股权拍卖/执行司法裁定	刘英魁	余奉昌	中嘉博创信息技术股份有限公司	否	0.38%

资料来源:课题组整理所得。

中嘉博创信息技术股份有限公司于2021年8月26日收到持有ST中嘉4.47%股份的股东深圳通泰达投资中心(有限合伙)(以下简称"通泰达")的告知函,其中称,由于通泰达在申万宏源证券有限公司(以下简称"申万宏源")股票质押合约待购回,通泰达于2021年8月25日与上海泽恒基金管理有限公司(以下简称"泽恒基金")和申万宏源签署了股份转让协议,对上述股票质押式回购交易采用协议转让方式进行处置,2021年09月15日,通泰达将其持有的公司41 852 194股无限售流通股通过协议转让方式转让给泽恒基金,占公司总股本的4.47%。本次权益变动后,上海泽恒基金管理有限公司持有公司4.47%的股权。

2022年10月28日,经河北省人民政府批准,河北省人民政府国有资产监督管理委员会(以下简称"河北省国资委")将其持有的河北港口集团有限公司(以下简称"河北港口集团")26.292 8%的股权无偿划转至唐山市人民政府国有资产监督管理委员会;将其持有的河北港口集团6.633 2%的股权无偿划转至曹妃甸国控投资集团有限公司;将其持有的河北港口集团3.243 2%的股权无偿划转至河北建投交通投资有限责任公司;将其持有的河北港口集团1.366 4%的股权无偿划转至唐山钢铁集团有限责任公司;将其持有的河北港口集团0.474 9%的股权无偿划转至唐山建设投资有限责任公司。本次股权无偿划转不会改变本公司控股股东及实际控制人,河北省国资委仍为河北港口集团控股股东,持有河北港口集团61.989 5%的股权;本公司的控股股东仍为河北港口集团,公司实际控制人仍为河北省国资委。

2022年12月27日,余奉昌在京东网拍平台以最高应价竞得本拍卖标的"刘英魁持有ST中嘉3 512 213股",拍卖成交价为6 371 657.80元。本次拍卖前,刘英魁先生共持公司股份84 061 447股,占公司总股本的8.98%,被司法冻结股份为84 061 447股,被轮候冻结股份为90 668 332股。本次拍卖成交股份数量为3 512 213股,占其所持公司股份的4.18%,占公司总股本的0.38%。若本次司法拍卖最终完成过户,刘英魁持有公司股份数量减至80 549 234股,占公司总股本的8.60%。

(2)收购购买

表11-13 上市公司收购购买基本情况

序号	公司名称	最近公告日	事项类别	交易金额(万元)	交易买方	交易卖方	是否关联交易	交易标的
1	秦皇岛天秦装备制造股份有限公司	2019-03-29	收购购买	5 985.00	秦皇岛天秦装备制造股份有限公司	潘建辉,毕毅君	否	天津丽彩数字技术有限公司100%股权
2	秦皇岛天秦装备制造股份有限公司	2021-09-24	收购购买	3 458.49	秦皇岛天秦装备制造股份有限公司	秦皇岛市自然资源和规划局经济技术开发区分局	否	宗地编号为K2021-16的国有建设用地使用权
3	康泰医学系统(秦皇岛)股份有限公司	2021-09-24	收购购买	1 654.59	康泰医学系统(秦皇岛)股份有限公司	秦皇岛市自然资源和规划局秦皇岛市自然资源和规划局经济技术开发区分局	否	开发区西区编号K2021-17地块的国有建设用地使用权

续表

序号	公司名称	最近公告日	事项类别	交易金额（万元）	交易买方	交易卖方	是否关联交易	交易标的
4	秦皇岛天秦装备制造股份有限公司	2021—10—01	收购购买	900.00	秦皇岛天秦装备制造股份有限公司	北京北化高科新技术股份有限公司	否	北京北化高科新技术股份有限公司4.5%股权
5	秦皇岛港股份有限公司	2022—09—29	收购购买	无偿划转	河北港口集团有限公司	唐山市人民政府国有资产监督管理委员会,曹妃甸国控投资集团有限公司,唐山建设投资有限责任公司	否	唐山港口实业集团有限公司100%股权,曹妃甸港集团有限公司100%股权,国投曹妃甸港口有限公司4%股权,华能曹妃甸港口有限公司5%股权

资料来源:课题组整理所得。

2019年3月29日,秦皇岛天秦装备制造股份有限公司通过向潘建辉、毕毅君发行700万股股份,每股价格6.80元,用于购买其所持有的天津丽彩数字技术有限公司79.53%的股权(对价4 760.00万元);同时以股票发行募集资金向潘建辉、毕毅君支付现金1 225.00万元收购天津丽彩数字技术有限公司其余20.47%的股权。本次交易公司获得天津丽彩数字技术有限公司100%的股权,交易总价格为5 985.00万元。

2021年9月24日,秦皇岛天秦装备制造股份有限公司与秦皇岛市自然资源和规划局经济技术开发区分局签订了《成交确认书》和《国有建设用地使用权出让合同》,取得宗地编号为K2021-16的国有建设用地使用权,该宗地位于开发区御河道以北、昭阳湖路以东,面积85 396.25平方米,出让价格34 585 481元。

2021年9月24日,康泰医学系统(秦皇岛)股份有限公司与秦皇岛市自然资源和规划局经济技术开发区分局签署《国有建设用地使用权出让合同》,取得坐落于开发区西区,编号K2021-17地块39 263.97平方米的国有建设用地使用权,支付全部款项人民币1 654.59万元,其中,出让金1 590.19万元,印花税、契税64.40万元。

2021年10月1日,秦皇岛天秦装备制造股份有限公司以自有资金人民币900万元向北京北化高科新技术股份有限公司增资,其中75.032 1万元作为注册资本,824.967 9万元计入资本公积,本次投资完成后,公司将持有北京北化高科新技术股份有限公司4.5%的股权,未纳入公司合并报表范围内。

2022年7月19日,唐山市人民政府国有资产监督管理委员会与河北港口集团签署了《唐山港口实业集团有限公司全部国有股权无偿划转协议》,约定唐山市国资委将其持有的唐港实业100%的股权无偿划转至河北港口集团持有。

(3)再融资

表11-14 上市公司证券募资基本情况

序号	公司名称	交易时间	融资类别	发行面值（元）	发行数量（张）	融资金额（万元）
1	康泰医学系统（秦皇岛）股份有限公司	2022—07—01	可转债	100	7 000 000	70 000.00

资料来源:课题组整理所得。

2022年7月1日,康泰医学系统(秦皇岛)股份有限公司完成可转债发行,本次可转债募集资金额总额70 000.00万元,其中发行费用1 172.97万元,实际募集资金68 827.03万元,本次发行上网发行数量2 547 978张,向原股东配售4 421 142张,共发行7 000 000张。本次发行可转债募集资金全部投入康泰产业园建设项目。

(4)IPO

表11-15 公司首次公开发行并上市交易

序号	公司名称	公告日期	融资类别	发行价格（元）	发行数量（万股）	融资金额（万元）
1	秦皇岛港股份有限公司	2017—08—03	IPO	2.34	55 800.00	130 572.00
2	康泰医学系统（秦皇岛）股份有限公司	2020—08—07	IPO	10.16	4 100.00	41 656.00
3	秦皇岛天秦装备制造股份有限公司	2020—12—15	IPO	16.05	2 800.20	44 943.21

资料来源:课题组整理所得。

2017年8月3日,秦皇岛港股份有限公司完成上交所A股首次公开发行并上市交易,本次IPO募资金额总额130 572.00万元,其中发行费用6 511.71万元,实际募集资金124 060.29万元,本次募资投向煤五期预留取料机完善、内燃机车购置、流动机械购置、煤二期取料机更新、304#泊位卸船机更新、秦皇岛港煤一期中配室高、低压柜及皮带机控制系统改造与黄骅港散货港区矿石码头一期工程,结余募集资金永久补充流动资金。

2020年8月7日,康泰医学系统(秦皇岛)股份有限公司完成深交所A股首次公开发行并上市交易,本次IPO募资金额总额41 656.00万元,其中发行费用4 255.24万元,实际募集资金37 400.76万元,本次募资投向医疗设备生产改扩建项目和智能医疗设备产业研究院项目,部分超募资金永久性补充流动资金。

2020年12月15日,秦皇岛天秦装备制造股份有限公司完成深交所创业板首次公开发行并上市交易,本次IPO募资金额总额44 943.21万元,其中发行费用4 242.65万元,实际募集资金40 700.56万元,本次募资投向新型军用防护装置制造升级建设项目和研发中心建设项目,部分超募资金永久性补充流动资金。

(四)后备企业

1. 基本符合上市条件的后备企业总体情况

河北省秦皇岛市基本符合上市条件的后备企业合计4家,主要涉及汽车制造业,专用设备制造业等行业。根据公开信息,有些企业属于行业龙头企业,享有一定的声望。如中信戴卡股份有限公司凭借先进的工业互联网智造协同平台项目荣登2024年度SAIL奖(卓越人工智能引领者奖)TOP30榜单。

表11-16　　　　秦皇岛市基本符合上市条件的后备企业及所属行业名单

序号	企业名称	所属行业
1	中信戴卡股份有限公司	汽车制造业
2	尼特智能科技股份有限公司	计算机、通信和其他电子设备制造业
3	爱迪特(秦皇岛)科技股份有限公司	专用设备制造业
4	河北科力汽车装备股份有限公司	汽车制造业

秦皇岛市基本符合上市条件的后备企业中,传统行业占据较大份额,其中装备制造业、粮油食品加工行业和汽车零部件业作为秦皇岛市的传统强势行业,在基本符合上市条件的后备企业中占据较大的比重。同时,秦皇岛市也在积极寻求产业转型升级,推进产业走向高端化、智能化、绿色化,以提升生产效率,降低生产成本为最终目标。

2. "专精特新"企业梳理

表11-17　　　　　　秦皇岛市"专精特新"企业名单

序号	公司名称	专精特新认定
1	秦皇岛北方管业有限公司	专精特新"小巨人"企业
2	秦皇岛天业通联重工科技有限公司	专精特新"小巨人"企业
3	秦皇岛莱特流体设备制造有限公司	专精特新"小巨人"企业
4	秦皇岛天秦装备制造股份有限公司	专精特新"小巨人"企业
5	方华智能装备(秦皇岛)股份有限公司	专精特新"小巨人"企业
6	秦皇岛核诚镍业有限公司	专精特新"小巨人"企业
7	尼特智能科技股份有限公司	专精特新"小巨人"企业

续表

序号	公司名称	专精特新认定
8	秦皇岛耀华装备集团股份有限公司	专精特新"小巨人"企业
9	秦皇岛本征晶体科技有限公司	专精特新"小巨人"企业
10	秦皇岛秦冶重工有限公司	专精特新"小巨人"企业
11	秦皇岛泰和安科技有限公司	专精特新"小巨人"企业
12	秦皇岛瀚丰长白结晶器有限责任公司	专精特新"小巨人"企业
13	秦皇岛中秦渤海轮毂有限公司	专精特新"小巨人"企业
14	秦皇岛华恒生物工程有限公司	专精特新"小巨人"企业
15	秦皇岛市雅豪新材料科技有限公司	专精特新"小巨人"企业
16	秦皇岛星箭特种玻璃有限公司	专精特新"小巨人"企业
17	秦皇岛市泰德管业科技有限公司	专精特新"小巨人"企业
18	秦皇岛首创思泰意达环保科技有限公司	专精特新"小巨人"企业
19	恒业世纪安全技术有限公司	专精特新"小巨人"企业
20	秦皇岛中青冶金阀门有限公司	专精特新"小巨人"企业
21	河北科力汽车装备股份有限公司	专精特新"小巨人"企业

资料来源:课题组整理所得。

秦皇岛市基本符合上市条件的后备企业中共有专精特新企业21家企业质地良好,在河北省内、全国特定领域内有较高的市场占有率,拥有多项专利和发明,研发创新能力较强;从财务口径来看,企业的营业收入不低于5 000万元人民币且研发费用占比较高,近2年主营业务收入或净利润的平均增长率达到5%以上,且主营业务的收入占营业收入的70%以上,企业资产负债率不高于70%。秦皇岛市专精特新企业,尤其是国家级专精特新"小巨人"企业,具备一定的规模及硬实力,存在着较大的上市可能性(见表11—17)。

3.基本符合上市条件的后备企业地位分析

秦皇岛市拥有八大支柱产业,分别是生命健康业、文化旅游业、汽车零部件业、电子信息业、高端装备制造业、粮油食品加工业、新型材料业和临港物流业。秦皇岛市基本符合上市条件的后备企业均属于秦皇岛市支柱产业。

装备制造业是秦皇岛市基本符合上市条件的后备企业中的第一大产业,在基本符合上市条件的后备企业中占据较高比重,秦皇岛市大力推动装备制造业的高端化、绿色化,出台政策鼓励有关公司一系列高端项目的落地实施,实现制造业的高端智能绿色。

粮油食品加工行业是秦皇岛市上市后备企业中的第二大产业,在基本符合上市条件的后备企业中同样占据较高比重,秦皇岛市的粮油食品加工行业主要集中在农副食品加工业、食品制造业以及酿酒业等领域,近年来呈现出良好的发展势头,这与秦皇岛市基本符合上市条件的后备企业特点行业分布类似。秦皇岛市政府高度重视粮油食品加工行业的发展,2019印发了《秦皇岛市粮油食品行业发展三年行动方案》,指出要加快粮油食品行业转型升级、优化产业结构、打造地域优势品牌、提高行业竞争力。秦皇岛市政府对优秀的企业进行鼓励和支持,其中秦皇岛骊骅淀粉股份有限公司、中红三融集团有限公司、河北顶大食品集团有限公司、河北秦皇岛双合盛生态农产品有限公司等基本符合上市条件的后备企业在市政府的优秀粮油食品加工产业企业名单中。

汽车零部件业是秦皇岛市上市后备企业中的第三大产业,基本符合上市条件的后备企业中,5家企业位列属于该行业,并且均是政府列示的行业支柱企业。秦皇岛市汽车零部件产业主要集中在轮毂行业,处于全球首位。秦皇岛还是中国第二大汽车玻璃生产基地,为丰田、本田、日产、大众、宝马、奔驰等国际知名汽车公司提供配套服务。拉弯件、密封条也具备一定规模优势,在国内市场占据重要位置。秦皇岛市将大力发展汽车轻量化零部件,依托龙头企业,推动建成国家级汽车及零部件轻量化材料和先进成型技术研发应用中心。秦皇岛市基本符合上市条件的后备企业中有5家企业属于该行业,这些企业作为秦皇岛市推动产业发展的重点企业,具有一定的政策利好倾斜。

(五)新三板

截至2023年末,新三板挂牌的10家企业的总市值、收盘价、股东户数、主营业务、所属行业表11-18所示。

表11-18　　　　　　　　秦皇岛市新三板挂牌企业基本情况

序号	证券代码	证券名称	总市值(万元)	收盘价(元)	股东户数(家)	主营业务	所属行业
1	834184.NQ	秦皇旅游	—	—	2	投资建设游艇泊位,经营游艇租赁、泊位租赁、旅游观光、餐饮服务	社会服务
2	838519.NQ	同力达	8 340.00	1.50	16	余热回收成套设备、高效换热设备水处理以及环保工程的开发、制造、施工及运营业务	环保
3	838857.NQ	惠斯安普	15 000.00	3.00	24	医疗器械的生产和销售	医药生物
4	839277.NQ	花千墅	17 810.39	5.21	5	物业管理服务	房地产

续表

序号	证券代码	证券名称	总市值（万元）	收盘价（元）	股东户数（家）	主营业务	所属行业
5	839845.NQ	亿德力	—	—	4	肉类蔬菜流通追溯体系建设和智慧医疗系统开发建设	计算机
6	870733.NQ	晟融数据	4 332.00	3.83	2	为用户提供数据处理服务、数据应用服务和数据平台运营	计算机
7	871771.NQ	秦安安全	—	—	4	安全技术服务、职业卫生检测与评价及矿山设备检测	建筑装饰
8	872240.NQ	富连京	—	—	2	半导体制冷器件和制冷机芯的研发设计、生产和销售	电子
9	831019.NQ	博硕光电	36 855.40	1.38	234	主要从事太阳能光伏组件封装设备的研发、生产和销售	电力设备
10	832881.NQ	源达股份	15 357.60	2.50	18	设计、制造和销售食品、药品粉体处理设备和承接粉体工程项目	机械设备
11	874165.NQ	尼特智造	68 900	10	47	通用消防产品、应急产品	消防产品

资料来源：课题组整理所得。

秦皇岛市新三板企业涉及电力设备、计算机、机械设备、社会服务、环保、医药生物等多个行业。电力设备行业中，秦皇岛博硕光电设备股份有限公司（以下简称"博硕光电"）的主营业务为太阳能光伏组件封装设备的研发、生产和销售；计算机行业中，秦皇岛亿德力科技股份有限公司（以下简称"亿德力"）主营业务为开发建设肉类蔬菜流通追溯体系和智慧医疗系统，河北晟融数据股份有限公司（以下简称"晟融数据"）主营业务为向用户提供数据处理服务、数据应用服务和数据平台运营；环保行业中，秦皇岛同力达环保能源股份有限公司（以下简称"同力达"）主营业务为余热回收成套设备、高效换热设备水处理以及环保工程的开发、制造、施工及运营业务；机械设备行业中，河北源达信息技术股份有限公司（以下简称"源达股份"）主营业务为设计、制造和销售食品、药品粉体处理设备和承接粉体工程项目。

北交所市值上市标准为市值达到2亿元，秦皇岛市新三板挂牌企业中，博硕光电市值已满足北交所上市标准；秦皇岛花千墅物业服务股份有限公司（以下简称"花千墅"）、源达股份和惠斯安普医学系统股份有限公司（以下简称"惠斯安普"）市值较为接近北交所上市标准；同力达、晟融数据市值较低；秦皇岛秦皇旅游文化投资有限公司（以下简称"秦皇旅游"）、亿德力、河北秦安安全科技股份有限公司（以下简称"秦安安全"）、秦皇岛富连京电子股份有限公司（以下简称"富连京"）目前没有市值信息，原因在于企业缺乏交易的流动性。

公司提升市值可以采取多种途径：一是稳定提升公司经营业绩及创新研发能力；二是提高对市值的重视程度，加强对品牌的宣传和对投资者的重视；三是提高对市值管理的重视，通过基于公司的真实价值增长和可持续发展的长期战略，制定出资本市场和业务发展战略，迎合投资市场的交易偏好。

2023年，秦皇岛市的基础层企业为秦皇旅游、同力达、惠斯安普、花千墅、亿德力、晟融数据、秦安安全、富连京。对上述企业进行基础层向创新层转板的可能性分析具体见表11－19。

表11－19　　　　　　　　秦皇岛市基础层企业转板分析

序号	标准＼名称	最近一年期末净资产不为负值	符合条件的合格投资者不少于50人	公司挂牌以来完成过定向发行股票（含优先股），且发行融资金额累计不低于1 000万元
1	秦皇旅游	√	×	×
2	同力达	√	×	×
3	惠斯安普	√	×	×
4	花千墅	√	×	√
5	亿德力	×	×	×
6	晟融数据	√	×	×
7	秦安安全	√	×	×
8	富连京	√	×	×

资料来源：课题组整理所得。

秦皇岛市新三板基础层挂牌的企业均没有满足转板创新层的全部条件，但花千墅已基本满足条件，只需要引入符合条件的合格投资者即可满足全部要求。其他企业需要加强再融资方面的累计金额，并增加符合条件投资者的人数，逐渐达到基础层向创新层转板的最基本要求。

秦皇岛市的创新层企业有两家，分别为博硕光电和源达股份。两家企业近一年均无违规行为，且净资产均超过了5 000万元，均满足挂牌时间超过一年的要求。博硕光电公开发行股份超过了100万股，发行对象超过100人。符合转板前的前提条件和基础条件。源达股份公开发行股份超过了100万股，发行对象未超过100人。不符合转板前的前提条件和基础条件。企业可以通过增加符合条件的合格投资者人数来满足要求，达到北交所上市的条件。

四、秦皇岛市资本市场发展的建议

(一)债券资本市场发展建议

1. 做大做强市级平台,提高平台融资能力

近年来,多地推行了将区域内市级多家城投整合为资质更强的企业的模式。强资质城投平台的融资能力、债券流动性显著好于中低等级城投平台。因此,秦皇岛市应推进市级城投平台进一步做大做强,打造资产收入规模体量更大、资质更强、投资者认可度更高的城投平台,待整合完成后可争取更高的主体信用等级,对于区域融资和经济发展具有较强的保障作用。

2. 整合区县级城投平台,推进市县级平台合作

秦皇岛市县域经济处于中游水平。其中,海港区为秦皇岛市的主城区,也是市委、市政府所在地,具有金融、文化、贸易、教育、科研优势,有利于推动本地经济的发展;昌黎县遥遥领先身后的区县;其他地区产业结构过于单一,经济实力较弱。

根据秦皇岛市的经济和区位情况总结,秦皇岛市各区县应注重协同发展,开展系列合作,基于海港区、昌黎县的经济发展背景,总结经验,带动其他区县发展。在推动区域内资产整合的同时,可基于"协同合作,互利共赢"的原则,与相关市级城投平台合作,将股权划归市级城投平台,共同做大做强市级平台的资产及营收规模,为各区县平台公司提供规模效应,为各区县平台公司产业项目建设资金及经营性周转资金提供更广阔的资金来源及更低的资金成本。

3. 创新融资品种,拓宽融资渠道

在后续的债权融资方面,秦皇岛市各个平台应在保持传统债券品种融资基础上,积极发挥自身优势,探索创新融资品种,结合国家政策导向开展多渠道融资,建立现代企业制度,完善自身公司治理效能,提高平台可持续发展能力,为拓宽融资渠道奠定较强的企业信用基础、展现较强的企业经营能力,从而打造良好的企业形象,增强投资者信心,促进融资程序的顺利进行。

4. 把握政策导向,拓宽业务布局

秦皇岛市近年来推出了针对平台发展的减税降费政策举措,鼓励平台进行技术创新,激发平台的投资活力,并力图发展一批具有辐射带动作用的大项目,以及具有高质量高效益的好项目。与此同时,秦皇岛市也着重强调抓好包括老旧小区改造在内的民生投资项目、包括水域生态修复在内的环境质量改善项目、包括秦唐高速在内的交通基础设施项目等。

因此,平台应积极把握政策导向,顺应政策趋势,在基础设施建设、城市容貌综合

治理以及历史资源保护利用等领域加大投资发展力度和业务拓展广度,为促进平台融资奠定坚实的业务基础。

(二)股权资本市场发展建议

1.重视经营风险,加强内部控制能力

秦皇岛市的中嘉博创信息技术股份有限公司因经营风险带来利润下滑为秦皇岛市股权市场出现的典型问题案例。2018年11月,中嘉博创信息技术股份有限公司完成了重大资产重组,以发行股份及支付现金方式购买嘉华信息100%的股权事项,交易发行股份购买资产的交易对价为14.8亿元。其中,以现金方式购买嘉华信息51%的股权,以发行股份方式购买嘉华信息49%的股权。在收购时,交易对方刘英魁、嘉春华以及嘉惠秋实承诺,2017年至2020年,标的资产的净利润不低于1.02亿元、1.34亿元、1.67亿元、2.01亿元,2020年受疫情影响,完成率不到承诺额的40%,触发业绩补偿条款,需支付上市公司业绩补偿款2.69亿元。中嘉博创信息技术股份有限公司与刘英魁一方就业绩补偿或调整方案进行多次协商,但未达成一致意见。2021年11月双方最终变更仲裁请求为要求确认重组相关协议已解除,并返还嘉华信息100%的股权,赔偿相关损失。2021年中嘉博创信息技术股份有限公司不再将嘉华信息纳入合并报表范围,这使公司2021年净利润大幅度降低,对公司财务表现带来重要影响。

这次并购问题,体现出内控有效性的重要性,以中嘉博创信息技术股份有限公司为代表的秦皇岛市上市公司应继续完善治理结构和内部控制制度,提升内控管理水平,加强对子公司内部控制监督管理,有效防范各类风险,促进公司健康、稳定、可持续发展。

2.提高再融资水平,激发融资积极性

截至2023年末,秦皇岛市4家上市公司的历年来募资总额为32.74亿元,处于河北省内下游,虽然邯郸市、邢台市、张家口市的上市公司数量均少于秦皇岛市,但历年来融资金融分别为136.3亿元、270.25亿元、74.84亿元,均超过秦皇岛市。秦皇岛市秦皇岛天秦装备制造股份有限公司、康泰医学系统(秦皇岛)股份有限公司均为2020年新增A股上市公司,首次公开上市募资分别为44 943.21万元、41 656.00万元,而2023年主板有59家公司上市,募资规模为756.12亿元,平均每家公司募资12.82亿元。秦皇岛市上市公司应积极利用上市平台进行融资,满足公司资金需求,同时政府应多在政策、服务上培育企业上市,鼓励上市公司进行再融资等资本运作。

3.拓宽经营领域,提高可持续经营能力

截至2023年末,秦皇岛市拥有的4家上市公司,分属于交通运输业、医药生物业、国防军工业、通信服务业,且各个公司经营业务原本均较为丰富,营收来源较为多样化。近年来,秦皇岛港股份有限公司主营业务逐渐向单一的煤炭及相关行业聚拢,泰康医学主要研制血氧类仪器,秦皇岛天秦装备制造股份有限公司除专用防护装置外其余业务营收较低,中嘉博创信息技术股份有限公司至2022年年报也有超过六成的营收来自通信网络维护服务。4家上市公司的经营业务逐渐向单一行业收敛,在一定程度上降低了上市公司的抗风险能力,依靠单一行业的营收维持上市公司的持续运营,使得公司的行业依赖性较强,对于系统性风险的防范和抵抗能力较弱,有可能因行业的整体发展问题而影响公司的可持续发展。

因此,秦皇岛市各上市公司应在保持现有主营业务优势的基础上,积极拓宽经营领域,为实现多样化的创收方式,并且依靠专业化的经营提高企业的基础营收能力,进一步提高上市公司的抗风险能力和可持续经营能力,为上市公司的稳定发展和区域股权市场的健康发展奠定良好基础。

承德市资本市场发展分析报告

摘要：承德市经济增长较为平稳。2023年，承德市地区生产总值为1 851.7亿元，债务率和宽口径债务率分别为400.83%和468.06%，政府负债规模较高，有一定债务风险。相较于省内其他地市，承德市资本市场发展基础较为薄弱，债券品种单一，城投债券发行主体过于集中，城投债券融资总额较少，因此融资市场仍有较大的上升空间。同时，承德市仅有1家公司在深交所主板上市，且再融资频率较低，融资规模较小；后备企业共20家，其中8家国家级专精特新"小巨人"企业；新三板市场中，承德市共有4家挂牌企业，整体数量偏少。针对以上问题，承德市应进一步落实省委省政府相关政策措施，优化本地融资环境，制定符合本地情况的融资激励政策，并加大企业上市的政策支持力度，对上市后备企业在辅导、审核、注册等关键阶段进行直接奖励。同时，借助京津冀一体化发展战略，加强同周围地区的协同发展，加强优势产业培育，将龙头企业作为现阶段重点鼓励和扶持的上市后备标的企业，进一步做好现有上市公司的配套服务，开展资本运作理念教育，深入挖掘企业融资需求。

关键词：承德市；产业协同；龙头企业培育；京津冀协同一体化

一、承德市经济、财政及政府债务情况

承德市位于河北省东北部，是连接京津冀辽蒙的重要节点，具有"一市连五省"的独特区位优势，是国家甲类开放城市。承德市矿石资源储备充足，是除攀枝花市以外唯一的大型钒钛磁铁矿资源基地，黄金、钼、银、铜、铅、锌、花岗岩、大理石等资源丰富。

（一）经济状况

2019—2023年，承德市GDP总量逐年增长，但增速有所放缓；其中，2023年承德

市实现地区生产总值1 851.7亿元,同比增长4.02%。在产业结构方面,承德市三大产业增加值的总趋势是逐年增加;其中,2023年的增加值分别为430.3亿元、586.8亿元和834.6亿元,三次产业比例为23.2∶31.7∶45.1。整体来讲,承德市经济增速在河北省各地级市中处于中下水平,但经济增长波动不大(见表12—1)。

表12—1　　　　　　　2019—2023年承德市经济情况统计表

	2019年	2020年	2021年	2022年	2023年
GDP(亿元)	1 471.00	1 550.30	1 697.03	1 780.20	1 851.7
GDP增速(%)	6.46	4.00	6.05	3.9	4.02
第一产业增加值(亿元)	298.00	336.35	373.65	420.00	430.3
第二产业增加值(亿元)	488.50	497.47	577.08	600.10	586.8
第三产业增加值(亿元)	684.50	716.47	746.28	760.10	834.6

数据来源:Wind。

居民收入方面,2023年承德市居民人均可支配收入29 158.4元,同比增长7.2%。按常住地分,城镇居民人均可支配收入41 036元,同比增长6.60%;农村居民人均可支配收入20 688元,同比增长6.8%。2019—2023年城镇居民人均可支配收入分别为32 365.00元、33 918.33元、36 767.00元、38 495.00元和41 036.00元。整体来看,承德市城镇居民收入伴随着地区生产总值共同增长,人民生活水平得到一定的提升;其中,2021年增速缓慢,2022年承德市人均可支配收入同比增长4.6%。

(二)财政状况

近年来,承德市财政收入保持稳定增长,一般公共预算收入以税收收入为主,但税收占比呈现下降的趋势。非税收入中以政府性基金收入为主,如表12—2所示。

财政支出方面,对比地区生产总值相近的秦皇岛市,承德市财政支出规模更大,支出主要集中在教育、农林水、社会保障和就业以及一般公共服务等领域。

表12—2　　　　　　　2019—2023年承德市财政情况　　　　　　　单位:亿元

	2019年	2020年	2021年	2022年	2023年
一般公共预算收入	112.47	116.14	126.01	123.90	133.96
政府性基金收入	101.67	110.52	82.25	34.05	55.52
国有资本经营收入	3.97	14.92	9.76	1.68	0.89
财政收入总计	218.11	241.58	218.02	159.63	190.37
一般公共预算支出	415.44	456.38	419.56	433.90	469.61
政府性基金支出	103.01	141.40	97.59	61.16	91.08

续表

	2019 年	2020 年	2021 年	2022 年	2023 年
国有资本经营支出	4.09	4.71	8.11	0.88	0.62
财政支出总计	522.54	602.49	525.26	495.94	561.31

数据来源：承德市财政局、企业预警通。

(三)政府债务状况

整体来看，承德市的债务规模不大，但债务风险相对较大。2023 年，承德市的财政自给率、负债率和宽口径负债率分别为 28.54%、41.21% 和 48.65%，债务率和宽口径债务率分别为 400.83% 和 468.06%，负债规模在全国属于较高水平。

2023 年，承德市地方政府债务限额为 816.69 亿元。截至 2023 年末，承德市地方政府债务余额 723.94 亿元，同比 2022 年增长 2.86%，其中一般债余额 429.81 亿元，专项债余额 333.26 亿元，地方政府债务余额在中央提出的限额之内。城投平台有息债务为 137.83 亿元，城投债务规模总体可控。

二、承德市资本市场概述

(一)资本市场发展历程

1.债权市场

承德市市属城投公司以承德市国控投资集团有限责任公司(以下简称"承德国控")为主。2015 年，承德市国控投资集团有限责任公司成为承德市第一家在上交所发行债券的国有企业。此后随着承德市的市场经济完善，资本市场体系逐渐成熟，融资平台的搭建速度越来越快。近几年，承德国控通过发行公司债券和银行间产品来拓宽融资渠道。发行情况见表 12—3。截至 2023 年 6 月 30 日，承德国控存续债券总额为 43.40 亿元，其中定向工具为 2 只，总额为 15.00 亿元；一般企业债为 1 只，总额为 8.40 亿元；私募公司债为 2 只，总额为 20.00 亿元。发行期限以 3—7 年为主，票面利率在 4.7%—6.5% 之间。

表 12—3 截至 2023 年 6 月 30 日承德国控发行债券项目情况

证券简称	发行期限(年)	票面利率(%)	发行规模(亿元)	起息日期
19 承控绿色债	7.00	6.50	8.40	2019—09—02
21 承德国控 PPN001	5.00	5.27	4.00	2021—04—29
21 承德国控 PPN002	5.00	4.97	11.00	2021—08—30
23 承控 01	3.00	4.30	10.00	2023—04—21

续表

证券简称	发行期限(年)	票面利率(%)	发行规模(亿元)	起息日期
23承控02	3.00	5.20	10.00	2023－04－21
合　计			43.40	

数据来源：Wind。

2.股权市场

截至2023年12月31日,承德市共有1997年上市的承德露露股份公司(以下简称"承德露露")1家上市公司,上市公司数量在河北省内处于第11位,上市公司市值合计82.625 5亿元。2020—2023年上市公司市值总体呈现波动上升趋势,平均市值为85.863 1亿元。

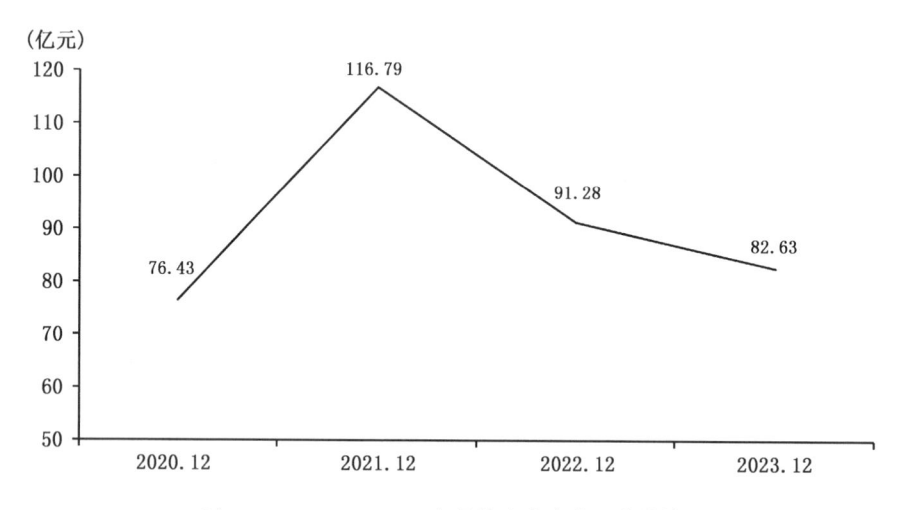

图12－1　2020—2023年承德市上市公司市值情况

承德市上市公司再融资频率低,至今仅有1次,为2000年承德露露实施的配股,融资规模为2.80亿元。承德市再融资规模在河北省处于下游,与承德市相邻且GDP相近的秦皇岛、张家口市2023年末总募资额分别为45.59亿元、74.85亿元。

(二)资本市场发展现状

1.债权市场

承德市存量债券结构较为单一,主要是公司债、企业债、商业银行次级债券和定向融资工具。承德市存量债券情况见表12－4。截至2023年6月30日,承德市信用债存量余额为64.44亿元,平均发行利率为5.02%,主要还款期限在3年以上;商业银行次级债券余额为26.00亿元,平均发行利率为4.65%,主要还款期限在3年以上。

表12-4　　　　　　　　　　承德市存量债券余额和结构情况

债券类型	债券简称	债券余额（亿元）	发行利率（%）	到期还款时间	还款区间
商业银行次级债券	22承德银行二级01	5.00	4.60	2032-04-15	3年以上
	21承德银行二级01	5.00	4.75	2031-10-21	
	20承德银行二级01	15.00	4.60	2030-09-25	
小计		25.00	—		
公司债	23承控01	10.00	4.30	2026-04-21	3年以上
	23承控02	10.00	5.20	2026-04-21	
小计		20.00	—		
企业债	19承控绿色债	6.72	6.50	2026-09-02	3年以上
小计		6.72	—		
定向融资工具	21承德国控PPN001	4.00	5.27	2026-04-29	3年以上
	21承德国控PPN002	11.00	4.97	2026-08-30	
小计		15.00	—		
合计		66.72	—		3年以上

从债券余额和债券期限结构角度来看，承德市整体还款压力较小，兑付压力主要集中在2026年，该年还款金额为26.72亿元。对于集中兑付所带来的偿债压力地方企业应提前做好准备，避免集中兑付所带来的资金短缺情况。

除城投公司外，承德近几年也在同步扩大银行企业的融资渠道，逐渐发展资本市场融资业务，有效辐射京津冀区域的金融服务网络。从单一同业存单融资途径发展到现在多种商业银行次级债券、金融债等多种融资渠道共同发展，加强地方银行资金流动性，增加了地方企业对于资金的需求量。截至2023年6月30日，承德银行共计发行4只商业银行次级债券，总额35.00亿元。票面利率在4%—5.5%之间不等，发行期限均为10年（见表12-5）。

表12-5　　　　截至2023年6月30日承德银行发行商业银行次级债券情况

证券简称	发行期限（年）	票面利率（%）	发行规模（亿元）	起息日期
22承德银行二级01	10.00	4.60	5.00	2022-04-15
21承德银行二级01	10.00	4.75	5.00	2021-10-21
20承德银行二级01	10.00	4.60	15.00	2020-09-25
15承德银行二级	10.00	5.45	10.00	2015-11-26

数据来源：Wind。

承德市历年城投债券融资总额和债券融资主体数量占全省比例均处于较低水平。截至2023年6月30日,河北省累计城投企业总数为48家;其中,承德市发债企业数量为1家,占比2.08%。截至2023年6月30日,河北省累计债券余额为4 489.09亿元;其中,承德市累计债券余额为41.72亿元,占比0.93%。总体而言,承德融资市场仍有较大的上升空间。承德市城投企业数和债券存续总额情况统计如表12－6所示。

表12－6　　　　　承德市城投企业数量和债券存续总额占比情况

企业数量(个)		承德市企业数量占全省比例(%)	存续总额(亿元)		承德市发债总额占全省比例(%)
河北省	承德市		河北省	承德市	
48	1	2.08	4 489.09	41.72	0.93

数据来源:Wind。

2. 主板市场

承德市现有的上市公司承德露露(000848.SZ)于深交所主板上市。2020—2023年,承德市上市公司营业收入总额均在18亿元以上,与承德市各期GDP的比值均在1.20%以上,且基本保持稳定;自2020年以来,上市公司营业收入占承德市GDP的比重不断增加,上市公司在承德市经济中的作用有所提升。上市公司营业收入及对全市GDP贡献程度统计如图12－2所示。

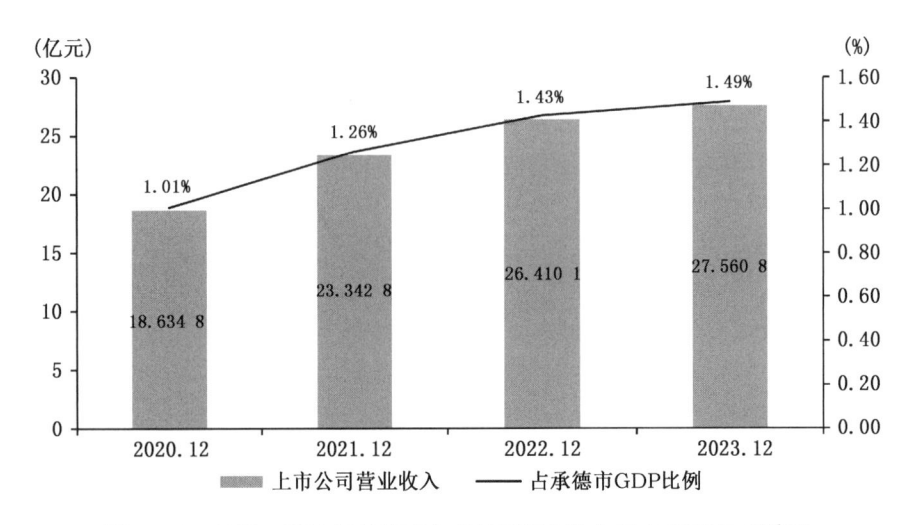

图12－2　2020—2023年承德市上市公司营业收入及占GDP比例情况

根据《承德市国民经济和社会发展第十四个五年规划和二〇三五年远景目标纲要》,承德市将充分挖掘地方资源优势,做大做强文化旅游医疗康养、钒钛新材料及制品、绿色食品及生物医药三大优势产业,同时培育大数据、清洁能源、特色智能制造三大支撑产业。而承德露露所属食品饮料业,属于当前承德市的优势产业之一。

截至2023年6月30日,河北省共有14家企业处在IPO申报流程中,31家企业处在上市辅导备案状态,承德市暂无企业处在IPO申报流程或辅导备案状态。此外,承德市上市后备企业合计28家,专精特新企业有11家,其中80%以上的企业为国家级专精特新"小巨人"企业。上市后备企业主要涉及装备制造业、智能装备制造业及清洁能源业等行业。承德市专精特新企业,尤其是国家级专精特新"小巨人"企业,具备一定的规模及硬实力,存在较大的上市可能性。

3. 新三板市场

新三板方面,承德市共有4家新三板挂牌企业,与省内其他地市相比数量较少,企业盈利水平不足。承德市新三板挂牌企业全部位于基础层,其中莹科新材(839999.NQ)当前盈利状况良好,未来存在上市可能性。总体上,承德市有一定的上市公司储备,但整体数量偏少,储备上市公司的梯度建设存在优化空间。

在承德市的4家新三板上市企业中,天成股份(831048.NQ)和莹科新材(839999.NQ)属于基础化工行业,避暑山庄(870861.NQ)为社会服务行业,建元科技(873641.NQ)为建筑材料行业;其中,莹科新材的营收规模较高,盈利情况更好于其他3家。从产业类型来看,承德的核心产业主要有智能装备产业、文化旅游业、钒钛新材料产业等,但这些产业下的企业在新三板上市的并不多;支柱产业主要有绿色食品和生物医药,典型代表为在新三板挂牌上市的承德双承生物科技股份有限公司,股票代码为839815.NQ,但因经营不善,在2022年4月终止上市。

综上所述,应鼓励承德地区的核心产业和支柱产业向新三板上市来靠拢,集聚资金发展,打造更优质的企业。

截至2023年6月30日,4家新三板上市企业的总市值、收盘价、股东户数、主营业务、所属行业如表12-7所示。

表12-7　　　　　　　　承德市新三板上市企业基本情况

序号	证券代码	证券名称	总市值(万元)	收盘价(元)	股东户数(家)	主营业务	所属行业
1	831048.NQ	天成股份	13 192.43	5.00	15	印刷版材(PS版、UV-CTP版和热敏CTP版)的研发、生产、销售和相关技术支持服务	基础化工
2	870861.NQ	避暑山庄	—	—	2	承德避暑山庄环山观光车游览服务	社会服务
3	873641.NQ	建元科技	—	—	3	建筑保温材料的研发、生产、销售及相关服务	建筑材料
4	839999.NQ	莹科新材	376 278.00	8.67	63	氟化氢、氢氟酸、氟化铝、氟化盐的制造、销售	基础化工

4.区域性股权市场发展概况

(1)区域性股权市场发展概况

河北股权交易所是经河北省人民政府批准设立的河北省唯一一家区域性股权市场运营机构,是为河北省中小微企业私募证券发行、转让及相关活动提供设施与服务的场所。

(2)区域性股权市场企业挂牌情况

河北股权交易所官网显示,截至2023年末,其交易所挂牌企业数量为1758家,登记托管企业为2784家。河北股权交易所分为主板、成长版和孵化板,其中承德市现有22家企业在此挂牌上市。目前,承德市印发《鼓励企业挂牌上市融资奖励办法》,支持"专精特新"中小企业开展债券融资,完善中小企业债券融资增信机制,扩大债券融资规模,提升企业创新能力,为当地企业挂牌上市保驾护航。

(三)资本市场发展的优势与不足

1.优势分析

(1)依托京津冀根据地,把握区域合作机遇

承德市地处京津冀协同发展根据地。随着京津冀协同发展重大国家战略的逐步落实,承德市产业升级和经济转型力度加大,城市综合竞争力不断提升,进而实现全市经济可持续发展。承德市旅游服务、清洁能源、钒钛新材料等产业发展态势良好,经济保持中高速增长,经济实力较强;承德热力集团有限责任公司积极开拓京津冀市场,2016年组建全资子公司河北承热能源科技有限公司,主要负责与资本雄厚的区域外国有企业合作,扩展京津冀及周边地区供热市场。

(2)借力投资旅游需求,赋能外部环境优化

承德市在投资需求和旅游产业的拉动下保持发展。2020年,承德市按照京津冀协同发展规划中对承德"生态功能区"的定位,在"十四五"期间围绕"京津冀水源涵养功能区、京津冀生态环境支撑区、国家可持续发展议程创新示范区、国际旅游城市"的发展定位,推进工业化、信息化、城镇化、农业现代化。随着京沈高铁正式运营,将有助于带动承德市旅游、基础设施建设、消费等产业发展,从而提升外部环境的质量。

(3)立足区域生态优势,肩负生态屏障重任

承德市坚持立足生态优势。在京津冀协同发展中,承德市将生态全面贯穿于经济建设、政治建设、文化建设、社会建设的各方面和全过程,以生态为媒,主动服务京津、融入京津、借力京津,积极扮演好"京津冀水源涵养功能区"角色,肩负起"京津生态屏障"的重任,努力走出一条具有承德特色的开放创新、绿色崛起之路。

2.劣势分析

(1)债券品种单一,债券品种多样化亟须推进

承德市城投公司中发债企业仅有一家,即承德市国控投资集团有限责任公司。承德市发债城投企业在河北省仅占比0.93%。截至2022年末,该公司发行的债券项目仅有4只,发债总额仅占全省的2.08%。且债券结构单一,以公司债、企业债、银行次级债券和定向融资工具为主。

承德市应积极推进本市发债主体进行债券品种创新,努力实现债券品种多样化,以满足不同层级投资者的需求。加快推进政府债券、信用债券、金融债券共同发展,加强债券转让市场的建设。创新债券发行方式,推进债券市场的健康发展。

(2)金融机构较少,银行支持力度有待提高

近几年有多家银行在承德设立分支机构,其中包括交通银行、中信银行、河北银行、张家口银行、承德银行等。但受限于当地经济发展状况和金融营商环境,金融机构的总体数量仍然较低。

针对承德目前金融机构偏少,银行支持企业力度不够的状况,承德市政府应加大银行企业对接力度,努力引进股份制银行和外资银行,积极发展本土银行,提升本土银行对当地企业的重大项目和融资产品的支持力度。

(3)优势产业尚未上市,应努力发扬地区特色

承德市地理风景优美、人文历史悠久,有多个国家5A级旅游景区,旅游资源丰厚,但缺少统一规划与配套休闲养老产业的规划与发展,只有避暑山庄为新三板挂牌企业,文旅行业发展较为缓慢。承德市钒钛资源丰富,拥有双滦、兴隆营子、隆化、宽城四个钒钛产业基地,以此为依托发展钒钛新材料是承德市的特色产业,但目前为止并没有相关上市公司。承德市还拥有仪器仪表、智能输送设备、能源装备、绿色食品、新型建材等优势领域,仍需政府在税收政策、政府服务、财政补贴等方面发力,现承德市政府与财达证券股份有限公司形成战略合作,大力培育"3+3"主导产业,加快企业培育发展。

三、融资主体概况

(一)债权融资主体

目前承德市内暂无民营融资平台,以国有融资平台为主,市属范围内资产量最大的融资主体是承德市国控投资集团有限责任公司(以下简称"承德国控"),成立于1998年1月19日,初始注册资本1 510.00万元,其中承德市财政局出资1 500.00万元,承德市农业投资公司出资10.00万元。2015年9月,公司名称变更为承德市国控投资集团有限责任公司(国有独资),主要经营经济实业开发和经济实体的投资等业务。

近几年承德国市控投资集团有限责任公司整合市区所属资源,依靠"资产注入＋业务整合"的模式成功转型,最新主体评级为AA＋。截至2023年9月,公司总资产达317.07亿元。公司资产规模快速扩大,发展质量效益持续提高,社会影响力不断增强,为公司进一步深化改革、创新发展、转型跨越奠定了扎实基础。

(二)城投公司

承德市目前已整合完成的城投公司共1家,为承德市国控投资集团有限责任公司,承德市人民政府国有资产监督管理委员会为唯一股东和实际控制人。承德国控由承德市委、市政府按照"市场化配置、集约化整合、企业化经营、资本化运作"的原则组建,在资产注入上得到承德市人民政府的有力支持。为提高承德市国有资产的运营和管理效率,盘活国有资产,实现国有资产的增值和保值,承德市人民政府将行政事业单位所属的优质闲置资产陆续划转至承德国控,由承德高新区新东开发中心进行统一运营和管理,实现国有资产市场化运作和自身"造血"能力的增强。

近年来,根据《承德市人民政府关于印发整合划转市直行政事业单位国有资产支持国控集团做大做强的实施方案的通知》《关于整合市级国有资产壮大承德国控发展的实施方案》等政府文件,承德国控通过无偿划转,合并了包括承德热力集团有限责任公司、承德水务集团有限公司、承德避暑山庄旅游集团有限责任公司、承德矿业集团有限责任公司、承德交通集团有限公司等多个集团公司,合并后,承德国控成为承德市最大的产业类公司,统一负责承德市产业类投资项目的投融资管理、资本运作等,在承德市具有不可替代的重要地位。截至2020年末,上述划转均已完成工商变更。公司投融资主体的地位显著提升,资产规模大幅增长,资本实力进一步增强,营业收入大幅增长。

(三)上市公司

河北省承德市有且仅有一家上市公司,为承德露露股份有限公司。公司基本情况如表12－8所示:

表12－8　　　　　　　　承德市上市公司基本情况

序号	公司名称	股票代码	公司简称	注册资本(亿元)	成立日期
1	承德露露股份有限公司	000848.SZ	承德露露	10.53	1997－10－17

承德露露所属行业为食品饮料业,主营业务为植物蛋白饮料的生产和销售;公司主要产品为露露杏仁露,是全国最大的杏仁露生产企业,年生产能力为30余万吨,市场占有率为90％。继露露杏仁露以后,公司又开发出纯净水、矿泉水、果汁饮料、米奥渴酸奶系列等八大门类,40多个品种规格的优质系列产品。

截至2024年5月,公司累计获得商标691个,包括饮料啤酒类221个、食品类189

个、调料速食类127个及其他类型154个。公司拥有省级企业技术中心、省级技术创新中心,通过了中国质量认证中心的ISO9001质量管理体系认证和ISO22000食品安全管理体系认证,在中国质量协会评比中被评为"全国质量检验稳定合格产品"。

承德露露2019—2023年分别实现营业收入22.55亿元、18.61亿元、25.24亿元、26.92亿元、27.56亿元,同比增长率依次为6.29%、-17.50%、35.65%、6.66%、9.19%;实现归母公司净利润4.65亿元、4.32亿元、5.70亿元、6.02亿元、6.25亿元,同比增长率依次为6.27%、-17.47%、35.63%、66.6%、3.8%。最新报告,2024年第一季度,公司实现营业收入12.27亿元,同比上升7.5%;实现归母公司净利润2.46亿元,同比上升2.9%。

2023年,公司主营业务收入按产品类型可分为三大板块,分别为露露杏仁露(26.70亿元,96.87%)、核桃露(0.81亿元,2.94%)、杏仁奶系列(0.33亿元,0.12%);2020—2023年,露露杏仁露均为公司主营产品。

1.上市公司地位分析

(1)承德市地位分析

承德市唯一上市公司承德露露股份有限公司2023年实现营业总收入27.59亿元,占承德市GDP的1.49%,上市公司所得税占承德市财政收入——企业所得税的6.18%,利润总额占承德市工业利润总额的9.19%。2023年承德市露露在实现承德市财政增收、缓解承德市就业问题、推进承德市经济发展上发挥积极作用。承德露露在全市经济中的占比份额如表12-9所示:

表12-9 2023年承德市上市公司占比情况

序号	公司	营业收入总额(亿元)	总营业收入/承德市GDP	企业所得税费(亿元)	企业所得税/承德市财政收入——企业所得税	净利润(亿元)	企业利润总额/承德市工业利润总额
1	承德露露	27.56	1.49%	0.59	6.18%	6.27	9.19%

(2)同行业地位分析

承德露露属于GICS行业中日常消费品—食品、饮料与烟草—饮料—软饮料行业,现全国同行业A股上市公司共10家;现行业平均总市值为145.44亿元,承德露露平均市值为92.14亿元,低于行业平均水平,位居第9位;行业平均营业总收入为138.09亿元,承德露露营业总收入为25.24亿元,低于行业平均水准,位居第10位。

软饮料行业上市公司仅有两家位于河北省,分别为养元饮品与承德露露,养元饮品市场占有率远高于承德露露,公司总市值约为承德露露的3倍。对比分析见表12-10,2023年承德露露营业总收入、归属于母公司所有者的净利润、毛利率均小于养元饮品,二者之间仍有较大差距。

表 12－10　　　　2023 年年末养元饮品、承德露露基本情况对比

序号	证券代码	证券简称	营业总收入(亿元)	归属母公司股东的净利润(亿元)	应交税费(亿元)	总股本(亿股)	总市值(亿元)	2023年净利润增长率(%)	员工总数(位)	2023年销售毛利率(%)	ROE摊薄(%)
1	603156.SH	养元饮品	63.25	17.56	1.28	12.65	269.04	22.71	1 823.00	45.71	13.28
2	000848.SZ	承德露露	27.56	6.25	0.61	10.53	82.63	8.78	1 306.00	41.46	20.66

从产品类别来看,承德露露杏仁露行业主要竞争对手有承德四海企业集团北京三代福饮料有限公司、承德哈露食品饮料有限公司、承德露美达饮料有限公司、承德四海饮料工业集团有限公司、承德太平洋饮品有限公司和凌源喜加喜饮品科技有限公司等。上述企业主要集中在河北省承德市,规模较小,缺乏品牌和技术优势,短期内对河北承德露露股份有限公司的威胁不大。但公司存在杏仁露行业外的竞争者,主要是在植物蛋白饮料领域比较有影响力的企业,如椰树椰汁、大寨核桃露、养元六个核桃、宏宝莱花生露等。

中国饮料市场是一个不断膨胀的市场,人口增加,经济发展,收入和消费水平逐步提高,对饮料的需求是不断增加的。通过《国家食品药品安全"十一五"规划》可以看到,果蔬汁、植物蛋白饮料符合绿色环保、健康理念是未来发展方向,而碳酸饮料市场会逐渐萎缩。如今植物蛋白新饮品层出不穷,植物蛋白饮品市场以每年40%的速度增长,饮料行业具有投资少、进入壁垒较低、利润高的特点。因此,露露公司未来将面临巨大挑战。

2.上市公司资本运作行为及分析

(1)股权转让

表 12－11　　　　　　　上市公司股权转让基本情况

序号	公司名称	交易时间	事项类别	转让方式	转让方	受让方	标的公司	是否关联交易	转让比例
1	承德露露	2018－10－09	股权转让	无偿转让	鲁伟鼎	鲁冠球三农扶志基金	万向三农集团有限公司	否	40.68%
2	承德露露	2018－03－20	股权转让	法定转让	鲁冠球	鲁伟鼎	万向三农集团有限公司	否	95.00%

2018年10月9日,鲁伟鼎基于慈善目的设立鲁冠球三农扶志基金,并将其持有的万向三农6亿元出资额对应的全部股权无偿授予鲁冠球三农扶志基金,导致鲁冠球三农扶志基金通过万向三农集团有限公司间接控制承德露露40.68%的股权。本次收购完成后,鲁冠球三农扶志基金将通过万向三农集团有限公司间接持有承德露露398 119 878股无限售条件流通股,占其总股本的40.68%。本次收购不涉及上市公司最终控制人的变化。

2018年3月20日,根据杭州市湘湖公证处出具的(2017)浙杭湘证字第10703号公证书,鲁冠球先生之子鲁伟鼎先生继承鲁冠球先生名下的公司控股股东万向三农集团有限公司95%的股权。鲁伟鼎先生持有公司控股股东万向三农集团有限公司100%的股权,成为承德露露的实际控制人。

(2)收购兼并

表12—12　　　　　　　　上市公司收购兼并基本情况

序号	公司名称	交易时间	事项类别	交易金额(万元)	交易对象	是否关联交易	交易标的
1	承德露露	2016—07—30	收购购买	700.00	深圳市斐婴宝网络科技有限公司	否	深圳市斐婴宝网络科技有限公司21%股权
2	承德露露	2012—07—10	收购购买	5 134.44	承德市国土资源局高新技术产业开发区国土资源分局	否	承德市高新技术产业开发区上板城工业用地170 972平方米国有土地使用权

2016年7月30日,河北承德露露股份有限公司之全资子公司郑州露露饮料有限公司(以下简称"郑州露露")与深圳市斐婴宝实业有限公司、王佑任、深圳市斐婴宝网络科技有限公司等共同签署《深圳市斐婴宝网络科技有限公司增资协议》;郑州露露饮料有限公司、王佑任将共同对目标公司进行增资,其中,郑州露露以人民币700万元对目标公司进行增资,认缴目标公司新增注册资本210万元,持有目标公司21%股权;王佑任以300万元人民币认缴目标公司新增注册资本90万元,持有目标公司9%股权。本次交易是承德露露发力婴幼儿乳品市场,充实业务版图的一项重要举措,通过本次交易以及未来的战略协同合作、信息资源共享等方式,可完善公司产业链布局、拓展用户获取渠道、提高产品丰富度、有效增强公司抗风险能力,并进一步巩固公司的行业地位。

2012年7月10日,根据承德市政总体规划,承德露露公司本部现所在厂区有搬迁需求,按照公司四届十二次董事会审议通过的《关于公司在承德市开发区购置土地的议案》决议精神,公司通过招拍挂方式竞拍到承德市高新技术产业开发区上板城工业用地 170 972 平方米,使用期限 50 年;公司于 7 月 5 日以总价款 5 134.44 万元与承德市国土资源局高新技术产业开发区国土资源分局签署了《国有建设用地使用权出让合同》。

(3)再融资

表 12—13　　　　　　　　　上市公司再融资基本情况

公告日期	融资类别	融资年度	发行价格(元)	募集金额合计(万元)	发行费用(万元)	实际募集金额(万元)
2000—04—07	配股	2 000	9.9	27 970.51	722.57	27 247.94

公司于 1999 年 9 月 8 日召开的股东大会通过了公司董事会提出的配股方案,此方案已经中国证监会石家庄证券监管特派员办事处证监石办字〔1999〕23 号文同意,并经中国证券监督管理委员会证监公司字〔2000〕22 号文批准。

本次配股以公司 1998 年底总股本 23 100 万股为基数,每 10 股配售 3 股,共计 3 960.3 万股,配股价为每股 9.90 元,其中国家股股东本次可配 4 830 万股,由国家股股东承德露露集团有限责任公司以其所有的经评估后的资产 7 180.51 万元认购配股 725 万股,其余全部放弃;社会公众股股东本次可配 2 100 万股,由社会公众股股东以现金认购。本次向社会公众配售的流通股份 2 100 万股,由承销团予以包销,向国家股股东配售的股份由承销团予以代销。

本次配股共募集资金总额为 27 970.51 万元,扣除承销费用 519.75 万元和配股手续费 202.82 万元后,实际募集资金 27 247.94 万元,其中货币资金 20 790 万元,非货币资金 7 180 万元,已于 2000 年 5 月 30 日全部到位,并由河北华安会计师事务所有限公司出具了冀华会验字〔2000〕3003 号《验资报告》验证。公司于 2000 年 4 月 7 日发布公告,宣告此次配股募集资金的使用情况。

表 12—14　　　　　　　承德露露公司再融资基本情况　　　　　　　　单位:万元

序号	项目名称	计划总投资	计划投入募资	已投入募资
1	用于年新增 10 万吨杏仁露技改项目	21 908	20 070	15 250
2	收购北京露露饮料有限责任公司	0	5 000	2 877.3
3	补充生产流动资金	0	1 940	1 940

截至 2023 年末,承德露露仅此一次再融资行为,仅募集资金 27 970.51 万元,融

资金额较少。融资后虽盈利能力均处于较高水平,满足定向增发、配股、公开增发的发行条件,但未再进行融资活动,再融资频次低。

(四)后备企业

1. 基本符合上市条件的后备企业总体情况

河北省承德市基本符合上市条件的后备企业合计28家,主要涉及装备制造业、智能装备制造业及清洁能源业等行业;在这28家公司中,专精特新企业有11家,其中80%以上的企业为国家级专精特新"小巨人"企业,可见承德市的企业具备一定的自主创新和研发能力。根据公开信息,这些企业在市内、省内甚至国际上都有业务,享有一定的声望。如宽城升华压力容器制造有限责任公司年产能力90万只气瓶,是河北省的重点企业;承德信通首承科技有限责任公司是全国规模最大的优质商品球团生产基地;华承德富玻璃技术工程有限公司的各种制品产品遍布32个省市,远销印度、土耳其、埃塞俄比亚、越南、巴基斯坦、乌兹别克斯坦、孟加拉国等9个国家。承德市基本符合上市条件的后备企业统计如表12-15所示。

表12-15 承德市基本符合上市条件的后备企业及所属行业名单

序号	企业名称	所属行业
1	宽城升华压力容器制造有限责任公司	装备制造业
2	承德信通首承科技有限责任公司	装备制造业
3	承德华富玻璃技术工程有限公司	装备制造业
4	承德新通源新型环保材料有限公司	装备制造业
5	承德泰航新材料科技有限公司	装备制造业
6	承德博琳包装制品股份有限公司	装备制造业
7	承德北雁新材料科技有限公司	智能装备制造业
8	承德华远自动化设备有限公司	智能装备制造业
9	承德苏垦银河连杆有限公司	智能装备制造业
10	承德同汇生物降解制品有限公司	清洁能源业
11	承德燕山气体有限公司	清洁能源业
12	隆化县隆科新能源科技有限公司	清洁能源业
13	建投承德热电有限责任公司	清洁能源业
14	承德热力集团有限责任公司	清洁能源业
15	东沣科技集团股份有限公司	清洁能源业
16	承德畅达生物科技有限公司	绿色食品及生物制药业
17	承德天原药业有限公司	绿色食品及生物制药业

续表

序号	企业名称	所属行业
18	颈复康药业集团有限公司	绿色食品及生物制药业
19	承德凯达铸造有限公司	钢铁产业
20	承德天大钒业有限责任公司	钒钛新材料行业
21	承德钒钛新材料有限公司	其他制造业
22	承德天大钒业有限责任公司	采矿业
23	承德润海风力发电咨询服务有限公司	商务服务业
24	马镇旅游度假有限公司	商务服务业
25	承德大元新能源有限公司	电力、热力生产和供应业
26	莹科新材料股份有限公司	基础化工
27	承德燕北冶金材料有限公司	采矿业
28	承德怡达食品股份有限公司	食品制造业

承德市基本符合上市条件的后备企业中,传统行业与新兴行业各占据半壁江山,其中传统行业占比较大的为装备制造业;新兴行业中,主要为清洁能源业、智能装备制造业和绿色食品及生物制药业。承德市主体产业已经由传统行业向新兴行业转型。

2."专精特新"企业梳理

承德市基本符合上市条件的后备企业中共有专精特新企业 11 家。其中 9 家为国家级专精特新"小巨人"企业,企业质地良好,在省内特定领域内有较高的市场占有率,拥有多项专利和发明,自我研发创新能力较强;从财务口径来看,企业的营业收入不低于 5 000 万元人民币且研发费用占比较高,近 2 年主营业务收入或净利润的平均增长率达到 5% 以上,且主营业务的收入占营业收入的 70% 以上,企业资产负债率不高于 70%。据此判断,承德市专精特新企业,尤其是国家级专精特新"小巨人"企业,具备一定的规模及硬实力,存在着较大的上市可能性。承德市"专精特新"企业名单如表 12—16 所示。

表 12—16　　　　　　　　承德市"专精特新"企业名单

序号	公司名称	专精特新认定
1	承德天原药业有限公司	专精特新企业
2	承德怡达食品股份有限公司	专精特新企业
3	承德天大钒业有限责任公司	国家级"小巨人"企业
4	宽城升华压力容器制造有限责任公司	国家级"小巨人"企业

续表

序号	公司名称	专精特新认定
5	承德信通首承科技有限责任公司	国家级"小巨人"企业
6	承德华富玻璃技术工程有限公司	国家级"小巨人"企业
7	承德北雁新材料科技有限公司	国家级"小巨人"企业
8	承德华远自动化设备有限公司	国家级"小巨人"企业
9	承德苏垦银河连杆有限公司	国家级"小巨人"企业
10	承德天大钒业有限责任公司	国家级"小巨人"企业
11	莹科新材料股份有限公司	国家级"小巨人"企业

3.基本符合上市条件的后备企业地位分析

承德市拥有六大支柱产业，分别是文化旅游及医疗康养、大数据及电子信息、钒钛新材料产业、清洁能源、智能装备制造、绿色食品及生物制药。承德市共计20家基本符合上市条件的后备企业，其中有13家属于承德市支柱产业。

装备制造业是承德基本符合上市条件的后备企业中的第一大产业，2021年承德市403家规模以上工业企业实现的工业增加值比上年增长2.6%，规模以上工业企业实现营业收入1880.6亿元，比上年增长23.8%，实现利润总额142.4亿元，比上年增长30.2%。

清洁能源业是承德基本符合上市条件的后备企业中的第二大产业，承德拥有清洁能源电力送出工程，全力打造"三站一送大基地"的清洁能源电网网架结构，推动山西大同—承德—天津北的1000千伏特高压电网项目建设，同步实施承东北、承德北、牌楼南（围场）3个500千伏输变电工程建设，谋划推动承德—北京特高压电网项目，实现绿能源跨区域合作，带动企业发展。承德热电集团、承德热力目前均以热力转化电能，未来对绿色能源的探索可以使这些企业减少碳排放，专注于绿色能源。

绿色食品和生物制造业也是承德基本符合上市条件的后备企业中的重要组成产业，承德市政府旨在以主食加工、休闲食品饮品加工、功能保健食品开发为发展方向，以"承德山水"品牌为引领，实施区域、企业、产品"三位一体"品牌战略，加大资源、要素整合力度，集中力量打造一批中国驰名商标和地标产品，提高京津中高端市场占有率。其中承德市基本符合上市条件的后备企业中，颈复康药业集团有限公司属于此行业，其已经开始启动产品的升级改造。

（五）新三板

截至2023年末，位于承德市的4家新三板上市企业的具体信息如表12-17所示。

表12-17　　　　　　　　承德市新三板上市企业基本情况

证券代码	证券简称	2023营业收入/亿元	总股本/亿股	2022年营业收入/亿元	总资产[单位]亿元	净资产/亿元	归母公司股东的净利/亿元	所属分层	所属行业
839999.NQ	莹科新材	7.2699	4.3400	9.1604	11.6456	3.8075	−0.6699	基础层(NEEQ)	材料建筑
831048.NQ	天成股份	1.8627	0.2638	1.7085	2.2929	1.0723	0.0095	基础层(NEEQ)	基础化工
870861.NQ	避暑山庄	0.4394	0.3900	0.1540	0.4892	0.4181	−0.0053	基础层(NEEQ)	社会服务
873641.NQ	建元科技	0.9091	0.1001	0.7176	1.0994	0.4229	0.0623	基础层(NEEQ)	基础化工

目前,承德市共有4家新三板上市企业,全部位于基础层。3家归属母公司股东的净利润为正,其中莹科新材的表现较为优异,天成股份、建元科技归属母公司股东的净利润较低,避暑山庄则为负,有一定的风险。对这些企业可否进行基础层向创新层转板进行分析如表12-18所示。

表12-18　　　　　　　　承德市基础层企业转板分析

序号	标准\名称	最近一年期末净资产不为负值	符合条件的合格投资者不少于50人	公司挂牌以来完成过定向发行股票(含优先股),且发行融资金额累计不低于1 000万元
1	天成股份	√	×	√
2	避暑山庄	√	×	×
3	建元科技	√	×	×
4	莹科新材	√	√	√

莹科新材符合基础层转创新层的要求,天成股份、避暑山庄、建元科技则有待继续提升。建议要加强在融资方面的累计金额,并增加符合条件的投资者人数,逐渐达到基础层向创新层转板的最基本要求。承德市目前无创新层企业,建议满足创新层要求的基础层企业尽快完成转板,进而在北交所上市。

四、承德市资本市场发展建议

(一)债权资本市场发展建议

1.加大政策支持力度,壮大平台资产规模

政府有关部门需要顺应国家关于投融资体制改革、地方政府性债务管理、国有企业改革等政策的需要,出台鼓励平台公司扩大融资的激励政策,使当地国有融资平台壮大资产规模,增加现金流量,形成有利润的国有经营性公司。

针对承德市的实际发展情况,建议政府有关部门通过减税降费等政策降低平台公司的税费负担,增强平台公司的经营活力。随着承德市平台的不断发展壮大,平台融资需求和融资能力将得到进一步提升,政府减税降费带来的临时性税收减少能够通过平台实力增强、资产规模增加、营收情况改善从而实现更多的税基来缓解,长期来看,能够在保持政府部门财政收入不变的基础上促进投融资平台的发展壮大。同时,建议协调加强区域内金融机构对平台公司的债券投资支持,如承德银行作为承德市本地银行,若可加强对当地企业信用债券的投资力度,将为相关债券的发行工作提供极大保障。

2. 借助优质周边资源,提升协同发展能力

作为全国重要的区域性经济发展主体,在京津冀协同发展政策战略背景下,京津冀地区在产业发展、行业创新、融资便利化等领域得到国家政策的诸多支持,凭借优质的自然资源禀赋和较好的经济发展基础实现了高质量发展。承德市地处京津冀协同发展根据地,应积极把握京津冀协同发展机遇,努力开拓京津冀地区的产业发展市场,通过产品输出、产业合作、分支机构开设等方式推动承德市平台在京津冀地区做大做强,努力发展成为京津冀地区新的经济增长极。

3. 巩固原有产业,夯实融资基础

承德国控作为承德市公共服务和基础设施建设领域的重要运营实体,对承德市基础设施建设和经济可持续发展具有基础性作用。承德市主要融资主体应不断完善自身主营业务的经营能力,保证稳定的现金流和偿债能力,以优质的经营状况和良好的信用表现为进一步扩大融资规模、推动平台发展奠定基础。

(二)股权资本市场发展建议

1. 加大政策支持,鼓励优秀企业上市

截至2023年末,承德市仅有承德露露1家A股上市公司,上市公司数量在省内排名靠后,自1997年以来再无公司上市。而与承德市GDP接近的衡水市虽然上市公司数量只比承德市多1家,但有1家企业正在申报IPO、3家企业正接受上市辅导。造成此差距的原因主要是承德市政策支持力度不够,市内企业整体上市意愿不足,关键在于政府如何调动企业的上市积极性。目前承德市在鼓励企业上市方面虽有相关政策,但尚未单独出台具体政策,对于企业上市过程中的资金支持和配套服务还不明确。

河北省其他地区大多在扶持企业上市方面已出台了具体的支持政策,对上市后备企业在辅导、审核、注册等关键阶段进行直接奖励,并且给予贷款便利和配套服务。企业上市需经过多个环节,需要向多个部门出具合规证明,政府挖掘现有优质公司,对上市后备企业的直接资金支持和配套服务,将极大程度地提高承德市现有优质企业的上市热情,促进其把握国家注册制改革机遇。

2. 加强产业发展，把握北交所机会

承德市目前拥有文化旅游医疗康养、钒钛新材料、绿色食品及生物医药三大优势产业，并重点培育大数据、清洁能源、特色智能制造三大支撑产业。但目前仅绿色食品领域拥有1家上市公司，上市公司数量与产业发展不匹配，未能真正发挥优势产业在资本市场的融资能力。

承德市文化旅游医疗康养产业中，承德避暑山庄（870861.NQ）享有足够知名度，且已在新三板挂牌。文旅行业公司大多选择在主板上市，但也有在创业板上市的案例。避暑山庄目前的利润情况暂不满足主板上市条件。承德市文旅行业可以避暑山庄为代表寻求上市机会，一方面要做好宣传和成本控制，提高盈利能力，另一方面可以考虑进行商业模式创新，寻找在创业板上市的机会。

作为"中国钒谷"，承德市计划以双滦、兴隆营子、隆化、宽城四个钒钛产业基地为依托，创建承德国家钒钛产业链现代化示范基地。现阶段，承德市的钒钛新材料产业有承钢、建龙等，业务前景广阔。下一步，建议将盈利能力强、具有上市潜力的龙头企业作为现阶段重点鼓励和扶持的上市后备标的企业，通过发挥其带动作用，进一步促进承德优势企业发展。

3. 利用现有平台，实施资本运作

上市公司再融资是其获得业务发展的重要机会，盈利状况好的公司在合适时机下募集资金不但可以助力项目的开展，还可以调整公司资产结构。承德市上市公司自2000年承德露露配股募资2.80亿元以后，直至2022年，期间再无其他股权再融资活动，在河北省各地级市中融资频率和数额均为倒数。

当前，承德露露盈利能力处于较高水平，报告期内净利润均在4 200.00万元以上，净资产收益率平均在17.00%以上，且无重大违法违规情况，满足定向增发、配股、公开增发的发行条件，是良好的再融资平台。出现对上市平台利用程度不足的问题，主要是上市公司所处细分市场较为稳定，暂无扩张需求。针对当下情况，政府一方面需要加快企业上市步伐，赋能实体经济；另一方面也要做好现有上市公司的配套服务，开展资本运作理念教育，挖掘企业融资需求。